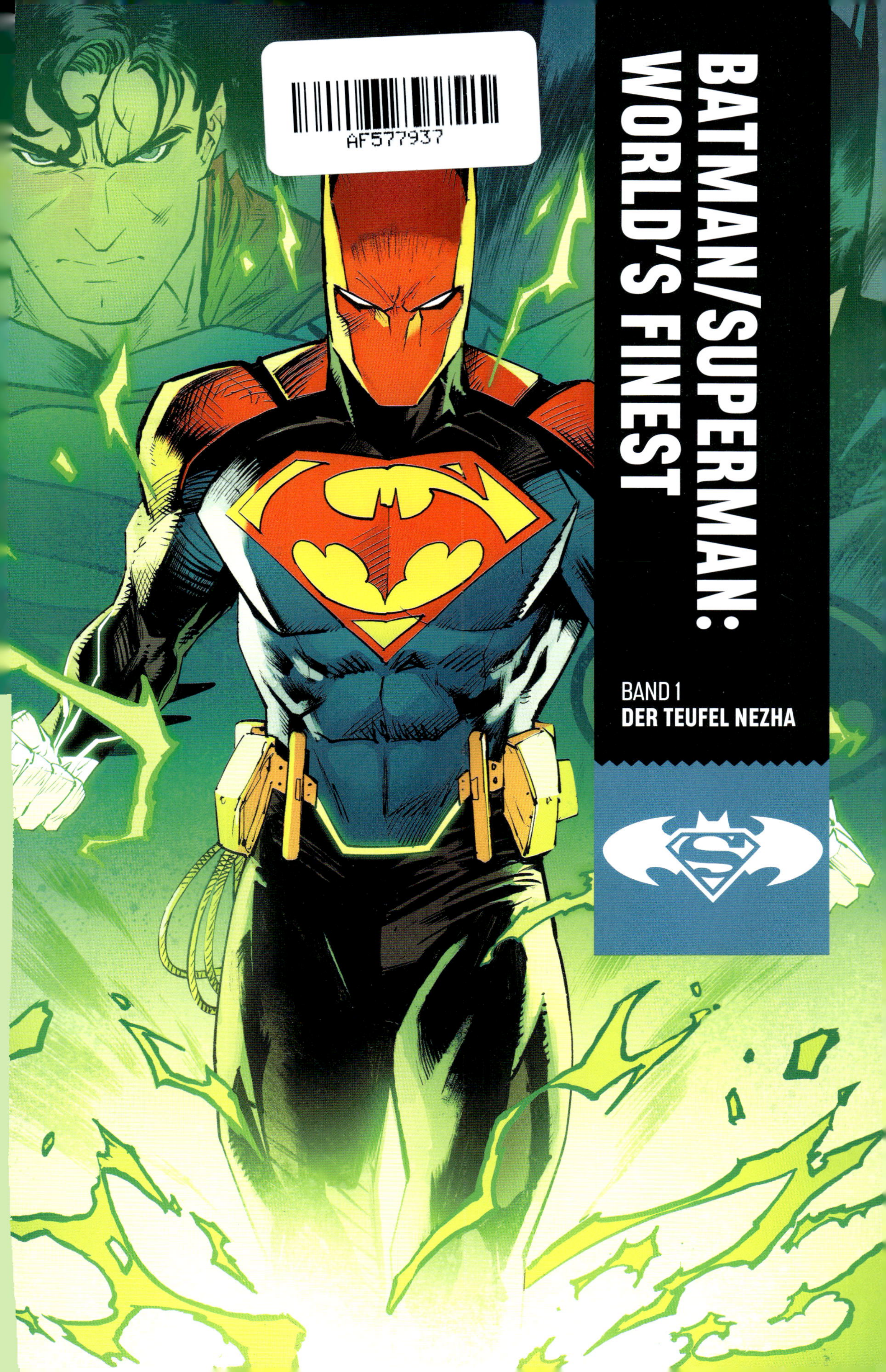
AF577937
BATMAN/SUPERMAN:
WORLD'S FINEST
BAND 1
DER TEUFEL NEZHA

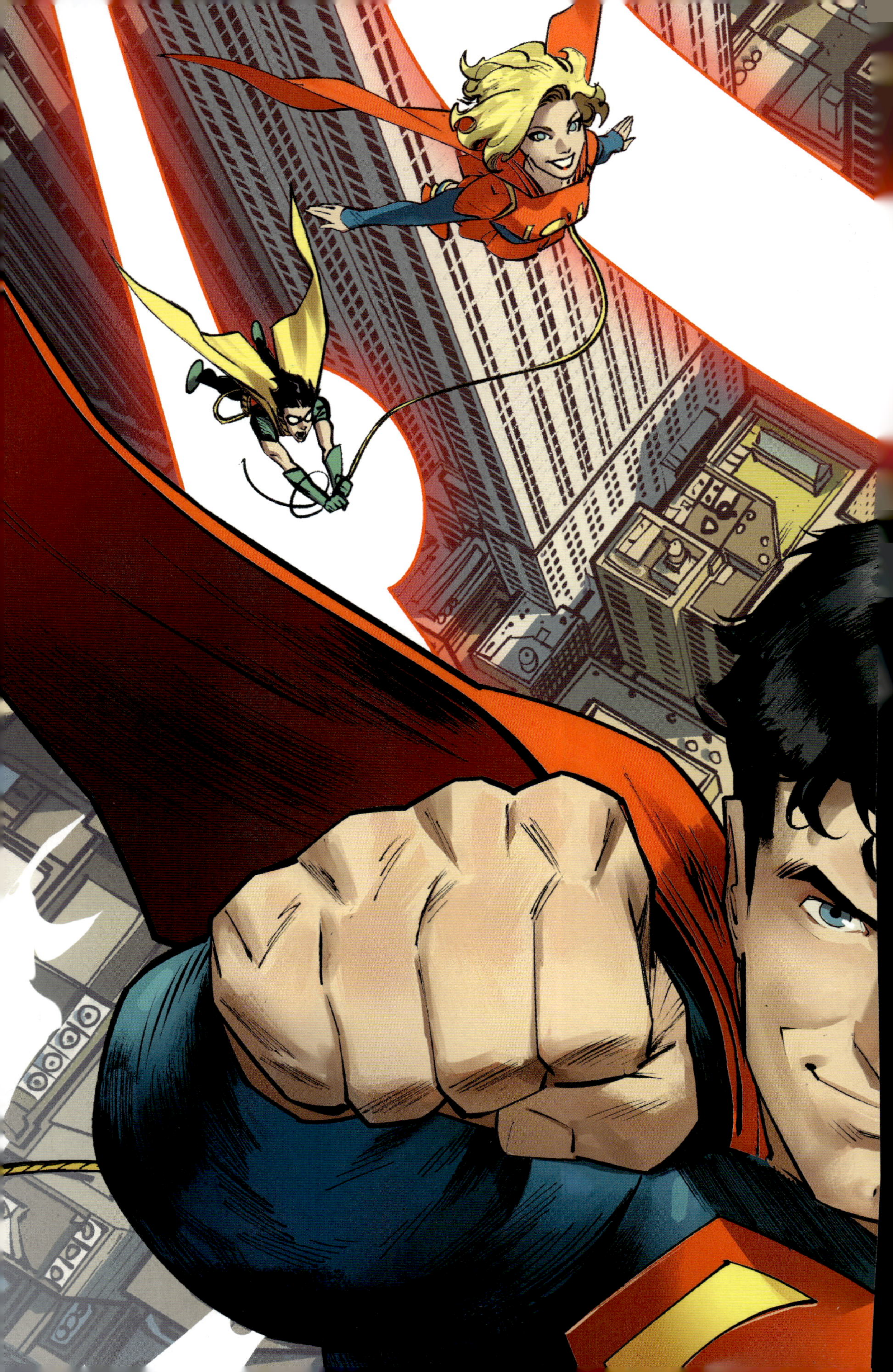

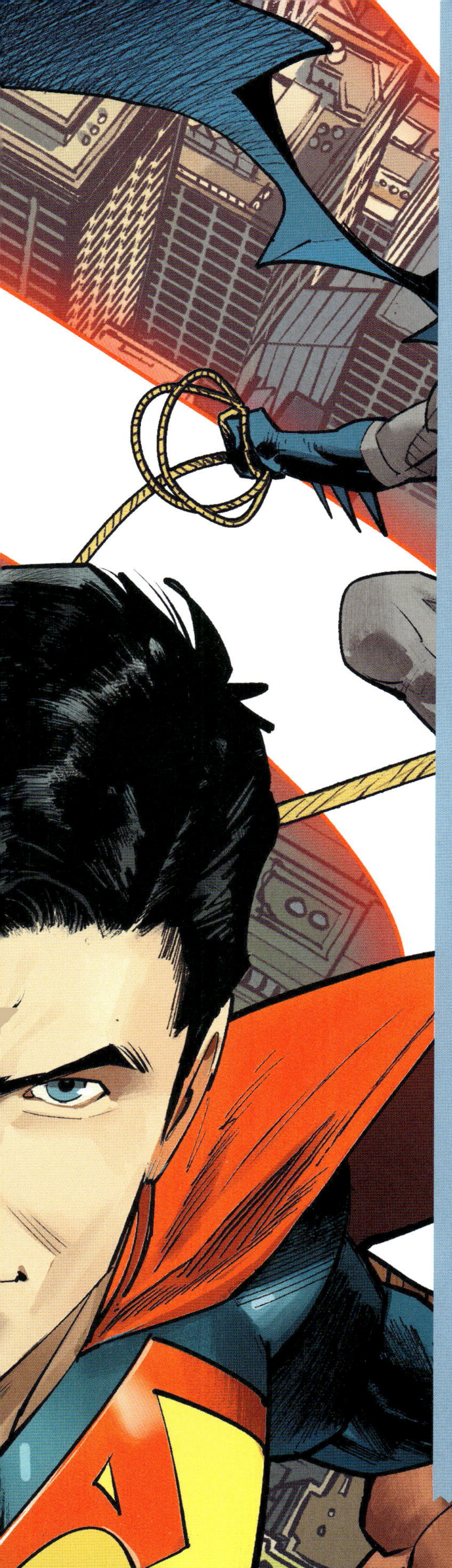

DIE BESTEN HELDEN

1941 debütierte die Comic-Reihe WORLD'S FINEST COMICS, die auf dem Cover des ersten US-Heftes allerdings noch WORLD'S BEST COMICS hieß. Am Anfang war WORLD'S FINEST COMICS eine Anthologie mit verschiedenen Geschichten – immer mit separaten Storys über **Batman** und **Robin**, über **Superman** und über andere Helden. 1954 wurde der Umfang der Hefte gekürzt, und fortan traten **Bats** und **Supie** immer in der einzigen Geschichte als Duo und im Team-up auf. Später tat sich Superman vorübergehend mit anderen Helden zusammen, bevor es wieder zur klassischen Kombo mit dem **Stählernen** aus **Metropolis** und dem **Dunklen Ritter** aus **Gotham City** zurückging. Die Reihe brachte es bis 1986 auf 323 US-Hefte. In den 1990ern und 2000ern belebte man den traditionsreichen Titel für diverse Miniserien und Alternativwelt-Geschichten wieder. Und während ab 2003 die Serie BATMAN/SUPERMAN den Platz von WORLD'S FINEST einnahm, gab es nach dem DC-Relaunch von 2011 die Serie WORLDS' FINEST (man achte auf den feinen Unterschied!) mit **Power Girl** und **Huntress** von einer Parallel-Erde. Was uns zu BATMAN/SUPERMAN: WORLD'S FINEST bringt, dieser brandneuen Serie, die sozusagen alles unter einen Hut bringt. Star-Autor **Mark Waid** und Top-Zeichner **Dan Mora** orientieren sich an den Team-up-Titeln aus Vergangenheit und Moderne und präsentieren uns einen wundervollen Auftaktband. Angesiedelt in der Vergangenheit des DC-Kosmos, dreht sich alles um den Mitternachtsdetektiv aus der **Bat-Höhle**, der von **Alfred Pennyworth** und vom ehemaligen Zirkusartistensohn **Dick Grayson** als **Robin** unterstützt wird; und um **Clark Kent** alias **Kal-El** alias Superman, der auf die Hilfe von **Supergirl** zurückgreifen kann. Waids und Moras Story ist zugänglich, actiongeladen, unterhaltsam, witzig, eigenständig, modern, zeitlos, retro, spitze gezeichnet und sogar ein bisschen frech und meta – besser kann man so eine Team-up-Serie heutzutage nicht umsetzen! Und dann ist das Abenteuer über das Gestern trotz aller Eigenständigkeit auch noch Kanon und liefert die Grundlage für den nächsten **Batman/Robin**-Kracher …

Christian Endres

DER TEUFEL NEZHA
Kapitel 1: Super-Freunde
The Devil Nezha, Chapter 1: Doomed
Batman/Superman: World's Finest 1
Mai 2022

DER TEUFEL NEZHA
Kapitel 2: Der Teufel selbst
The Devil Nezha, Chapter 2: The Devil Himself
Batman/Superman: World's Finest 2
Juni 2022

DER TEUFEL NEZHA
Kapitel 3: Das Haus von Ji
The Devil Nezha, Chapter 3: House of Ji
Batman/Superman: World's Finest 3
Juli 2022

DER TEUFEL NEZHA
Kapitel 4: Das Geheimnis des Teufels
The Devil Nezha, Chapter 4: The Devil's Secret
Batman/Superman: World's Finest 4
August 2022

DER TEUFEL NEZHA
Kapitel 5: Das Opfer
The Devil Nezha, Chapter 5: Sacrifice Play
Batman/Superman: World's Finest 5
September 2022

DER FLIEGENDE GRAYSON
The Flying Grayson
Batman/Superman: World's Finest 6
Oktober 2022

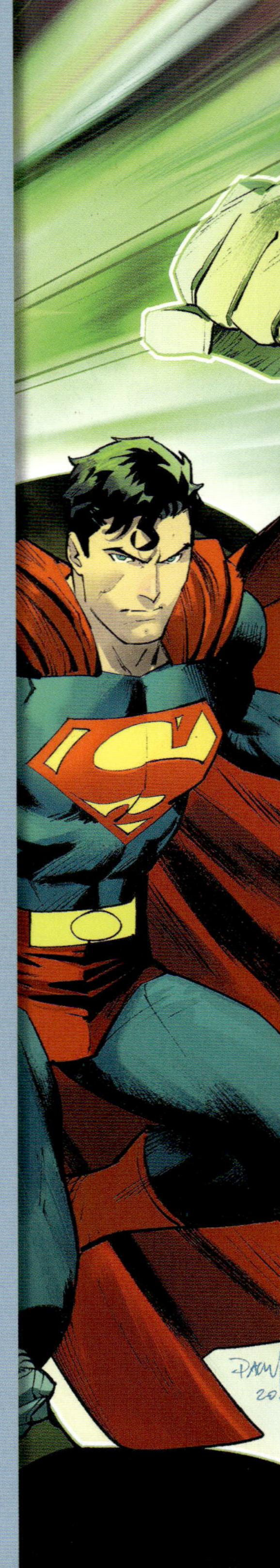

MARK WAID
Story

DAN MORA
TRAVIS MOORE
Zeichnungen & Tusche

TAMRA BONVILLAIN
Farben

FRANK REHFELD
Übersetzung

WALPROJECT
Lettering

DAN MORA
Original-Cover

Batman geschaffen von **Bob Kane** mit **Bill Finger.**

Superman geschaffen von **Jerry Siegel** und **Joe Shuster.**
Mit besonderer Genehmigung der **Jerry Siegel**-Familie.

BATMAN/SUPERMAN: WORLD'S FINEST erscheint bei **PANINI COMICS**, Schloßstraße 76, D-70176 Stuttgart. Druck: Lito Terrazzi Industria Grafica. Pressevertrieb: Stella Distribution GmbH, D-22297 Hamburg. Direkt-Abos auf **www.paninicomics.de**. Anzeigenverkauf: BLAUFEUER VERLAGSVERTRETUNGEN GmbH, info@blaufeuer.com. Es gilt die Anzeigenpreisliste Nr. 20 vom 01.10.2022. Geschäftsführer **Hermann Paul**, Publishing Director Europe **Marco M. Lupoi**, Finanzen/Logistik **Felix Bauer**, Marketing Director **Holger Wiest**, Marketing **Thorsten Kleinheinz**, Vertrieb **Alexander Bubenheimer**, PR/Presse **Steffen Volkmer**, Publishing Manager **Lisa Pancaldi**, Redaktion **Tommaso Caretti**, **Christian Endres**, **Christian Grass**, **Peter Thannisch**, **Monika Trost**, **Daniela Uhlmann**, Übersetzung **Frank Rehfeld**, Proofreading **Pia Oddo**, Lettering **Walproject**, grafische Gestaltung **Rudy Remitti**, **Nicola Spano**, Art Director **Alessandro Gucciardo**, Redaktion Panini Comics **Annalisa Califano**, **Beatrice Doti**, Prepress **Francesca Aiello**, **Andrea Bisi**, Repro/Packager **Alessandro Nalli** (coordinator), **Anna Boselli**, **Mario Da Rin Zanco**, **Valentina Esposito**, **Luca Ficarelli**, **Linda Leporati**.

Compilation, cover and all new material Copyright © 2023 DC. All Rights Reserved. Originally published in the US in single magazine form in BATMAN/SUPERMAN: WORLD'S FINEST #1-6. Copyright © 2022 DC. All Rights Reserved. Original U.S. editors: Paul Kaminski, Dave Wielgosz. All characters, their distinctive likenesses and related elements featured in this publication are trademarks of DC. The stories, characters and incidents featured in this publication are entirely fictional. DC does not read or accept unsolicited submissions of ideas, stories or artwork. Batman created by Bob Kane with Bill Finger. Superman created by Jerry Siegel and Joe Shuster. By special arrangement with the Jerry Siegel family. Published by Panini Verlags-GmbH under license from DC. Any inquiries should be addressed to DC, c/o Panini Verlags-GmbH, Schloßstraße 76, D-70176 Stuttgart.

Cover von **Dan Mora**, *Batman/Superman: World's Finest* 1. Variant-Cover von **Jason Fabok**, *Batman/Superman: World's Finest* 1 Variant.

Digitale Ausgaben:
ISBN 978-3-7367-9487-0 (.pdf) / ISBN 978-3-7367-9488-7 (.epub) / ISBN 978-3-7367-9486-3 (.mobi)

Bibliografische Information der Deutschen Nationalbibliothek
Die Deutsche Nationalbibliothek verzeichnet diese Publikation in der Deutschen Nationalbibliografie; detaillierte bibliografische Daten sind im Internet über dnb.d-nb.de abrufbar.

FSC
www.fsc.org
MIX
Paper | Supporting responsible forestry
FSC® C115044

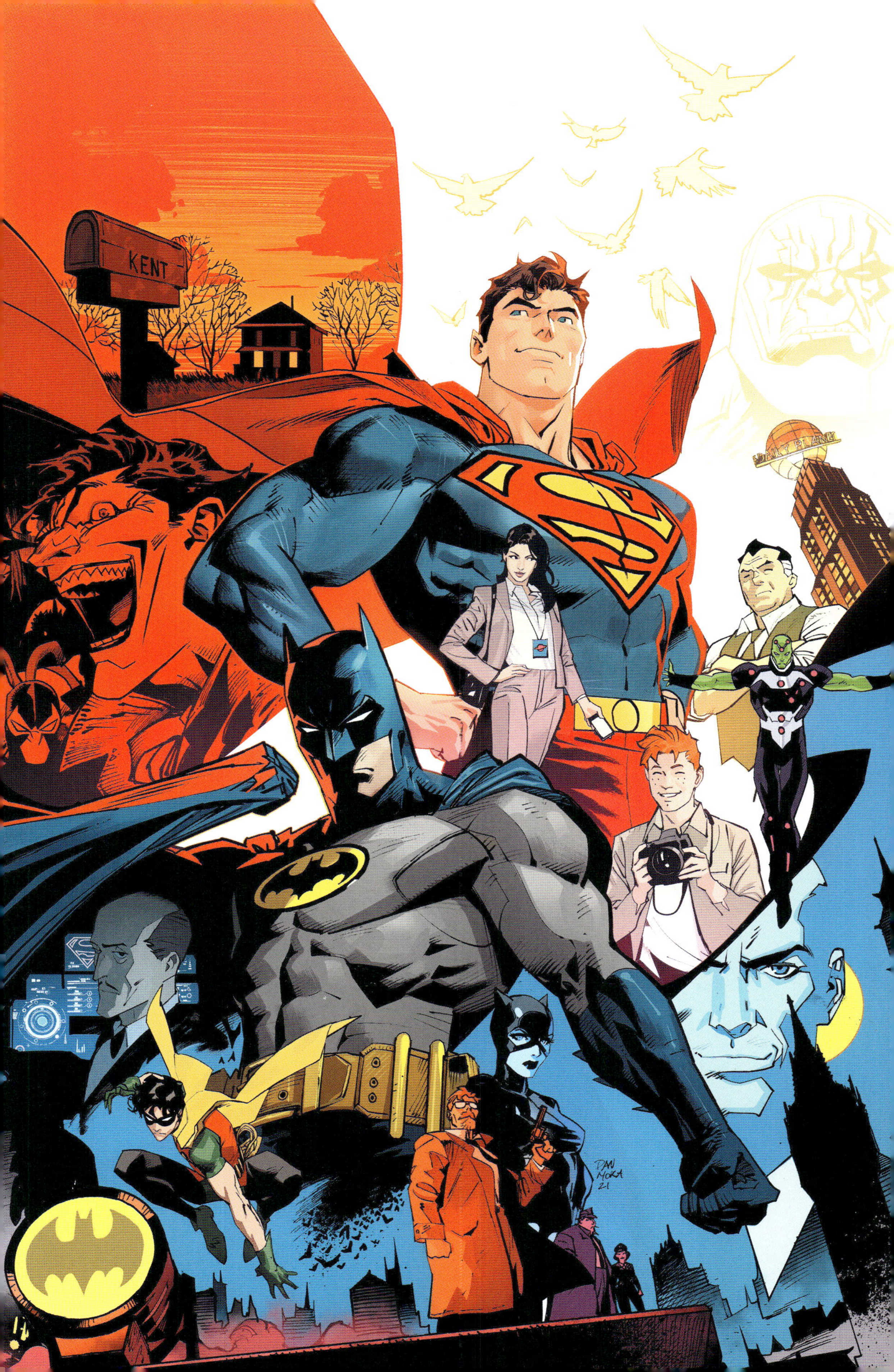
KENT
DAN MORA 21

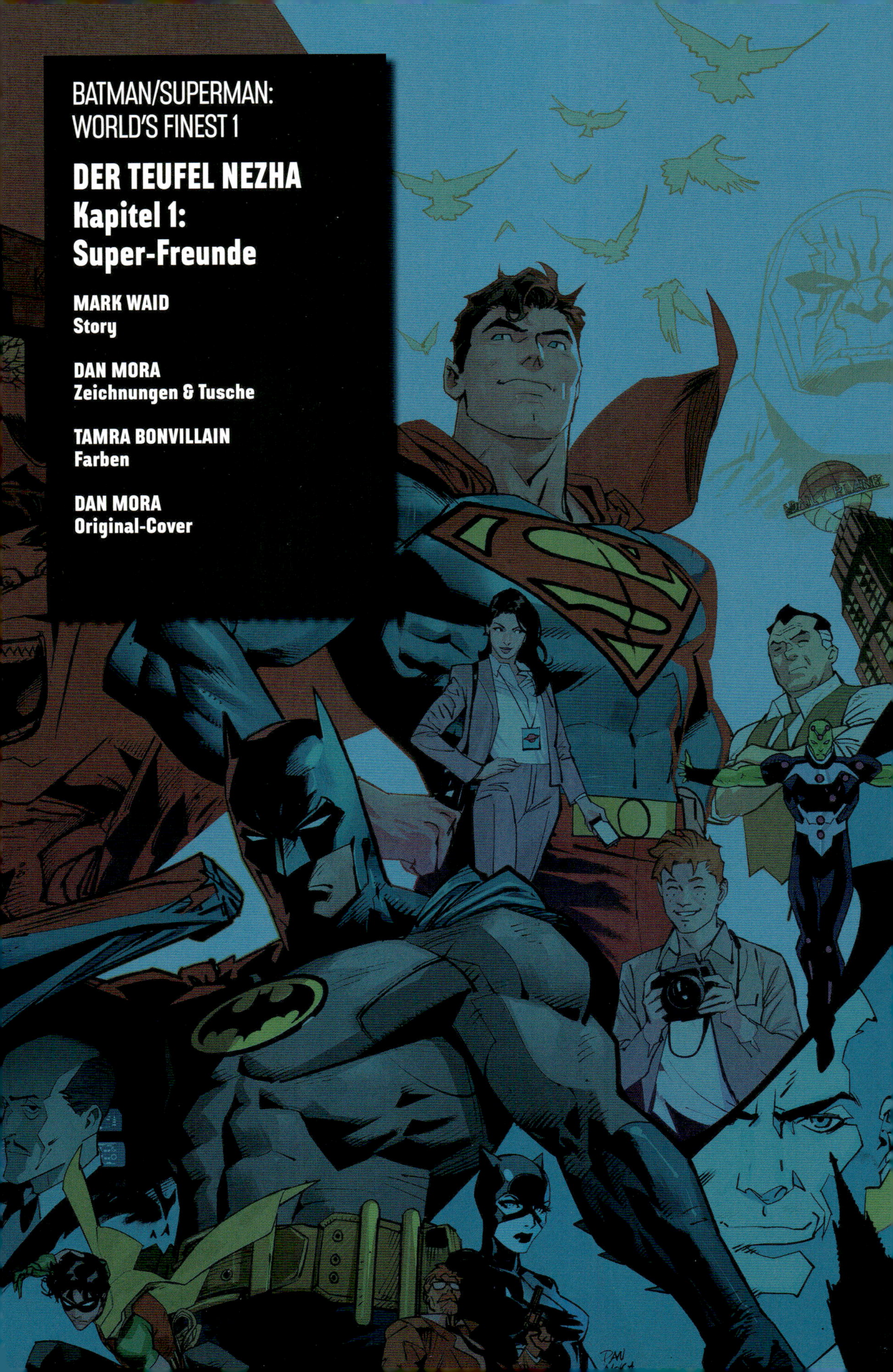

BATMAN/SUPERMAN:
WORLD'S FINEST 1

DER TEUFEL NEZHA
Kapitel 1: Super-Freunde

MARK WAID
Story

DAN MORA
Zeichnungen & Tusche

TAMRA BONVILLAIN
Farben

DAN MORA
Original-Cover

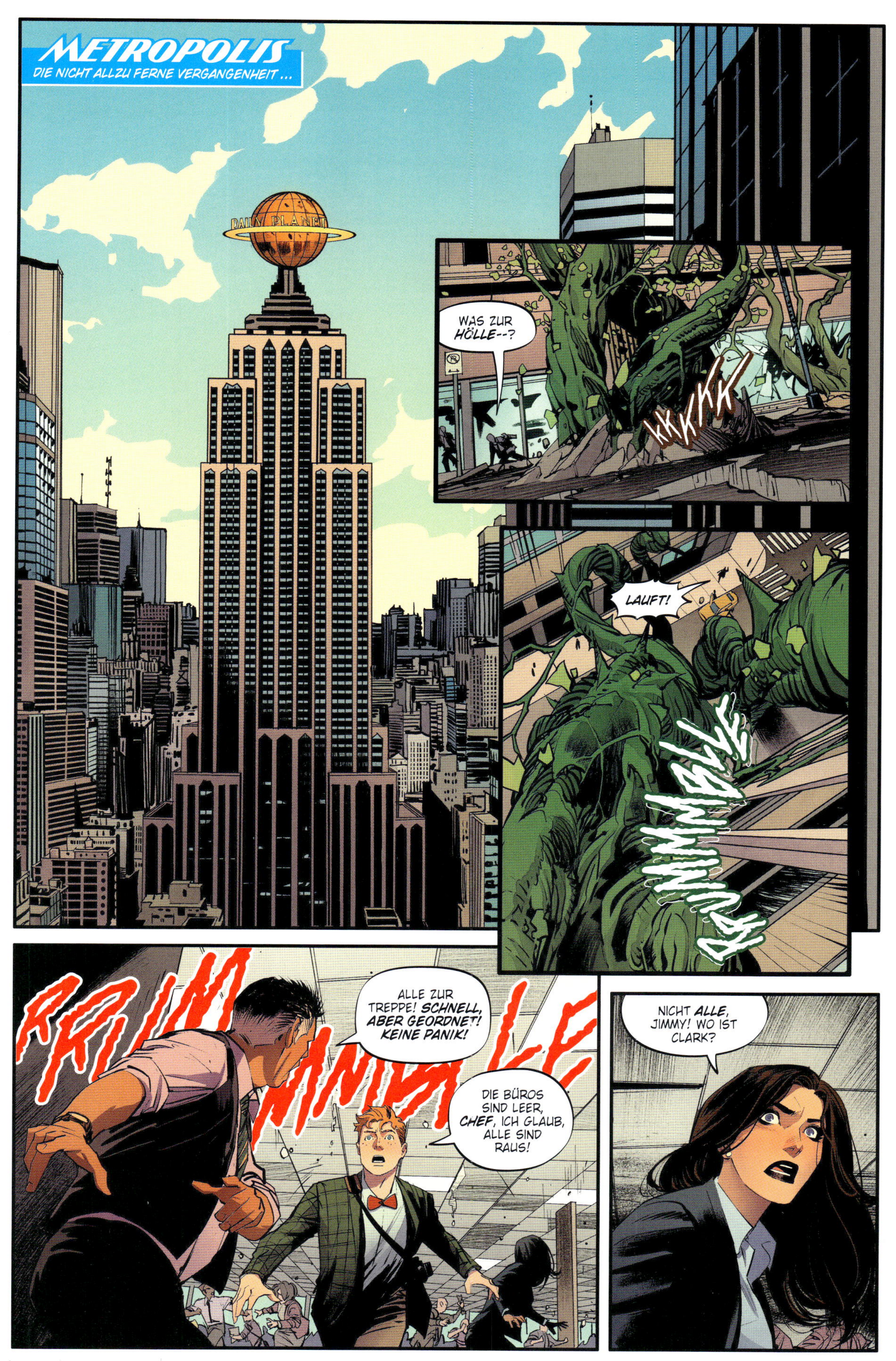
METROPOLIS
DIE NICHT ALLZU FERNE VERGANGENHEIT ...
DAILY PLANET
WAS ZUR HÖLLE--?
KKKKK
LAUFT!
RRUMMMBLE
RRUMMMBLE
ALLE ZUR TREPPE! SCHNELL, ABER GEORDNET! KEINE PANIK!
DIE BÜROS SIND LEER, CHEF, ICH GLAUB, ALLE SIND RAUS!
NICHT ALLE, JIMMY! WO IST CLARK?

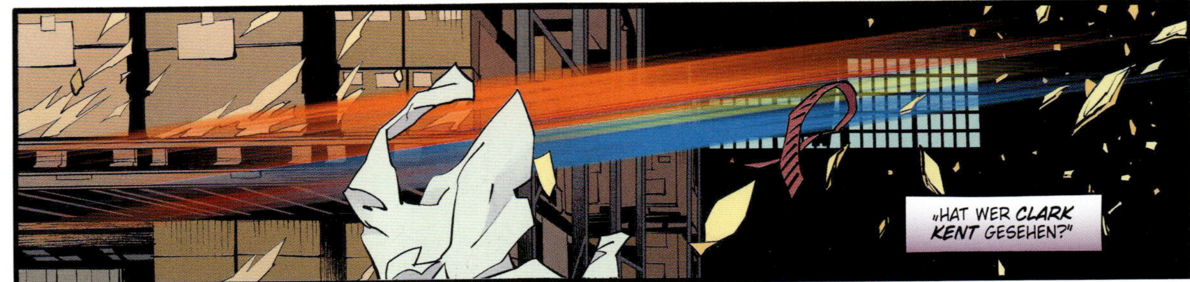

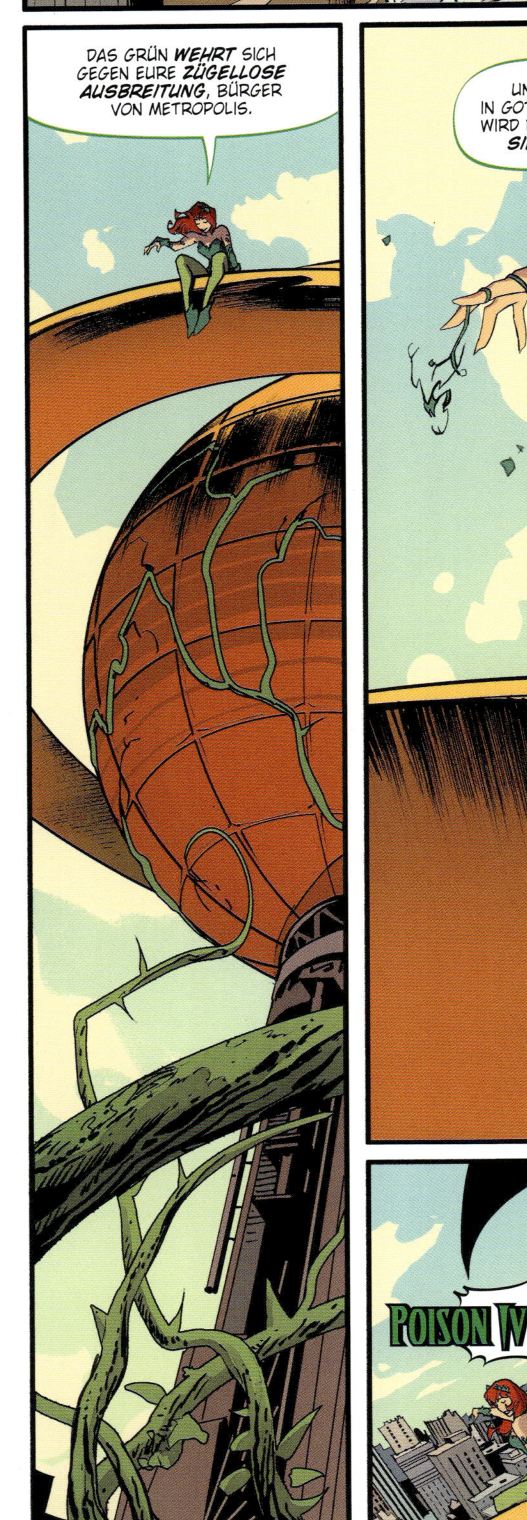

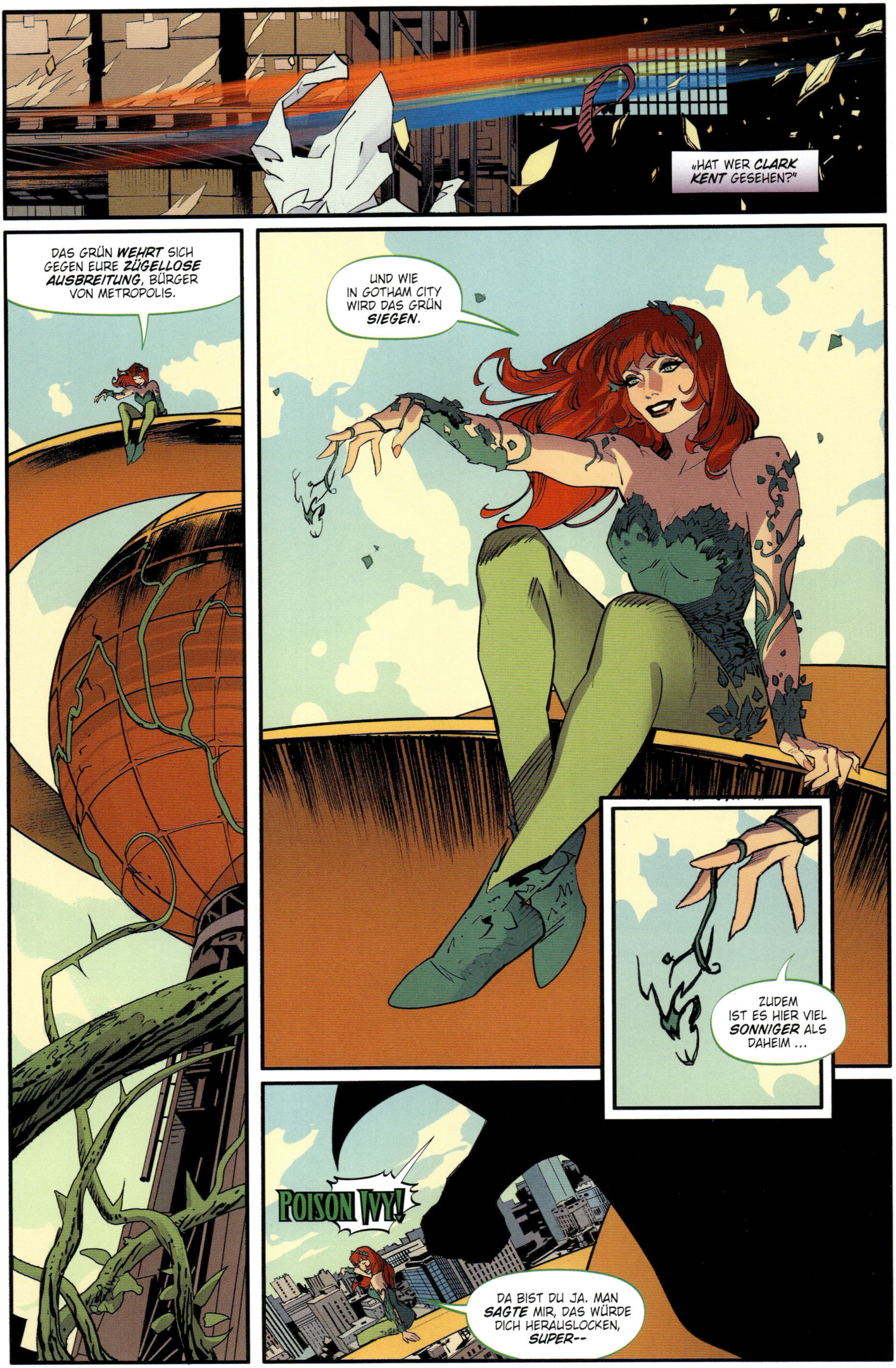

UND WIE IN GOTHAM CITY WIRD DAS GRÜN ***SIEGEN***.

ZUDEM IST ES HIER VIEL ***SONNIGER*** ALS DAHEIM ...

POISON IVY!

DA BIST DU JA. MAN ***SAGTE*** MIR, DAS WÜRDE DICH HERAUSLOCKEN, ***SUPER--***

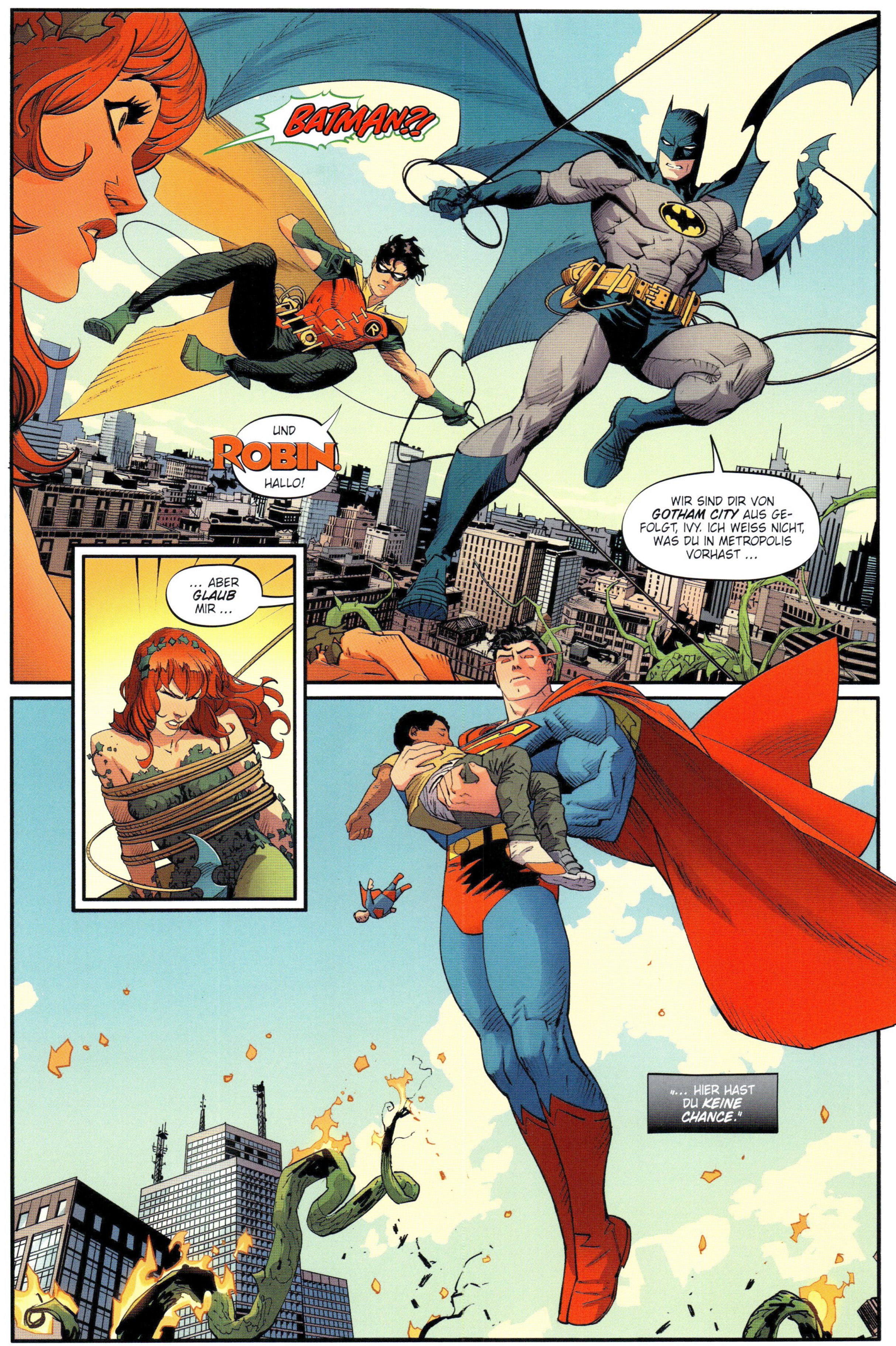
BATMAN?!
UND ROBIN. HALLO!
WIR SIND DIR VON GOTHAM CITY AUS GEFOLGT, IVY. ICH WEISS NICHT, WAS DU IN METROPOLIS VORHAST ...
... ABER GLAUB MIR ...
"... HIER HAST DU KEINE CHANCE."

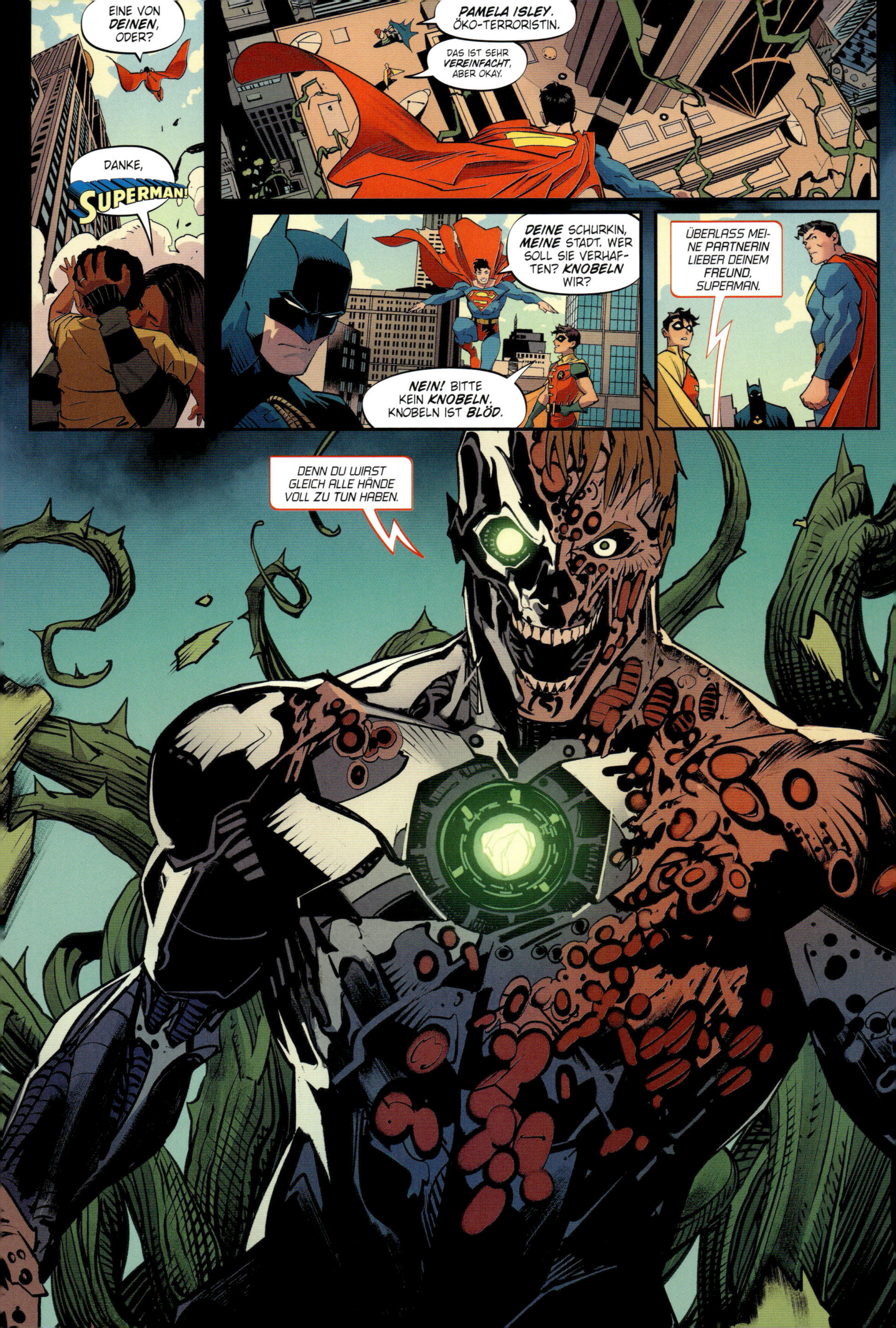
EINE VON DEINEN, ODER?
DANKE, SUPERMAN!
PAMELA ISLEY. ÖKO-TERRORISTIN.
DAS IST SEHR VEREINFACHT, ABER OKAY.
DEINE SCHURKIN, MEINE STADT. WER SOLL SIE VERHAFTEN? KNOBELN WIR?
NEIN! BITTE KEIN KNOBELN. KNOBELN IST BLÖD.
ÜBERLASS MEINE PARTNERIN LIEBER DEINEM FREUND, SUPERMAN.
DENN DU WIRST GLEICH ALLE HÄNDE VOLL ZU TUN HABEN.

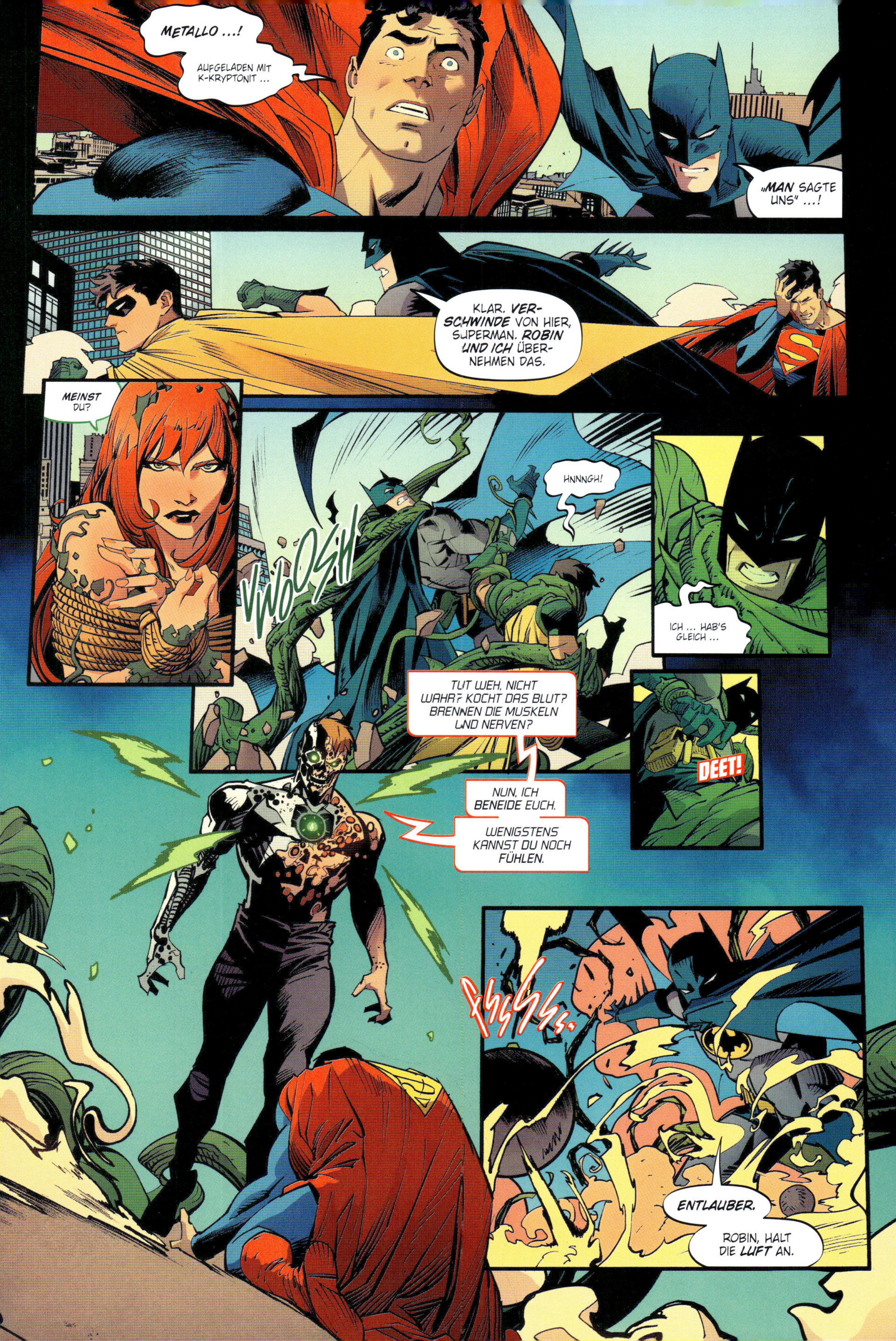
METALLO ...!
AUFGELADEN MIT K-KRYPTONIT ...
„MAN SAGTE UNS" ...!
KLAR. VERSCHWINDE VON HIER, SUPERMAN. ROBIN UND ICH ÜBERNEHMEN DAS.
MEINST DU?
HNNNGH!
VWOOSH
ICH ... HAB'S GLEICH ...
DEET!
TUT WEH, NICHT WAHR? KOCHT DAS BLUT? BRENNEN DIE MUSKELN UND NERVEN?
NUN, ICH BENEIDE EUCH.
WENIGSTENS KANNST DU NOCH FÜHLEN.
FSSSSSS
ENTLAUBER.
ROBIN, HALT DIE LUFT AN.

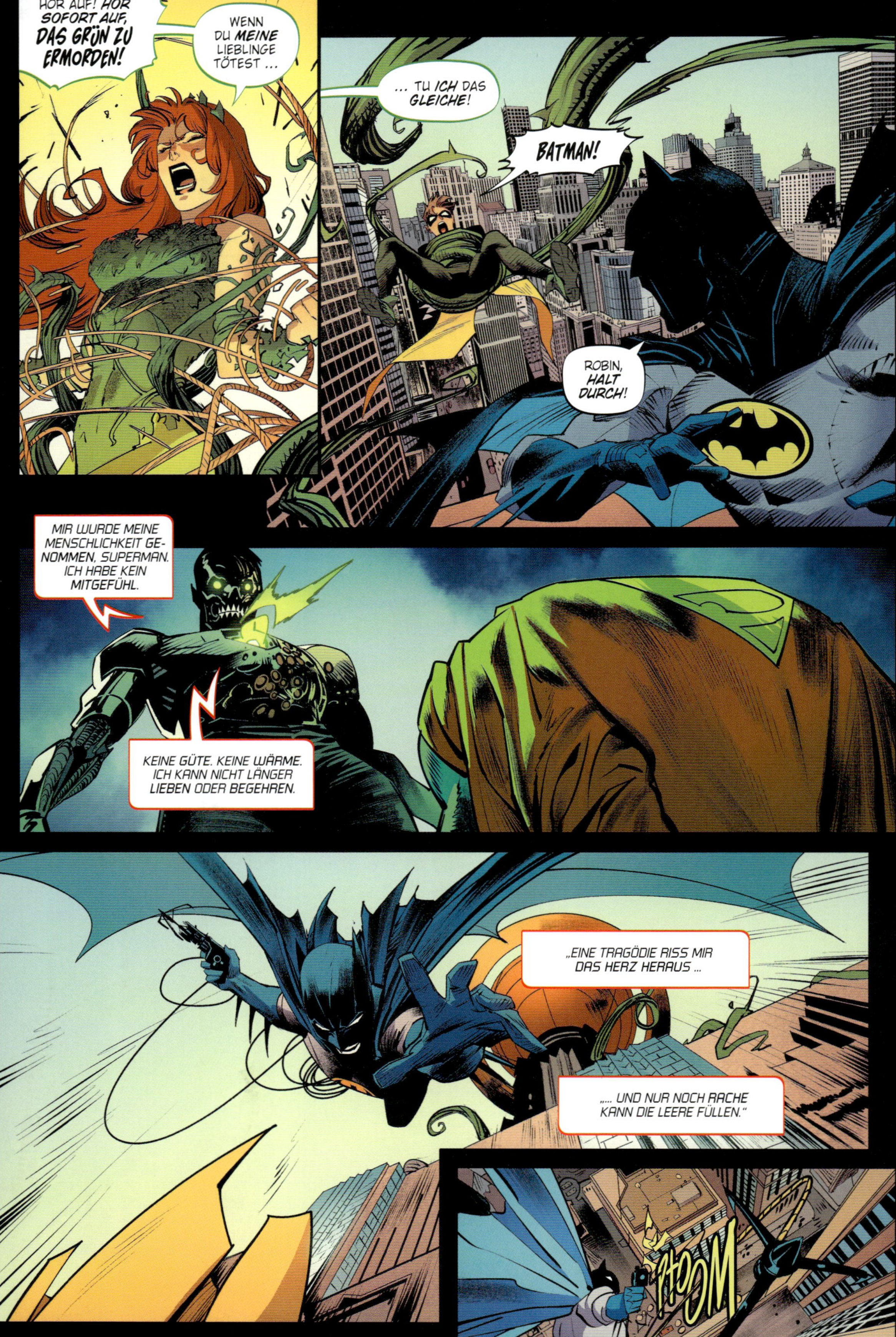
HÖR AUF! HÖR SOFORT AUF, DAS GRÜN ZU ERMORDEN!
WENN DU MEINE LIEBLINGE TÖTEST …
… TU ICH DAS GLEICHE!
BATMAN!
ROBIN, HALT DURCH!
MIR WURDE MEINE MENSCHLICHKEIT GENOMMEN, SUPERMAN. ICH HABE KEIN MITGEFÜHL.
KEINE GÜTE. KEINE WÄRME. ICH KANN NICHT LÄNGER LIEBEN ODER BEGEHREN.
„EINE TRAGÖDIE RISS MIR DAS HERZ HERAUS …
„… UND NUR NOCH RACHE KANN DIE LEERE FÜLLEN.“

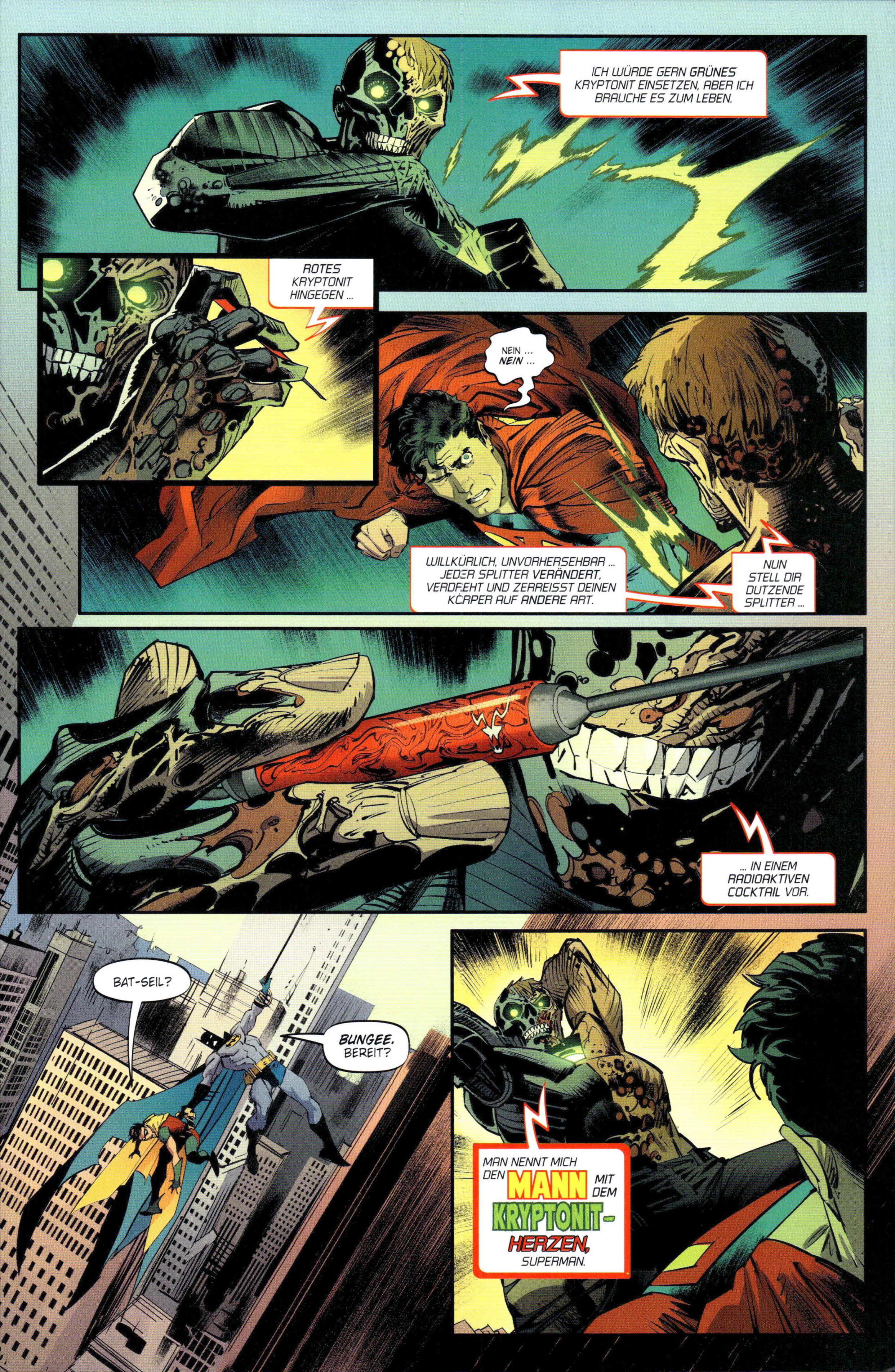

ICH WÜRDE GERN GRÜNES KRYPTONIT EINSETZEN, ABER ICH BRAUCHE ES ZUM LEBEN.

ROTES KRYPTONIT HINGEGEN ...

NEIN ... NEIN ...

WILLKÜRLICH, UNVORHERSEHBAR ... JEDER SPLITTER VERÄNDERT, VERDREHT UND ZERREISST DEINEN KÖRPER AUF ANDERE ART.

NUN STELL DIR DUTZENDE SPLITTER ...

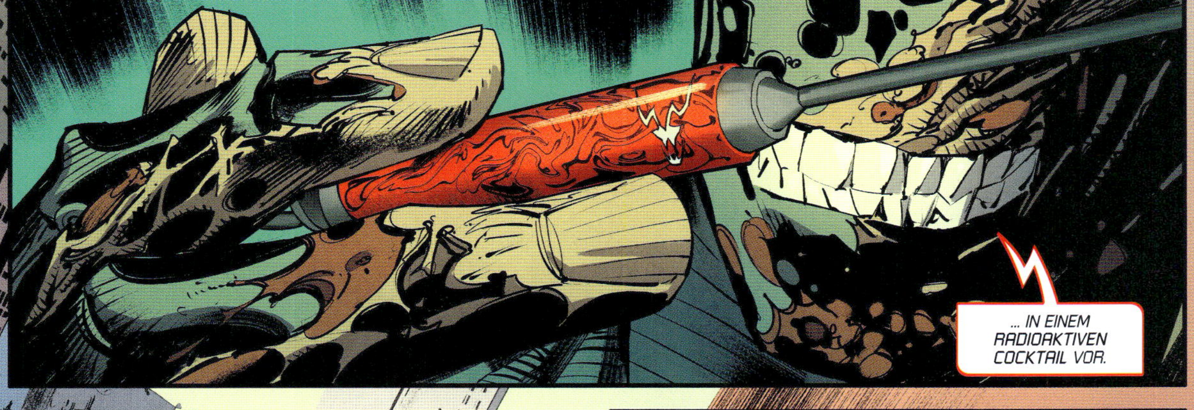

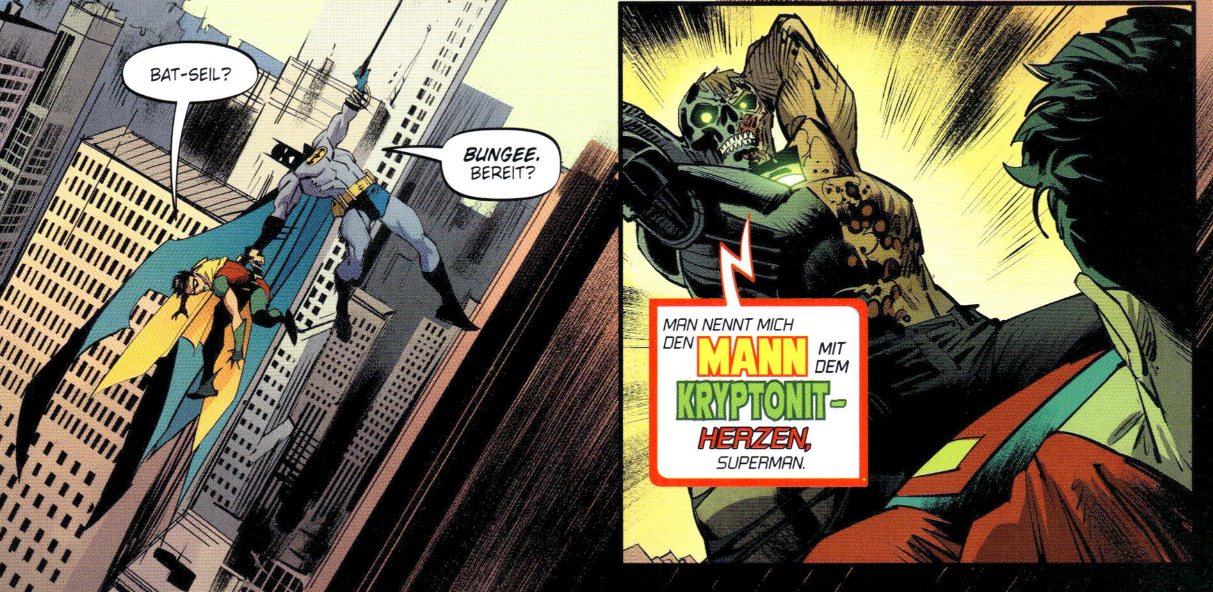

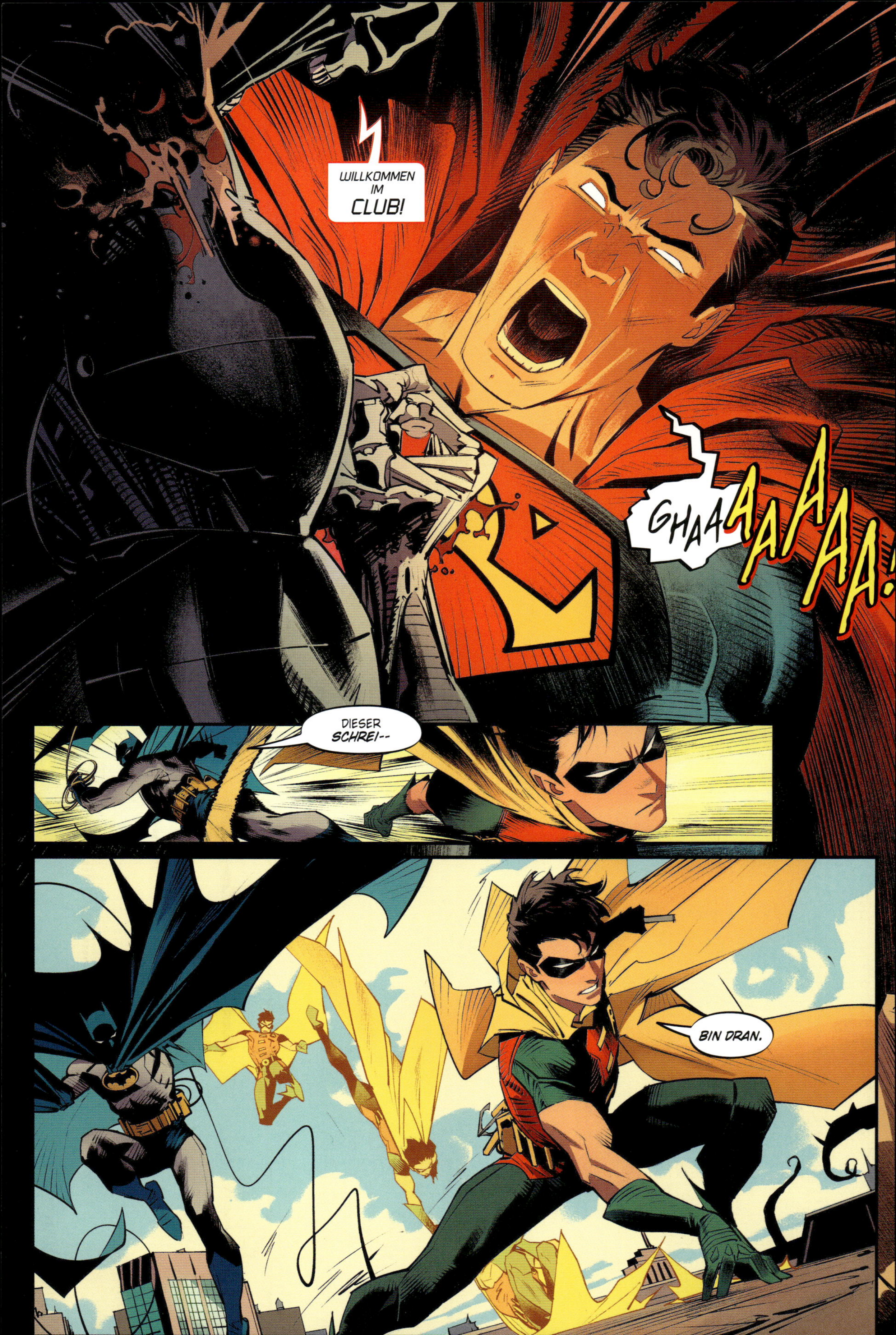
WILLKOMMEN IM CLUB!
GHAAAAAAAA!
DIESER SCHREI--
BIN DRAN.

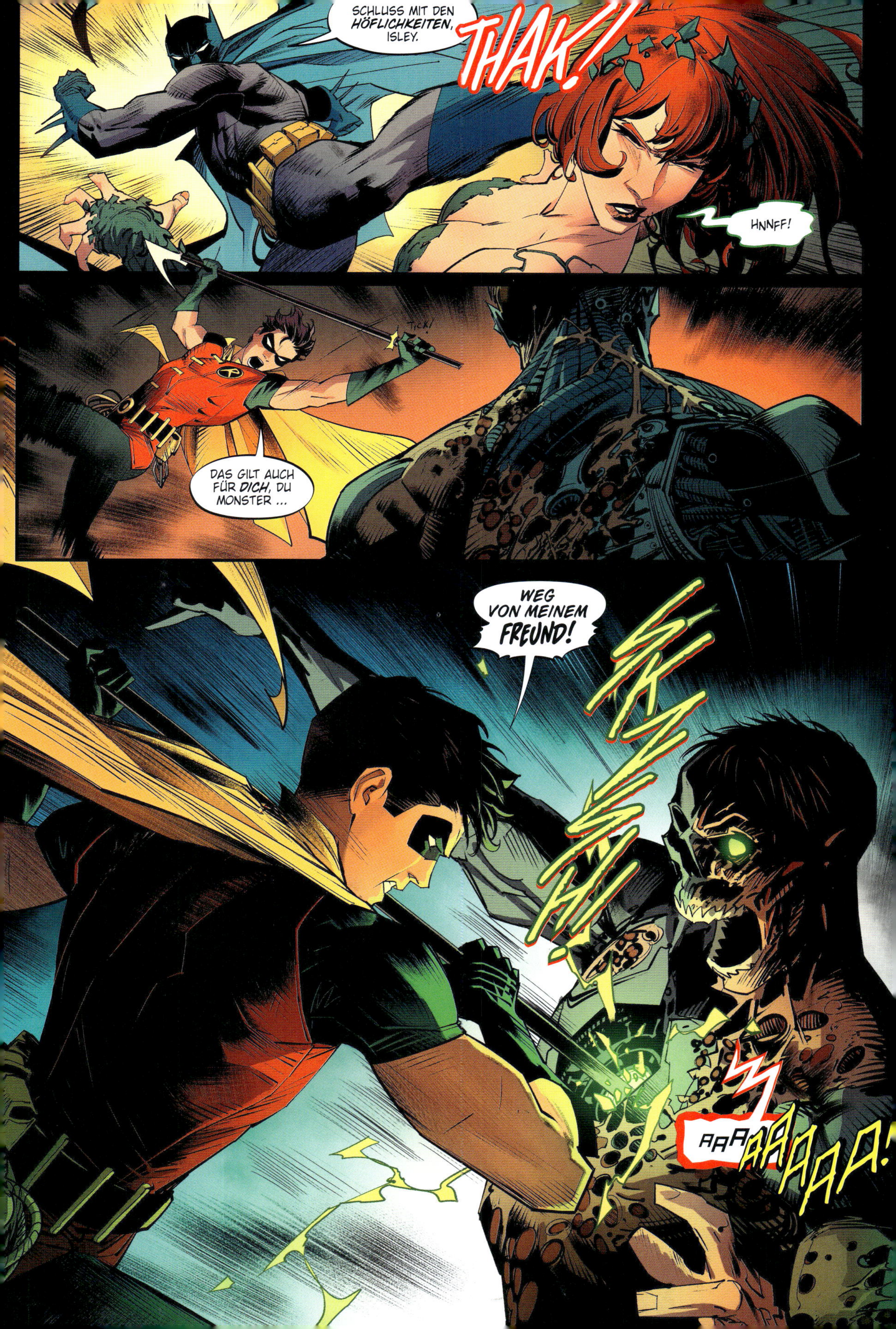
SCHLUSS MIT DEN HÖFLICHKEITEN, ISLEY.
THAK!
HNNFF!
DAS GILT AUCH FÜR DICH, DU MONSTER ...
WEG VON MEINEM FREUND!
SKRZZSH!
AAAAAAAA!

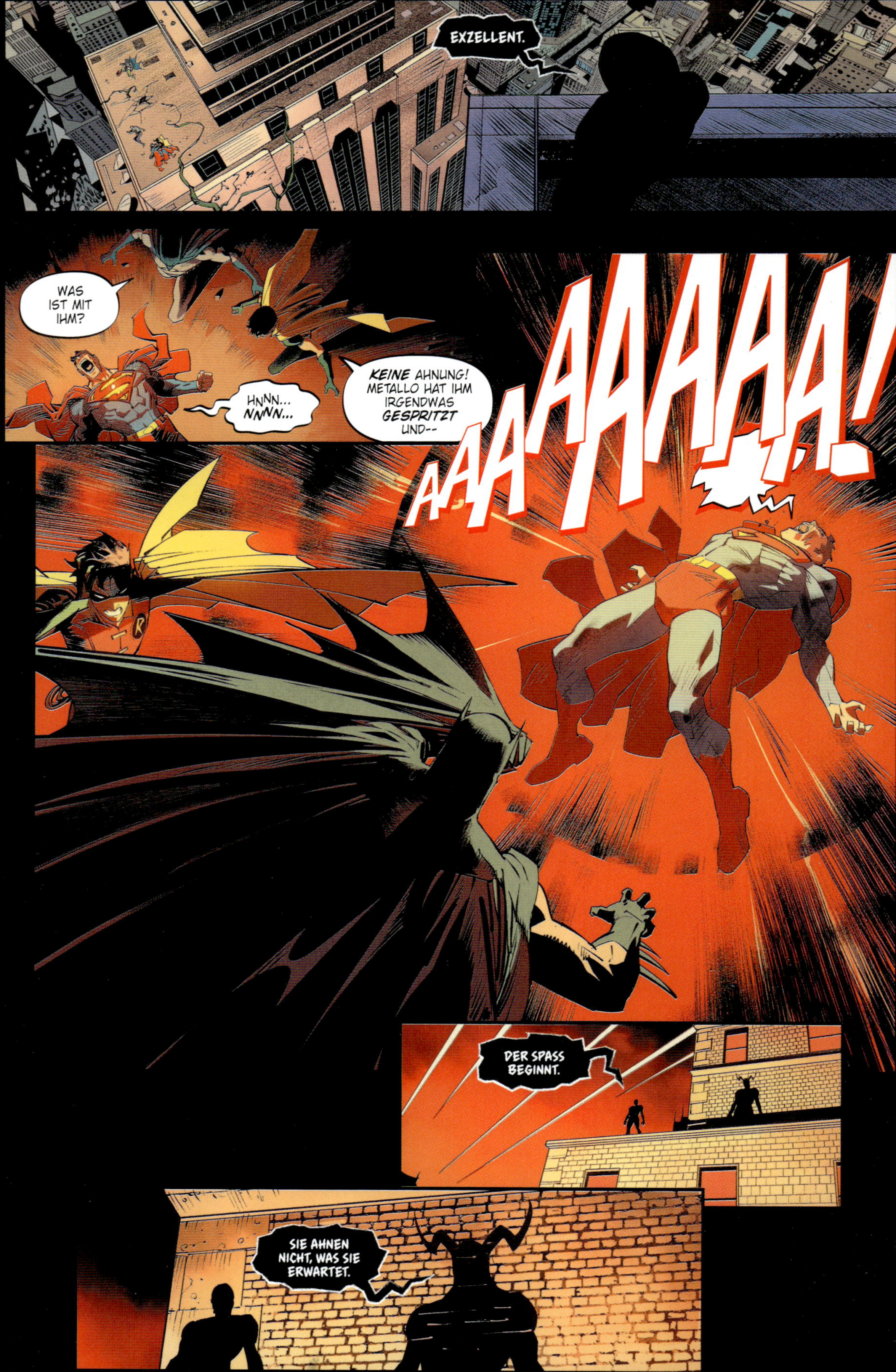
EXZELLENT.
WAS IST MIT IHM?
HNNN... NNNN...
KEINE AHNUNG! METALLO HAT IHM IRGENDWAS GESPRITZT UND--
AAAAAAAA!
DER SPASS BEGINNT.
SIE AHNEN NICHT, WAS SIE ERWARTET.

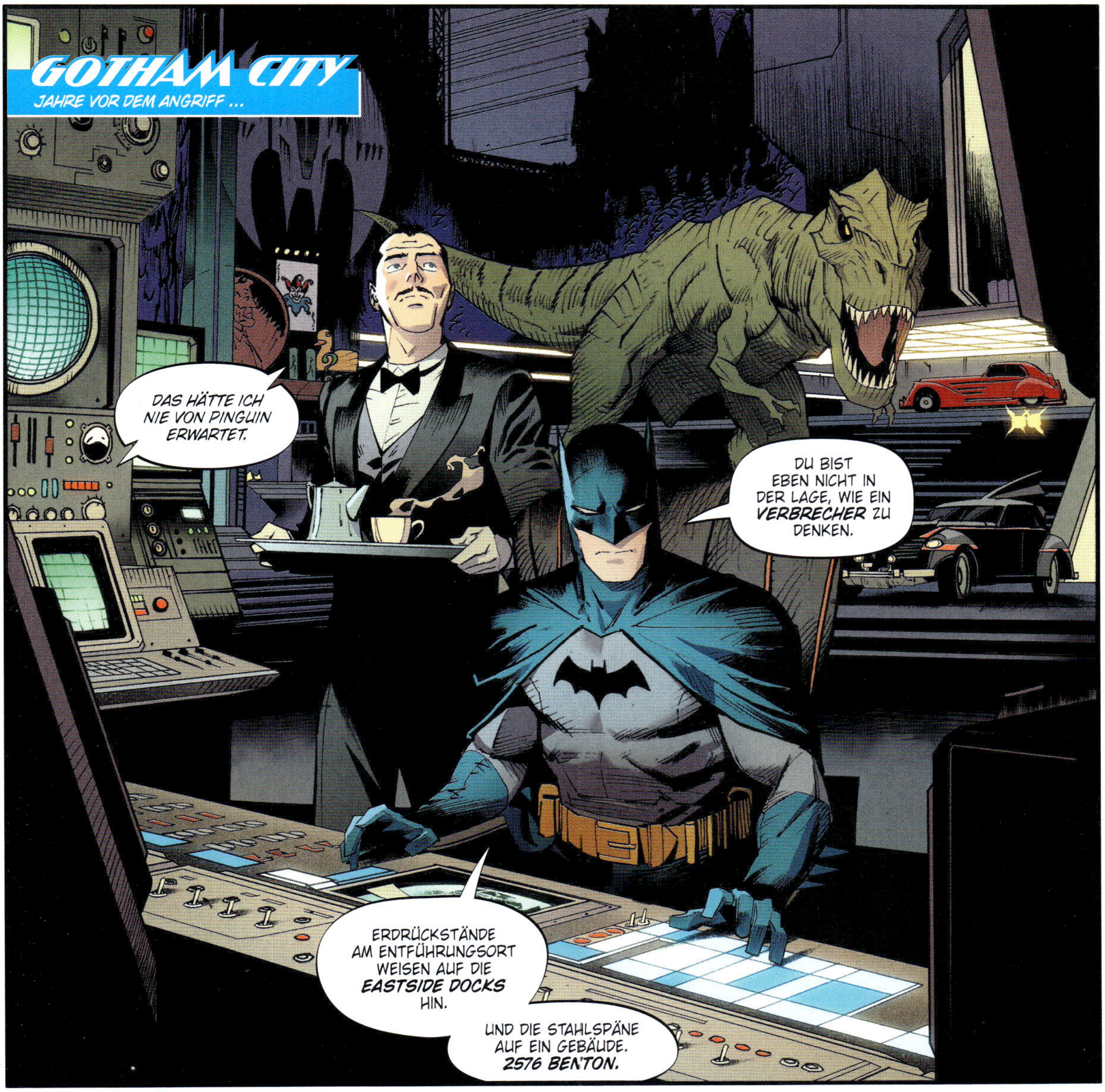

GOTHAM CITY
JAHRE VOR DEM ANGRIFF ...

DAS HÄTTE ICH NIE VON PINGUIN ERWARTET.

DU BIST EBEN NICHT IN DER LAGE, WIE EIN **VERBRECHER** ZU DENKEN.

ERDRÜCKSTÄNDE AM ENTFÜHRUNGSORT WEISEN AUF DIE **EASTSIDE DOCKS** HIN.

UND DIE STAHLSPÄNE AUF EIN GEBÄUDE. **2576 BENTON.**

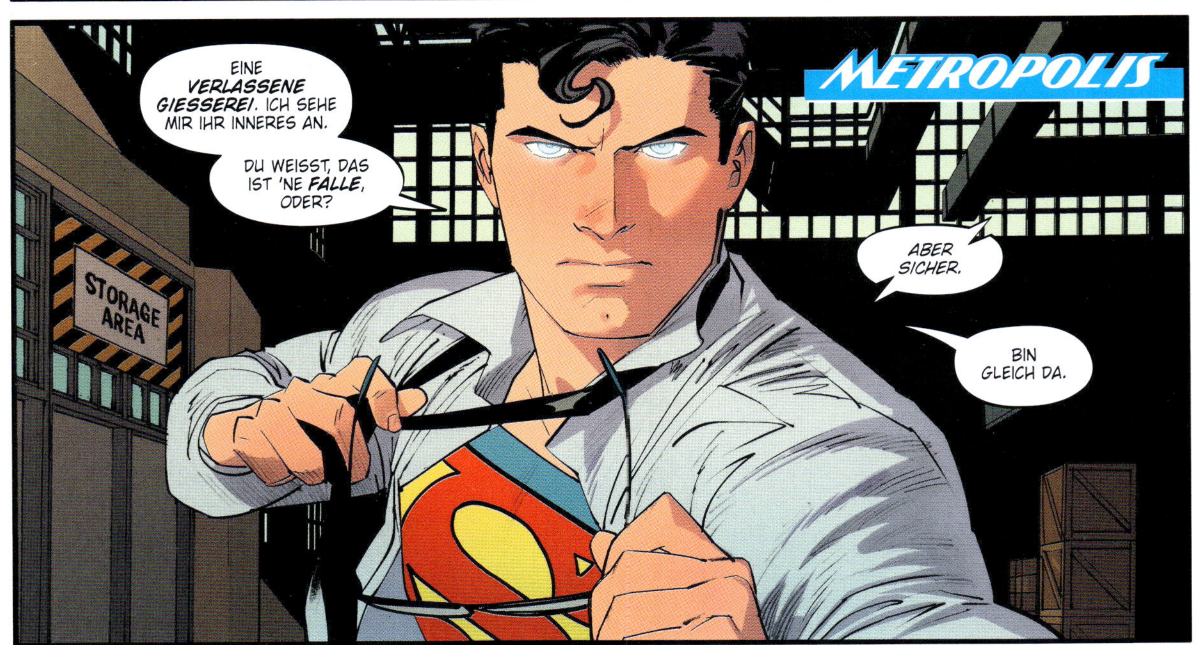

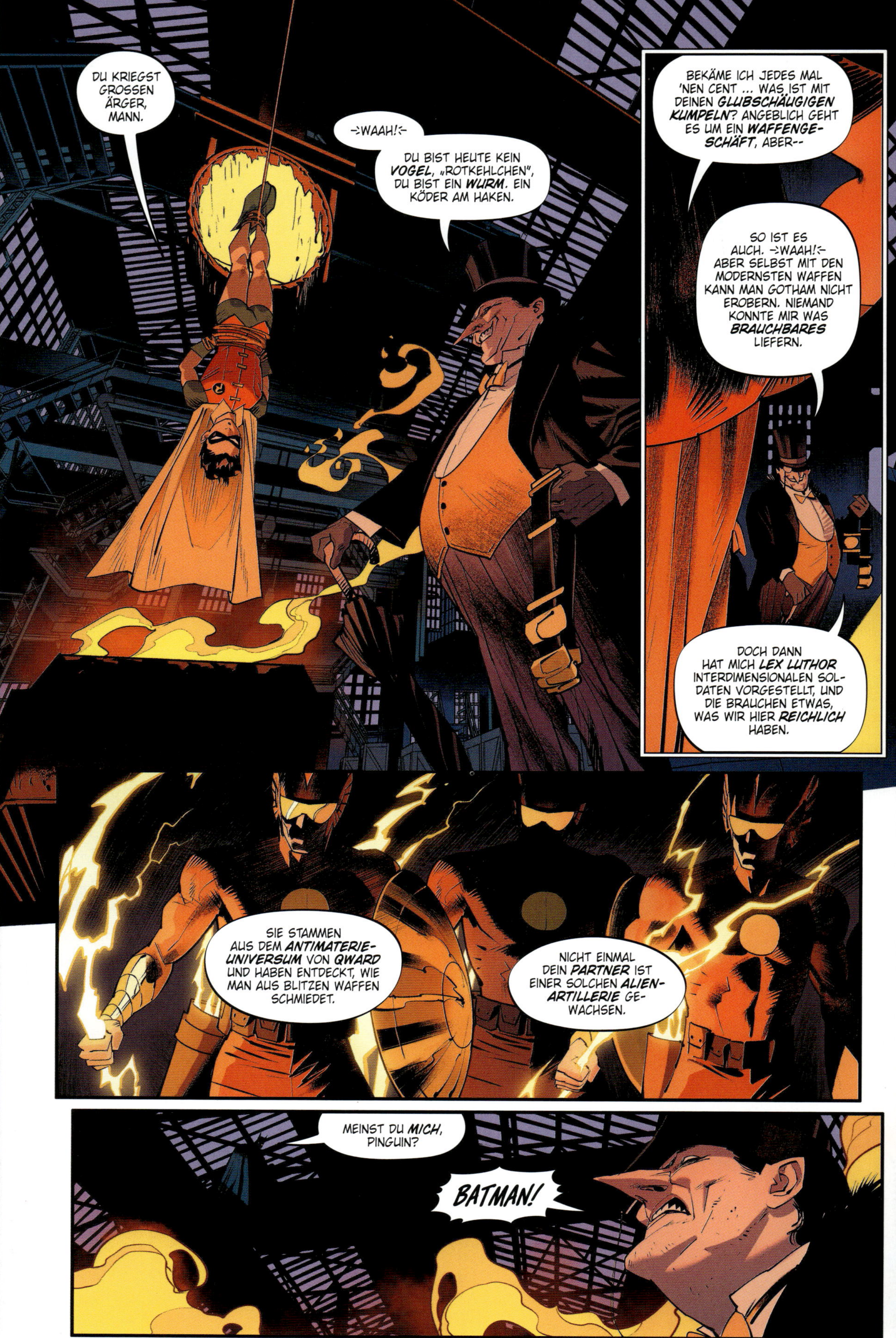

DU KRIEGST GROSSEN ÄRGER, MANN.
-WAAH!-
DU BIST HEUTE KEIN VOGEL, „ROTKEHLCHEN", DU BIST EIN WURM. EIN KÖDER AM HAKEN.
BEKÄME ICH JEDES MAL 'NEN CENT ... WAS IST MIT DEINEN GLUBSCHÄUGIGEN KUMPELN? ANGEBLICH GEHT ES UM EIN WAFFENGE-SCHÄFT, ABER--
SO IST ES AUCH. -WAAH!- ABER SELBST MIT DEN MODERNSTEN WAFFEN KANN MAN GOTHAM NICHT EROBERN. NIEMAND KONNTE MIR WAS BRAUCHBARES LIEFERN.
DOCH DANN HAT MICH LEX LUTHOR INTERDIMENSIONALEN SOL-DATEN VORGESTELLT, UND DIE BRAUCHEN ETWAS, WAS WIR HIER REICHLICH HABEN.
SIE STAMMEN AUS DEM ANTIMATERIE-UNIVERSUM VON QWARD UND HABEN ENTDECKT, WIE MAN AUS BLITZEN WAFFEN SCHMIEDET.
NICHT EINMAL DEIN PARTNER IST EINER SOLCHEN ALIEN-ARTILLERIE GE-WACHSEN.
MEINST DU MICH, PINGUIN?
BATMAN!

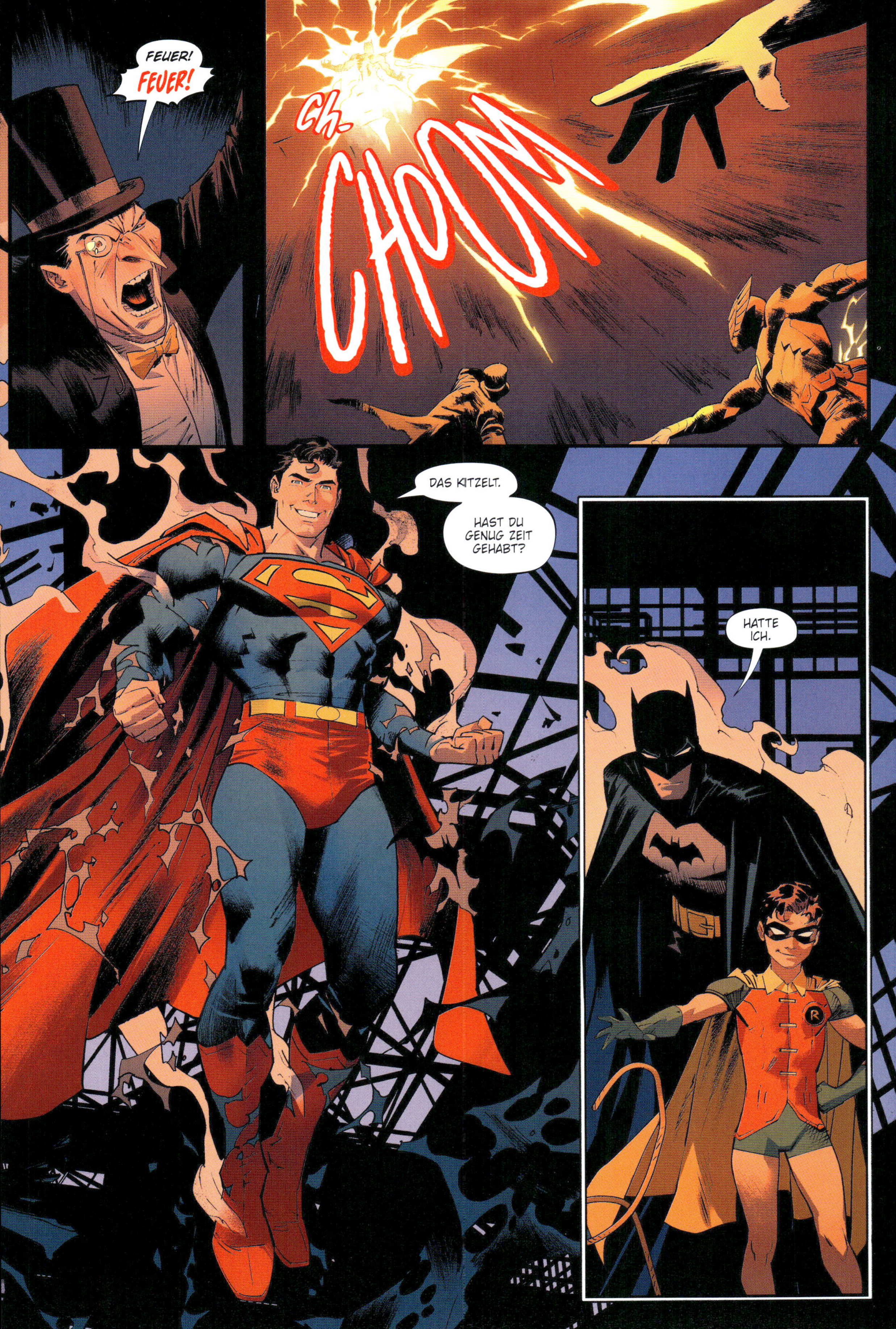
FEUER!
FEUER!
Ch-
CHOOM
DAS KITZELT.
HAST DU GENUG ZEIT GEHABT?
HATTE ICH.

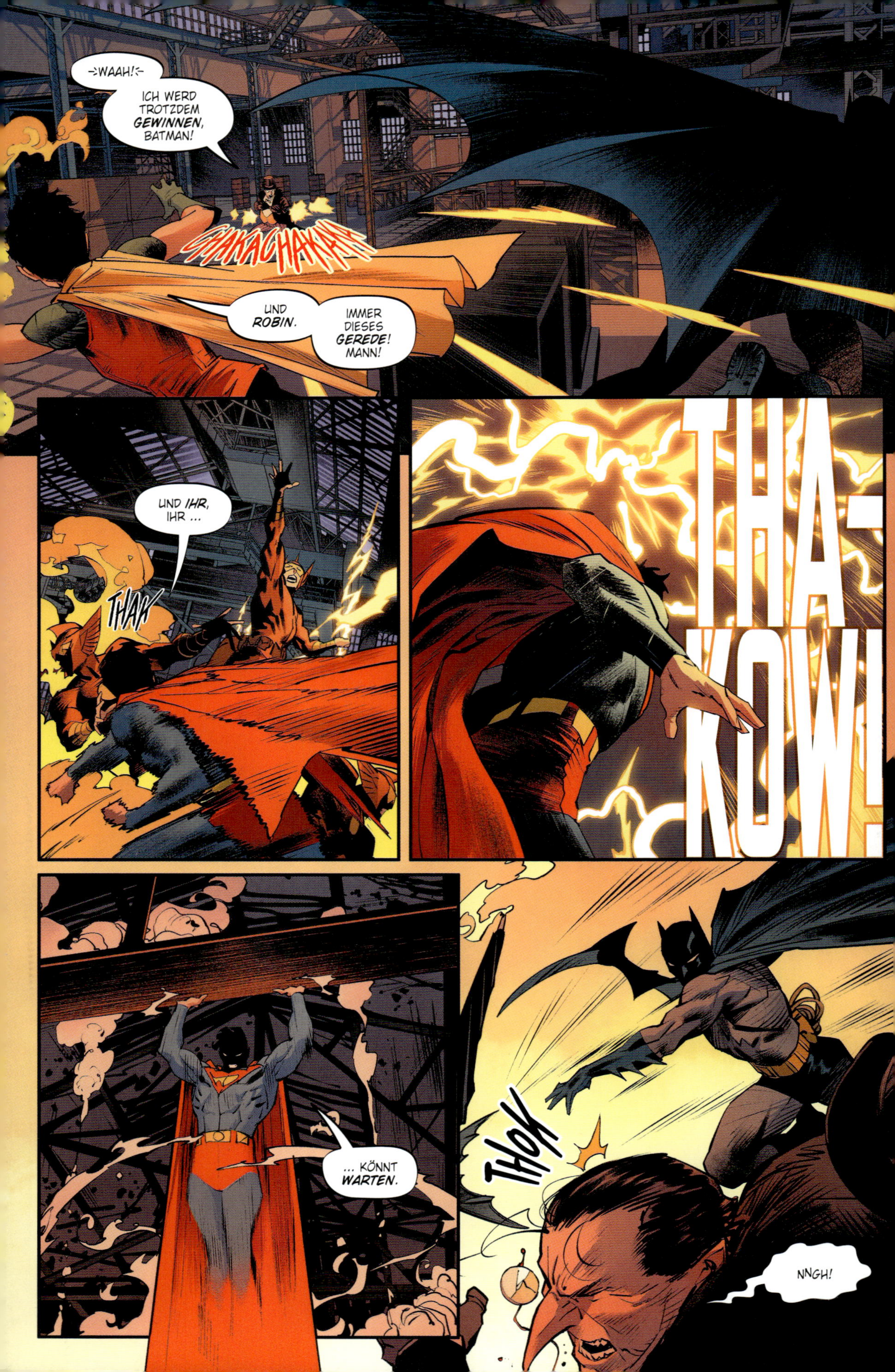
WAAH!
ICH WERD TROTZDEM GEWINNEN, BATMAN!
CHAKACHAKAK
UND ROBIN.
IMMER DIESES GEREDE! MANN!
UND IHR, IHR ...
THAK
THA-KOW!
... KÖNNT WARTEN.
THOK
NNGH!

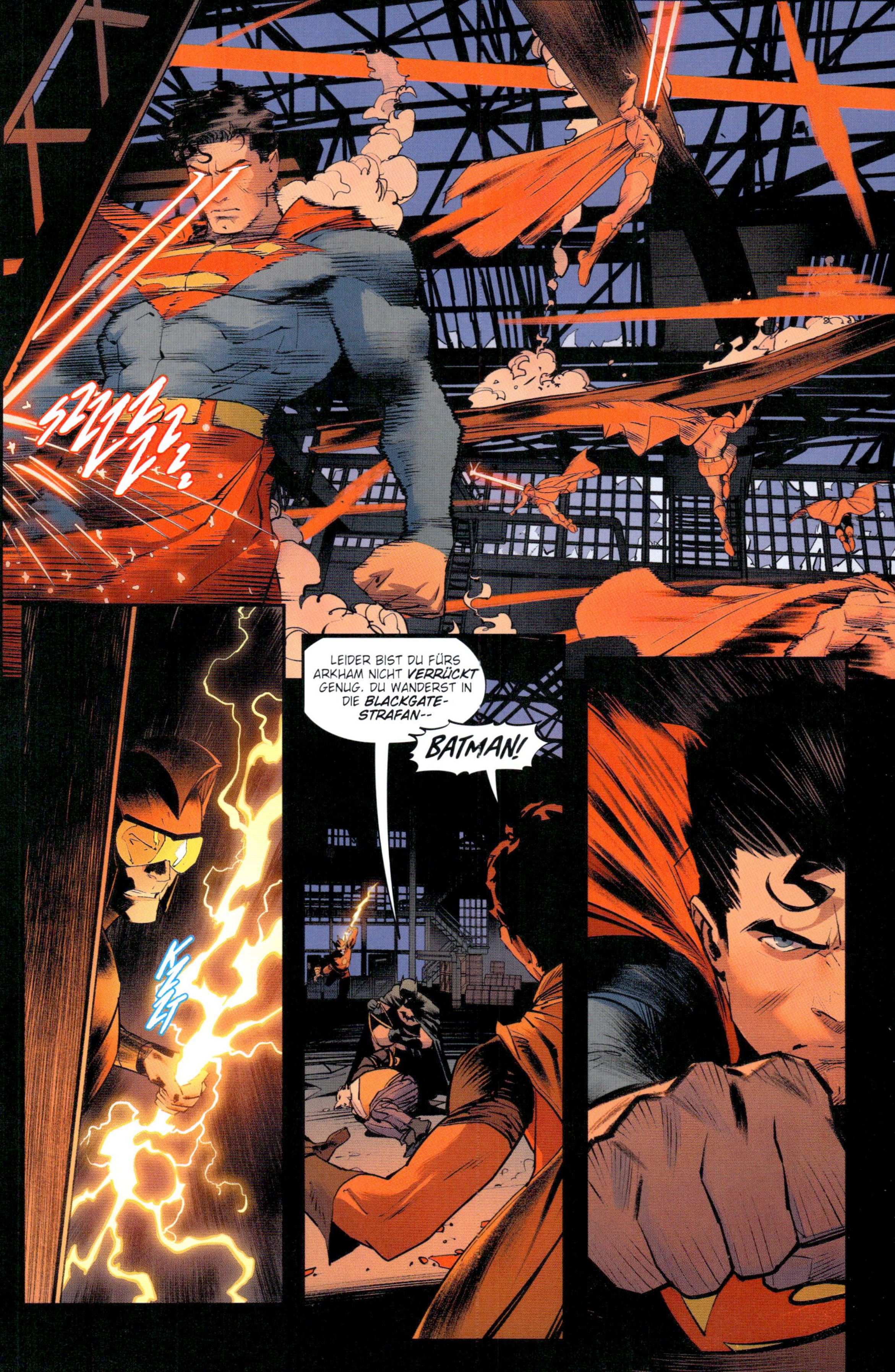
SZZZZZZ
KZZZT
LEIDER BIST DU FÜRS ARKHAM NICHT VERRÜCKT GENUG. DU WANDERST IN DIE BLACKGATE-STRAFAN--
BATMAN!

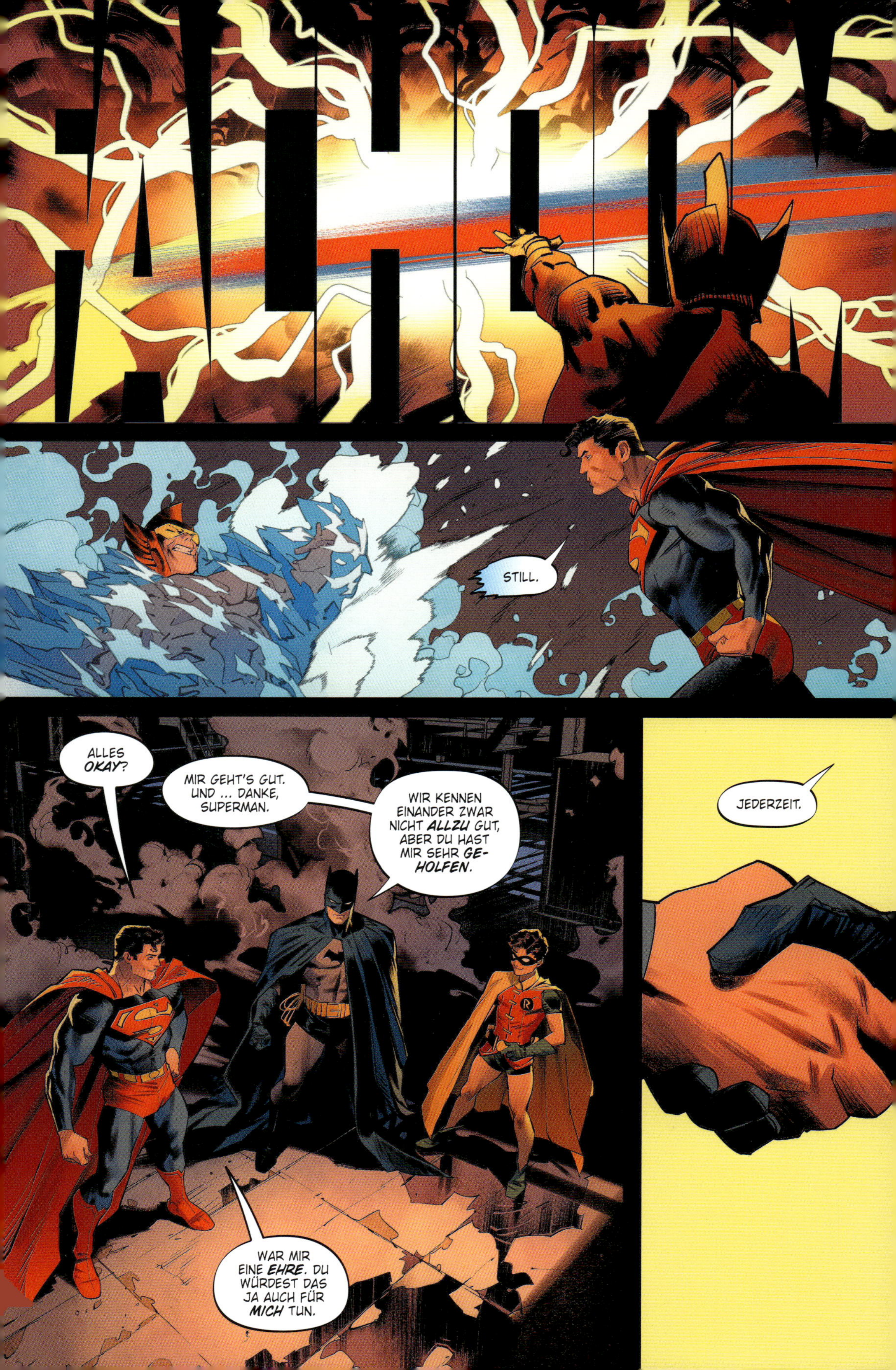
ZAKK!
STILL.
ALLES OKAY?
MIR GEHT'S GUT. UND ... DANKE, SUPERMAN.
WIR KENNEN EINANDER ZWAR NICHT ALLZU GUT, ABER DU HAST MIR SEHR GEHOLFEN.
WAR MIR EINE EHRE. DU WÜRDEST DAS JA AUCH FÜR MICH TUN.
JEDERZEIT.

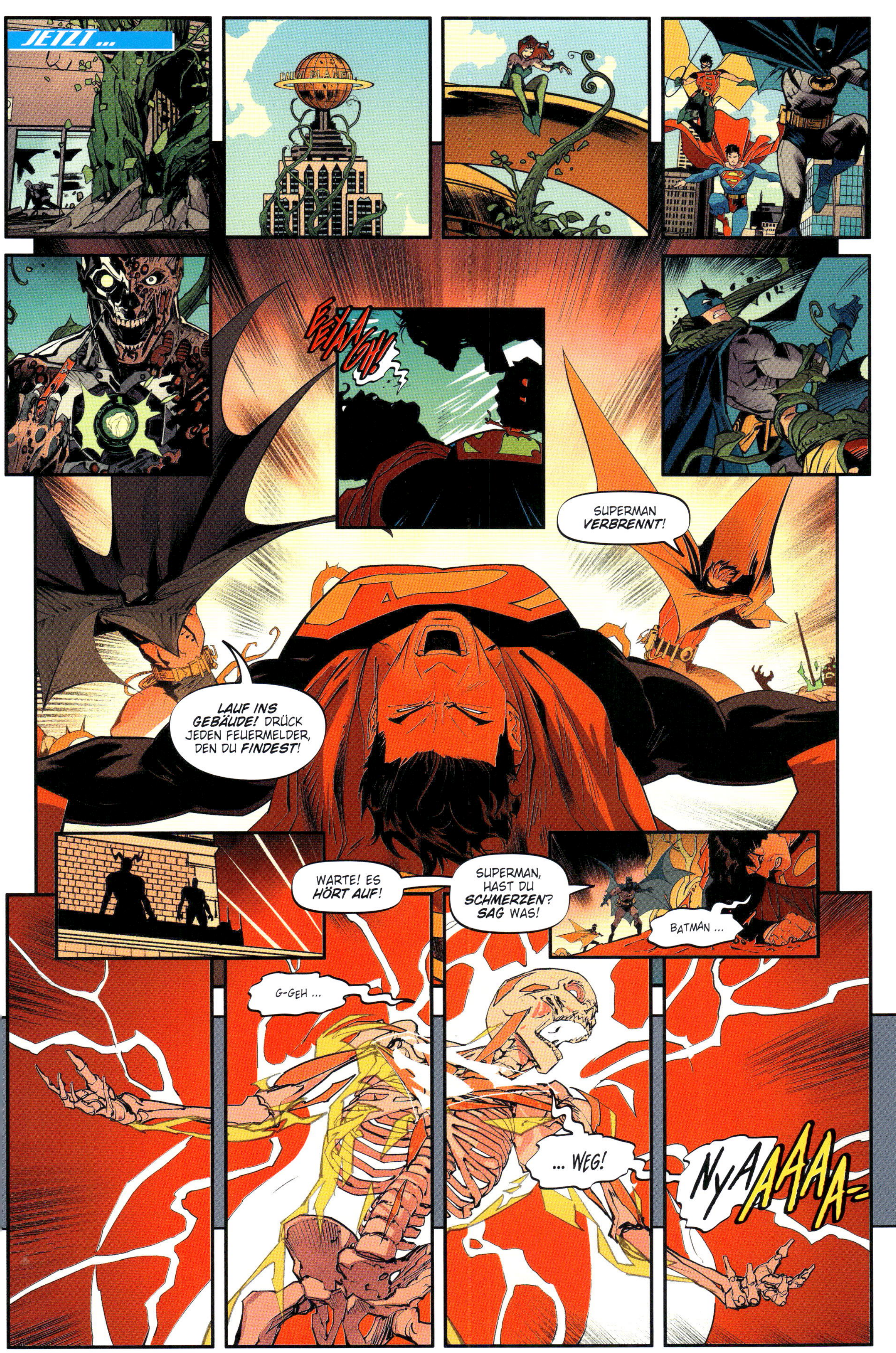
JETZT ...
SUPERMAN VERBRENNT!
LAUF INS GEBÄUDE! DRÜCK JEDEN FEUERMELDER, DEN DU FINDEST!
WARTE! ES HÖRT AUF!
SUPERMAN, HAST DU SCHMERZEN? SAG WAS!
BATMAN ...
G-GEH ...
... WEG!
NyAAAAA-

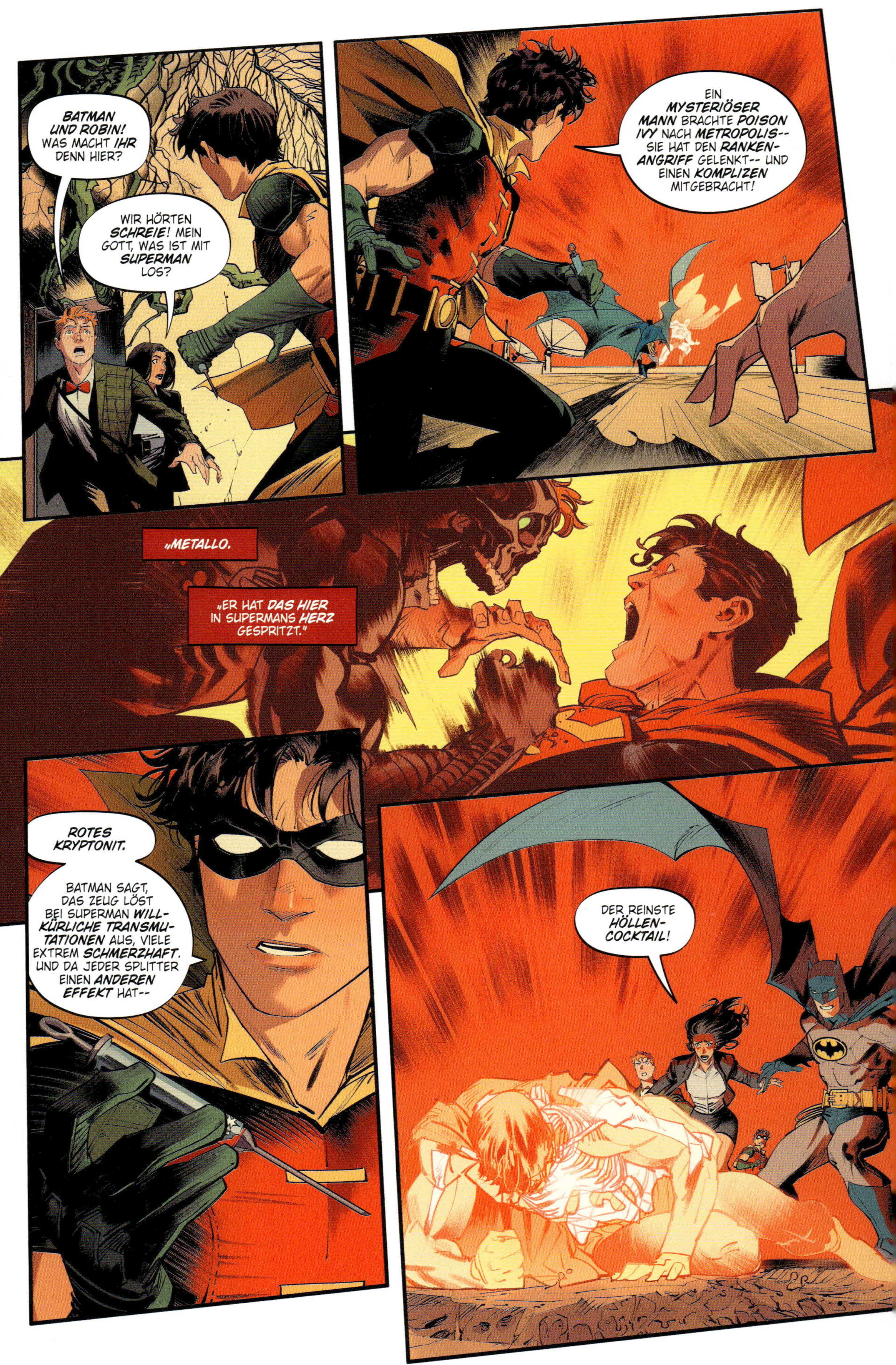
BATMAN UND ROBIN! WAS MACHT IHR DENN HIER?
WIR HÖRTEN SCHREIE! MEIN GOTT, WAS IST MIT SUPERMAN LOS?
EIN MYSTERIÖSER MANN BRACHTE POISON IVY NACH METROPOLIS-- SIE HAT DEN RANKEN-ANGRIFF GELENKT-- UND EINEN KOMPLIZEN MITGEBRACHT!
„METALLO.
„ER HAT DAS HIER IN SUPERMANS HERZ GESPRITZT."
ROTES KRYPTONIT.
BATMAN SAGT, DAS ZEUG LÖST BEI SUPERMAN WILLKÜRLICHE TRANSMUTATIONEN AUS, VIELE EXTREM SCHMERZHAFT. UND DA JEDER SPLITTER EINEN ANDEREN EFFEKT HAT--
DER REINSTE HÖLLEN-COCKTAIL!

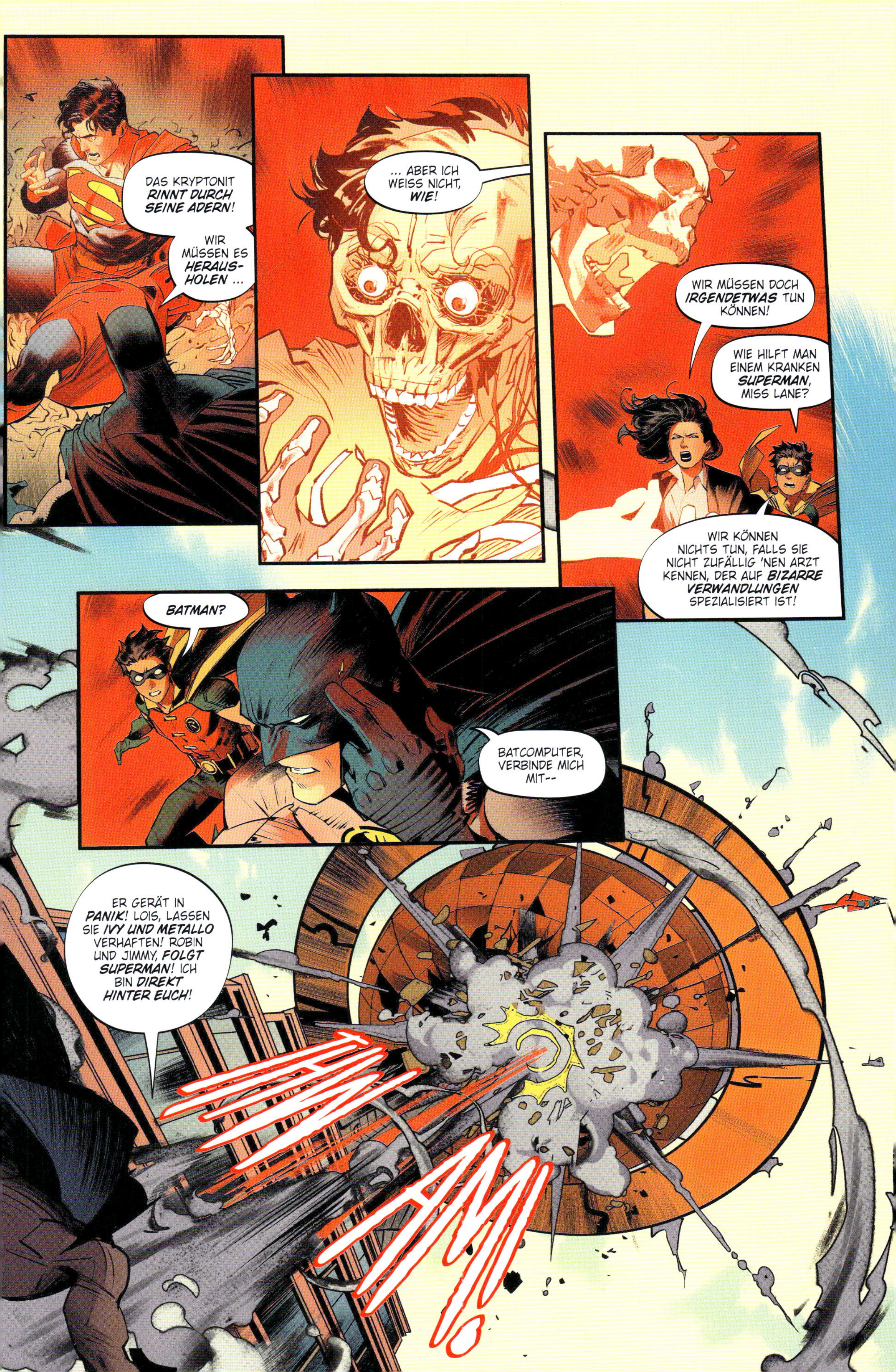
DAS KRYPTONIT RINNT DURCH SEINE ADERN!
WIR MÜSSEN ES HERAUS-HOLEN ...
... ABER ICH WEISS NICHT, WIE!
WIR MÜSSEN DOCH IRGENDETWAS TUN KÖNNEN!
WIE HILFT MAN EINEM KRANKEN SUPERMAN, MISS LANE?
WIR KÖNNEN NICHTS TUN, FALLS SIE NICHT ZUFÄLLIG 'NEN ARZT KENNEN, DER AUF BIZARRE VERWANDLUNGEN SPEZIALISIERT IST!
BATMAN?
BATCOMPUTER, VERBINDE MICH MIT--
ER GERÄT IN PANIK! LOIS, LASSEN SIE IVY UND METALLO VERHAFTEN! ROBIN UND JIMMY, FOLGT SUPERMAN! ICH BIN DIREKT HINTER EUCH!
THWAAM!

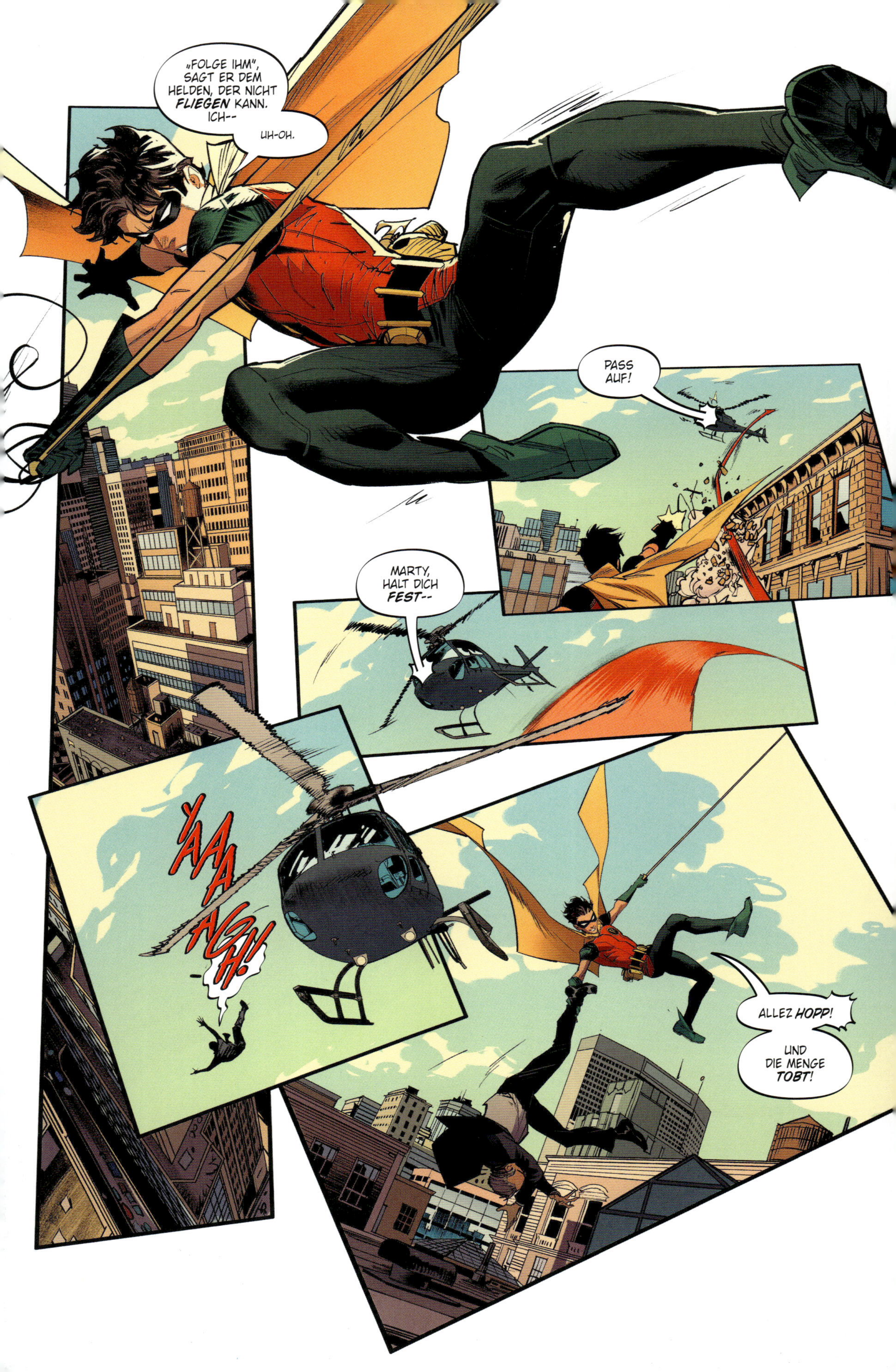
„FOLGE IHM", SAGT ER DEM HELDEN, DER NICHT FLIEGEN KANN. ICH--
UH-OH.
PASS AUF!
MARTY, HALT DICH FEST--
YAAAACH!
ALLEZ HOPP!
UND DIE MENGE TOBT!

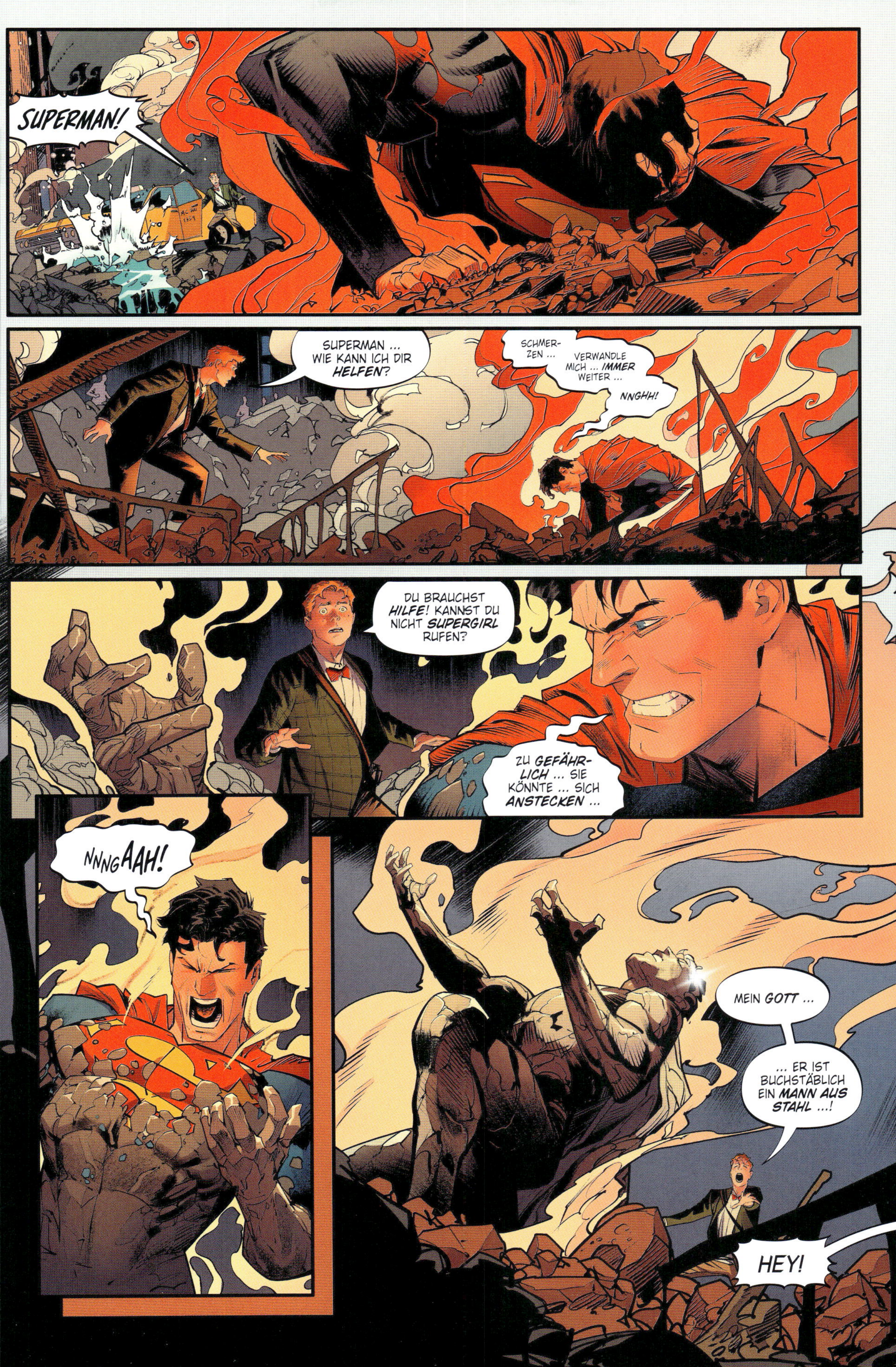
SUPERMAN!
SUPERMAN ... WIE KANN ICH DIR HELFEN?
SCHMERZEN ...
VERWANDLE MICH ... IMMER WEITER ...
NNGHH!
DU BRAUCHST HILFE! KANNST DU NICHT SUPERGIRL RUFEN?
ZU GEFÄHRLICH ... SIE KÖNNTE ... SICH ANSTECKEN ...
NNNGAAH!
MEIN GOTT ...
... ER IST BUCHSTÄBLICH EIN MANN AUS STAHL ...!
HEY!

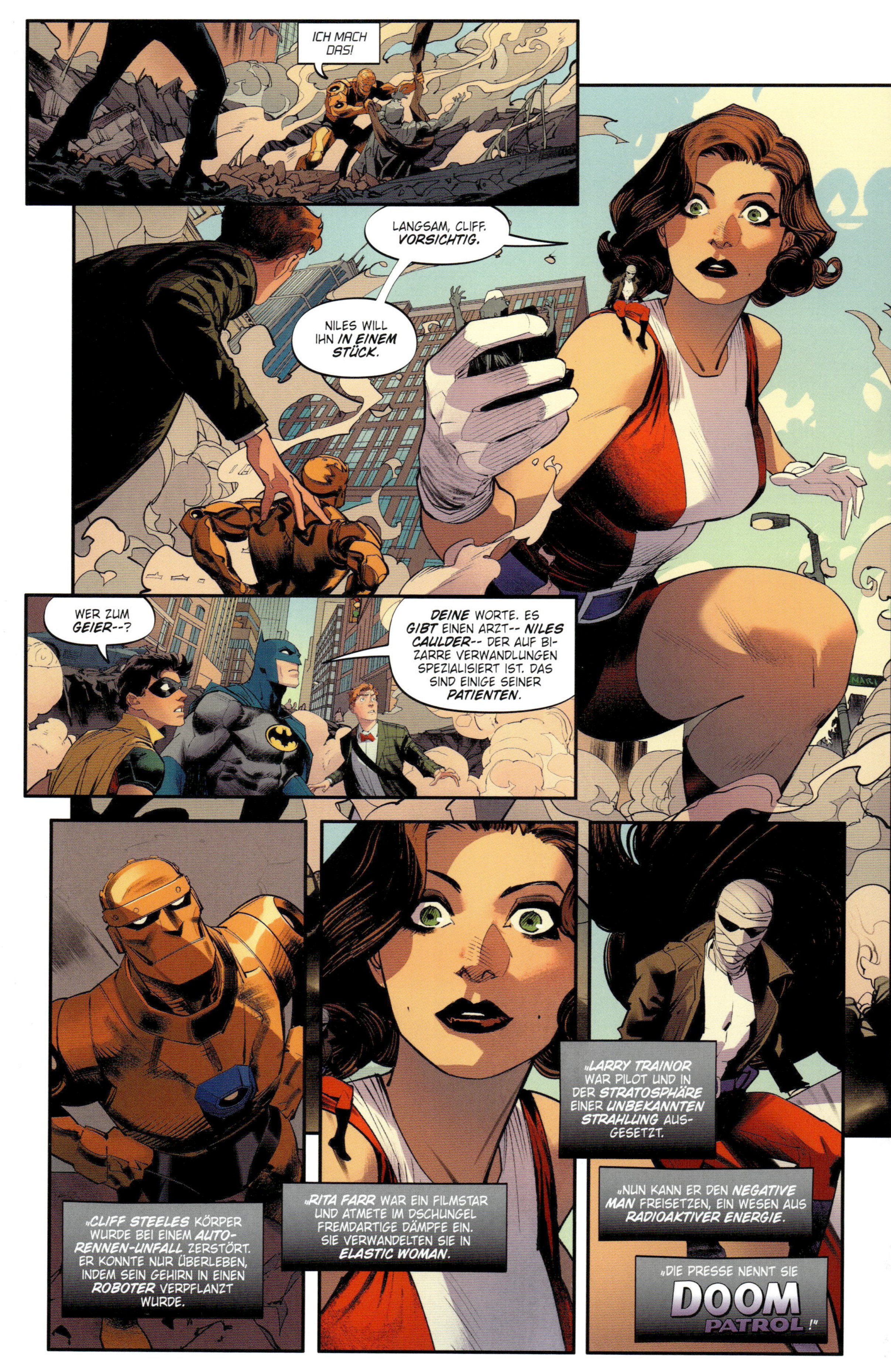
ICH MACH DAS!
LANGSAM, CLIFF. VORSICHTIG.
NILES WILL IHN IN EINEM STÜCK.
WER ZUM GEIER--?
DEINE WORTE. ES GIBT EINEN ARZT-- NILES CAULDER-- DER AUF BIZARRE VERWANDLUNGEN SPEZIALISIERT IST. DAS SIND EINIGE SEINER PATIENTEN.
„CLIFF STEELES KÖRPER WURDE BEI EINEM AUTO-RENNEN-UNFALL ZERSTÖRT. ER KONNTE NUR ÜBERLEBEN, INDEM SEIN GEHIRN IN EINEN ROBOTER VERPFLANZT WURDE.
„RITA FARR WAR EIN FILMSTAR UND ATMETE IM DSCHUNGEL FREMDARTIGE DÄMPFE EIN. SIE VERWANDELTEN SIE IN ELASTIC WOMAN.
„LARRY TRAINOR WAR PILOT UND IN DER STRATOSPHÄRE EINER UNBEKANNTEN STRAHLUNG AUS-GESETZT.
„NUN KANN ER DEN NEGATIVE MAN FREISETZEN, EIN WESEN AUS RADIOAKTIVER ENERGIE.
„DIE PRESSE NENNT SIE DOOM PATROL!“

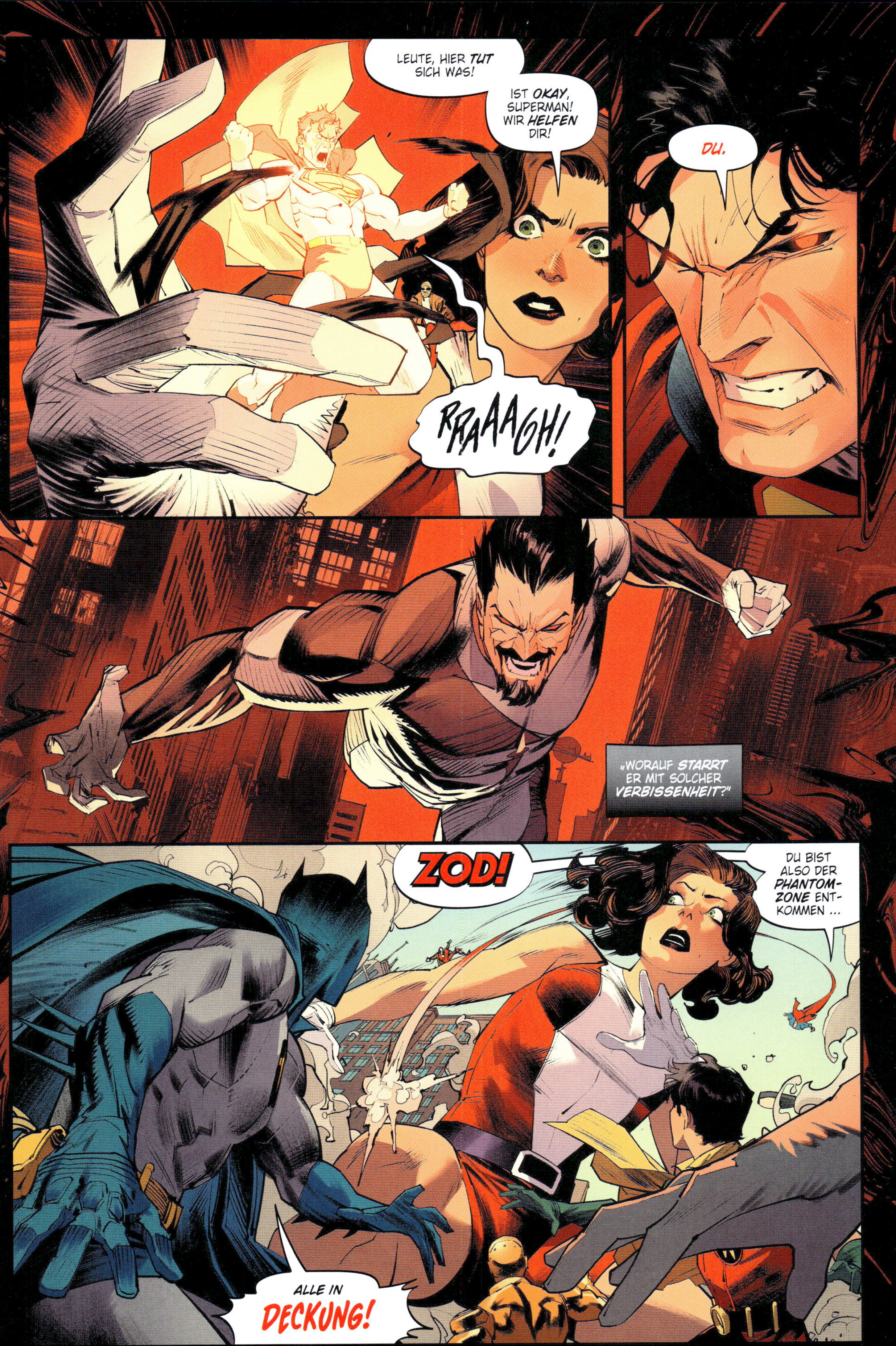
LEUTE, HIER TUT SICH WAS!
IST OKAY, SUPERMAN! WIR HELFEN DIR!
RRAAAGH!
DU.
„WORAUF STARRT ER MIT SOLCHER VERBISSENHEIT?"
ZOD!
DU BIST ALSO DER PHANTOM-ZONE ENT-KOMMEN ...
ALLE IN DECKUNG!

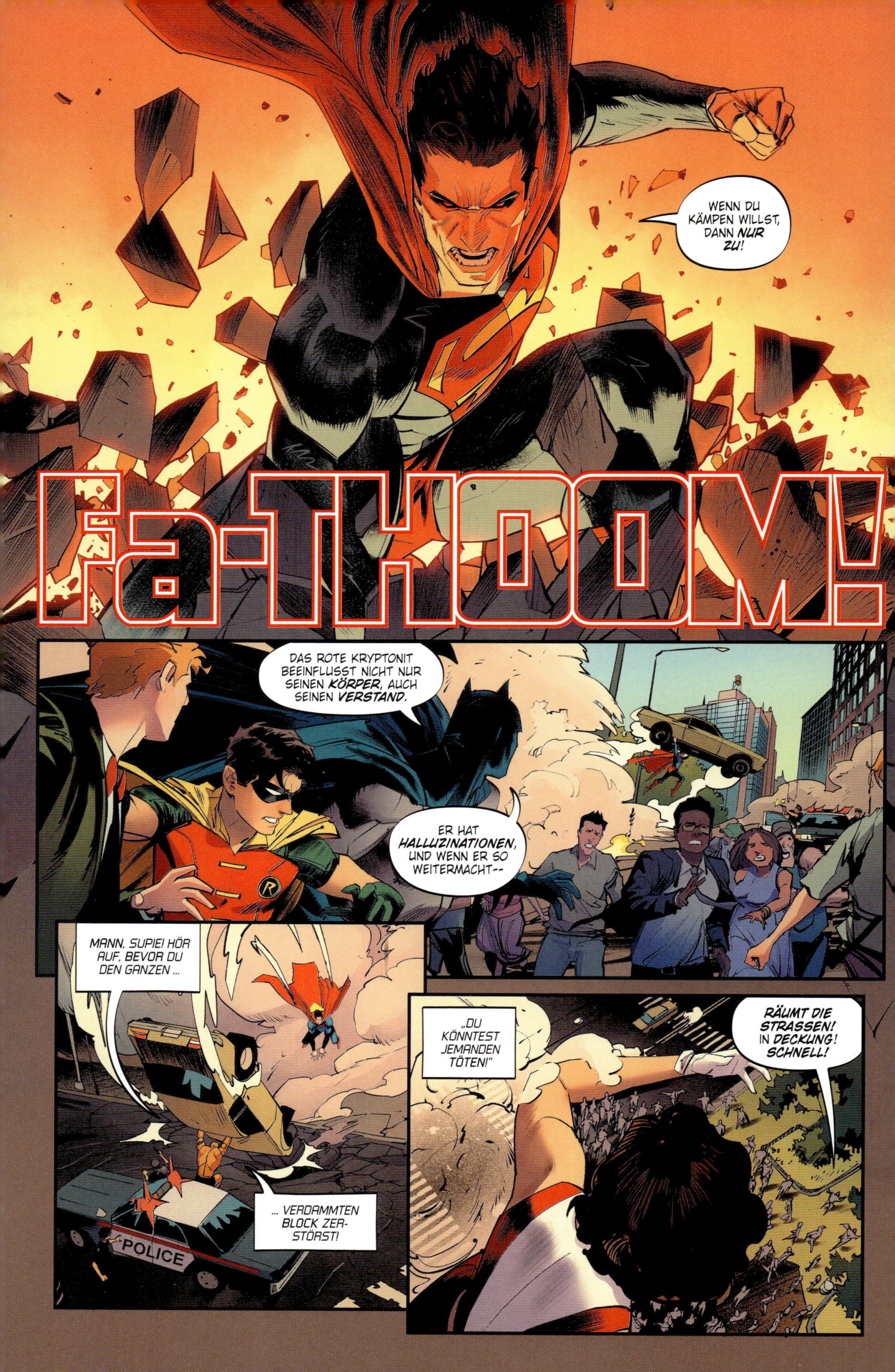
WENN DU KÄMPEN WILLST, DANN NUR ZU!
FA-THOOM!
DAS ROTE KRYPTONIT BEEINFLUSST NICHT NUR SEINEN KÖRPER, AUCH SEINEN VERSTAND.
ER HAT HALLUZINATIONEN, UND WENN ER SO WEITERMACHT--
MANN, SUPIE! HÖR AUF, BEVOR DU DEN GANZEN ...
... VERDAMMTEN BLOCK ZER-STÖRST!
POLICE
„DU KÖNNTEST JEMANDEN TÖTEN!"
RÄUMT DIE STRASSEN! IN DECKUNG! SCHNELL!

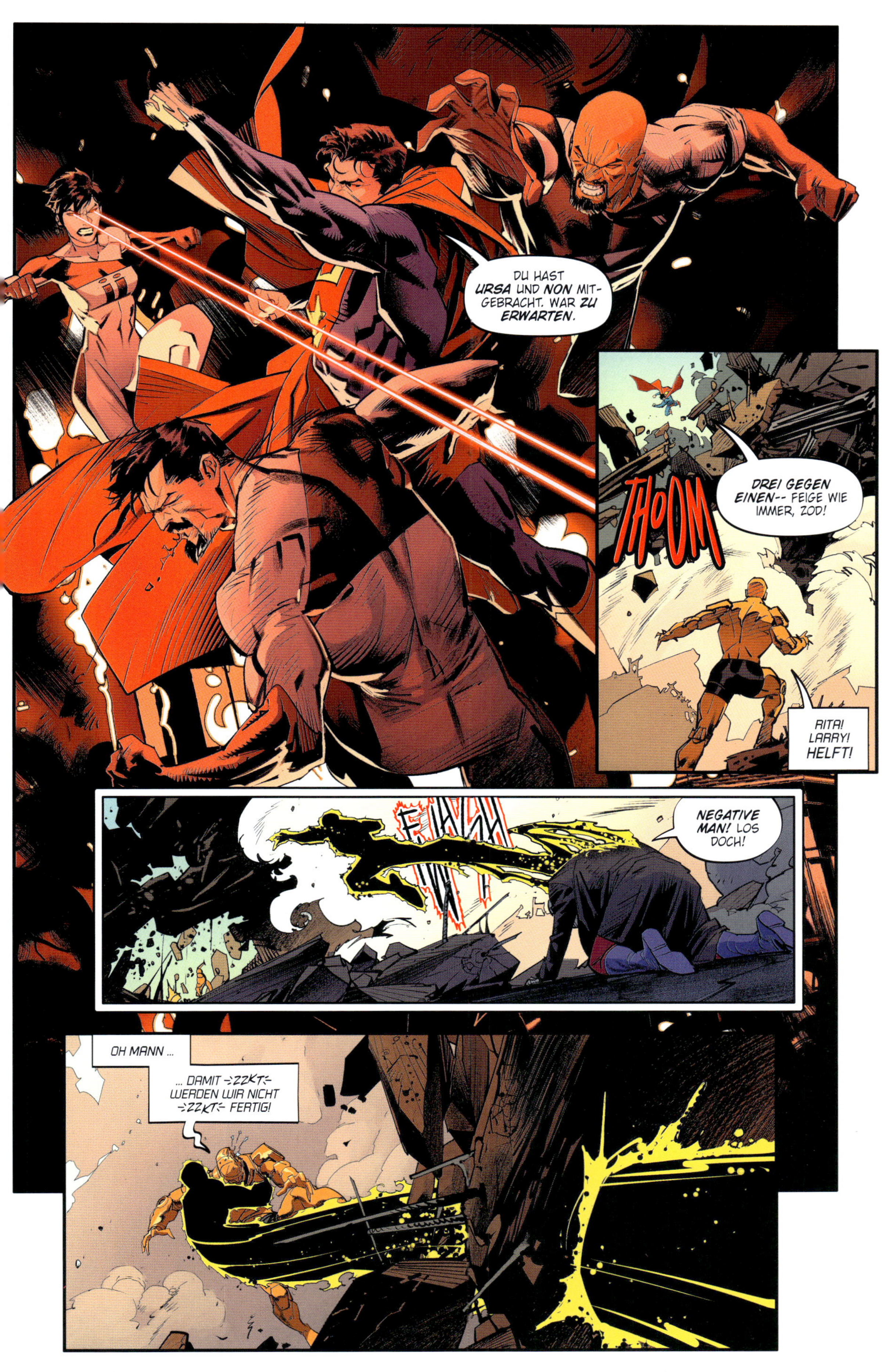
DU HAST URSA UND NON MIT-GEBRACHT. WAR ZU ERWARTEN.
THOOM
DREI GEGEN EINEN-- FEIGE WIE IMMER, ZOD!
RITA! LARRY! HELFT!
NEGATIVE MAN! LOS DOCH!
OH MANN ...
... DAMIT -ZZKT- WERDEN WIR NICHT -ZZKT- FERTIG!

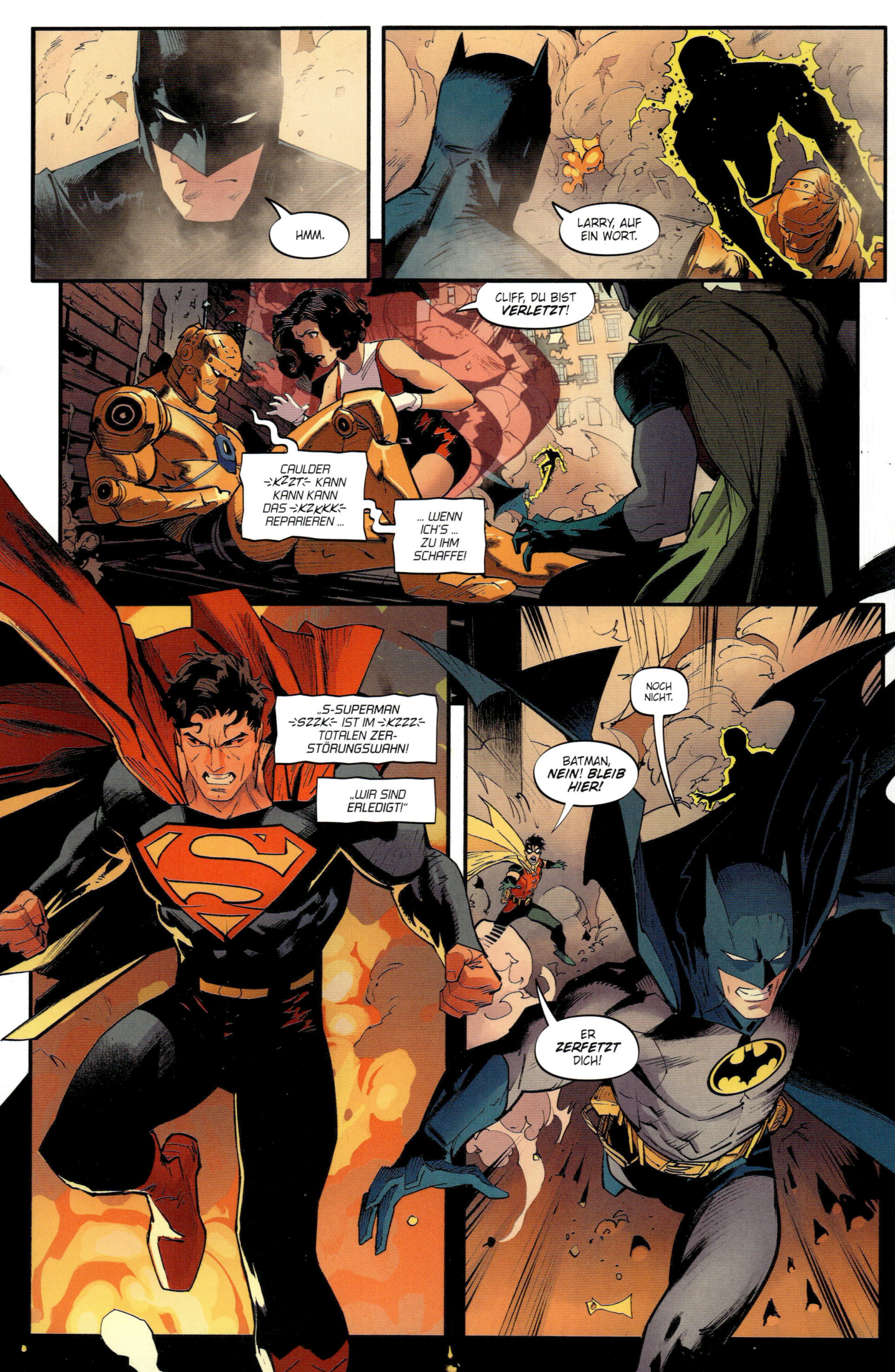
HMM.
LARRY, AUF EIN WORT.
CLIFF, DU BIST VERLETZT!
CAULDER -KZZT- KANN KANN KANN DAS -KZKKK- REPARIEREN ...
... WENN ICH'S ... ZU IHM SCHAFFE!
„S-SUPERMAN -SZZK- IST IM -KZZZ- TOTALEN ZERSTÖRUNGSWAHN!
„WIR SIND ERLEDIGT!"
NOCH NICHT.
BATMAN, NEIN! BLEIB HIER!
ER ZERFETZT DICH!

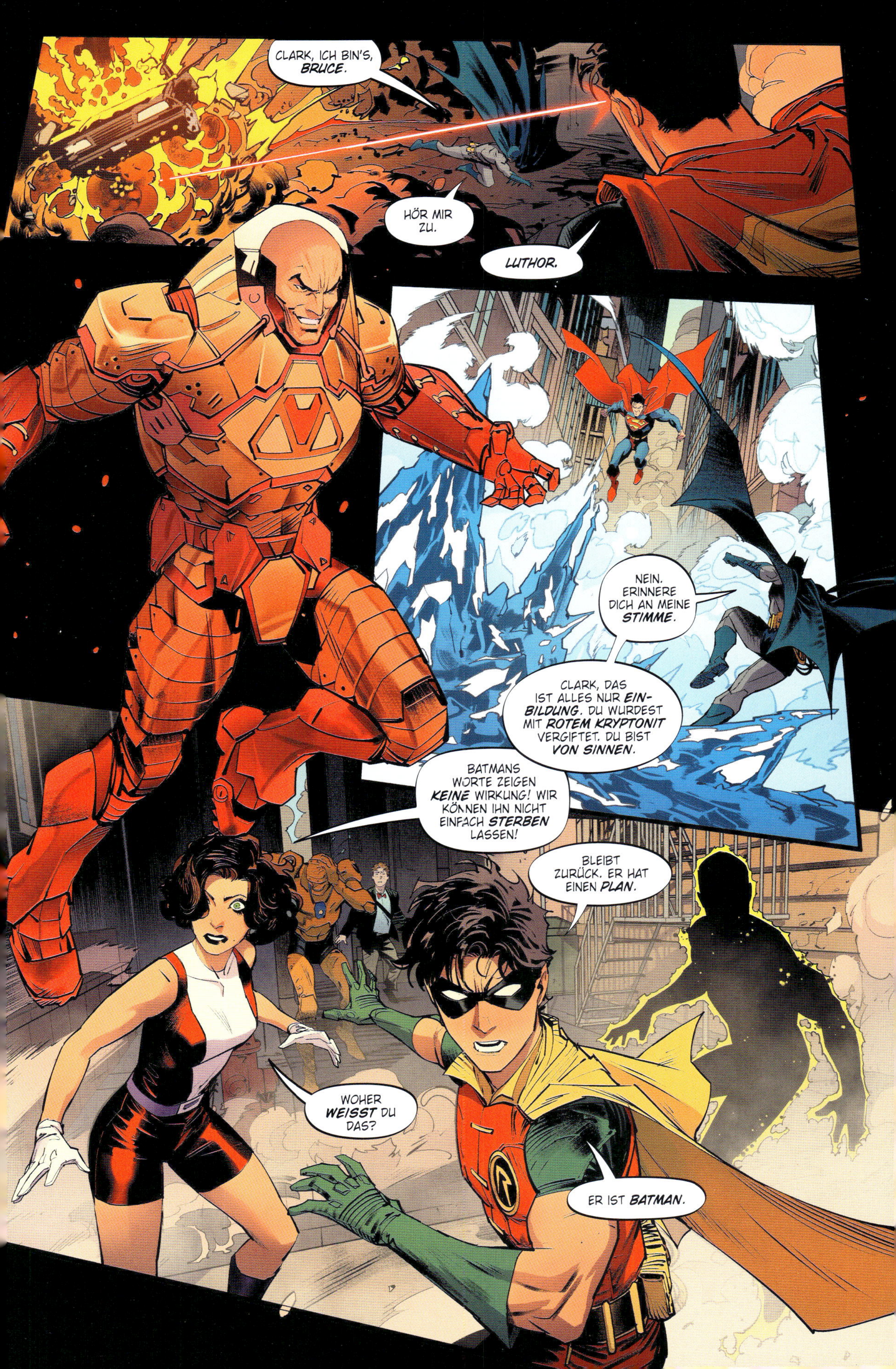
CLARK, ICH BIN'S, BRUCE.
HÖR MIR ZU.
LUTHOR.
NEIN. ERINNERE DICH AN MEINE STIMME.
CLARK, DAS IST ALLES NUR EINBILDUNG. DU WURDEST MIT ROTEM KRYPTONIT VERGIFTET. DU BIST VON SINNEN.
BATMANS WORTE ZEIGEN KEINE WIRKUNG! WIR KÖNNEN IHN NICHT EINFACH STERBEN LASSEN!
BLEIBT ZURÜCK. ER HAT EINEN PLAN.
WOHER WEISST DU DAS?
ER IST BATMAN.

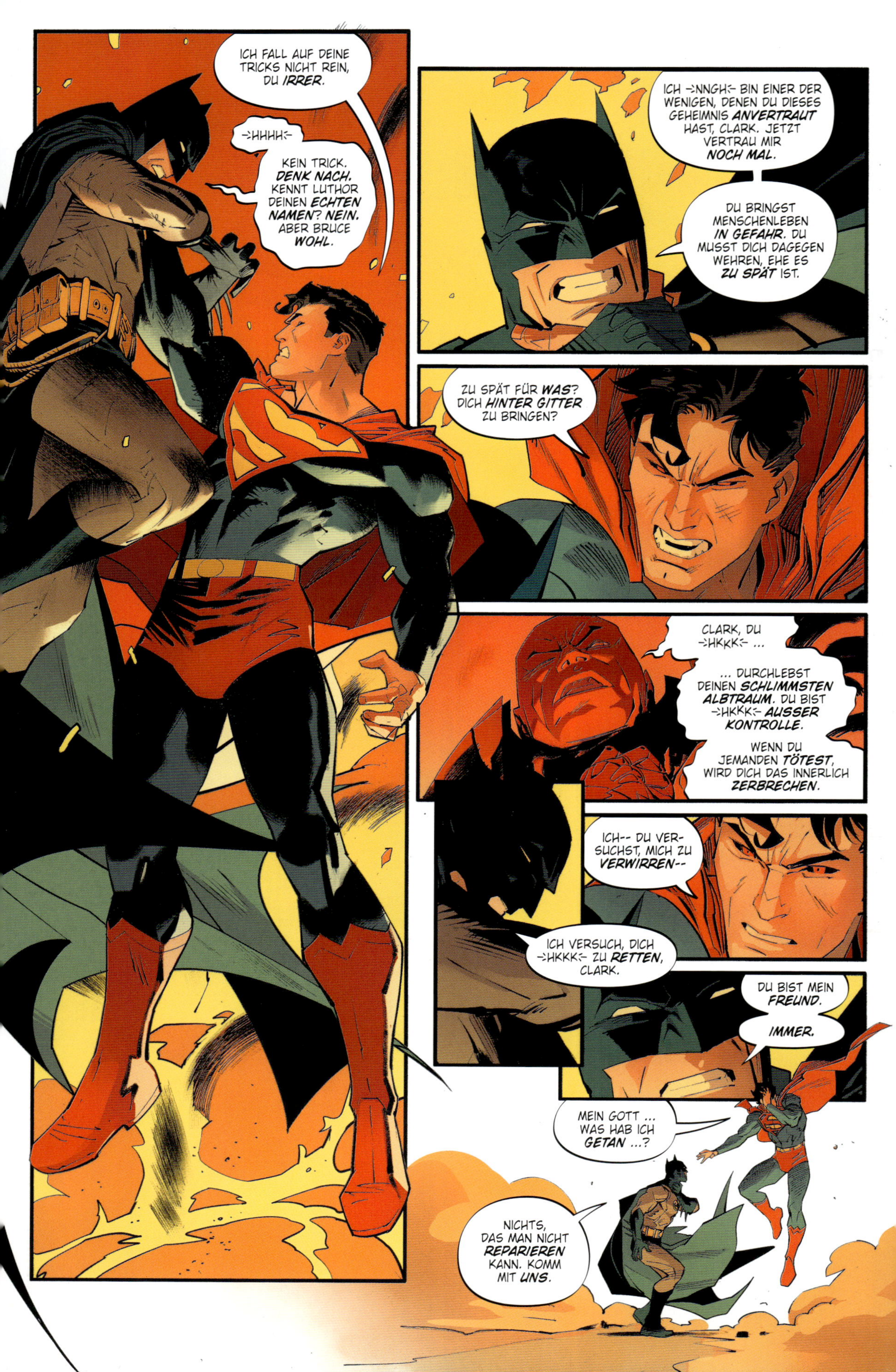

ICH FALL AUF DEINE TRICKS NICHT REIN, DU *IRRER*.
–HHHH–
KEIN TRICK. ***DENK NACH.*** KENNT LUTHOR DEINEN ***ECHTEN NAMEN***? ***NEIN.*** ABER BRUCE ***WOHL***.
ICH –NNGH– BIN EINER DER WENIGEN, DENEN DU DIESES GEHEIMNIS ***ANVERTRAUT*** HAST, CLARK. JETZT VERTRAU MIR ***NOCH MAL***.
DU BRINGST MENSCHENLEBEN ***IN GEFAHR***. DU MUSST DICH DAGEGEN WEHREN, EHE ES ***ZU SPÄT*** IST.
ZU SPÄT FÜR ***WAS***? DICH ***HINTER GITTER*** ZU BRINGEN?
CLARK, DU –HKKK– …
… DURCHLEBST DEINEN ***SCHLIMMSTEN ALBTRAUM***. DU BIST –HKKK– ***AUSSER KONTROLLE***.
WENN DU JEMANDEN ***TÖTEST***, WIRD DICH DAS INNERLICH ***ZERBRECHEN***.
ICH-- DU VERSUCHST, MICH ZU ***VERWIRREN***--
ICH VERSUCH, DICH –HKKK– ZU ***RETTEN***, CLARK.
DU BIST MEIN ***FREUND***.
IMMER.
MEIN GOTT … WAS HAB ICH ***GETAN*** …?
NICHTS, DAS MAN NICHT ***REPARIEREN*** KANN. KOMM MIT ***UNS***.

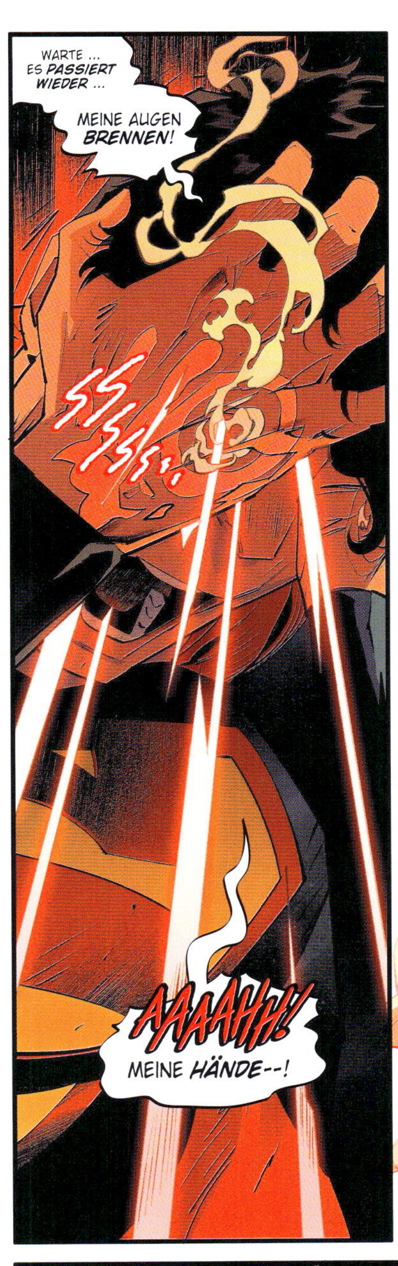
WARTE ... ES PASSIERT WIEDER ...
MEINE AUGEN BRENNEN!
SSSSS...
AAAAHH! MEINE HÄNDE--!

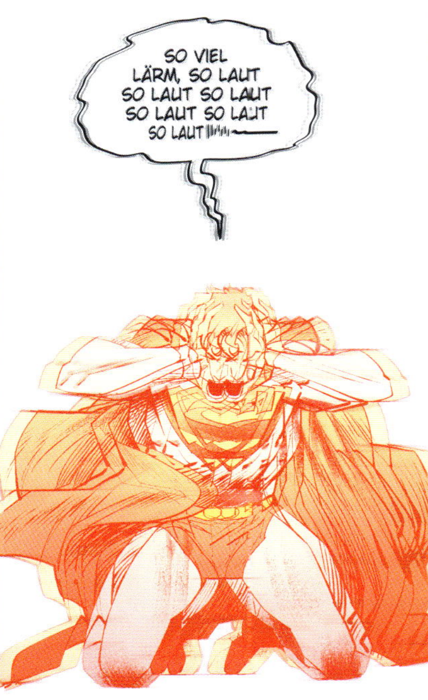
SO VIEL LÄRM, SO LAUT SO LAUT SO LAUT SO LAUT SO LAUT SO LAUT

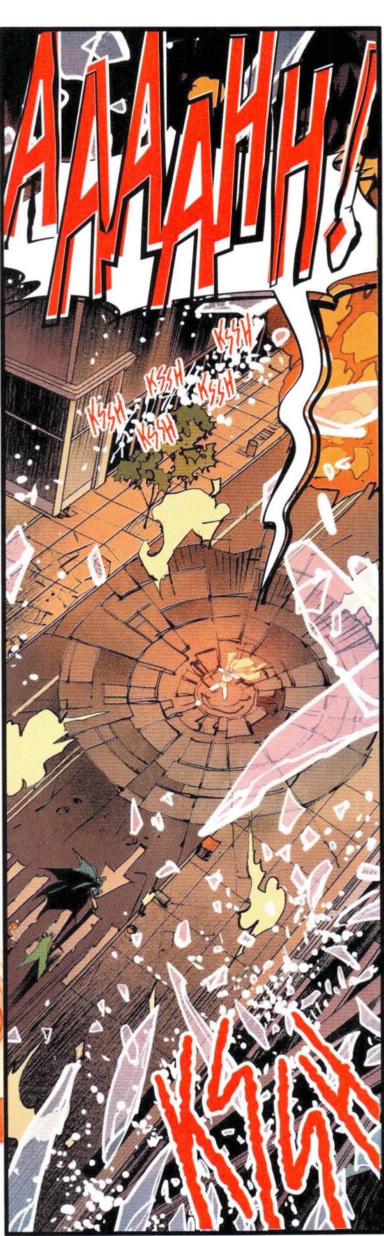
AAAAHH!
KSSH KSSH KSSH KSSH KSSH
KSSH

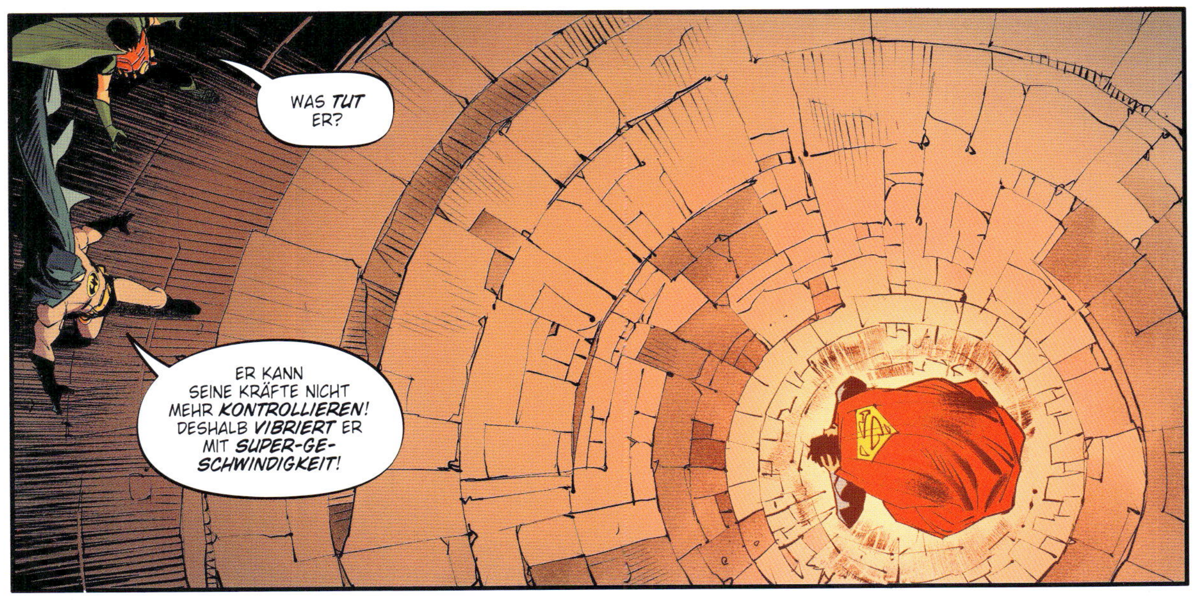
WAS TUT ER?
ER KANN SEINE KRÄFTE NICHT MEHR KONTROLLIEREN! DESHALB VIBRIERT ER MIT SUPER-GE-SCHWINDIGKEIT!

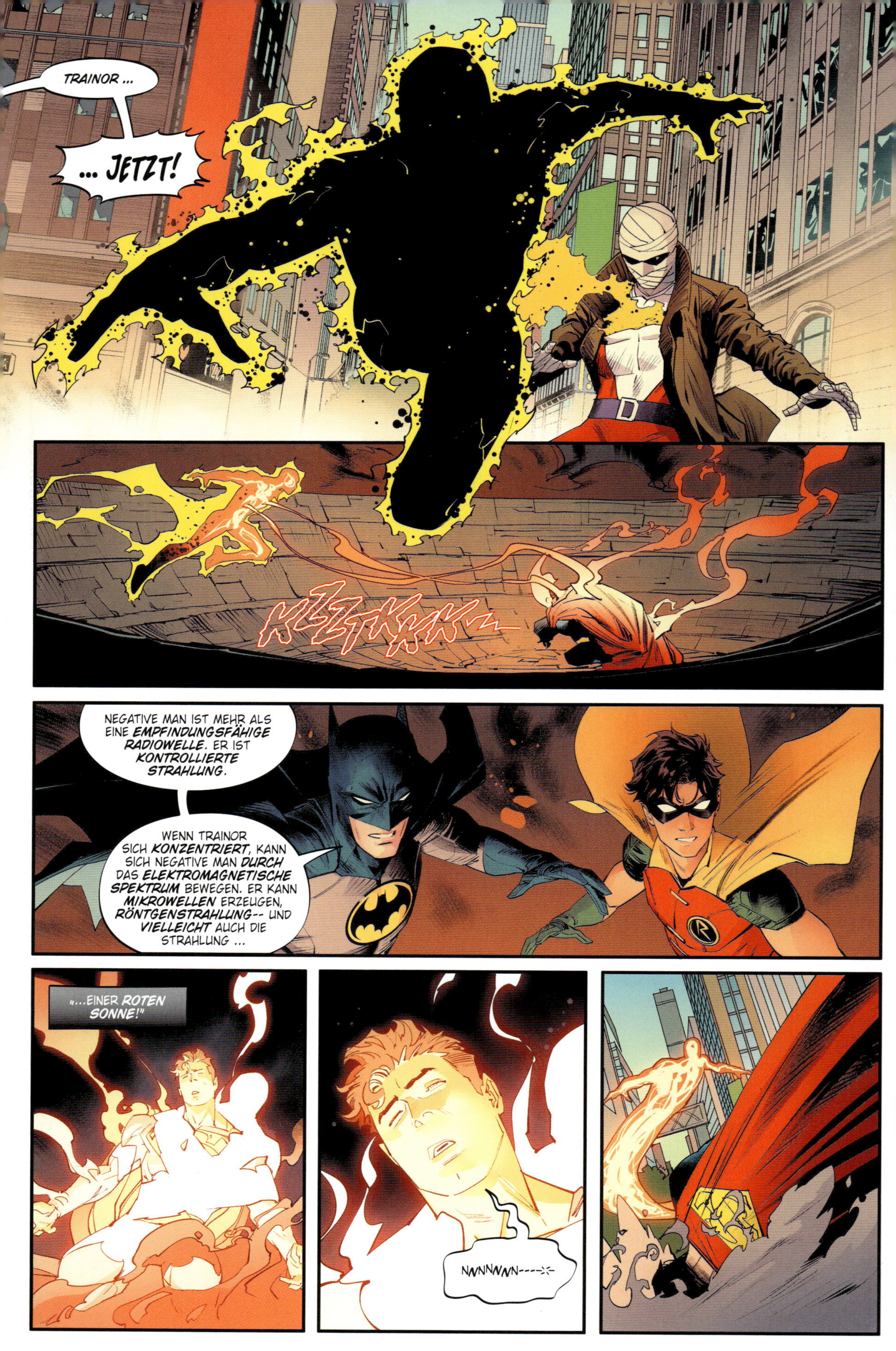

TRAINOR ...

... JETZT!

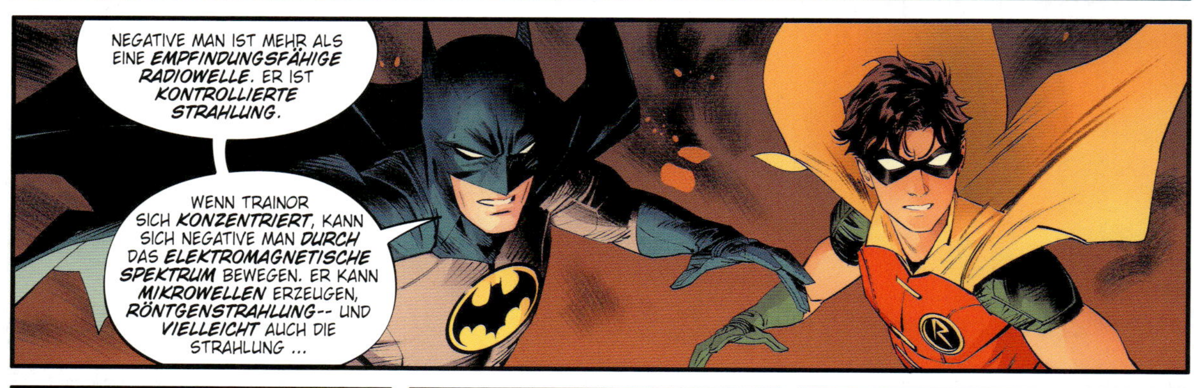

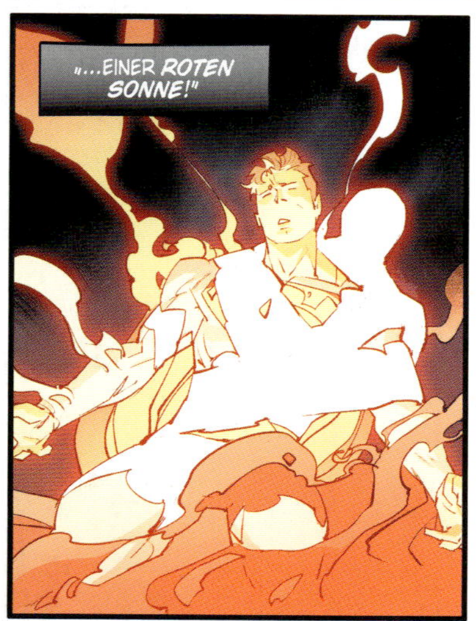

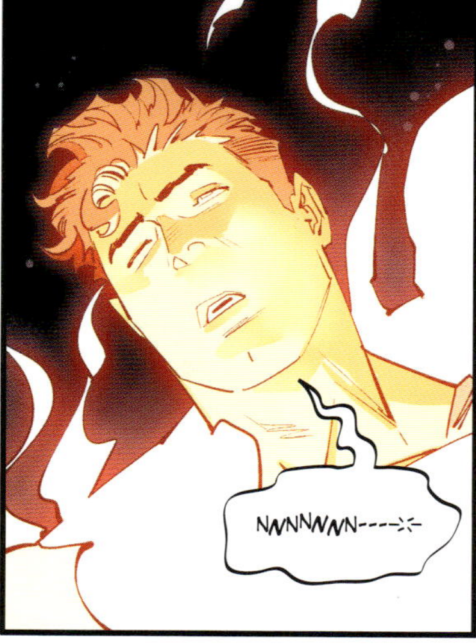

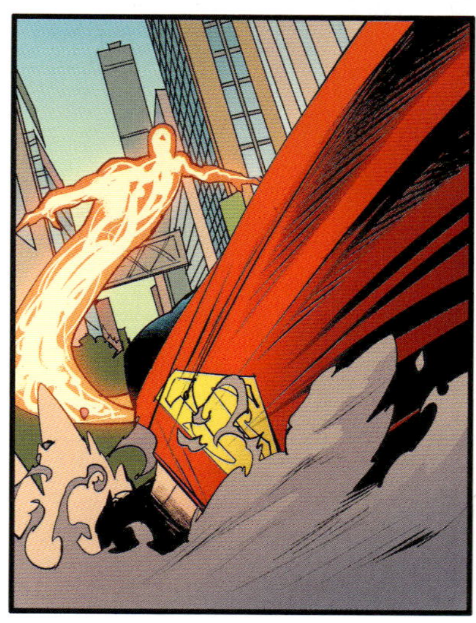

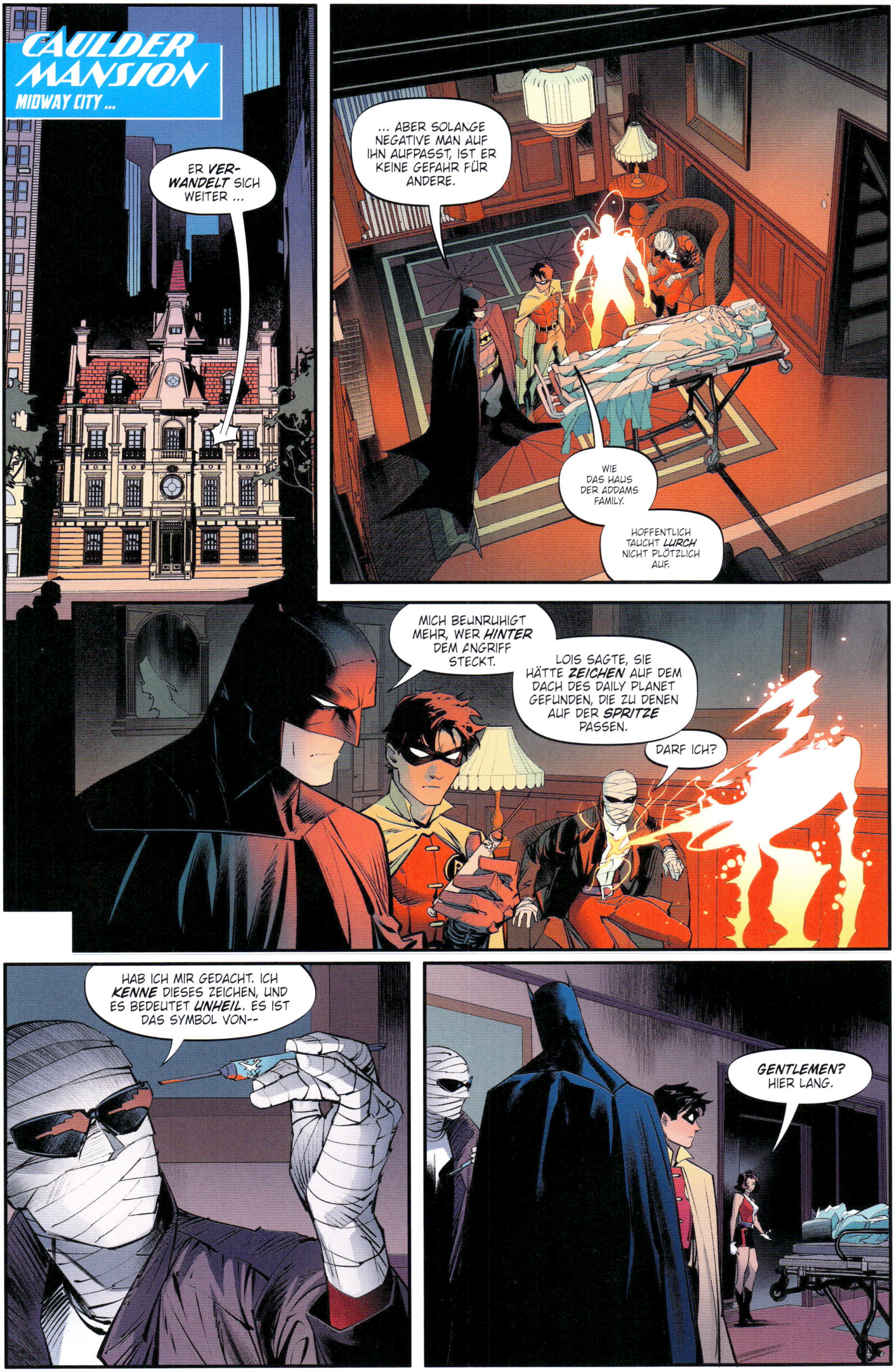

CAULDER MANSION
MIDWAY CITY ...

ER VERWANDELT SICH WEITER ...

... ABER SOLANGE NEGATIVE MAN AUF IHN AUFPASST, IST ER KEINE GEFAHR FÜR ANDERE.

WIE DAS HAUS DER ADDAMS FAMILY.

HOFFENTLICH TAUCHT *LURCH* NICHT PLÖTZLICH AUF.

MICH BEUNRUHIGT MEHR, WER *HINTER* DEM ANGRIFF STECKT.

LOIS SAGTE, SIE HÄTTE *ZEICHEN* AUF DEM DACH DES DAILY PLANET GEFUNDEN, DIE ZU DENEN AUF DER *SPRITZE* PASSEN.

DARF ICH?

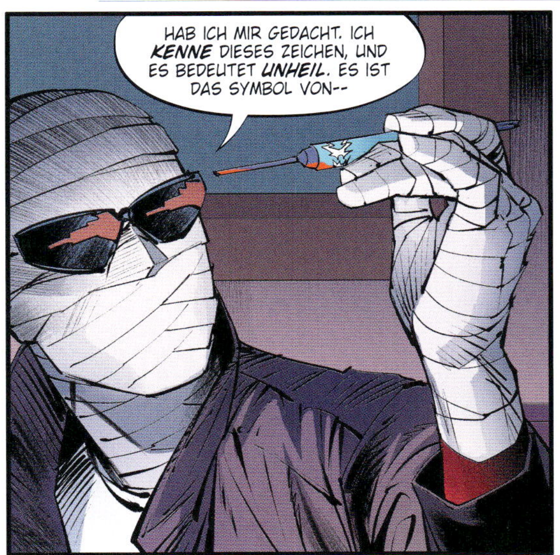

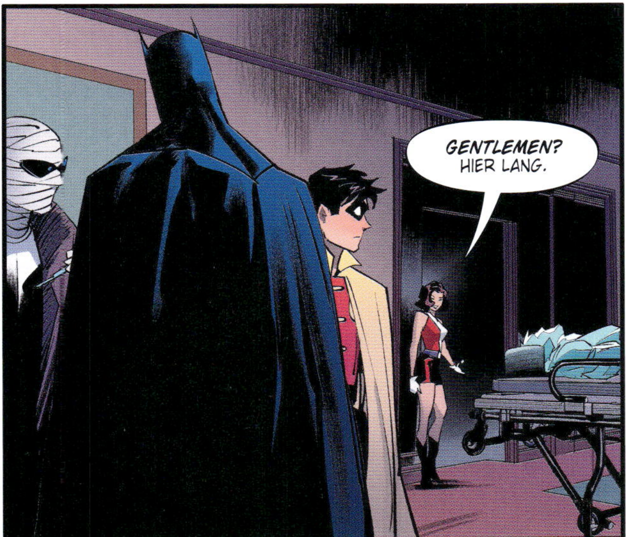

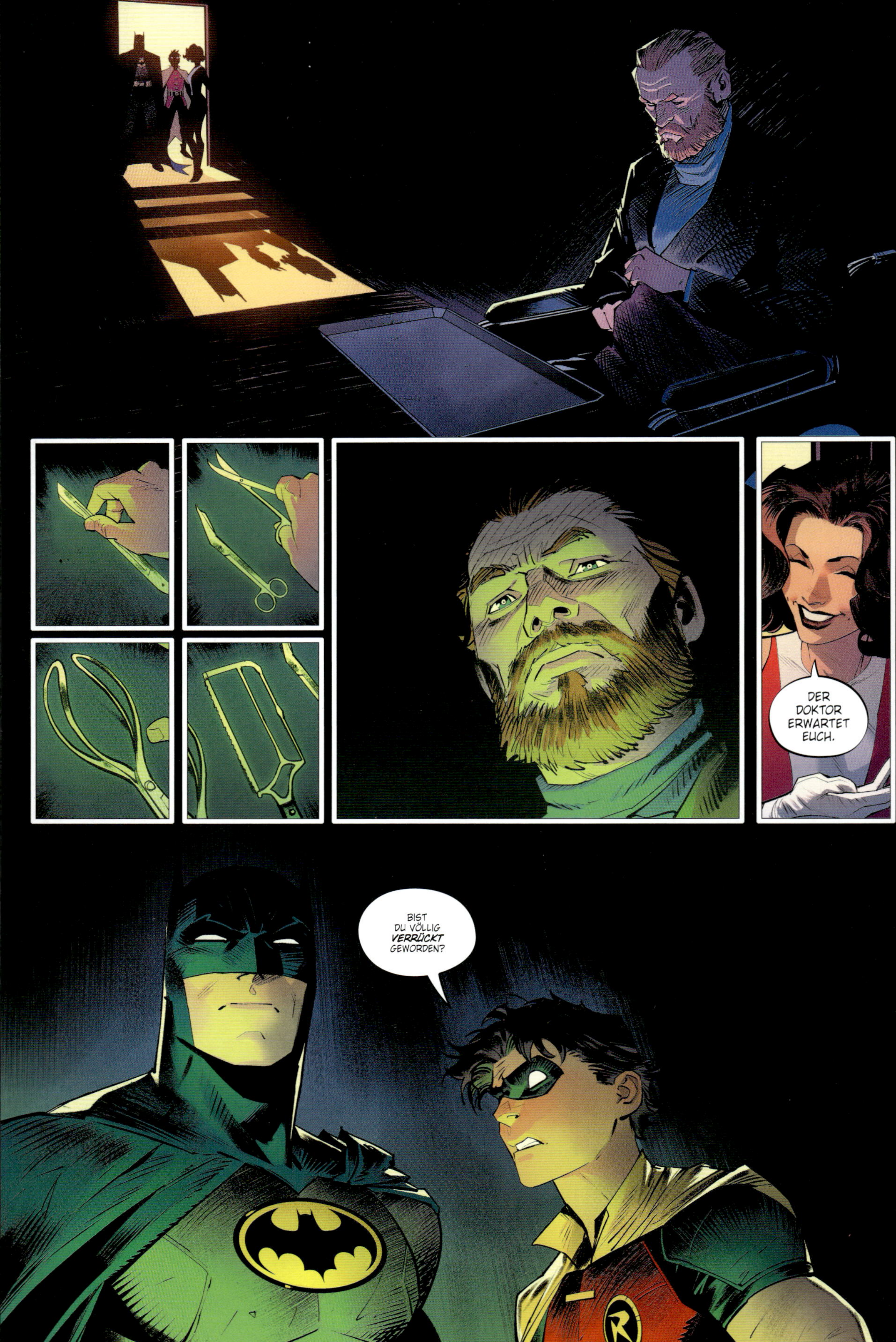
DER DOKTOR ERWARTET EUCH.
BIST DU VÖLLIG **VERRÜCKT** GEWORDEN?

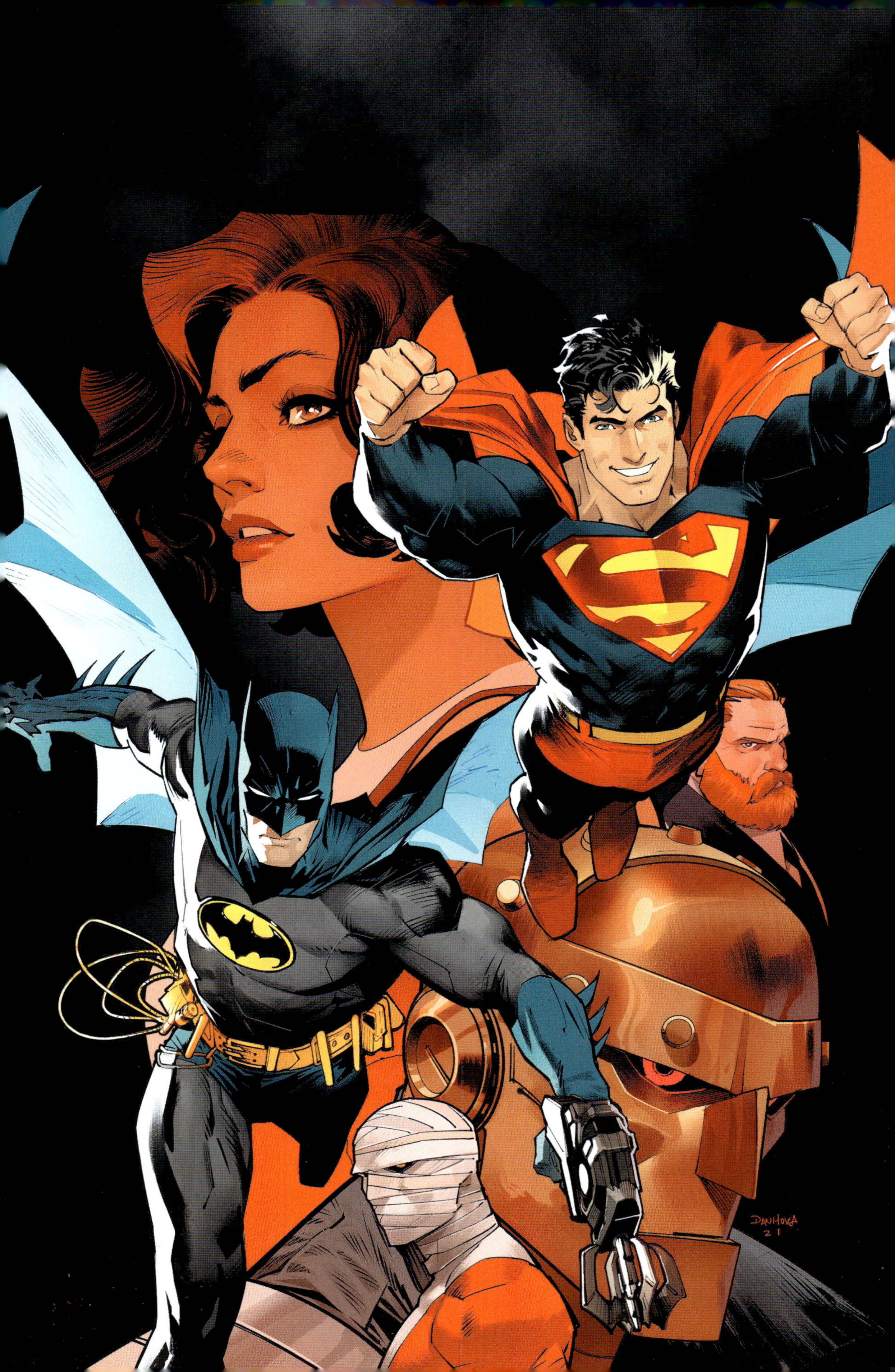
DAN MORA
21

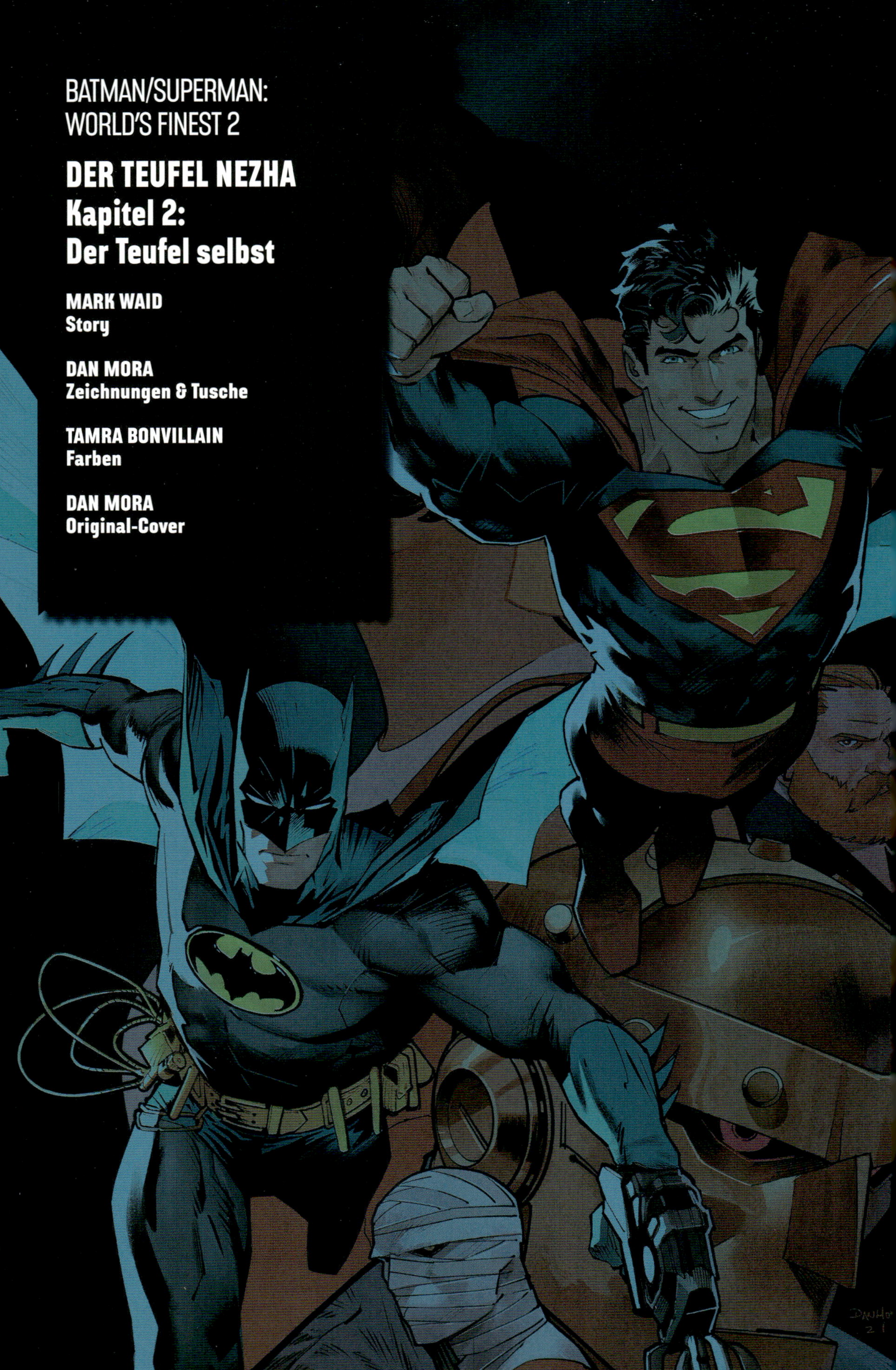
BATMAN/SUPERMAN:
WORLD'S FINEST 2
DER TEUFEL NEZHA
Kapitel 2:
Der Teufel selbst
MARK WAID
Story
DAN MORA
Zeichnungen & Tusche
TAMRA BONVILLAIN
Farben
DAN MORA
Original-Cover

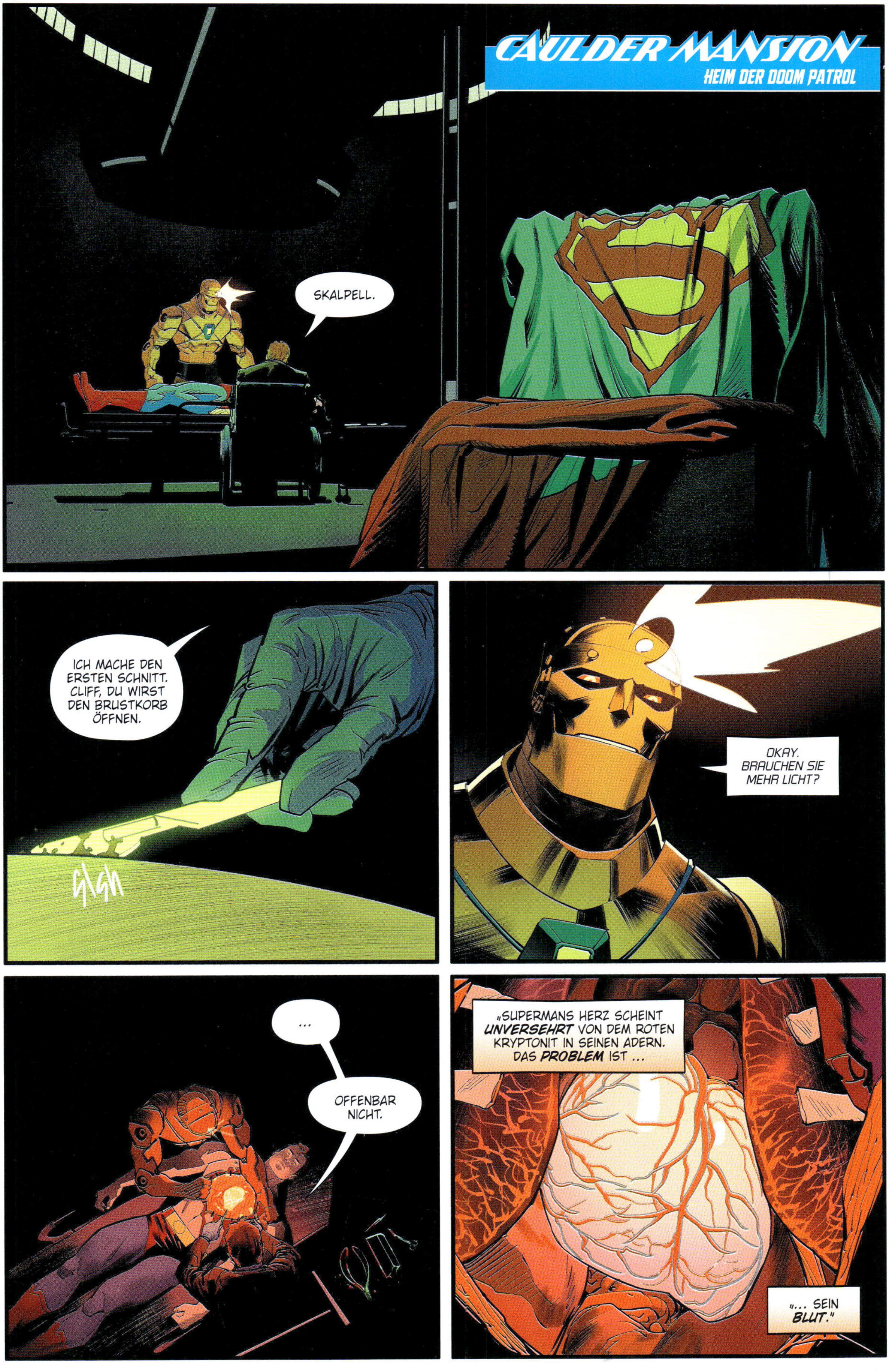

CAULDER MANSION
HEIM DER DOOM PATROL

SKALPELL.

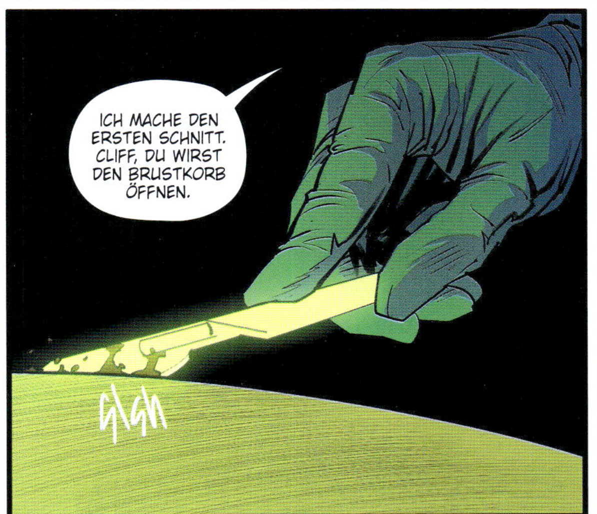

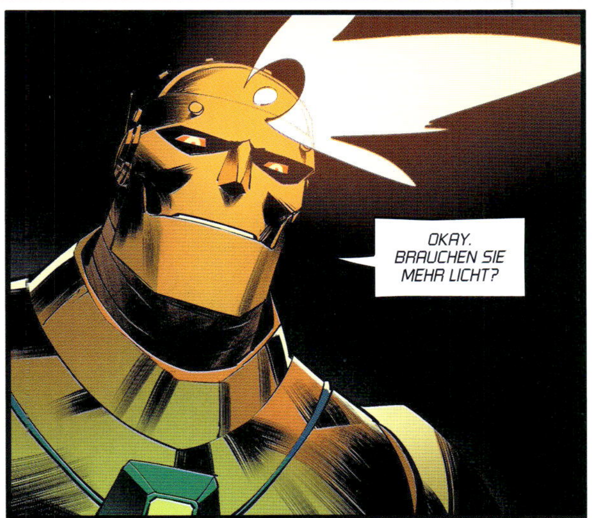

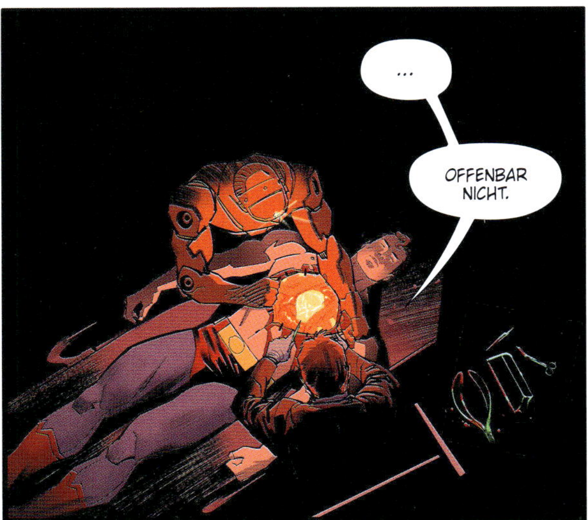

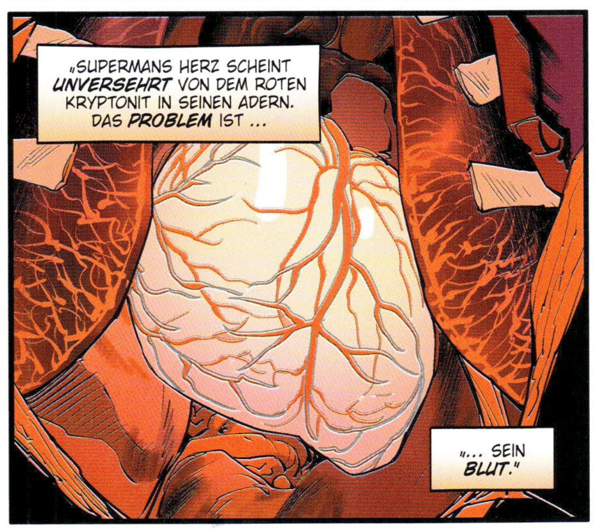

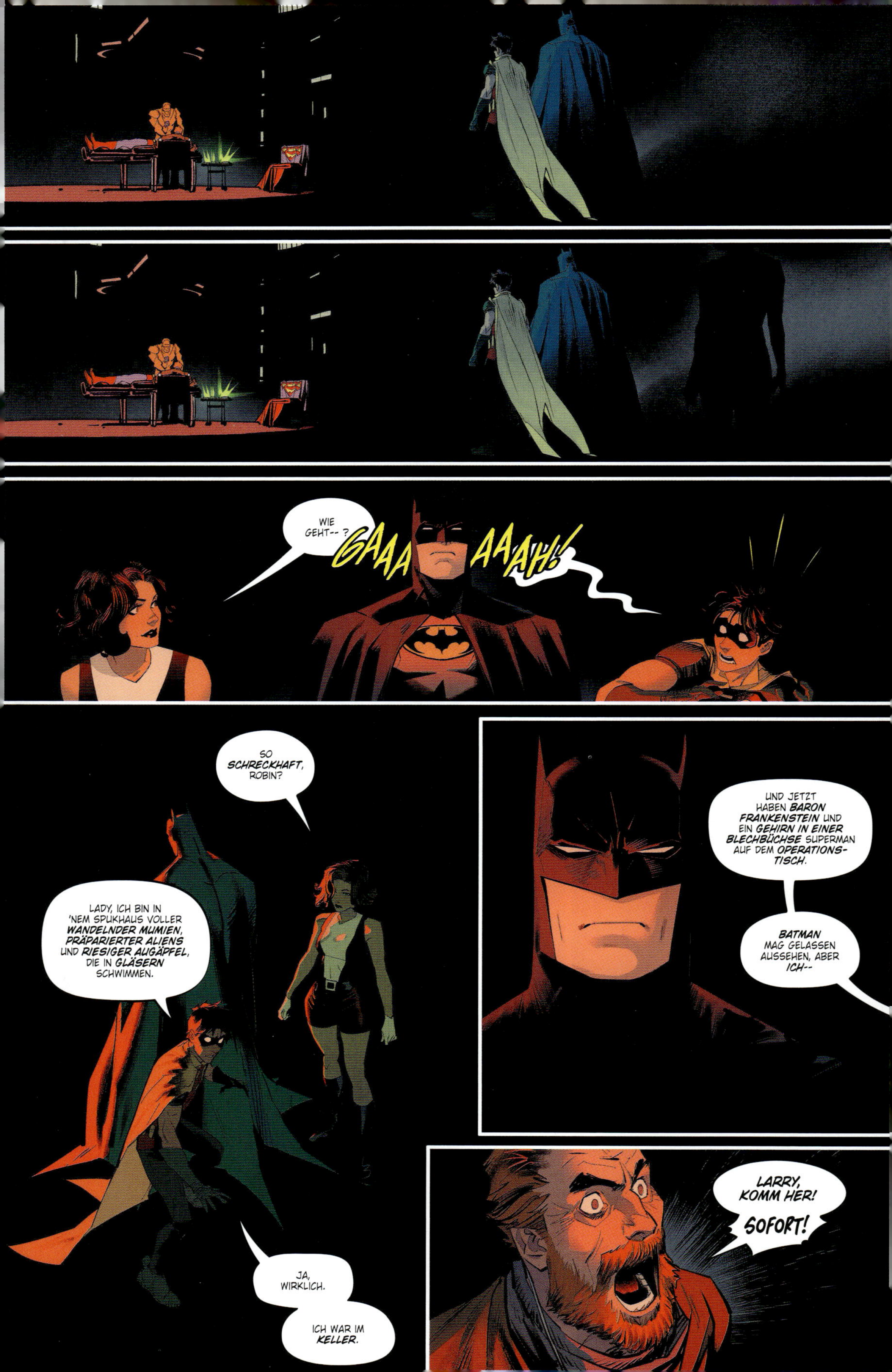
WIE GEHT-- ?
GAAAAAAAH!
SO SCHRECKHAFT, ROBIN?
LADY, ICH BIN IN 'NEM SPUKHAUS VOLLER WANDELNDER MUMIEN, PRÄPARIERTER ALIENS UND RIESIGER AUGÄPFEL, DIE IN GLÄSERN SCHWIMMEN.
JA, WIRKLICH.
ICH WAR IM KELLER.
UND JETZT HABEN BARON FRANKENSTEIN UND EIN GEHIRN IN EINER BLECHBÜCHSE SUPERMAN AUF DEM OPERATIONS-TISCH.
BATMAN MAG GELASSEN AUSSEHEN, ABER ICH--
LARRY, KOMM HER!
SOFORT!

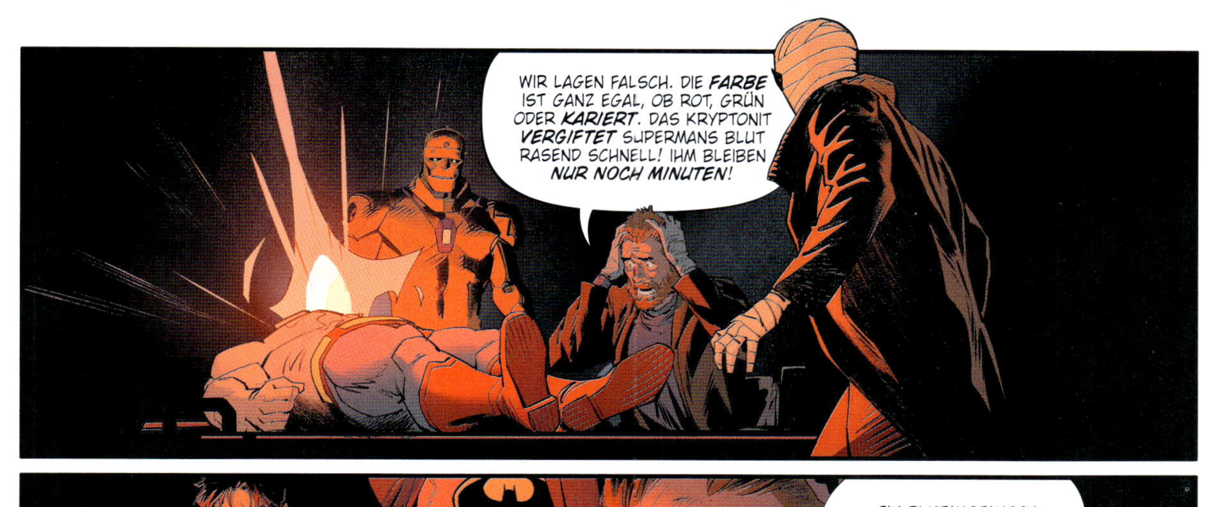
WIR LAGEN FALSCH. DIE *FARBE* IST GANZ EGAL, OB ROT, GRÜN ODER *KARIERT*. DAS KRYPTONIT *VERGIFTET* SUPERMANS BLUT RASEND SCHNELL! IHM BLEIBEN *NUR NOCH MINUTEN*!

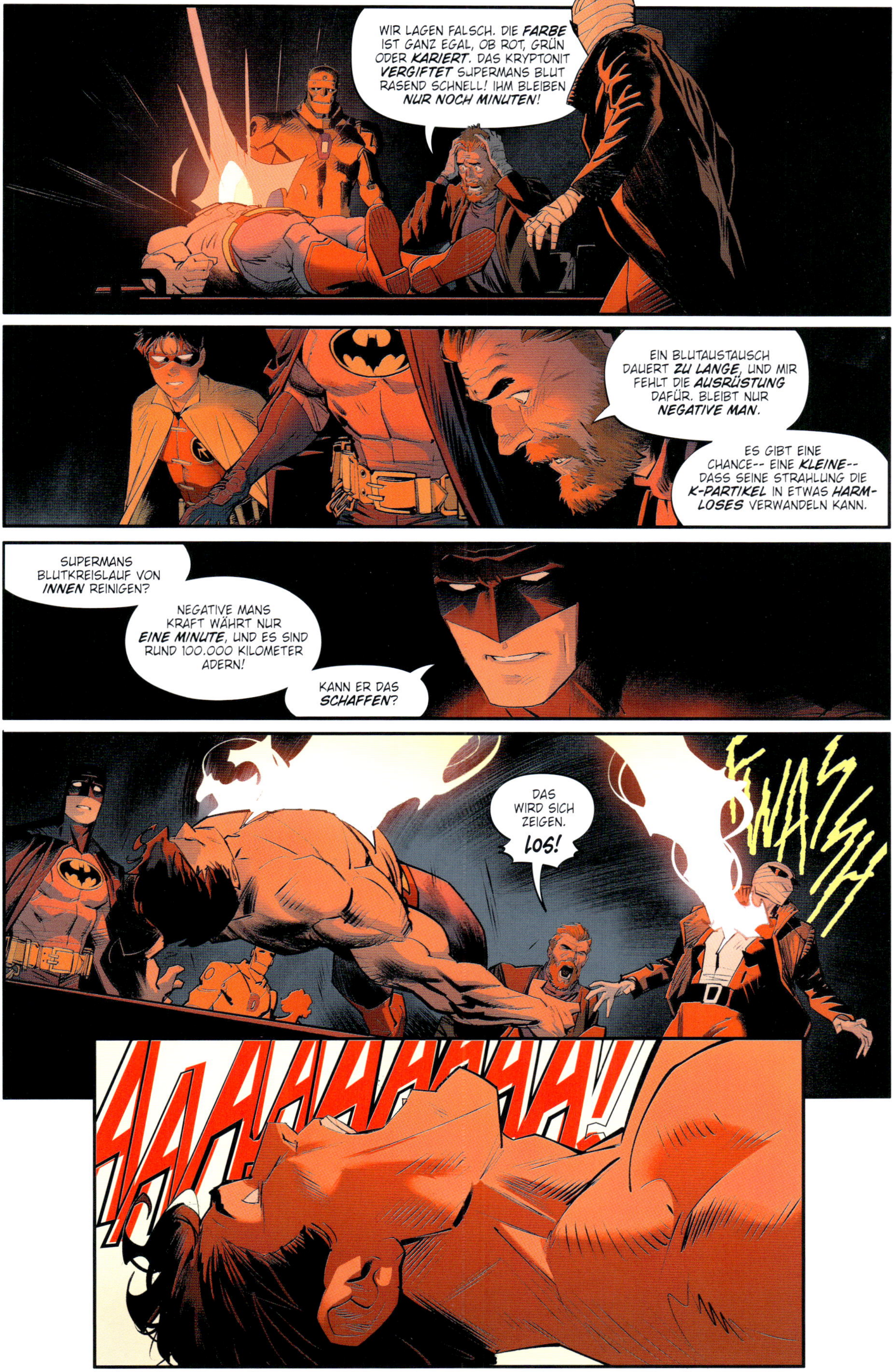

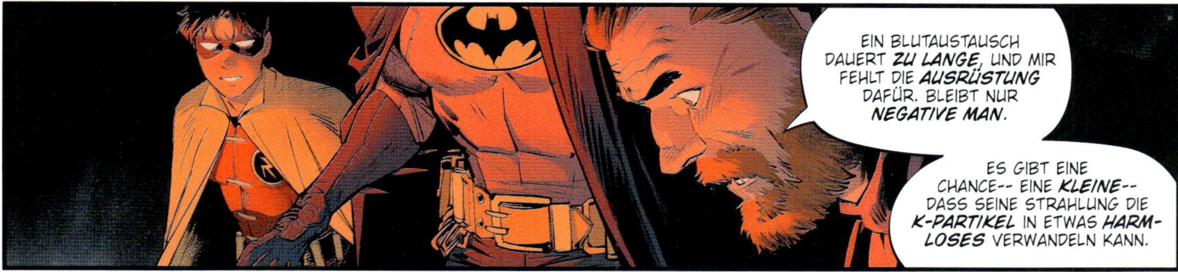
EIN BLUTAUSTAUSCH DAUERT *ZU LANGE*, UND MIR FEHLT DIE *AUSRÜSTUNG* DAFÜR. BLEIBT NUR *NEGATIVE MAN*.
ES GIBT EINE CHANCE-- EINE *KLEINE*-- DASS SEINE STRAHLUNG DIE *K-PARTIKEL* IN ETWAS *HARM-LOSES* VERWANDELN KANN.

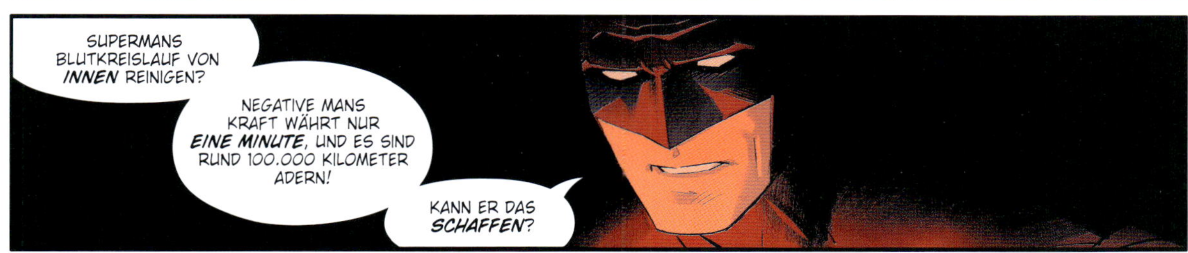
SUPERMANS BLUTKREISLAUF VON *INNEN* REINIGEN?
NEGATIVE MANS KRAFT WÄHRT NUR *EINE MINUTE*, UND ES SIND RUND 100.000 KILOMETER ADERN!
KANN ER DAS *SCHAFFEN*?

DAS WIRD SICH ZEIGEN. *LOS!*

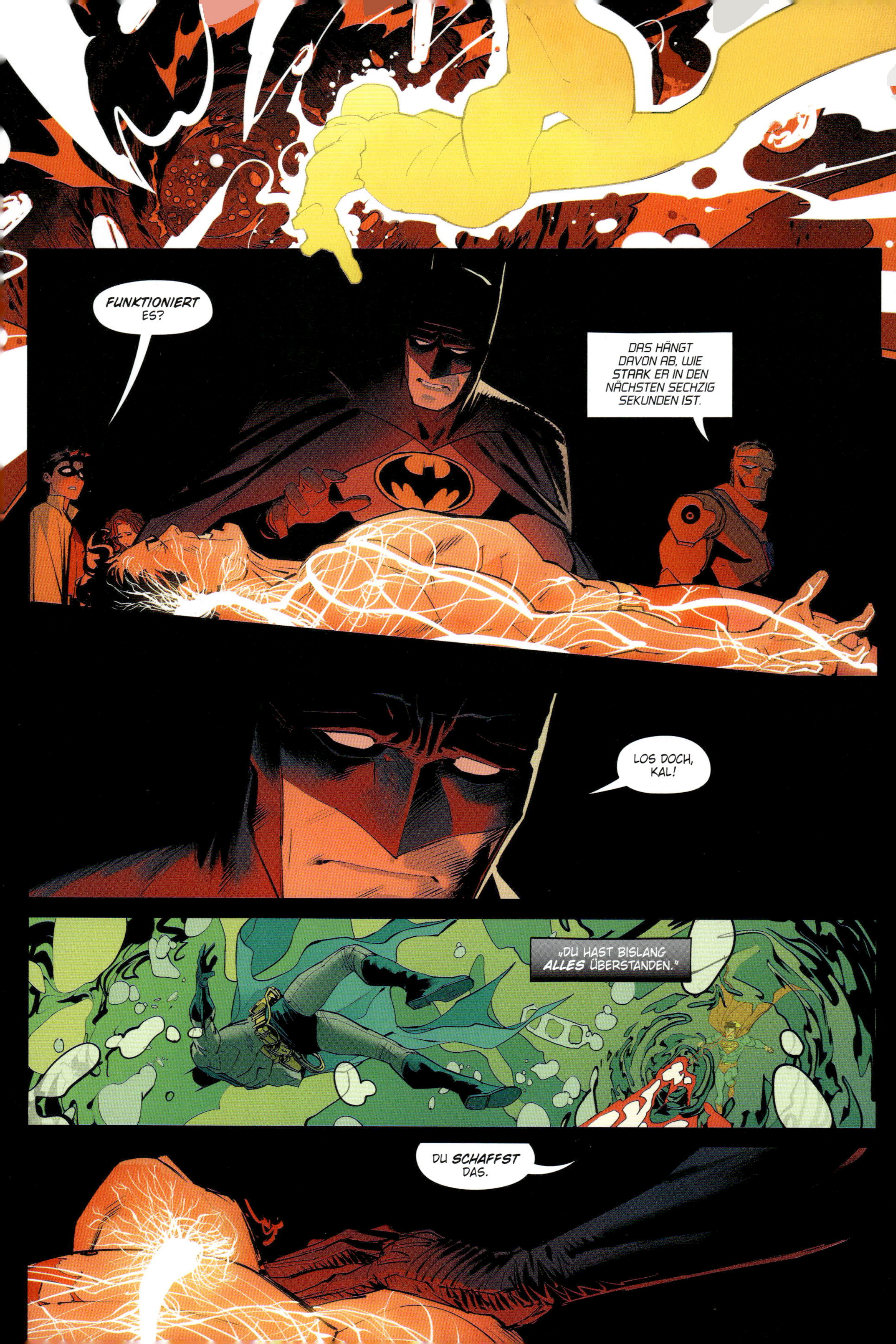
FUNKTIONIERT ES?
DAS HÄNGT DAVON AB, WIE STARK ER IN DEN NÄCHSTEN SECHZIG SEKUNDEN IST.
LOS DOCH, KAL!
„DU HAST BISLANG ALLES ÜBERSTANDEN."
DU SCHAFFST DAS.

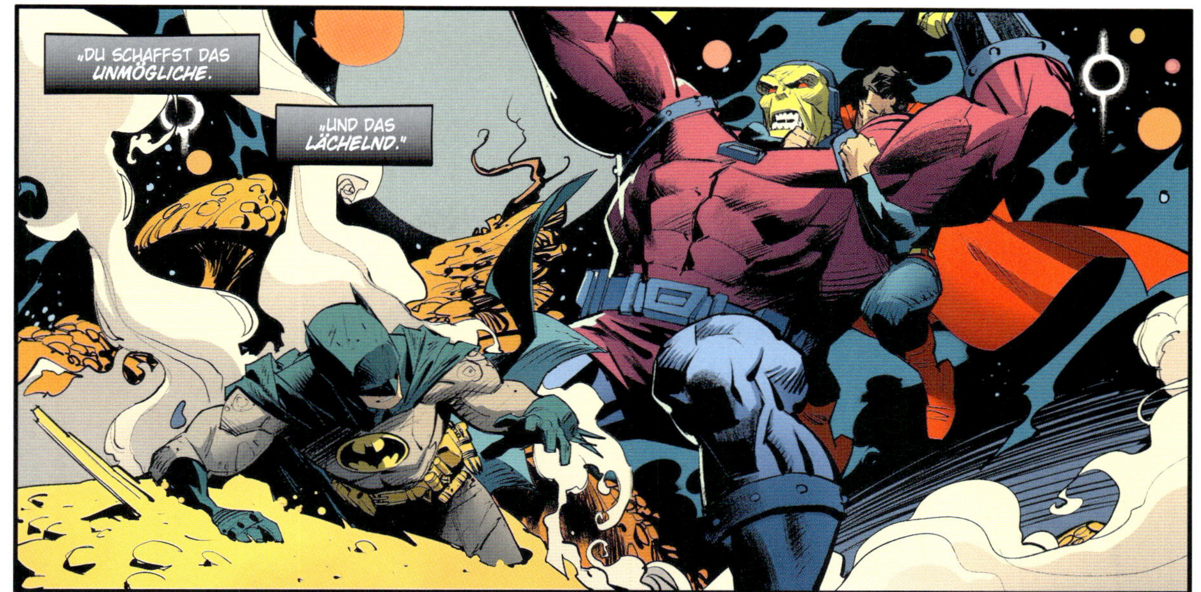
„DU SCHAFFST DAS UNMÖGLICHE.
„UND DAS LÄCHELND."

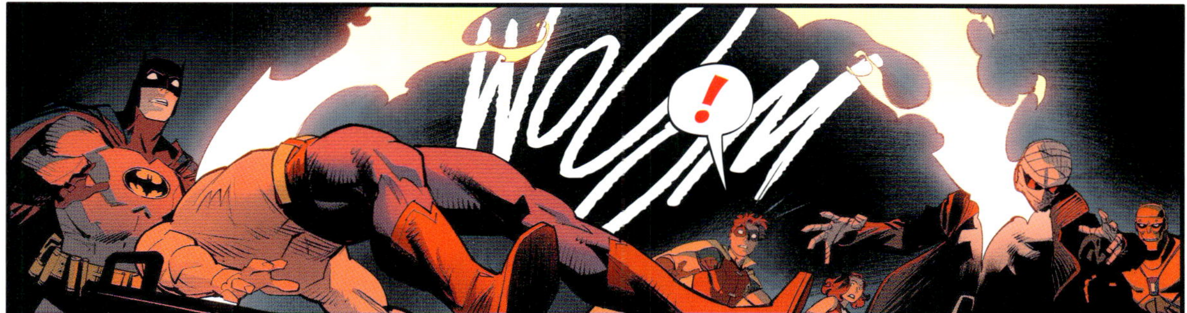
WOOM
!

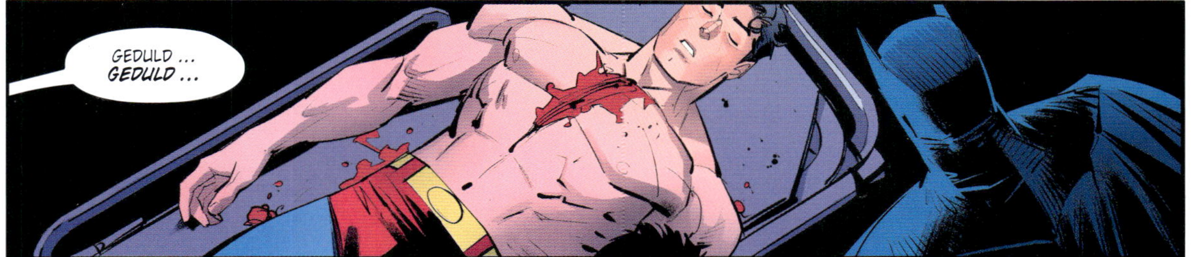
GEDULD ...
GEDULD ...

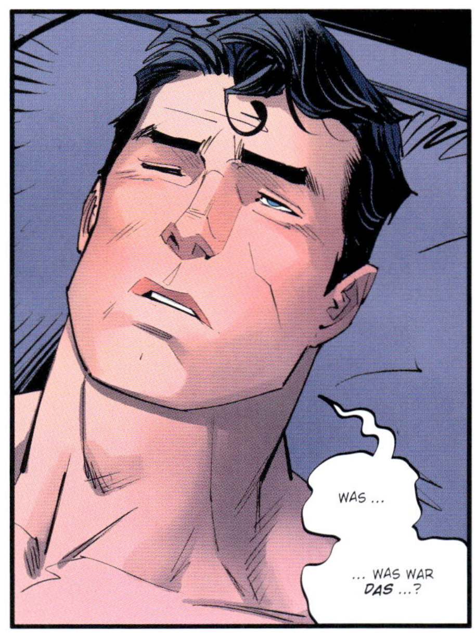
WAS ...
... WAS WAR DAS ...?

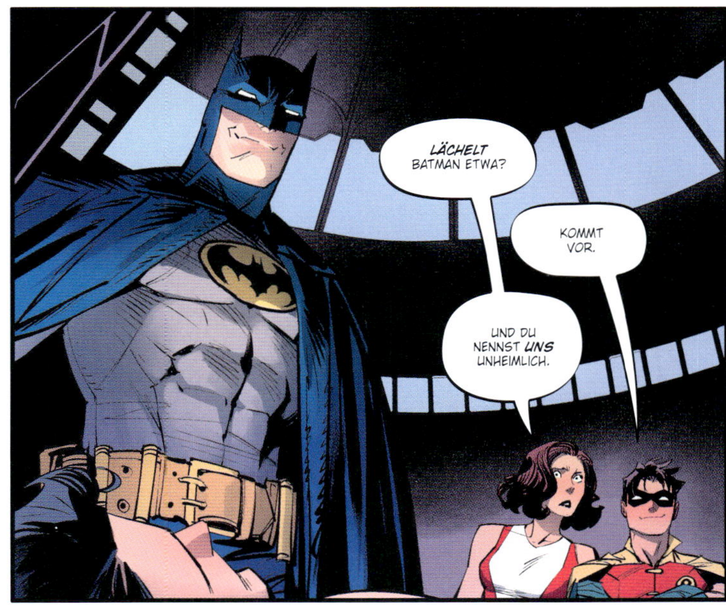
LÄCHELT BATMAN ETWA?
KOMMT VOR.
UND DU NENNST UNS UNHEIMLICH.

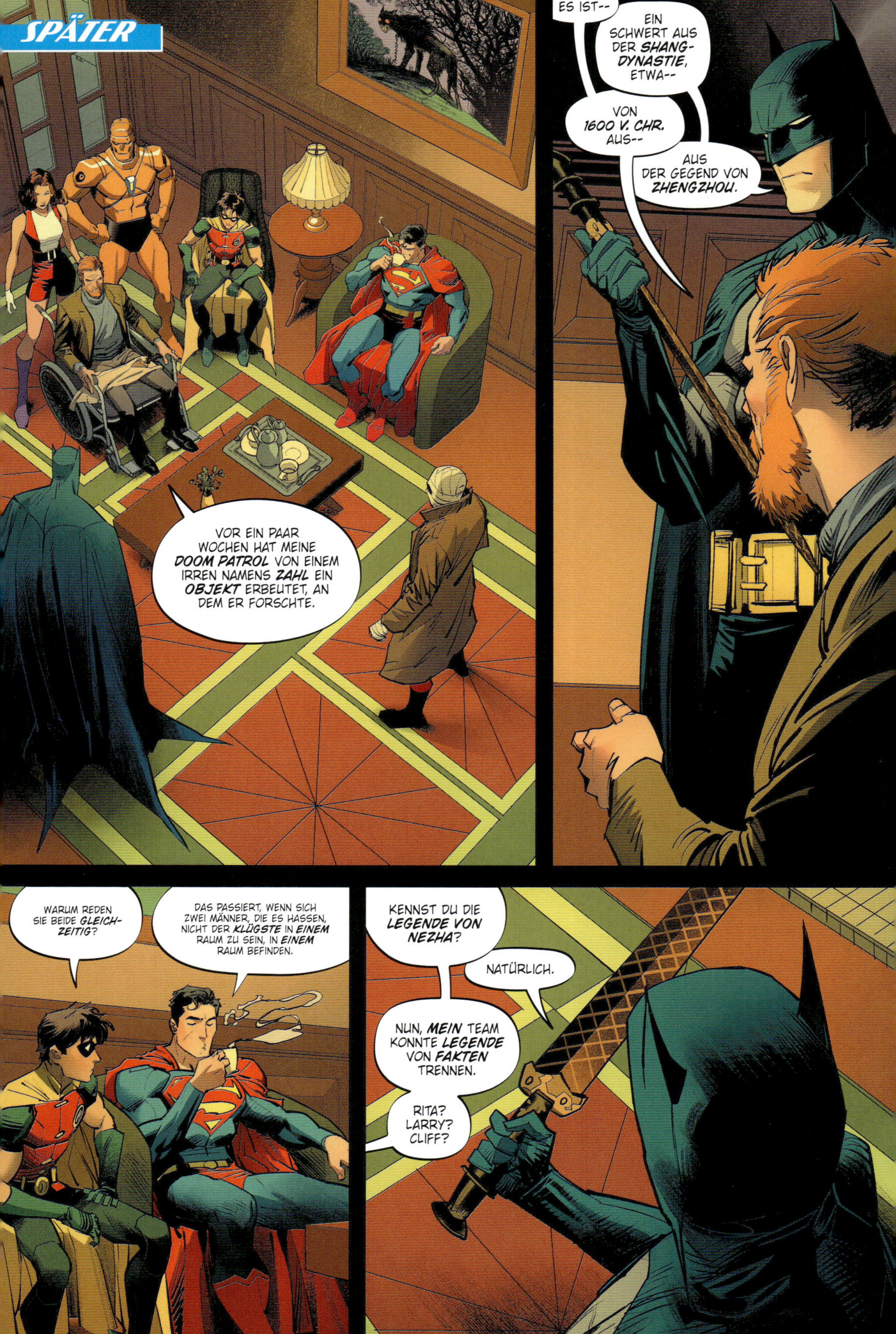
SPÄTER
VOR EIN PAAR WOCHEN HAT MEINE DOOM PATROL VON EINEM IRREN NAMENS ZAHL EIN OBJEKT ERBEUTET, AN DEM ER FORSCHTE.
ES IST--
EIN SCHWERT AUS DER SHANG-DYNASTIE, ETWA--
VON 1600 V. CHR. AUS--
AUS DER GEGEND VON ZHENGZHOU.
WARUM REDEN SIE BEIDE GLEICHZEITIG?
DAS PASSIERT, WENN SICH ZWEI MÄNNER, DIE ES HASSEN, NICHT DER KLÜGSTE IN EINEM RAUM ZU SEIN, IN EINEM RAUM BEFINDEN.
KENNST DU DIE LEGENDE VON NEZHA?
NATÜRLICH.
NUN, MEIN TEAM KONNTE LEGENDE VON FAKTEN TRENNEN.
RITA? LARRY? CLIFF?

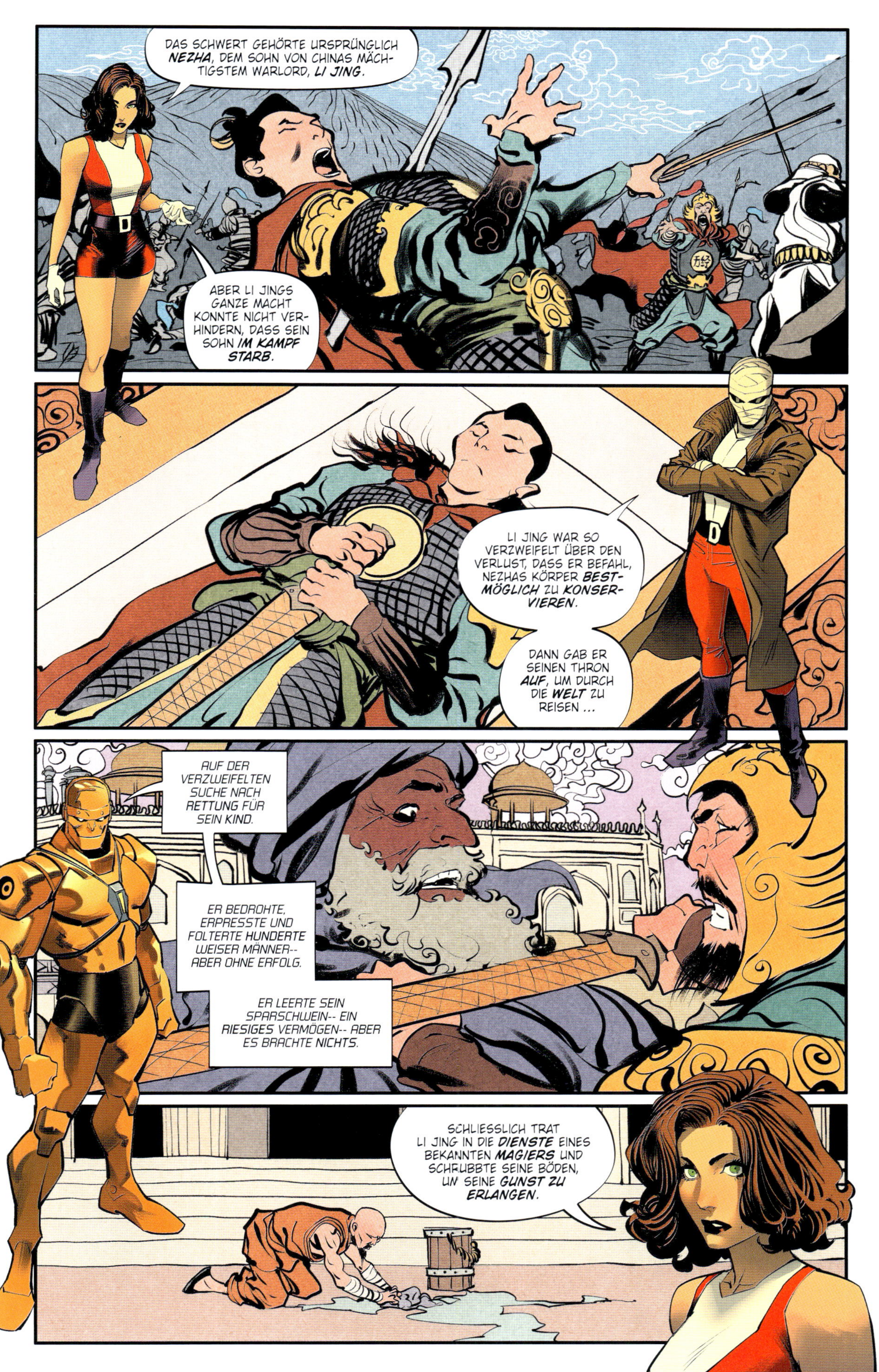
DAS SCHWERT GEHÖRTE URSPRÜNGLICH NEZHA, DEM SOHN VON CHINAS MÄCHTIGSTEM WARLORD, LI JING.
ABER LI JINGS GANZE MACHT KONNTE NICHT VERHINDERN, DASS SEIN SOHN IM KAMPF STARB.
LI JING WAR SO VERZWEIFELT ÜBER DEN VERLUST, DASS ER BEFAHL, NEZHAS KÖRPER BESTMÖGLICH ZU KONSERVIEREN.
DANN GAB ER SEINEN THRON AUF, UM DURCH DIE WELT ZU REISEN ...
AUF DER VERZWEIFELTEN SUCHE NACH RETTUNG FÜR SEIN KIND.
ER BEDROHTE, ERPRESSTE UND FOLTERTE HUNDERTE WEISER MÄNNER-- ABER OHNE ERFOLG.
ER LEERTE SEIN SPARSCHWEIN-- EIN RIESIGES VERMÖGEN-- ABER ES BRACHTE NICHTS.
SCHLIESSLICH TRAT LI JING IN DIE DIENSTE EINES BEKANNTEN MAGIERS UND SCHRUBBTE SEINE BÖDEN, UM SEINE GUNST ZU ERLANGEN.

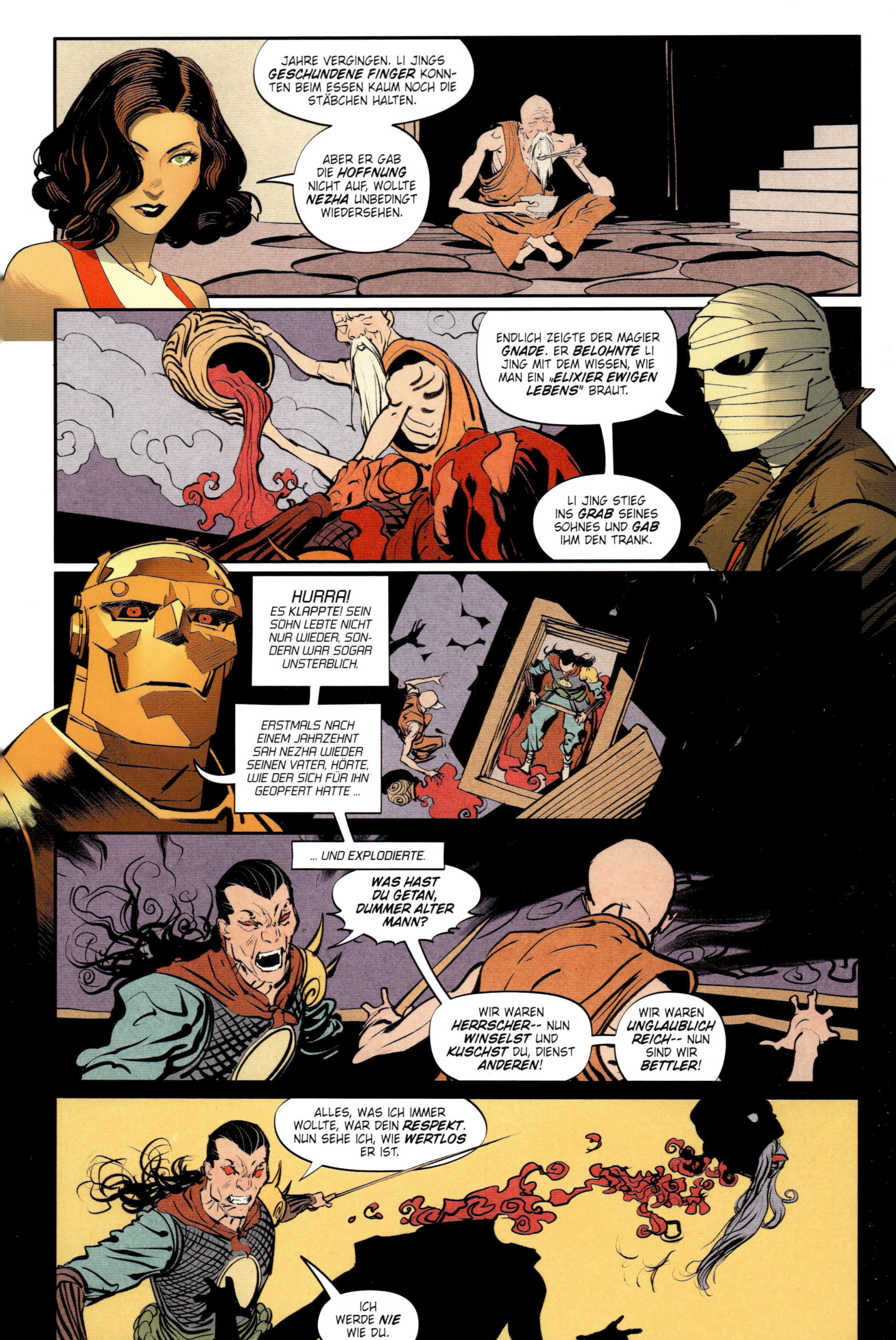
JAHRE VERGINGEN. LI JINGS GESCHUNDENE FINGER KONNTEN BEIM ESSEN KAUM NOCH DIE STÄBCHEN HALTEN.
ABER ER GAB DIE HOFFNUNG NICHT AUF, WOLLTE NEZHA UNBEDINGT WIEDERSEHEN.
ENDLICH ZEIGTE DER MAGIER GNADE. ER BELOHNTE LI JING MIT DEM WISSEN, WIE MAN EIN „ELIXIER EWIGEN LEBENS" BRAUT.
LI JING STIEG INS GRAB SEINES SOHNES UND GAB IHM DEN TRANK.
HURRA! ES KLAPPTE! SEIN SOHN LEBTE NICHT NUR WIEDER, SONDERN WAR SOGAR UNSTERBLICH.
ERSTMALS NACH EINEM JAHRZEHNT SAH NEZHA WIEDER SEINEN VATER, HÖRTE, WIE DER SICH FÜR IHN GEOPFERT HATTE ...
... UND EXPLODIERTE.
WAS HAST DU GETAN, DUMMER ALTER MANN?
WIR WAREN HERRSCHER-- NUN WINSELST UND KUSCHST DU, DIENST ANDEREN!
WIR WAREN UNGLAUBLICH REICH-- NUN SIND WIR BETTLER!
ALLES, WAS ICH IMMER WOLLTE, WAR DEIN RESPEKT. NUN SEHE ICH, WIE WERTLOS ER IST.
ICH WERDE NIE WIE DU.

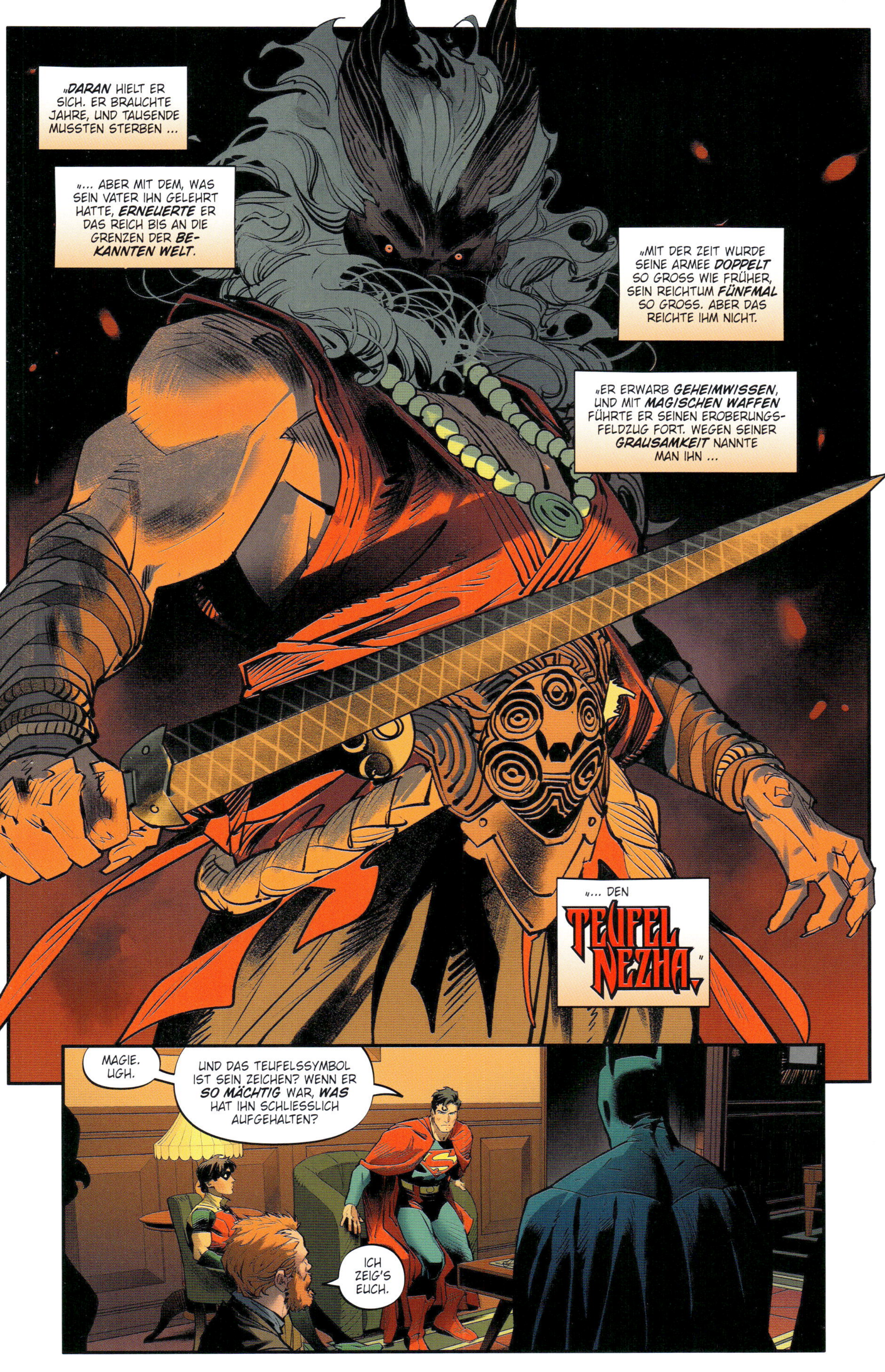
„DARAN HIELT ER SICH. ER BRAUCHTE JAHRE, UND TAUSENDE MUSSTEN STERBEN …
„… ABER MIT DEM, WAS SEIN VATER IHN GELEHRT HATTE, ERNEUERTE ER DAS REICH BIS AN DIE GRENZEN DER BEKANNTEN WELT.
„MIT DER ZEIT WURDE SEINE ARMEE DOPPELT SO GROSS WIE FRÜHER, SEIN REICHTUM FÜNFMAL SO GROSS. ABER DAS REICHTE IHM NICHT.
„ER ERWARB GEHEIMWISSEN, UND MIT MAGISCHEN WAFFEN FÜHRTE ER SEINEN EROBERUNGS-FELDZUG FORT. WEGEN SEINER GRAUSAMKEIT NANNTE MAN IHN …
„… DEN TEUFEL NEZHA."
MAGIE. UGH.
UND DAS TEUFELSSYMBOL IST SEIN ZEICHEN? WENN ER SO MÄCHTIG WAR, WAS HAT IHN SCHLIESSLICH AUFGEHALTEN?
ICH ZEIG'S EUCH.

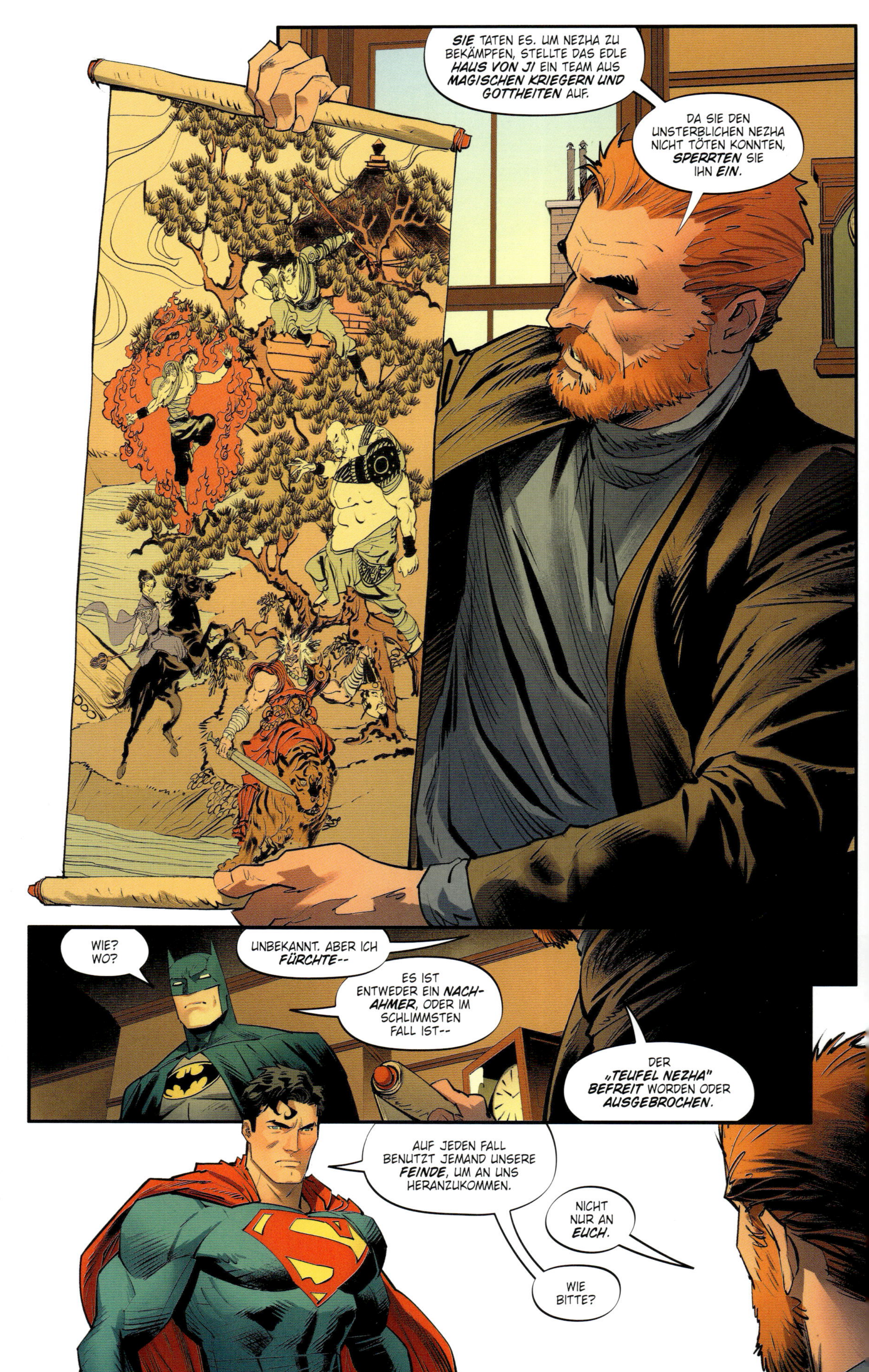
SIE TATEN ES. UM NEZHA ZU BEKÄMPFEN, STELLTE DAS EDLE HAUS VON JI EIN TEAM AUS MAGISCHEN KRIEGERN UND GOTTHEITEN AUF.
DA SIE DEN UNSTERBLICHEN NEZHA NICHT TÖTEN KONNTEN, SPERRTEN SIE IHN EIN.
WIE? WO?
UNBEKANNT. ABER ICH FÜRCHTE--
ES IST ENTWEDER EIN NACH-AHMER, ODER IM SCHLIMMSTEN FALL IST--
DER „TEUFEL NEZHA" BEFREIT WORDEN ODER AUSGEBROCHEN.
AUF JEDEN FALL BENUTZT JEMAND UNSERE FEINDE, UM AN UNS HERANZUKOMMEN.
NICHT NUR AN EUCH.
WIE BITTE?

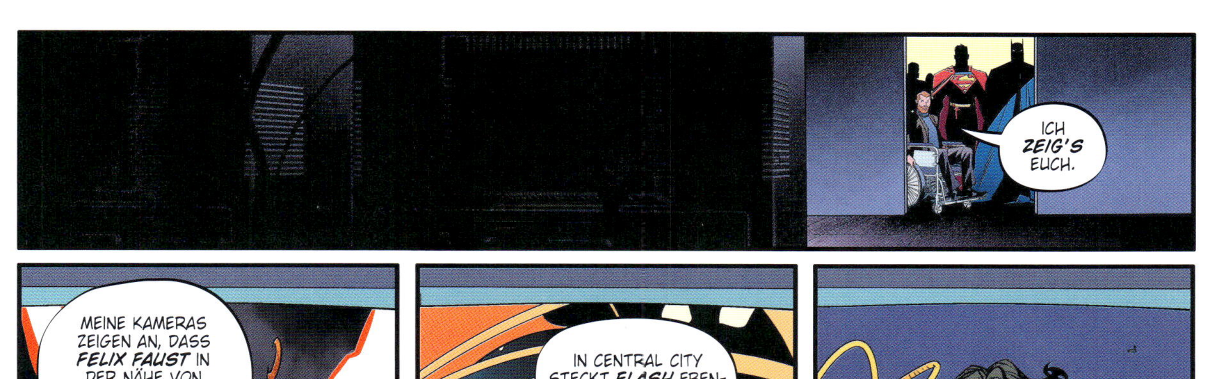

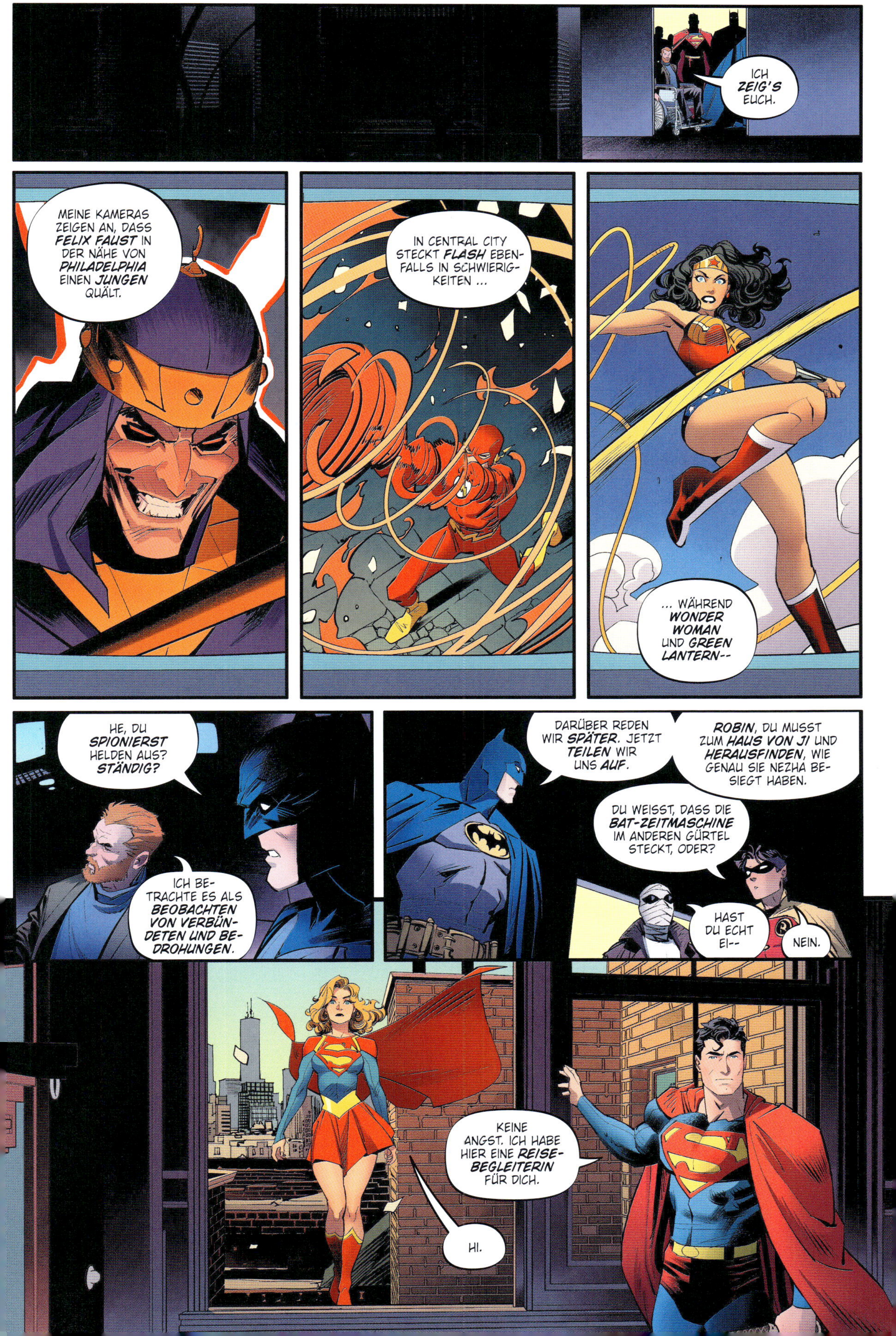

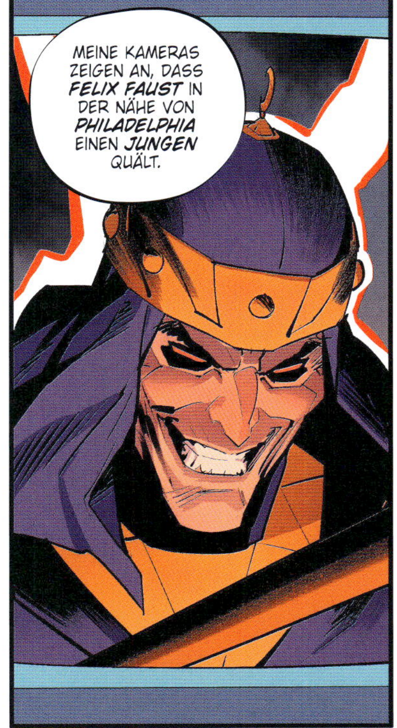

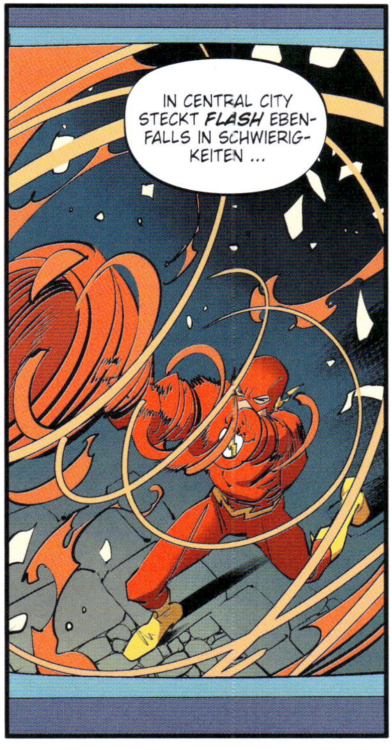

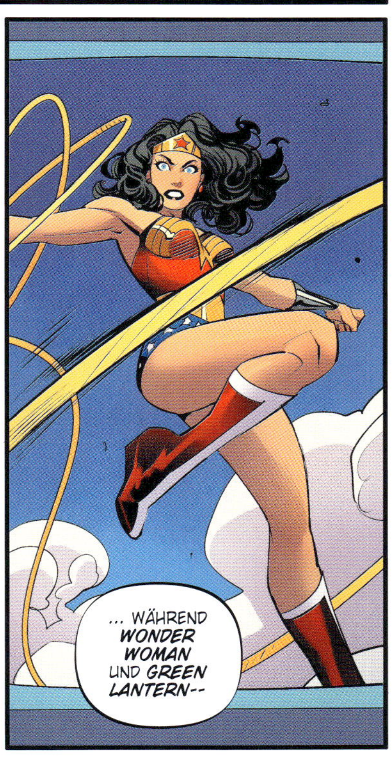

HE, DU SPIONIERST HELDEN AUS? STÄNDIG?

ICH BE-TRACHTE ES ALS BEOBACHTEN VON VERBÜN-DETEN UND BE-DROHUNGEN.

DARÜBER REDEN WIR SPÄTER. JETZT TEILEN WIR UNS AUF.

ROBIN, DU MUSST ZUM HAUS VON JI UND HERAUSFINDEN, WIE GENAU SIE NEZHA BE-SIEGT HABEN.

DU WEISST, DASS DIE BAT-ZEITMASCHINE IM ANDEREN GÜRTEL STECKT, ODER?

HAST DU ECHT EI--

NEIN.

KEINE ANGST. ICH HABE HIER EINE REISE-BEGLEITERIN FÜR DICH.

HI.

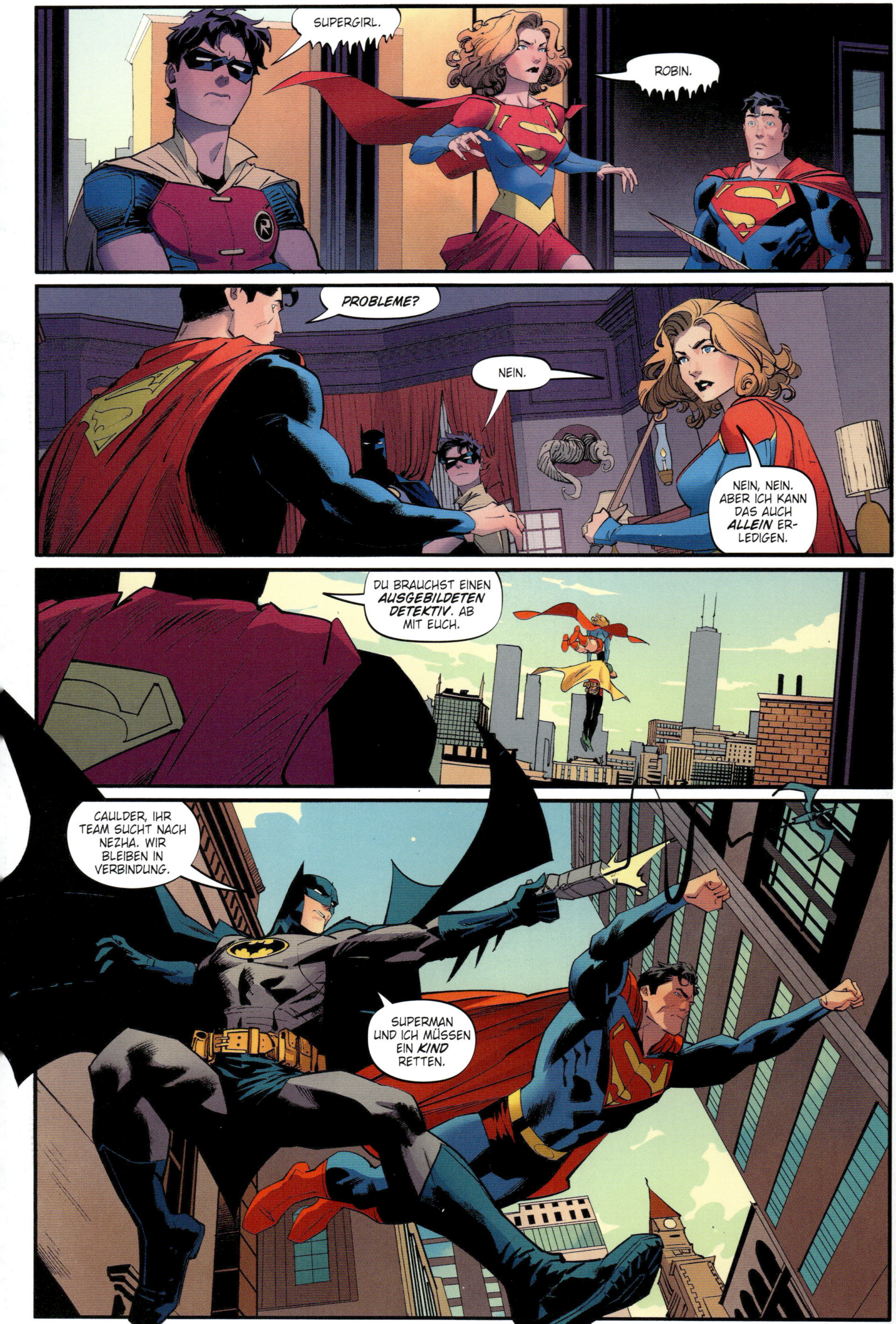

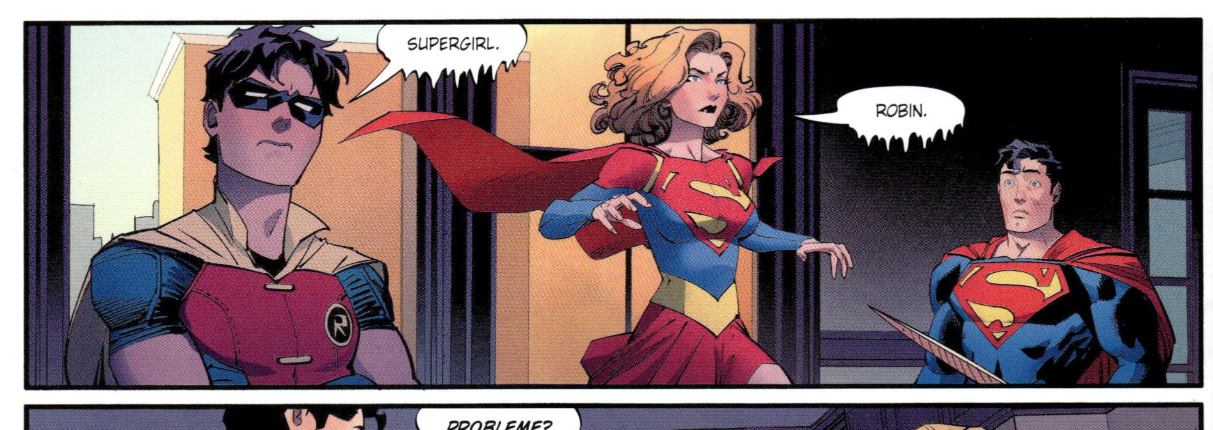

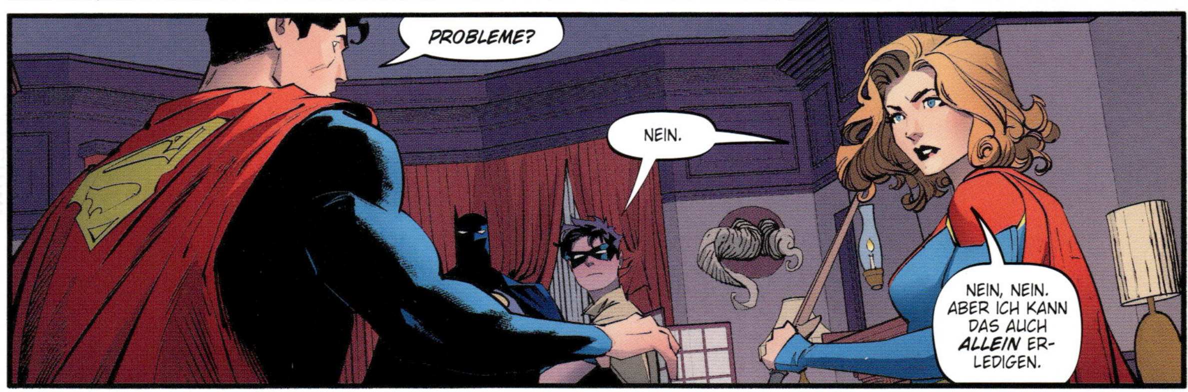

DU BRAUCHST EINEN ***AUSGEBILDETEN DETEKTIV***. AB MIT EUCH.

CAULDER, IHR TEAM SUCHT NACH NEZHA. WIR BLEIBEN IN VERBINDUNG.

SUPERMAN UND ICH MÜSSEN EIN ***KIND*** RETTEN.

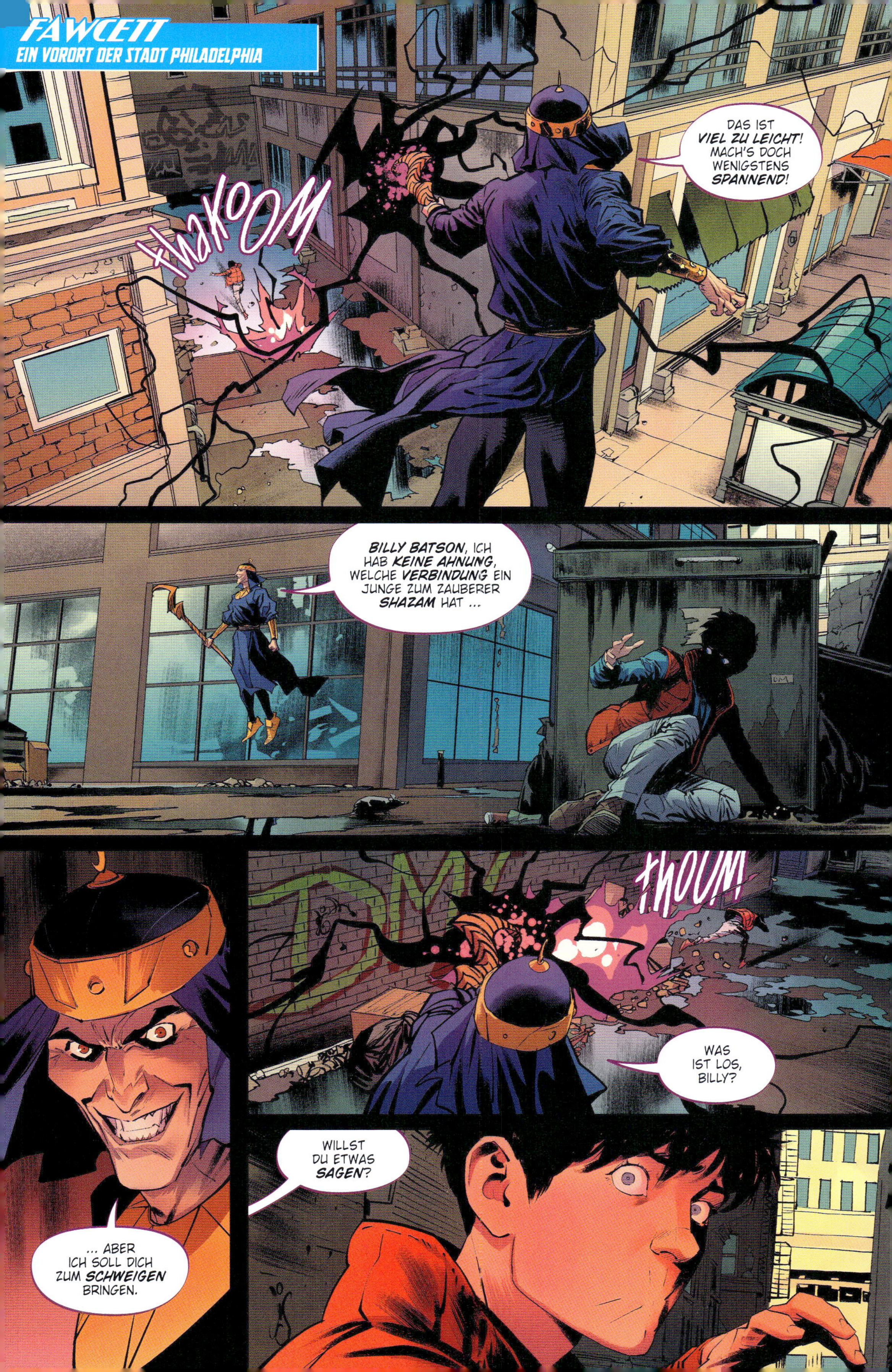
FAWCETT
EIN VORORT DER STADT PHILADELPHIA
THAKOOM
DAS IST VIEL ZU LEICHT! MACH'S DOCH WENIGSTENS SPANNEND!
BILLY BATSON, ICH HAB KEINE AHNUNG, WELCHE VERBINDUNG EIN JUNGE ZUM ZAUBERER SHAZAM HAT ...
THOOM
WAS IST LOS, BILLY?
WILLST DU ETWAS SAGEN?
... ABER ICH SOLL DICH ZUM SCHWEIGEN BRINGEN.

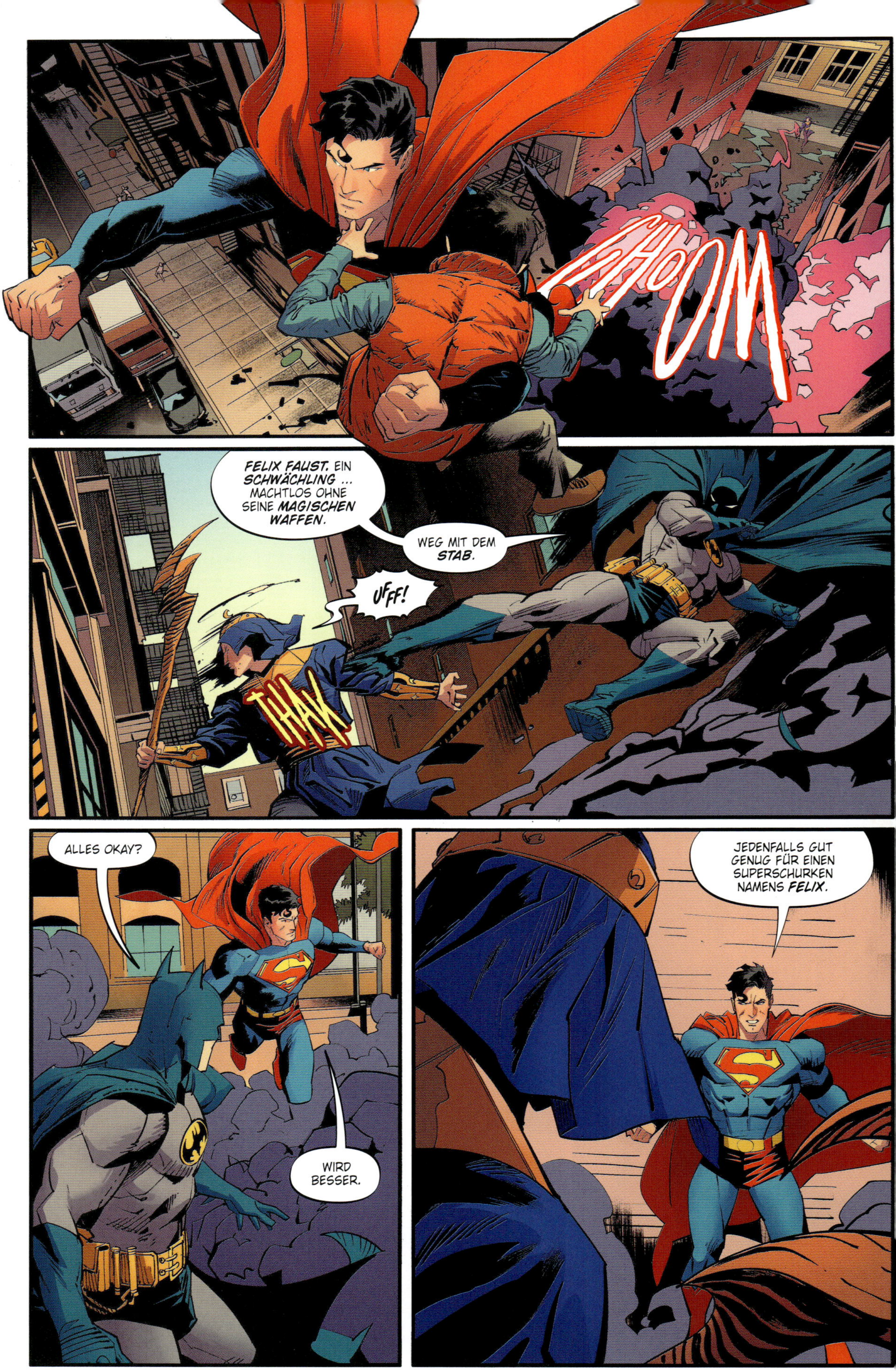

CHOOM

FELIX FAUST. EIN SCHWÄCHLING ... MACHTLOS OHNE SEINE MAGISCHEN WAFFEN.

WEG MIT DEM STAB.

UFFF!

THAK

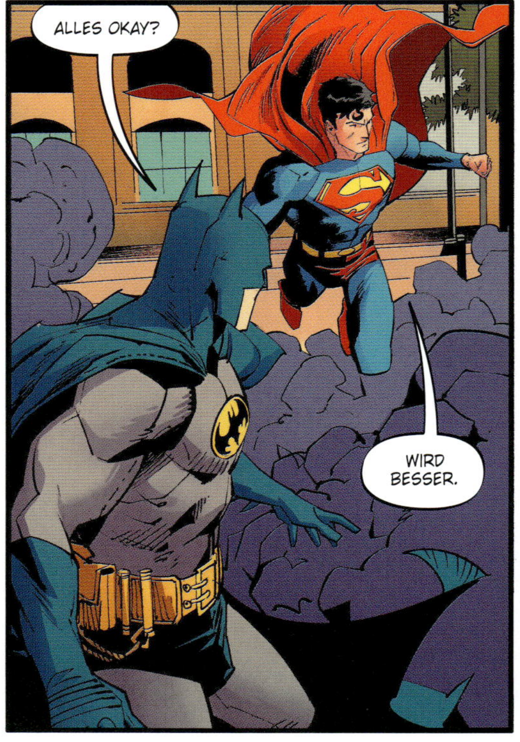

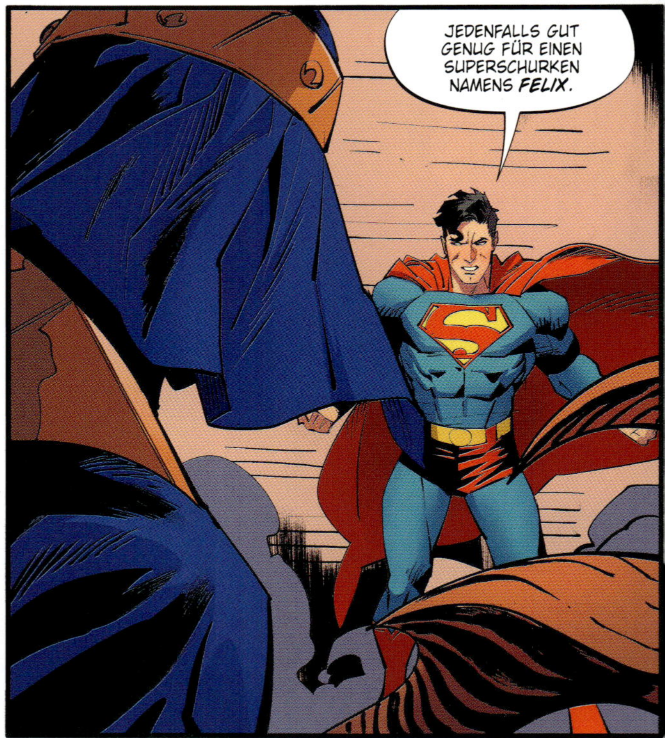

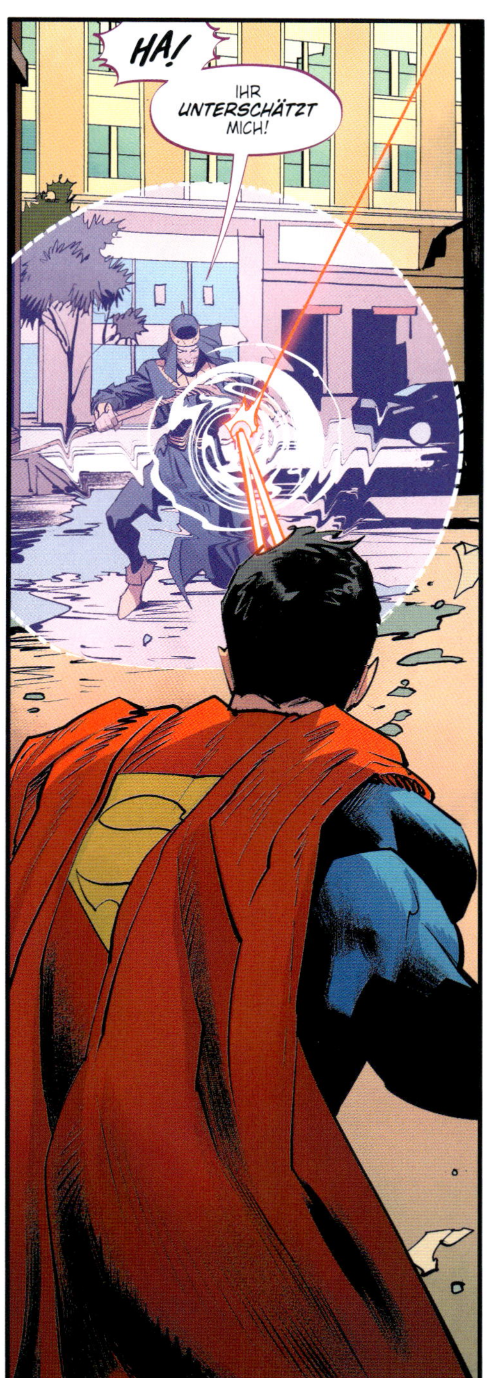
HA!
IHR UNTERSCHÄTZT MICH!

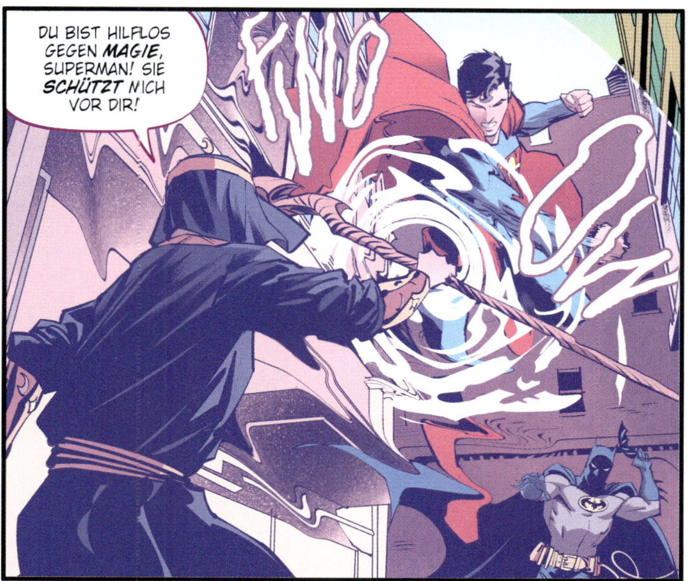
DU BIST HILFLOS GEGEN MAGIE, SUPERMAN! SIE SCHÜTZT MICH VOR DIR!
FWOOOM

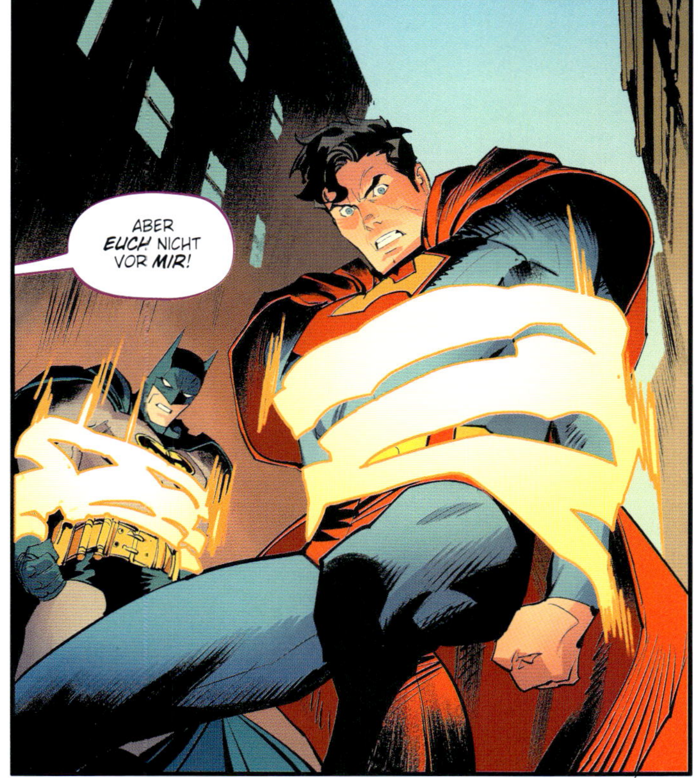
ABER EUCH NICHT VOR MIR!

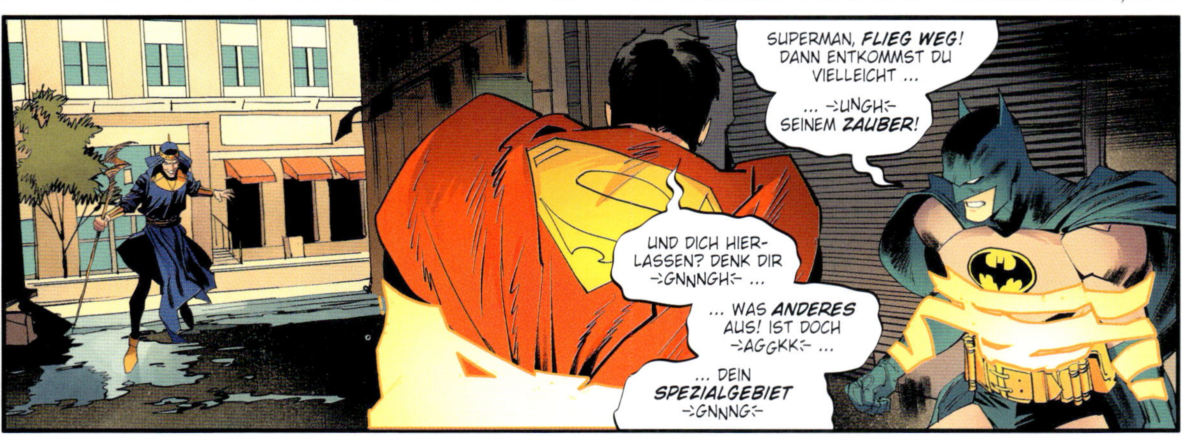
SUPERMAN, FLIEG WEG! DANN ENTKOMMST DU VIELLEICHT ...
... -UNGH- SEINEM ZAUBER!
UND DICH HIER-LASSEN? DENK DIR -GNNNGH- ...
... WAS ANDERES AUS! IST DOCH -AGGKK- ...
... DEIN SPEZIALGEBIET -GNNNG-

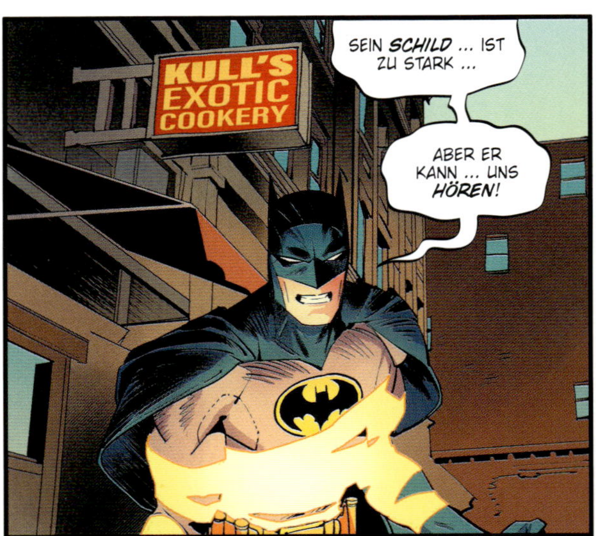
KULL'S EXOTIC COOKERY
SEIN SCHILD ... IST ZU STARK ...
ABER ER KANN ... UNS HÖREN!

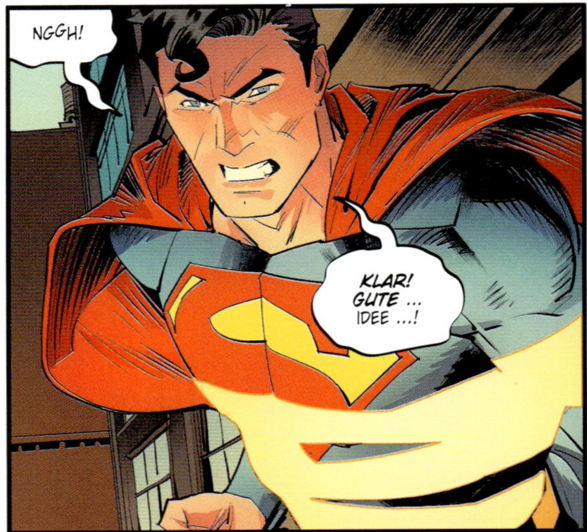
NGGH!
KLAR! GUTE ... IDEE ...!

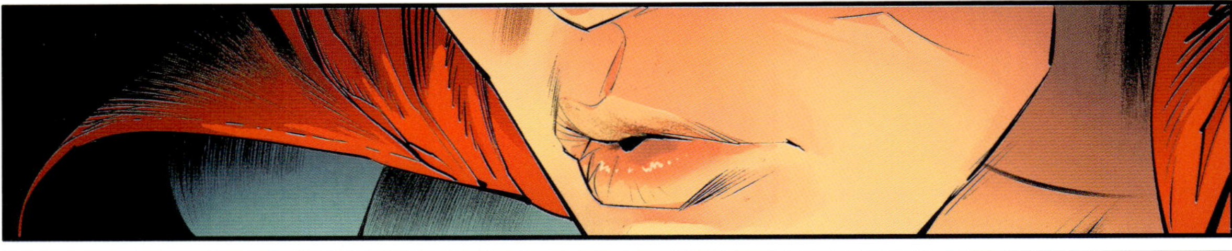

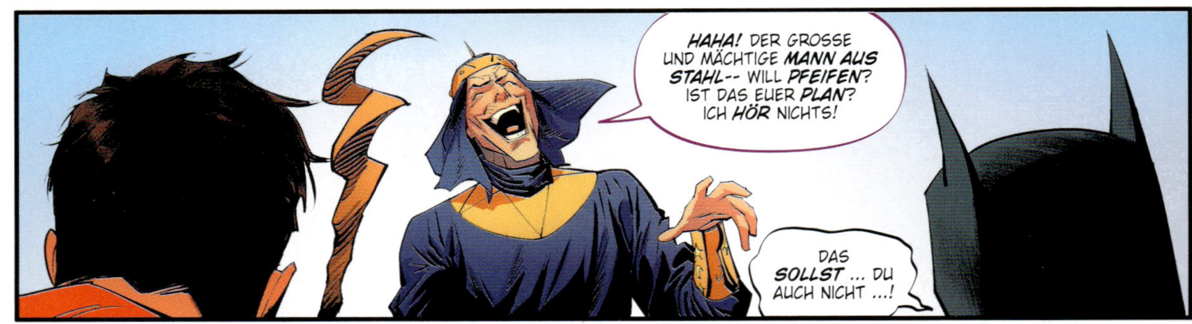
HAHA! DER GROSSE UND MÄCHTIGE MANN AUS STAHL-- WILL PFEIFEN? IST DAS EUER PLAN? ICH HÖR NICHTS!
DAS SOLLST ... DU AUCH NICHT ...!

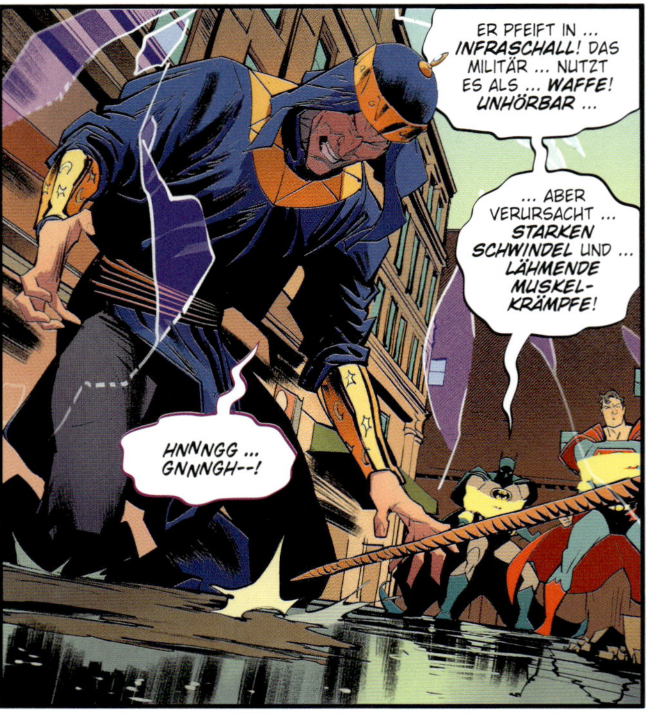
ER PFEIFT IN ... INFRASCHALL! DAS MILITÄR ... NUTZT ES ALS ... WAFFE! UNHÖRBAR ...
... ABER VERURSACHT ... STARKEN SCHWINDEL UND ... LÄHMENDE MUSKEL-KRÄMPFE!
HNNNGG ... GNNNGH--!

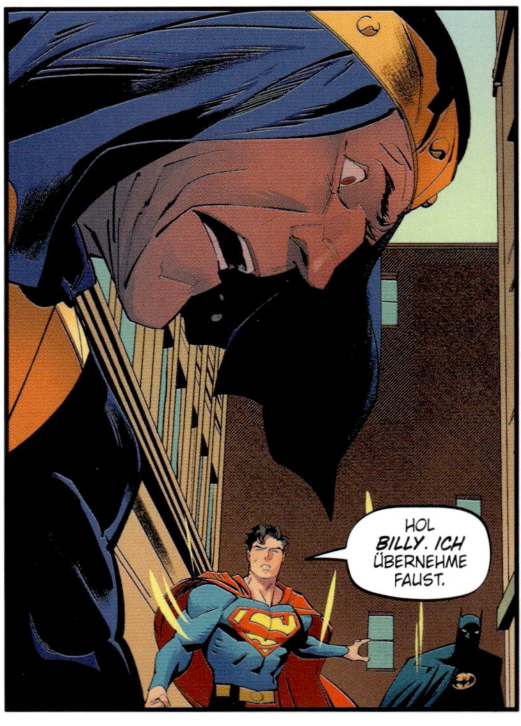
HOL BILLY. ICH ÜBERNEHME FAUST.

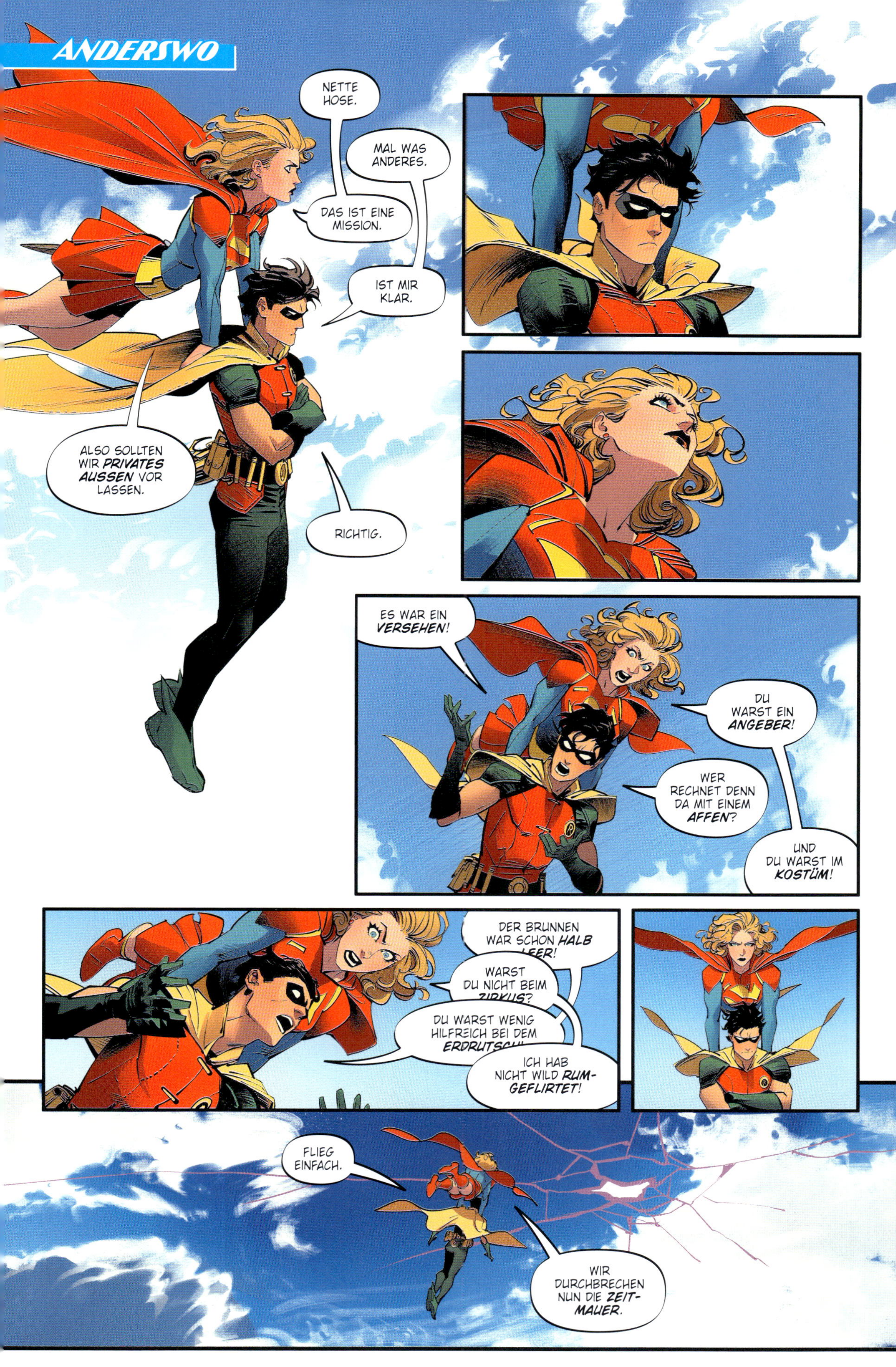
ANDERSWO
NETTE HOSE.
MAL WAS ANDERES.
DAS IST EINE MISSION.
IST MIR KLAR.
ALSO SOLLTEN WIR PRIVATES AUSSEN VOR LASSEN.
RICHTIG.
ES WAR EIN VERSEHEN!
DU WARST EIN ANGEBER!
WER RECHNET DENN DA MIT EINEM AFFEN?
UND DU WARST IM KOSTÜM!
DER BRUNNEN WAR SCHON HALB
WARST DU NICHT BEIM
DU WARST WENIG HILFREICH BEI DEM
ICH HAB NICHT WILD RUM-GEFLIRTET!
FLIEG EINFACH.
WIR DURCHBRECHEN NUN DIE ZEIT-MAUER.

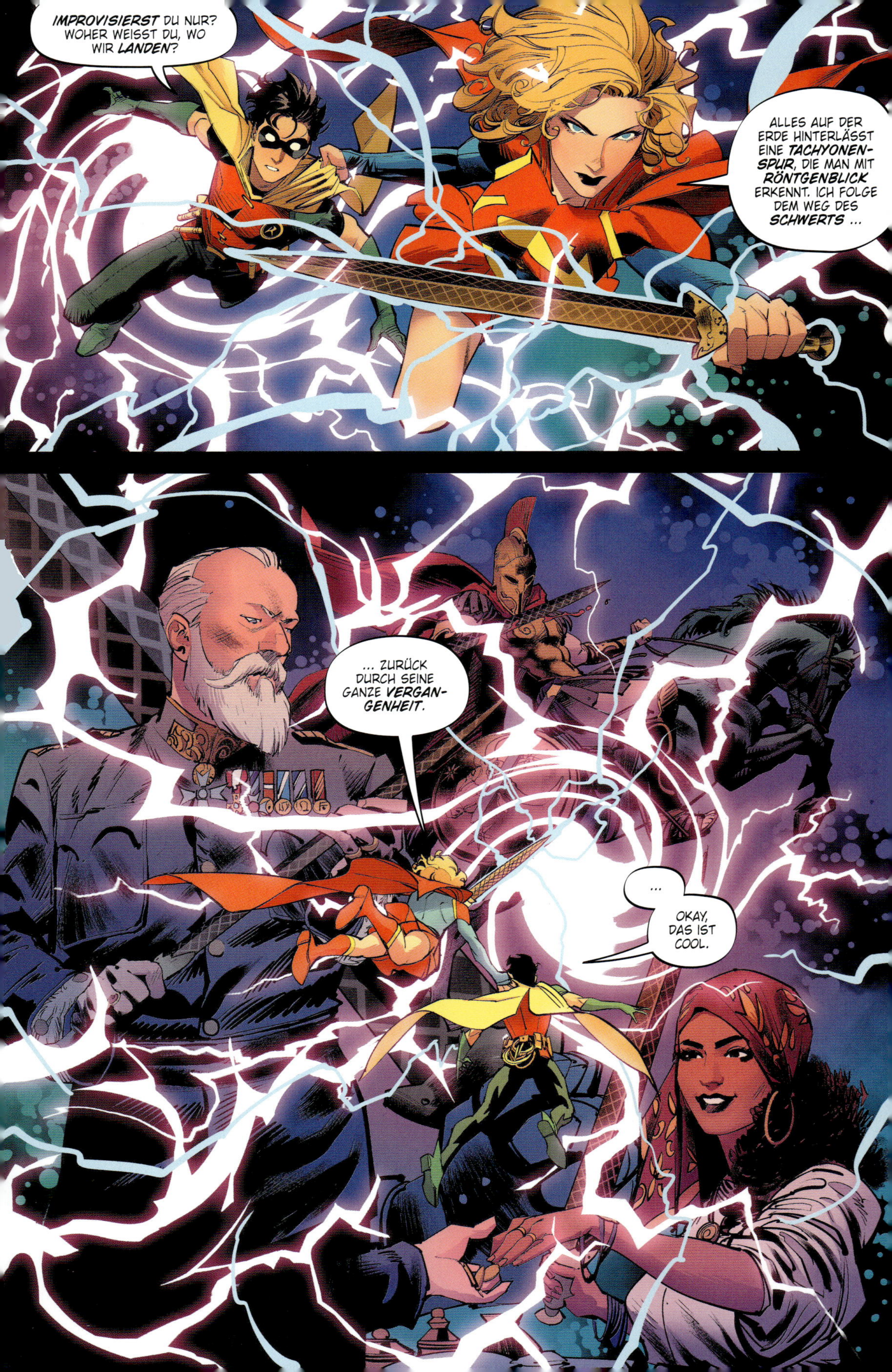
IMPROVISIERST DU NUR? WOHER WEISST DU, WO WIR LANDEN?
ALLES AUF DER ERDE HINTERLÄSST EINE TACHYONEN-SPUR, DIE MAN MIT RÖNTGENBLICK ERKENNT. ICH FOLGE DEM WEG DES SCHWERTS ...
... ZURÜCK DURCH SEINE GANZE VERGAN-GENHEIT.
...
OKAY, DAS IST COOL.

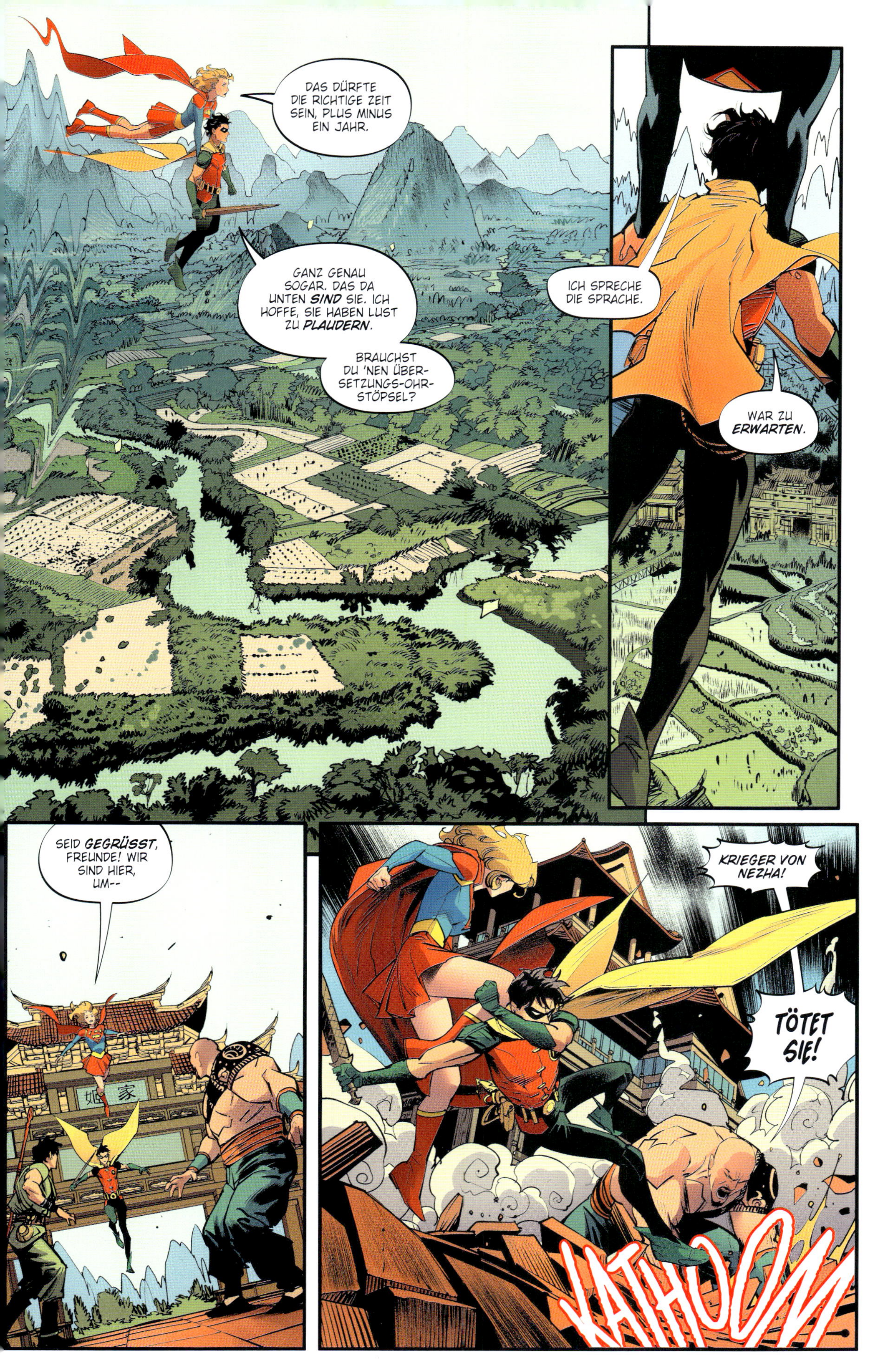
DAS DÜRFTE DIE RICHTIGE ZEIT SEIN, PLUS MINUS EIN JAHR.
GANZ GENAU SOGAR. DAS DA UNTEN SIND SIE. ICH HOFFE, SIE HABEN LUST ZU PLAUDERN.
BRAUCHST DU 'NEN ÜBER-SETZUNGS-OHR-STÖPSEL?
ICH SPRECHE DIE SPRACHE.
WAR ZU ERWARTEN.
SEID GEGRÜSST, FREUNDE! WIR SIND HIER, UM--
KRIEGER VON NEZHA!
TÖTET SIE!
KATHOOM

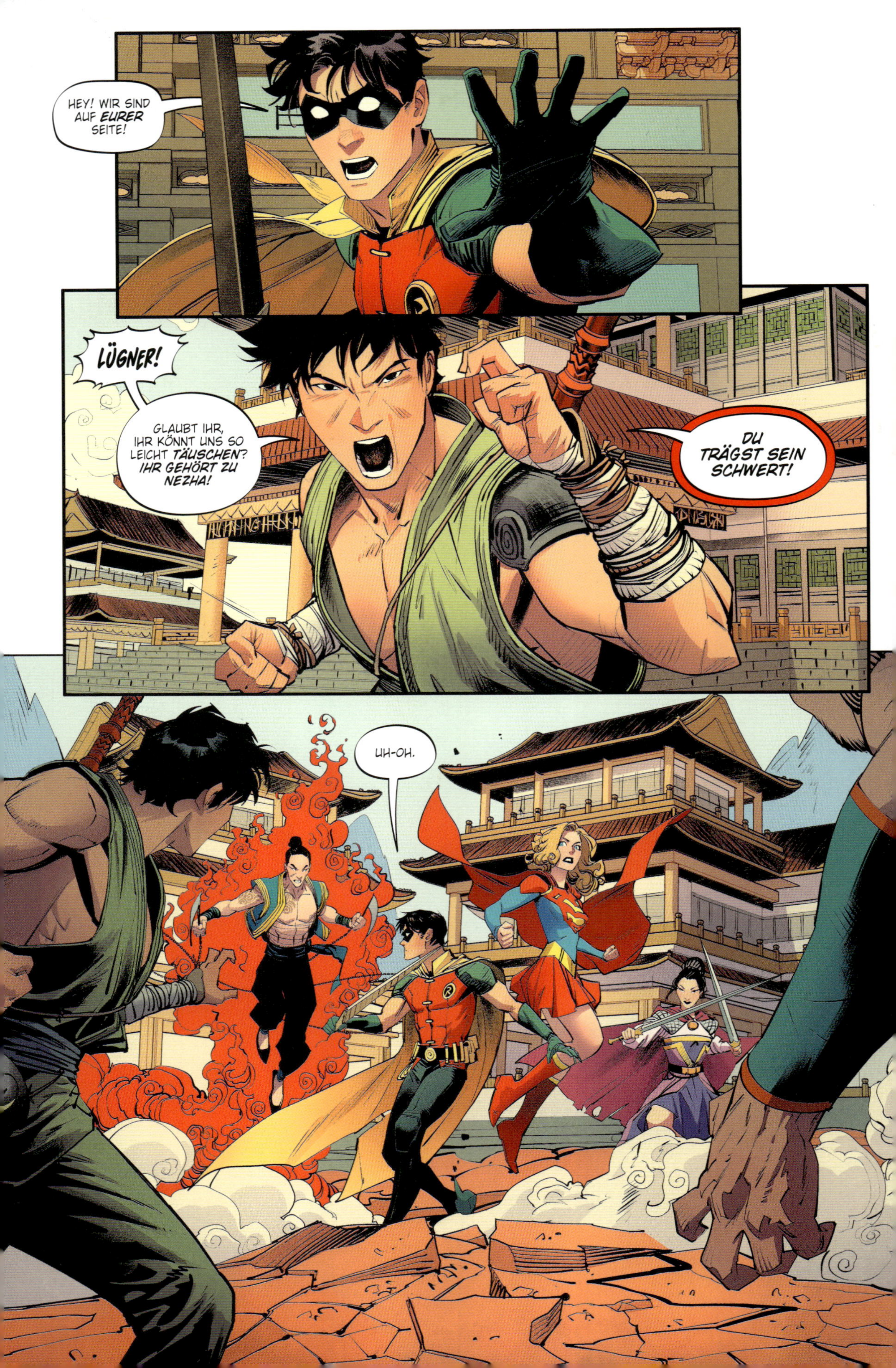
HEY! WIR SIND AUF EURER SEITE!
LÜGNER!
GLAUBT IHR, IHR KÖNNT UNS SO LEICHT TÄUSCHEN? IHR GEHÖRT ZU NEZHA!
DU TRÄGST SEIN SCHWERT!
UH-OH.

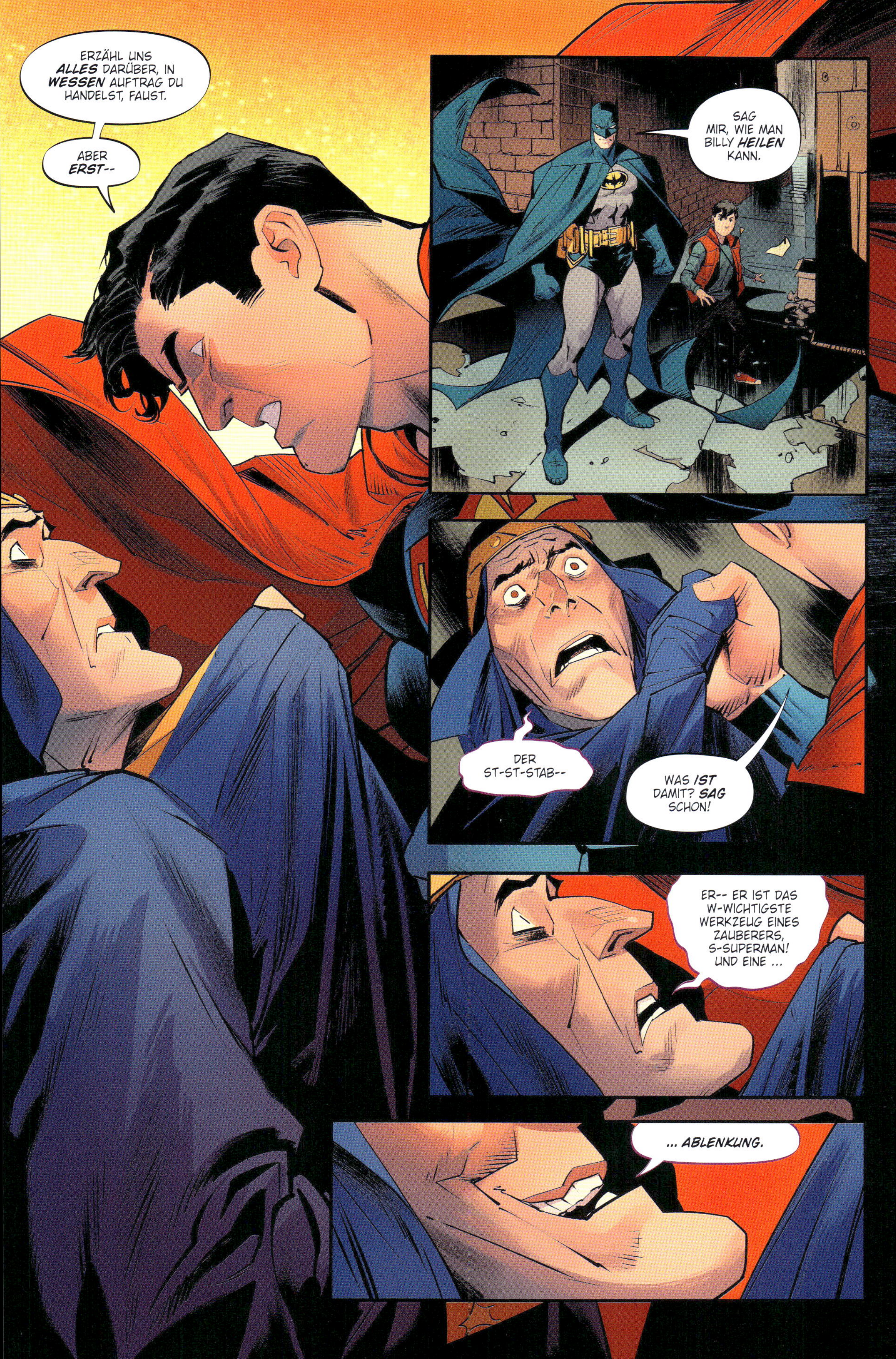
ERZÄHL UNS ALLES DARÜBER, IN WESSEN AUFTRAG DU HANDELST, FAUST.
ABER ERST--
SAG MIR, WIE MAN BILLY HEILEN KANN.
DER ST-ST-STAB--
WAS IST DAMIT? SAG SCHON!
ER-- ER IST DAS W-WICHTIGSTE WERKZEUG EINES ZAUBERERS, S-SUPERMAN! UND EINE ...
... ABLENKUNG.

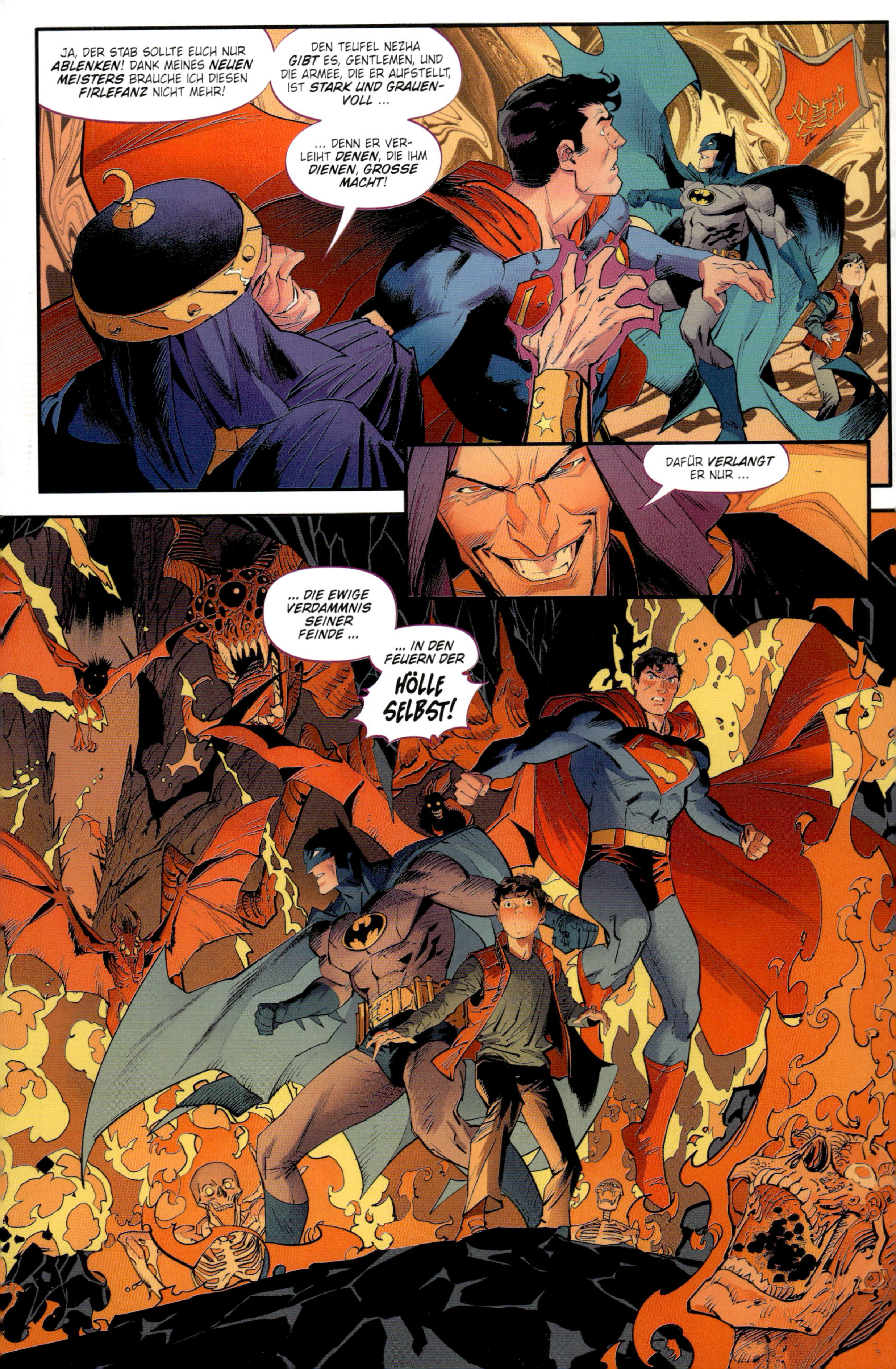
JA, DER STAB SOLLTE EUCH NUR ABLENKEN! DANK MEINES NEUEN MEISTERS BRAUCHE ICH DIESEN FIRLEFANZ NICHT MEHR!
DEN TEUFEL NEZHA GIBT ES, GENTLEMEN, UND DIE ARMEE, DIE ER AUFSTELLT, IST STARK UND GRAUENVOLL ...
... DENN ER VERLEIHT DENEN, DIE IHM DIENEN, GROSSE MACHT!
DAFÜR VERLANGT ER NUR ...
... DIE EWIGE VERDAMMNIS SEINER FEINDE ...
... IN DEN FEUERN DER HÖLLE SELBST!

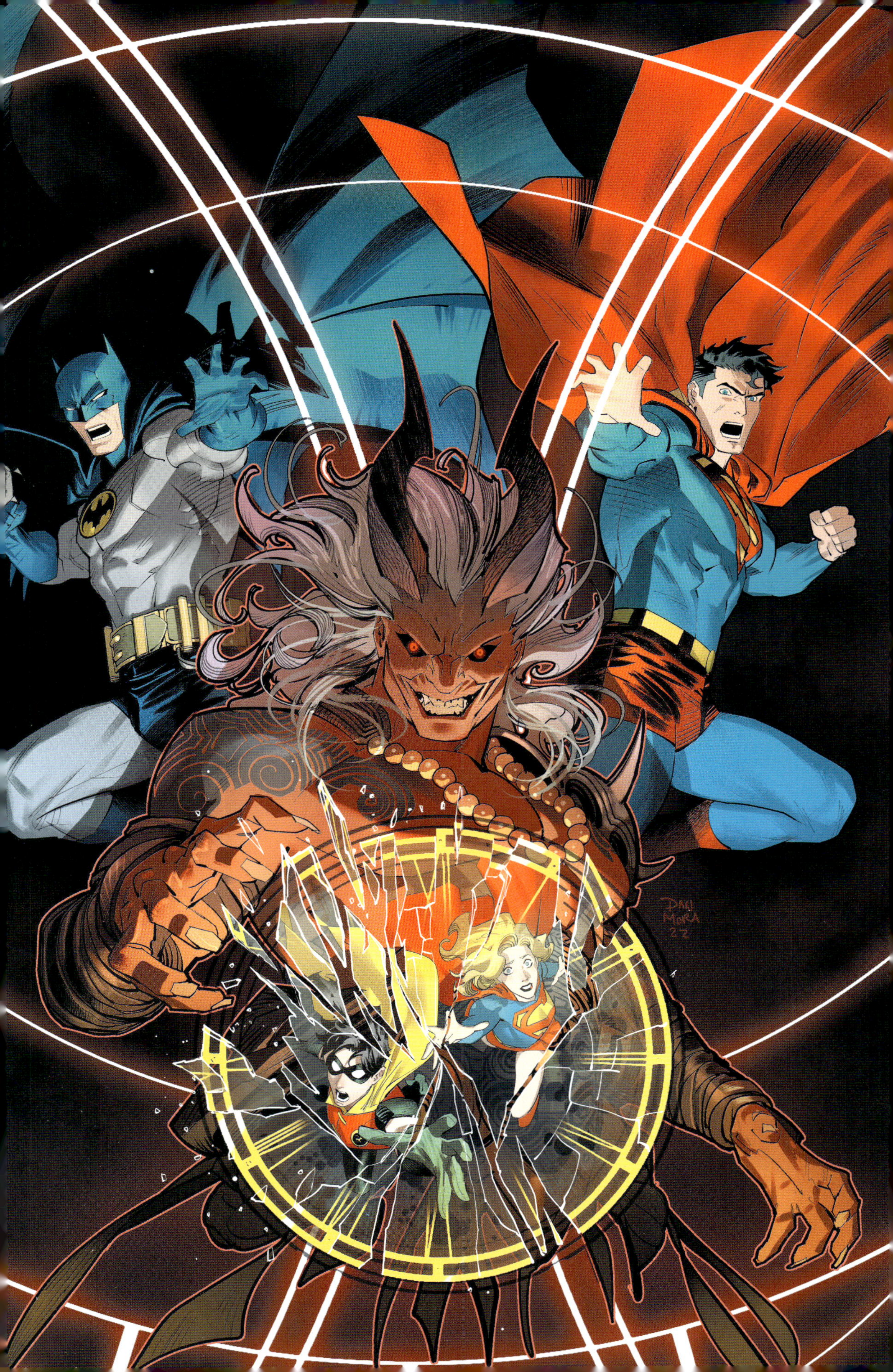
DAN
MORA
22

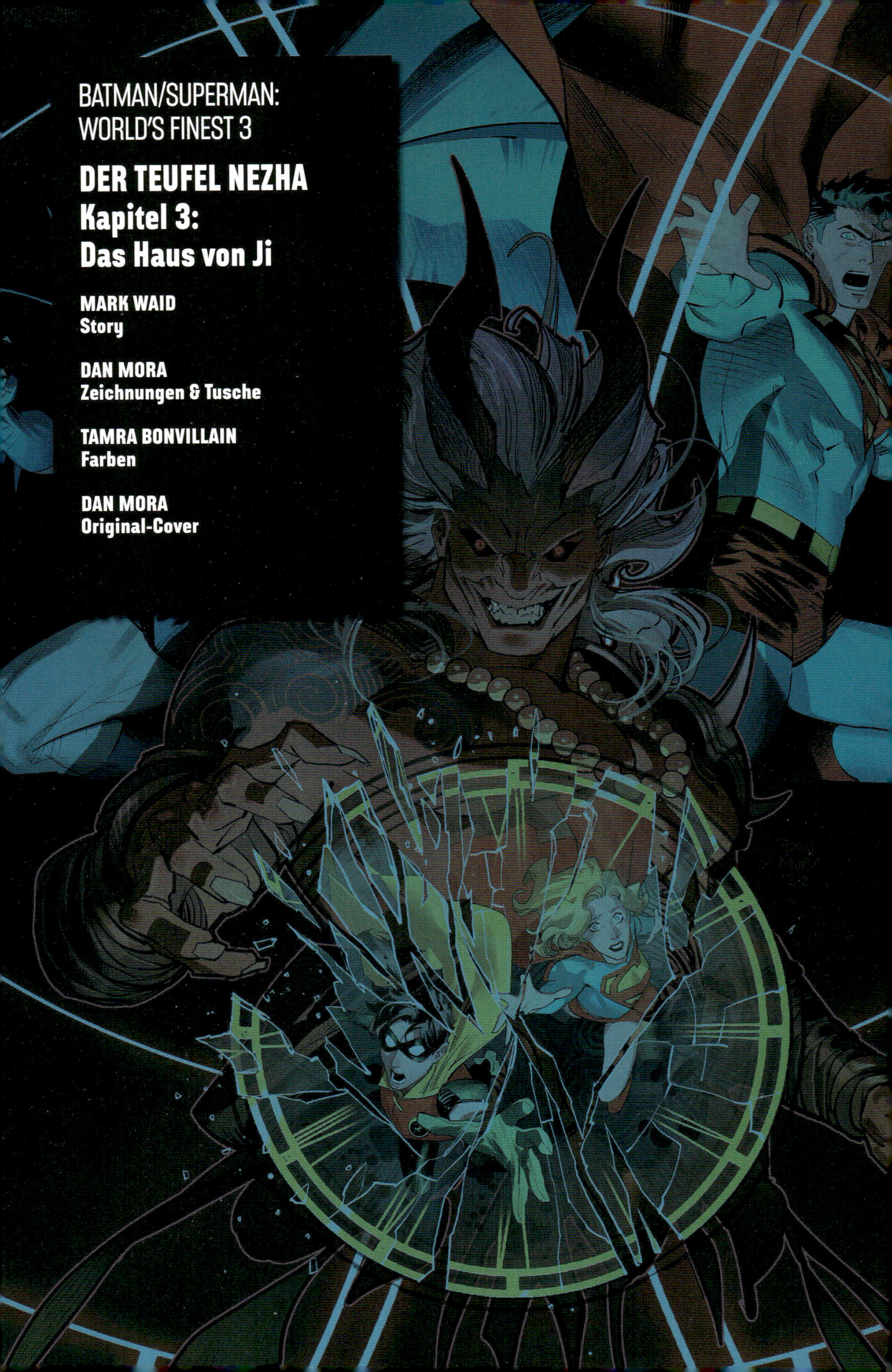
BATMAN/SUPERMAN:
WORLD'S FINEST 3
DER TEUFEL NEZHA
Kapitel 3:
Das Haus von Ji
MARK WAID
Story
DAN MORA
Zeichnungen & Tusche
TAMRA BONVILLAIN
Farben
DAN MORA
Original-Cover

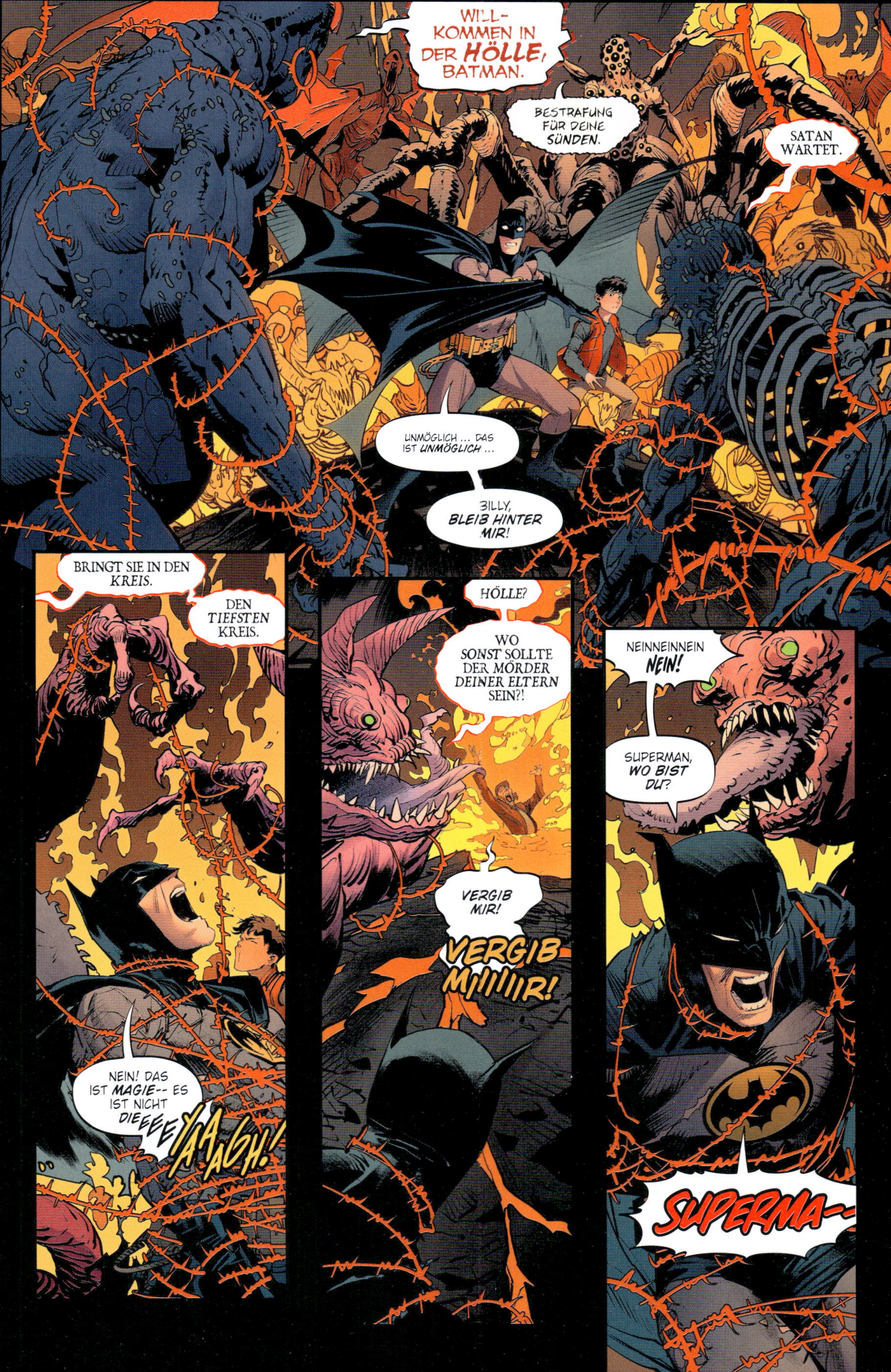
WILL-KOMMEN IN DER HÖLLE, BATMAN.
BESTRAFUNG FÜR DEINE SÜNDEN.
SATAN WARTET.
UNMÖGLICH … DAS IST UNMÖGLICH …
BILLY, BLEIB HINTER MIR!
BRINGT SIE IN DEN KREIS.
DEN TIEFSTEN KREIS.
NEIN! DAS IST MAGIE-- ES IST NICHT DIEEEE
YAAAGH!
HÖLLE?
WO SONST SOLLTE DER MÖRDER DEINER ELTERN SEIN?!
VERGIB MIR!
VERGIB MIIIIIR!
NEINNEINNEIN NEIN!
SUPERMAN, WO BIST DU?
SUPERMA--

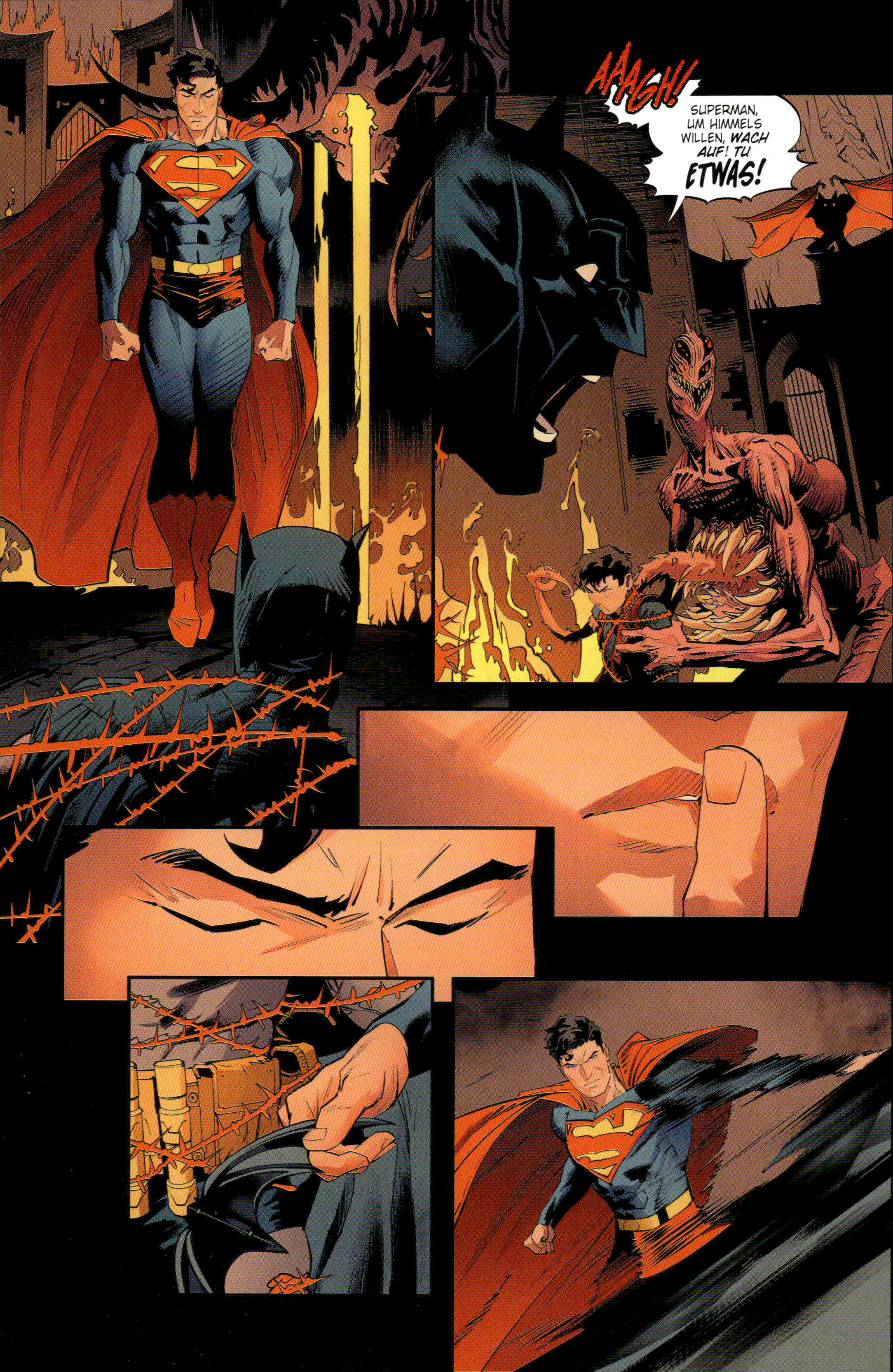
AAAGH!
SUPERMAN, UM HIMMELS WILLEN, WACH AUF! TU ETWAS!

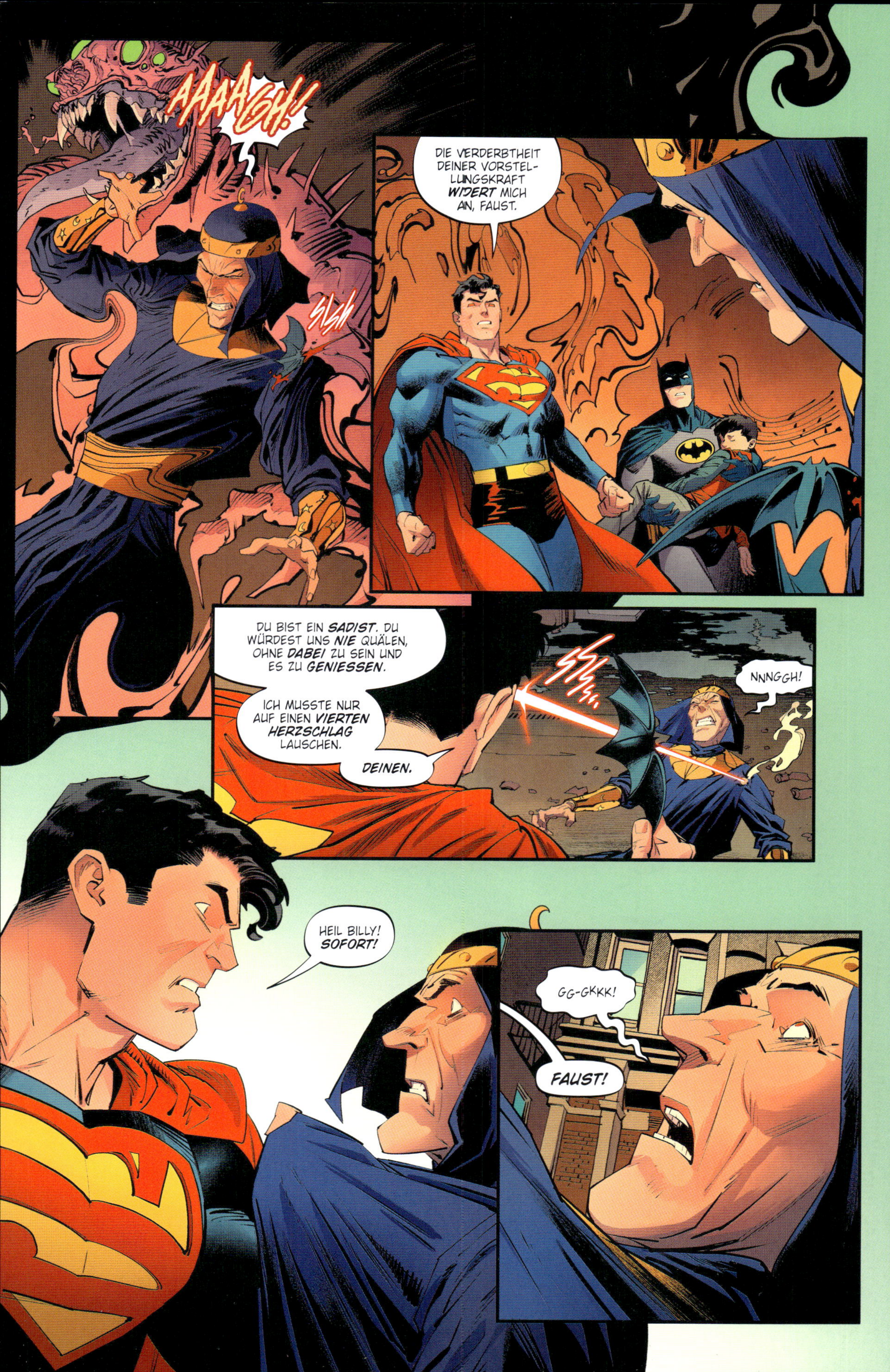
AAAAGH!
SLSH
DIE VERDERBTHEIT DEINER VORSTELLUNGSKRAFT WIDERT MICH AN, FAUST.
DU BIST EIN SADIST. DU WÜRDEST UNS NIE QUÄLEN, OHNE DABEI ZU SEIN UND ES ZU GENIESSEN.
ICH MUSSTE NUR AUF EINEN VIERTEN HERZSCHLAG LAUSCHEN.
DEINEN.
SSSS
NNNGGH!
HEIL BILLY! SOFORT!
GG-GKKK!
FAUST!

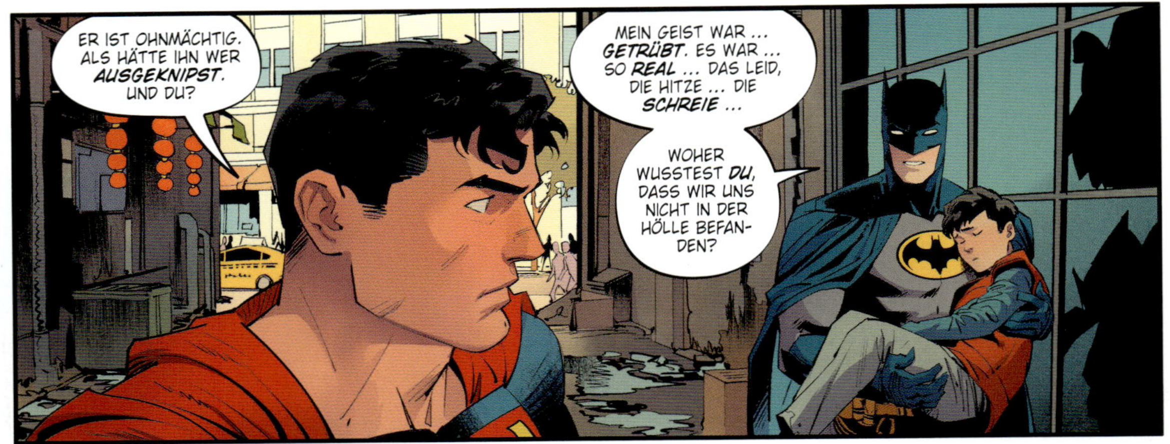
ER IST OHNMÄCHTIG. ALS HÄTTE IHN WER AUSGEKNIPST. UND DU?
MEIN GEIST WAR … GETRÜBT. ES WAR … SO REAL … DAS LEID, DIE HITZE … DIE SCHREIE …
WOHER WUSSTEST DU, DASS WIR UNS NICHT IN DER HÖLLE BEFANDEN?

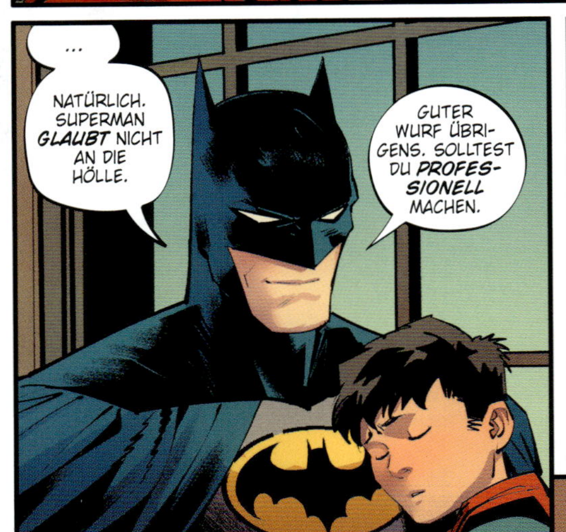
…
NATÜRLICH. SUPERMAN GLAUBT NICHT AN DIE HÖLLE.
GUTER WURF ÜBRIGENS. SOLLTEST DU PROFESSIONELL MACHEN.

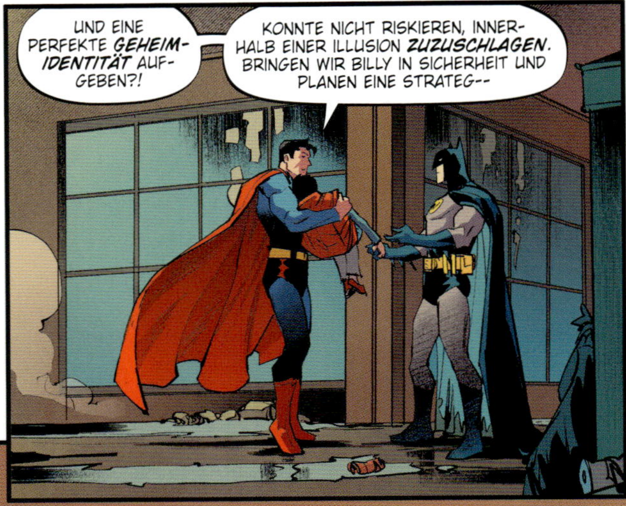
UND EINE PERFEKTE GEHEIMIDENTITÄT AUFGEBEN?!
KONNTE NICHT RISKIEREN, INNERHALB EINER ILLUSION ZUZUSCHLAGEN. BRINGEN WIR BILLY IN SICHERHEIT UND PLANEN EINE STRATEG--

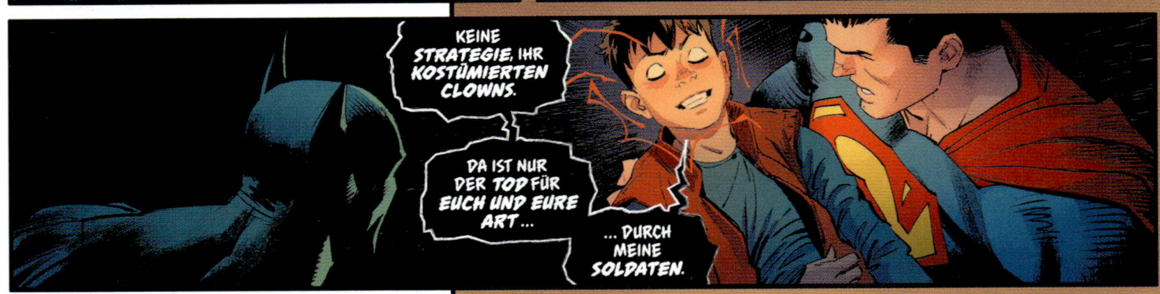
KEINE STRATEGIE, IHR KOSTÜMIERTEN CLOWNS.
DA IST NUR DER TOD FÜR EUCH UND EURE ART …
… DURCH MEINE SOLDATEN.

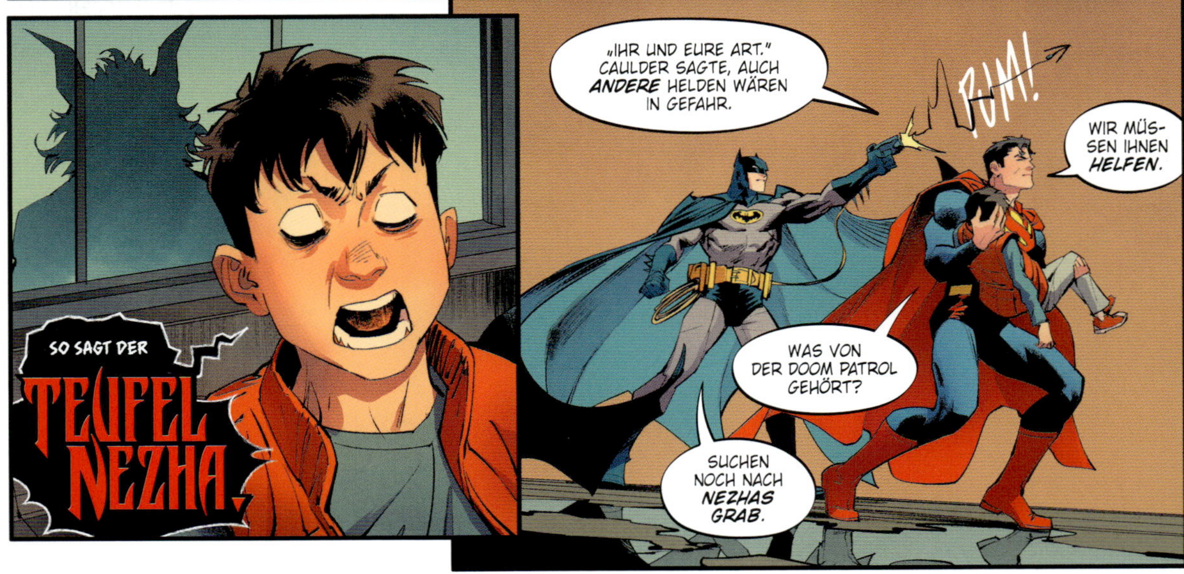
SO SAGT DER
TEUFEL NEZHA.
„IHR UND EURE ART." CAULDER SAGTE, AUCH ANDERE HELDEN WÄREN IN GEFAHR.
BUM!
WIR MÜSSEN IHNEN HELFEN.
WAS VON DER DOOM PATROL GEHÖRT?
SUCHEN NOCH NACH NEZHAS GRAB.

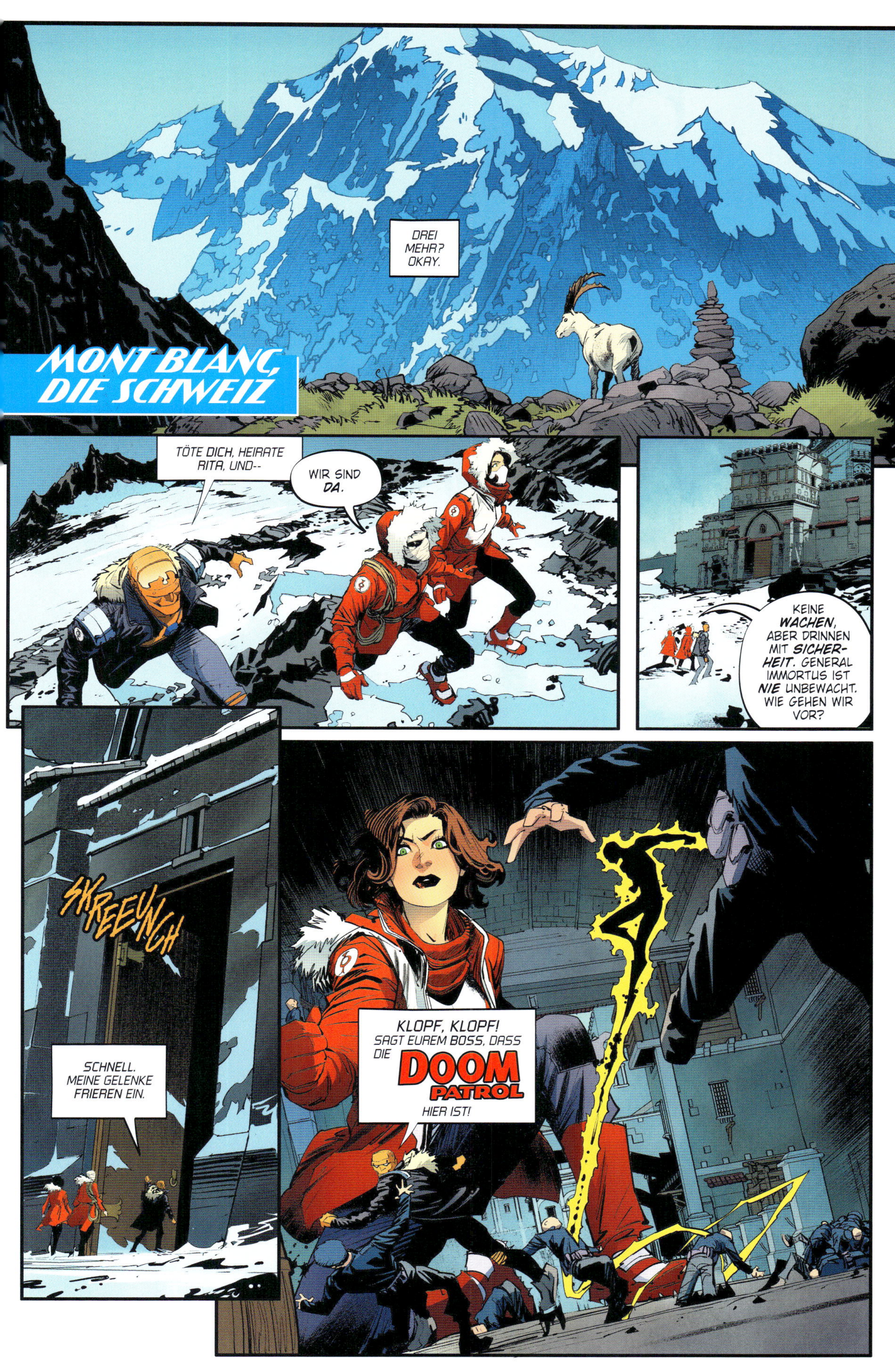
DREI MEHR? OKAY.
MONT BLANC, DIE SCHWEIZ
TÖTE DICH, HEIRATE RITA, UND--
WIR SIND DA.
KEINE WACHEN, ABER DRINNEN MIT SICHERHEIT. GENERAL IMMORTUS IST NIE UNBEWACHT. WIE GEHEN WIR VOR?
SKREEUNCH
SCHNELL. MEINE GELENKE FRIEREN EIN.
KLOPF, KLOPF! SAGT EUREM BOSS, DASS DIE DOOM PATROL HIER IST!

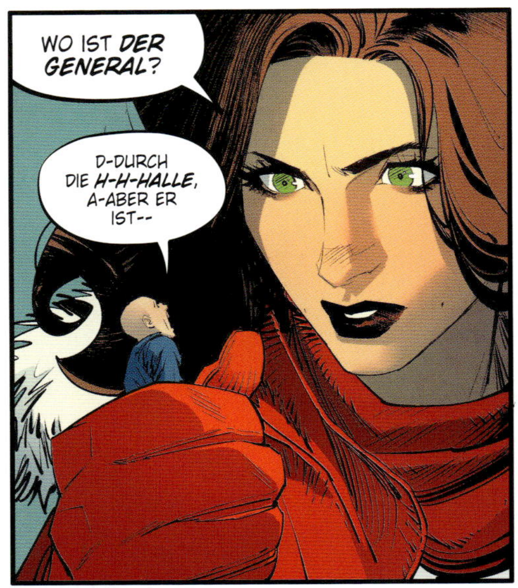
WO IST DER GENERAL?
D-DURCH DIE H-H-HALLE, A-ABER ER IST--

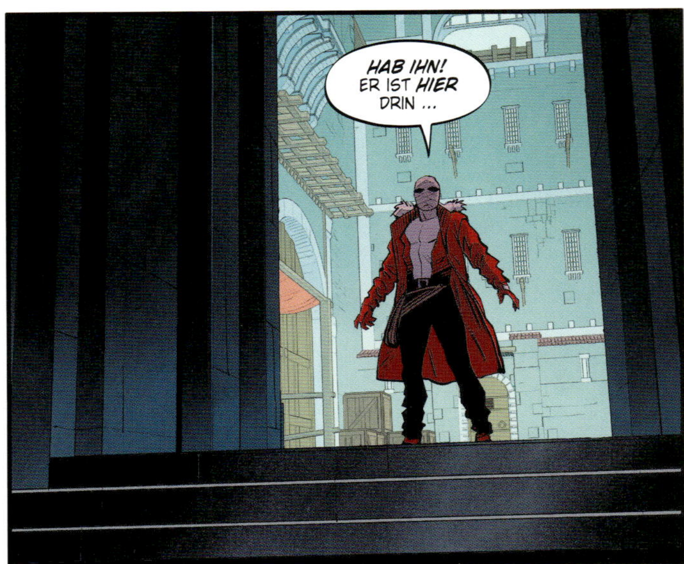
HAB IHN! ER IST HIER DRIN ...

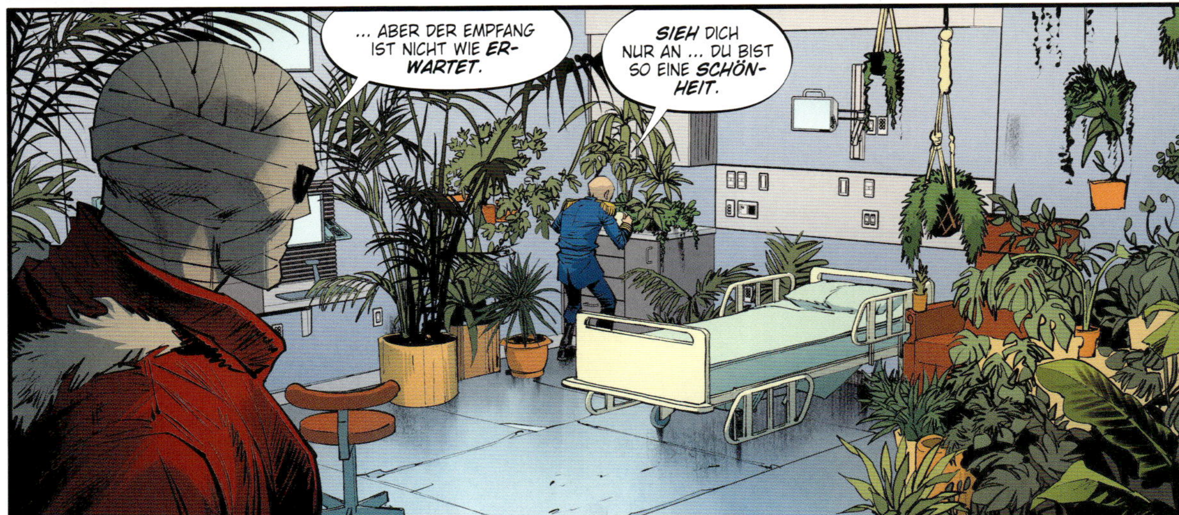
... ABER DER EMPFANG IST NICHT WIE ERWARTET.
SIEH DICH NUR AN ... DU BIST SO EINE SCHÖNHEIT.

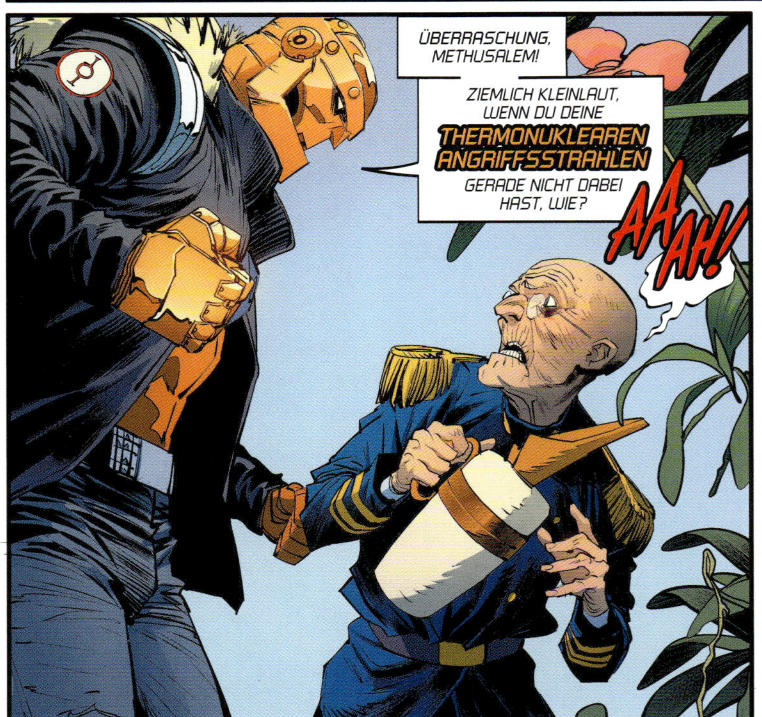
ÜBERRASCHUNG, METHUSALEM!
ZIEMLICH KLEINLAUT, WENN DU DEINE THERMONUKLEAREN ANGRIFFSSTRAHLEN GERADE NICHT DABEI HAST, WIE?
AAAH!

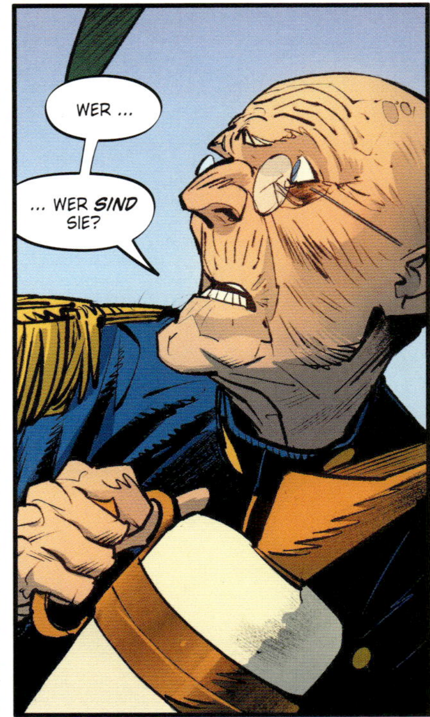
WER ...
... WER SIND SIE?

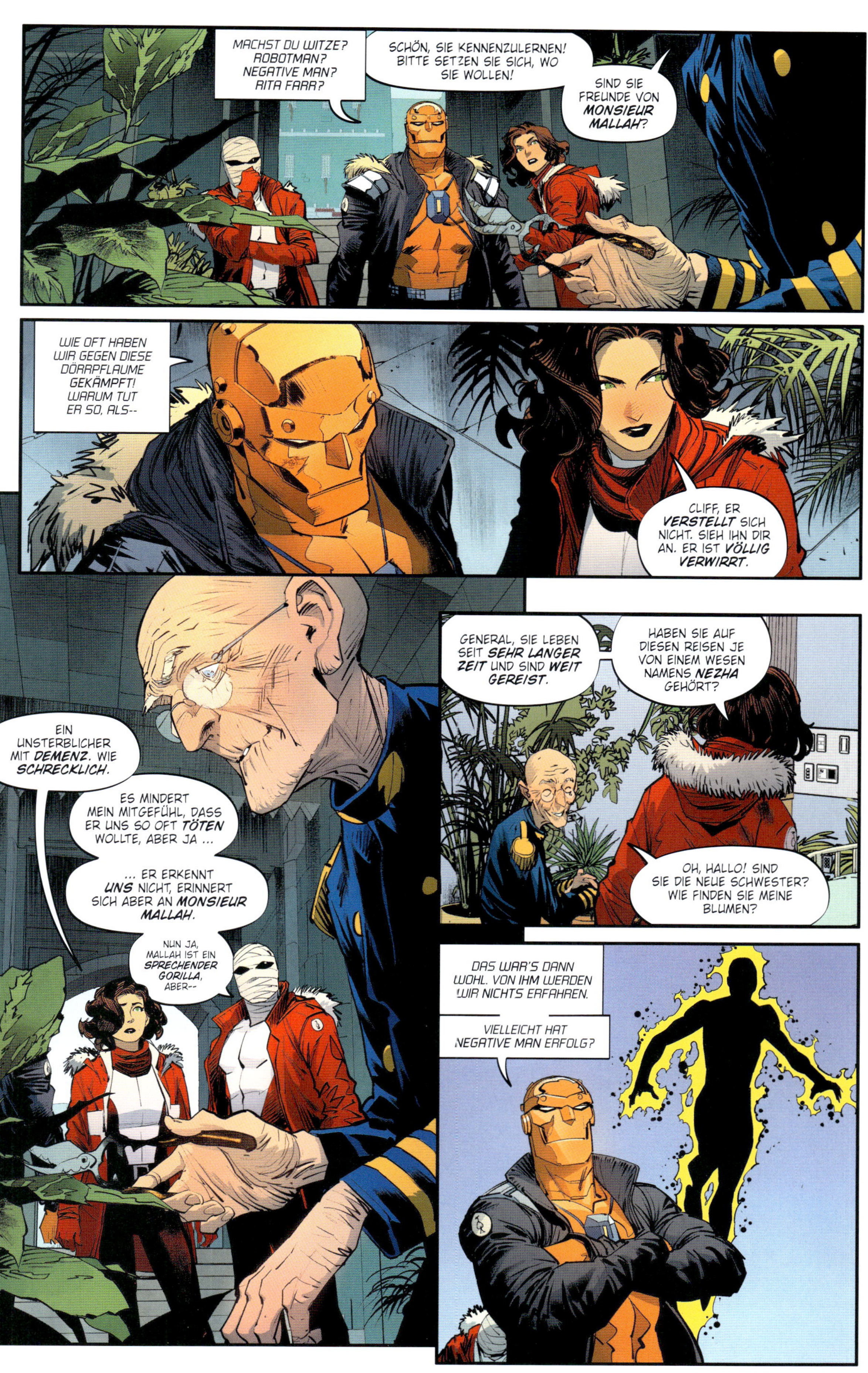
MACHST DU WITZE? ROBOTMAN? NEGATIVE MAN? RITA FARR?
SCHÖN, SIE KENNENZULERNEN! BITTE SETZEN SIE SICH, WO SIE WOLLEN!
SIND SIE FREUNDE VON MONSIEUR MALLAH?
WIE OFT HABEN WIR GEGEN DIESE DÖRRPFLAUME GEKÄMPFT! WARUM TUT ER SO, ALS--
CLIFF, ER VERSTELLT SICH NICHT. SIEH IHN DIR AN. ER IST VÖLLIG VERWIRRT.
EIN UNSTERBLICHER MIT DEMENZ. WIE SCHRECKLICH.
ES MINDERT MEIN MITGEFÜHL, DASS ER UNS SO OFT TÖTEN WOLLTE, ABER JA ...
... ER ERKENNT UNS NICHT, ERINNERT SICH ABER AN MONSIEUR MALLAH.
NUN JA, MALLAH IST EIN SPRECHENDER GORILLA, ABER--
GENERAL, SIE LEBEN SEIT SEHR LANGER ZEIT UND SIND WEIT GEREIST.
HABEN SIE AUF DIESEN REISEN JE VON EINEM WESEN NAMENS NEZHA GEHÖRT?
OH, HALLO! SIND SIE DIE NEUE SCHWESTER? WIE FINDEN SIE MEINE BLUMEN?
DAS WAR'S DANN WOHL. VON IHM WERDEN WIR NICHTS ERFAHREN.
VIELLEICHT HAT NEGATIVE MAN ERFOLG?

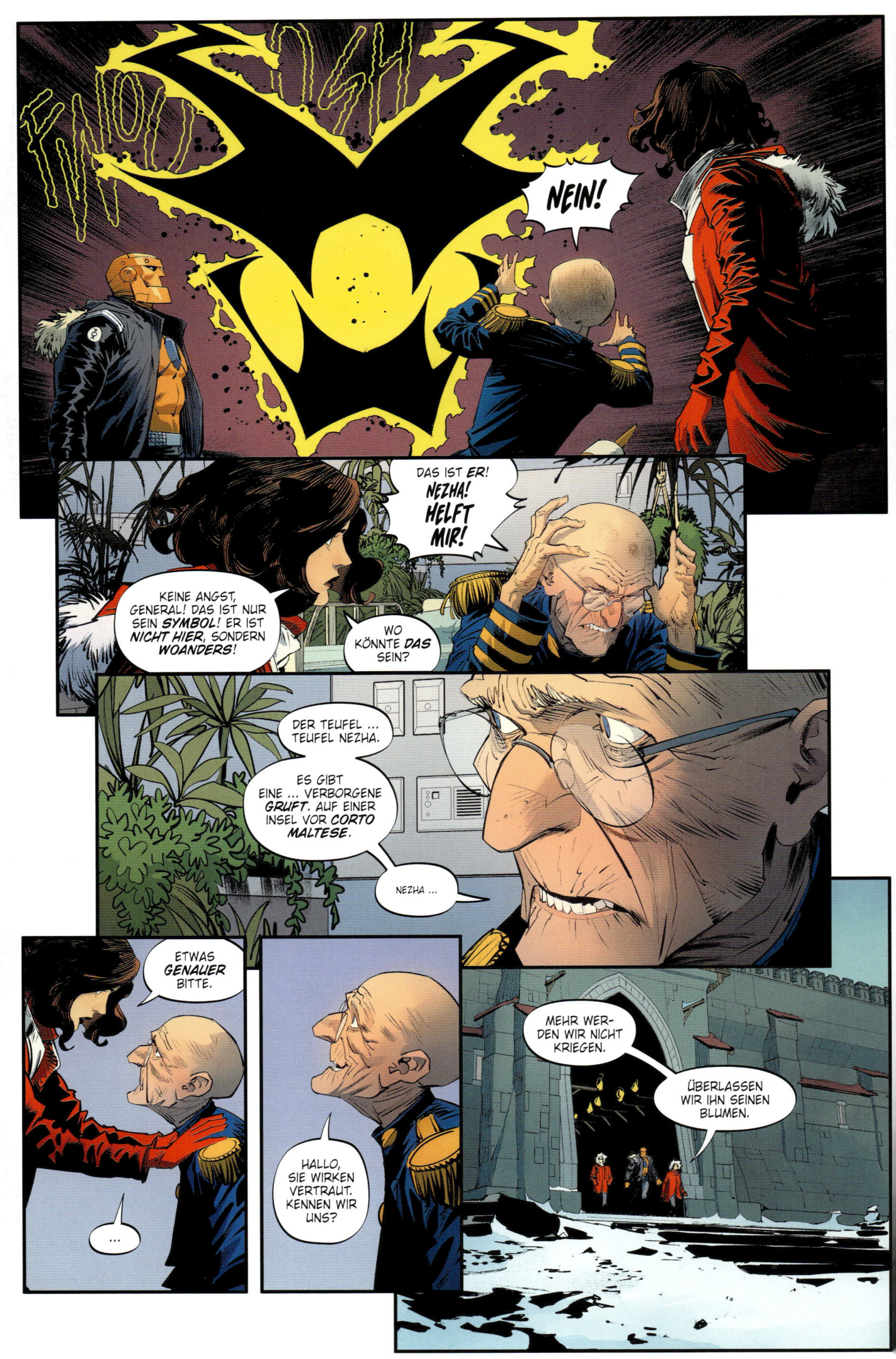
FWOOOOSH
NEIN!
DAS IST ER! NEZHA! HELFT MIR!
KEINE ANGST, GENERAL! DAS IST NUR SEIN SYMBOL! ER IST NICHT HIER, SONDERN WOANDERS!
WO KÖNNTE DAS SEIN?
DER TEUFEL … TEUFEL NEZHA.
ES GIBT EINE … VERBORGENE GRUFT. AUF EINER INSEL VOR CORTO MALTESE.
NEZHA …
ETWAS GENAUER BITTE.
…
HALLO, SIE WIRKEN VERTRAUT. KENNEN WIR UNS?
MEHR WERDEN WIR NICHT KRIEGEN.
ÜBERLASSEN WIR IHN SEINEN BLUMEN.

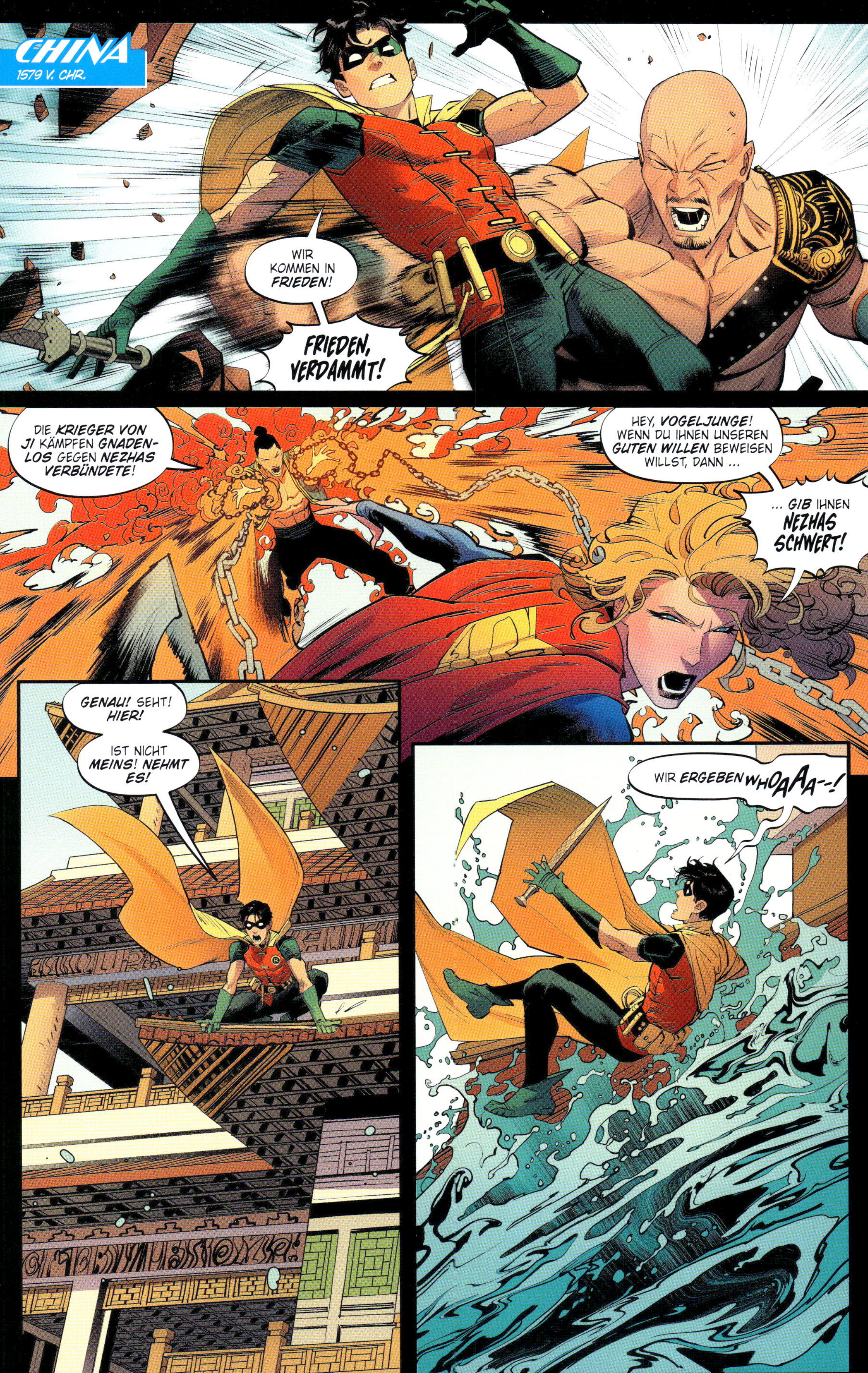
CHINA
1579 V. CHR.
WIR KOMMEN IN FRIEDEN!
FRIEDEN, VERDAMMT!
DIE KRIEGER VON JI KÄMPFEN GNADENLOS GEGEN NEZHAS VERBÜNDETE!
HEY, VOGELJUNGE! WENN DU IHNEN UNSEREN GUTEN WILLEN BEWEISEN WILLST, DANN ...
... GIB IHNEN NEZHAS SCHWERT!
GENAU! SEHT! HIER!
IST NICHT MEINS! NEHMT ES!
WIR ERGEBEN WHOAAA--!

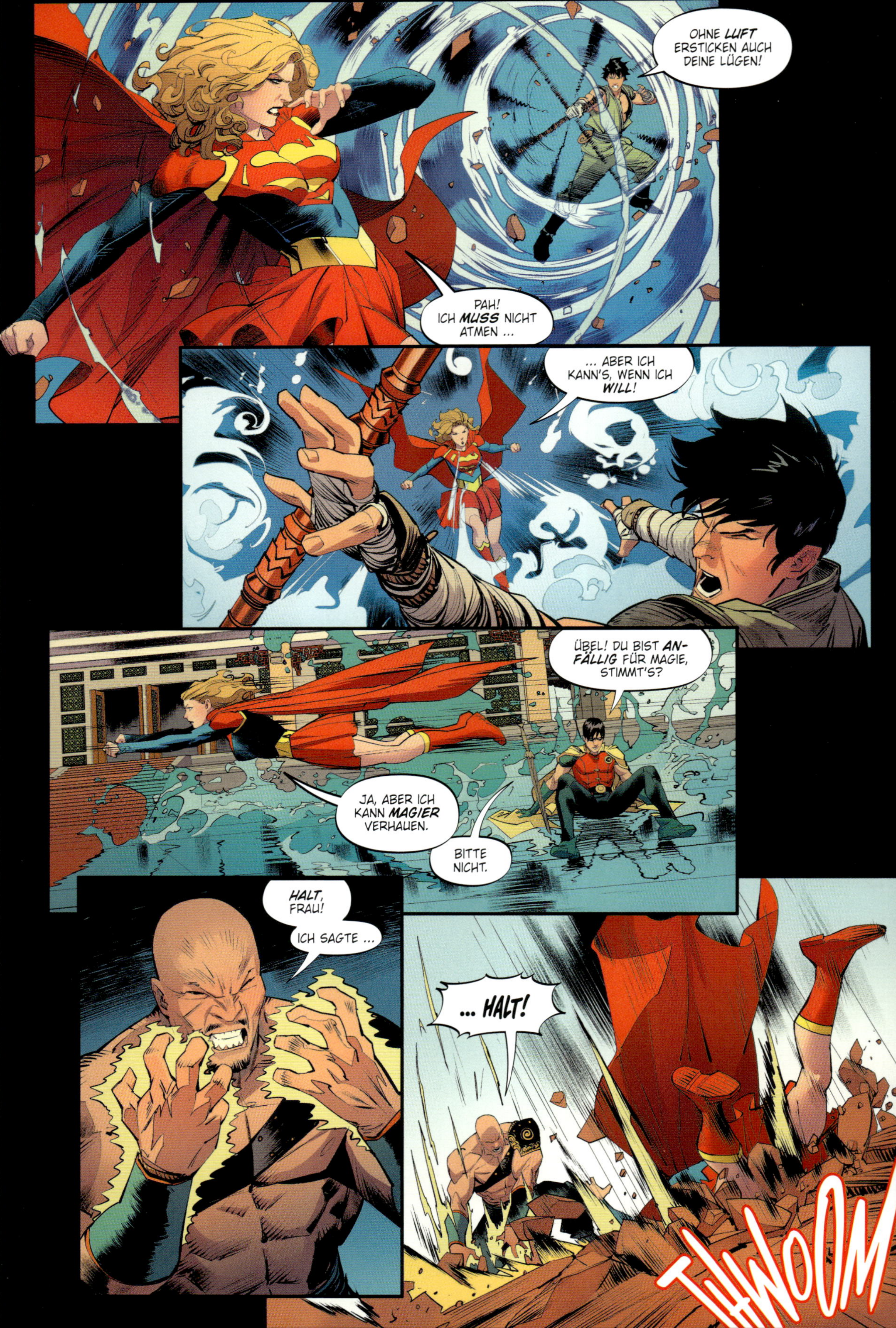
OHNE LUFT ERSTICKEN AUCH DEINE LÜGEN!
PAH! ICH MUSS NICHT ATMEN ...
... ABER ICH KANN'S, WENN ICH WILL!
ÜBEL! DU BIST ANFÄLLIG FÜR MAGIE, STIMMT'S?
JA, ABER ICH KANN MAGIER VERHAUEN.
BITTE NICHT.
HALT, FRAU!
ICH SAGTE ...
... HALT!
THWOOM

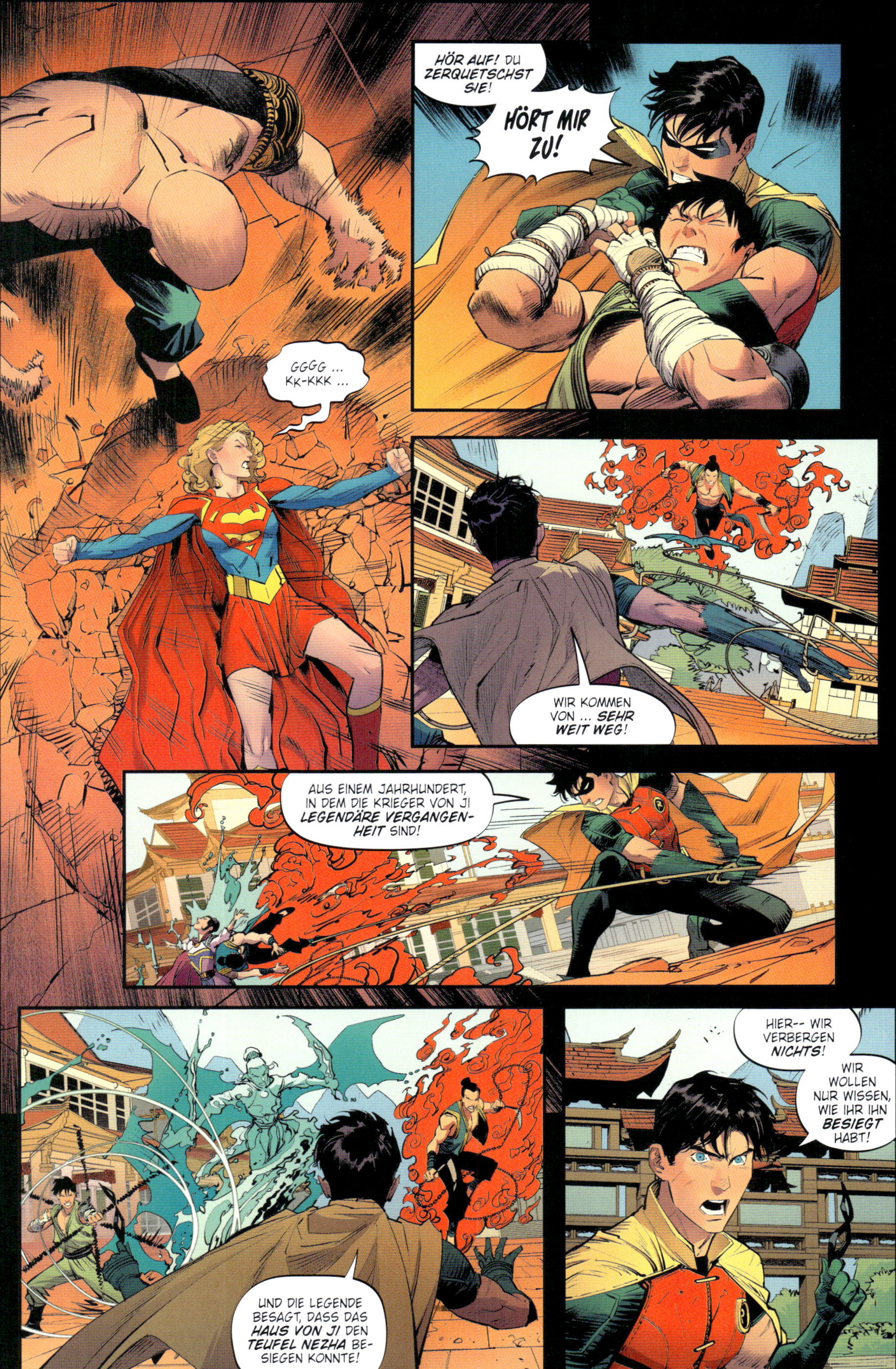
HÖR AUF! DU ZERQUETSCHST SIE!
HÖRT MIR ZU!
GGGG ... KK-KKK ...
WIR KOMMEN VON ... SEHR WEIT WEG!
AUS EINEM JAHRHUNDERT, IN DEM DIE KRIEGER VON JI LEGENDÄRE VERGANGENHEIT SIND!
UND DIE LEGENDE BESAGT, DASS DAS HAUS VON JI DEN TEUFEL NEZHA BESIEGEN KONNTE!
HIER-- WIR VERBERGEN NICHTS!
WIR WOLLEN NUR WISSEN, WIE IHR IHN BESIEGT HABT!

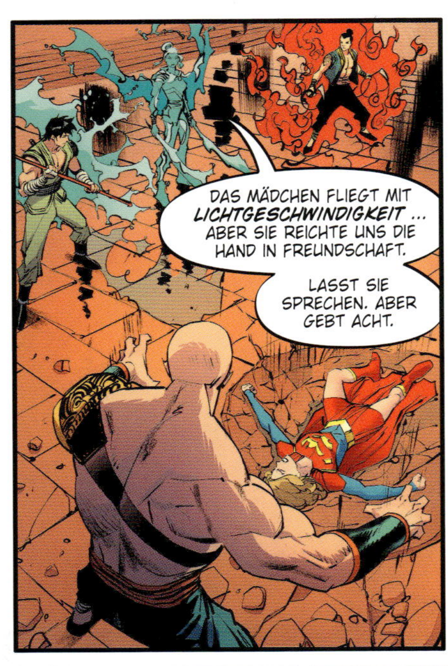
DAS MÄDCHEN FLIEGT MIT ***LICHTGESCHWINDIGKEIT*** ... ABER SIE REICHTE UNS DIE HAND IN FREUNDSCHAFT.
LASST SIE SPRECHEN. ABER GEBT ACHT.

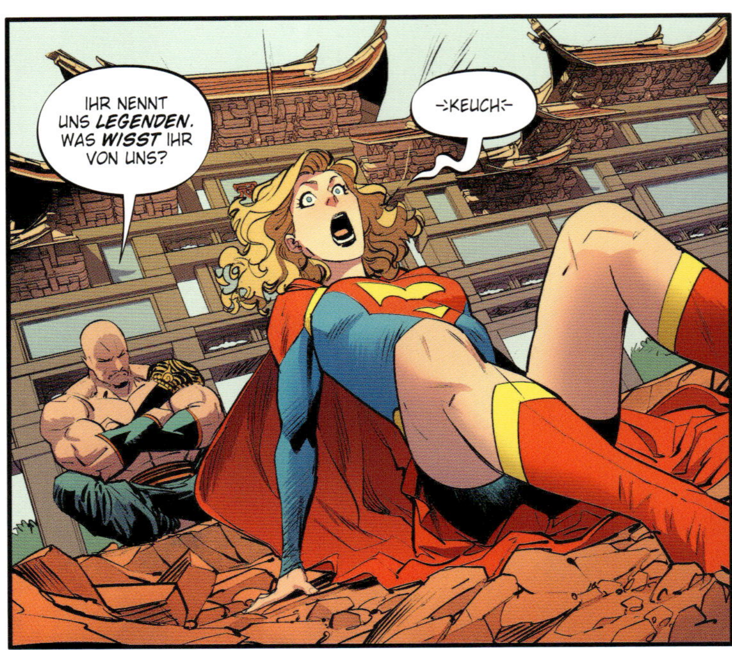
IHR NENNT UNS ***LEGENDEN***. WAS ***WISST*** IHR VON UNS?
-KEUCH-

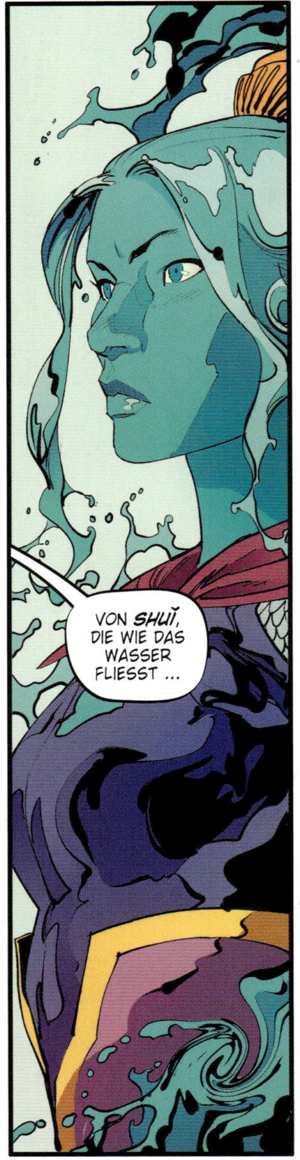
VON ***SHUǏ***, DIE WIE DAS WASSER FLIESST ...

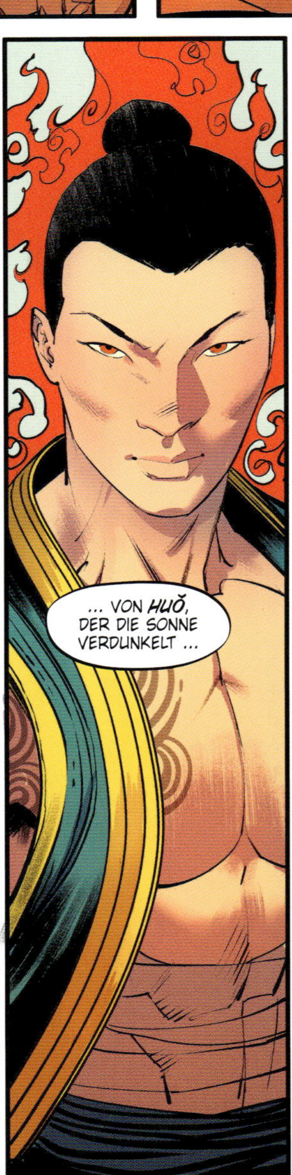
... VON ***HUǑ***, DER DIE SONNE VERDUNKELT ...

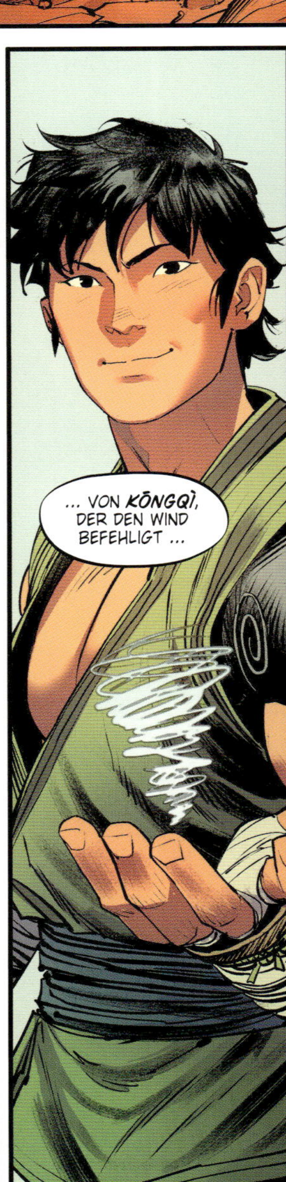
... VON ***KŌNGQÌ***, DER DEN WIND BEFEHLIGT ...

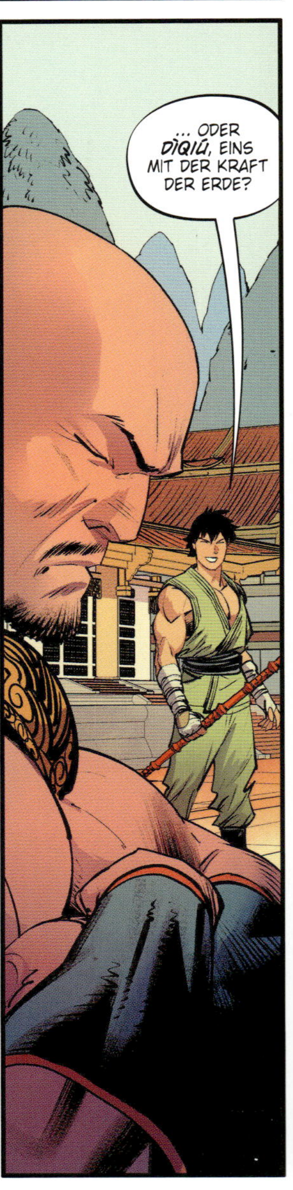
... ODER ***DÌQIÚ***, EINS MIT DER KRAFT DER ERDE?

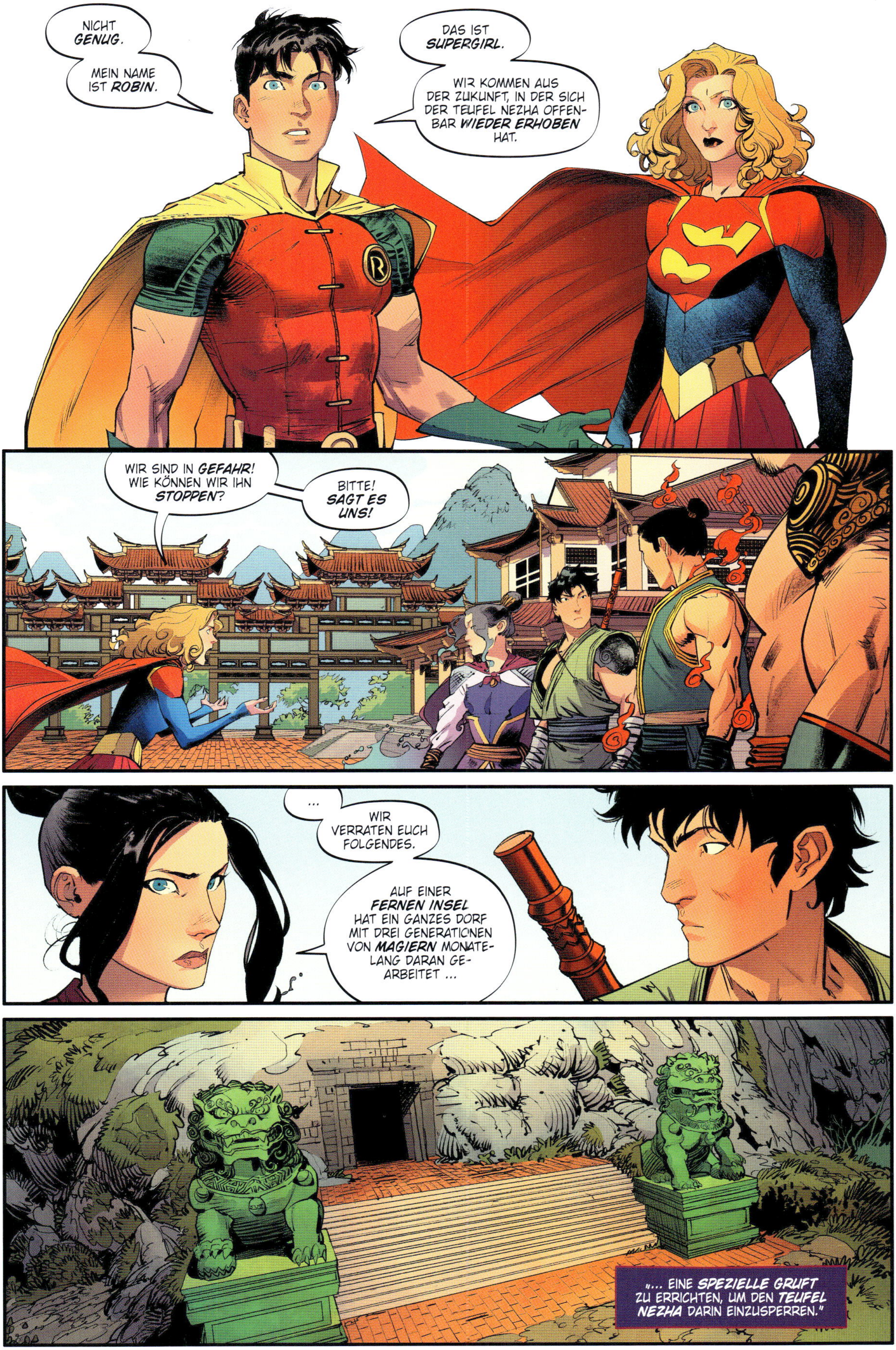

NICHT GENUG.
MEIN NAME IST ROBIN.
DAS IST SUPERGIRL.
WIR KOMMEN AUS DER ZUKUNFT, IN DER SICH DER TEUFEL NEZHA OFFENBAR WIEDER ERHOBEN HAT.

WIR SIND IN GEFAHR! WIE KÖNNEN WIR IHN STOPPEN?
BITTE! SAGT ES UNS!

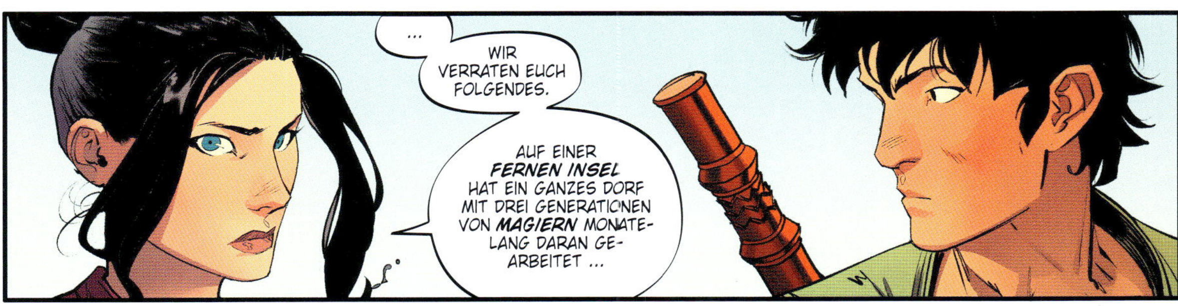

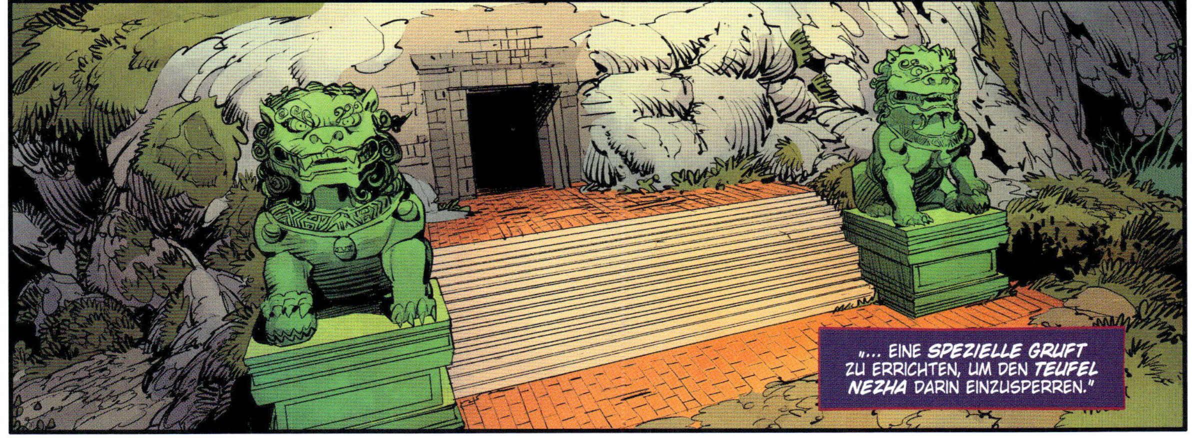

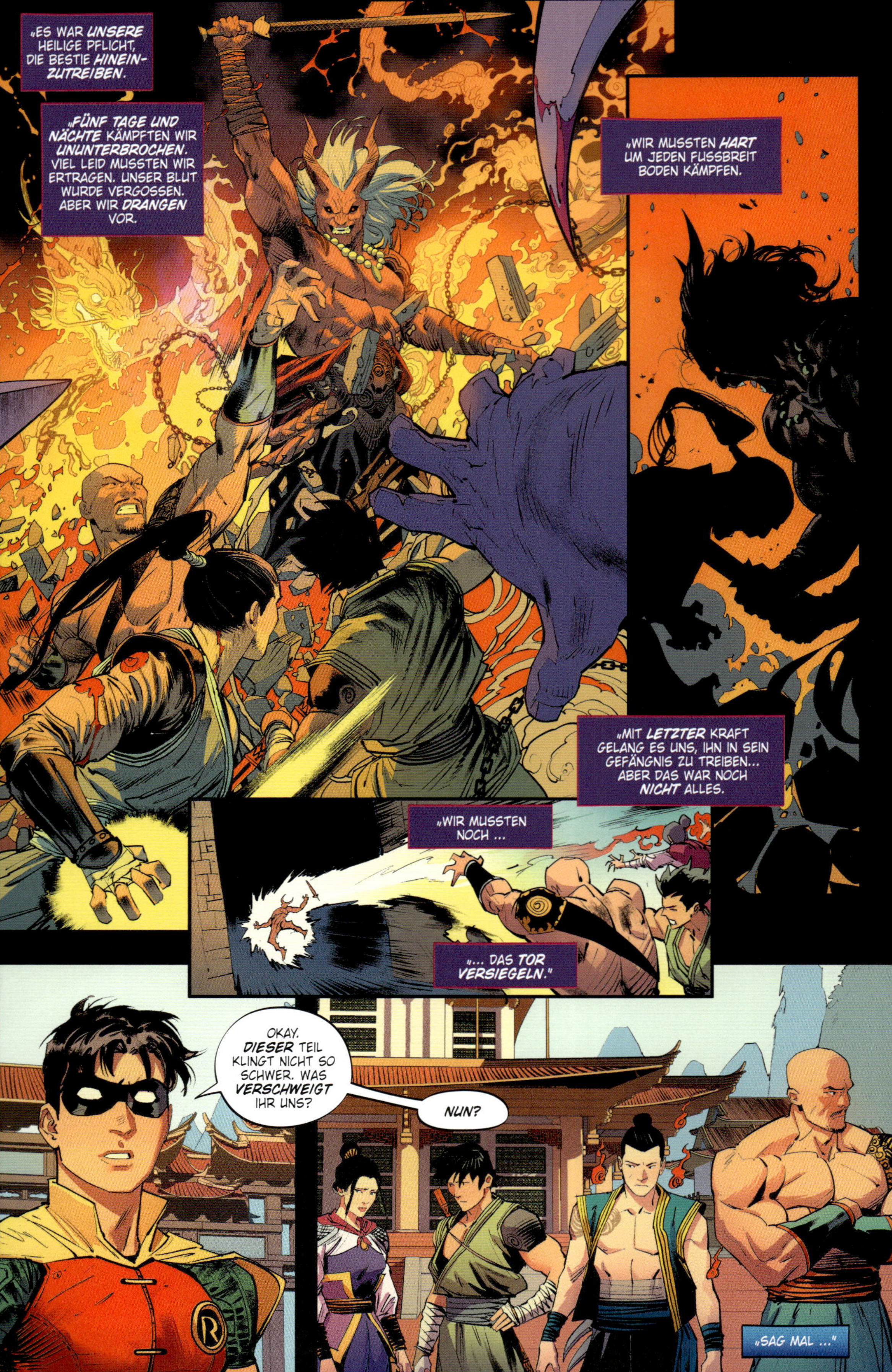
„ES WAR UNSERE HEILIGE PFLICHT, DIE BESTIE HINEIN-ZUTREIBEN.
„FÜNF TAGE UND NÄCHTE KÄMPFTEN WIR UNUNTERBROCHEN. VIEL LEID MUSSTEN WIR ERTRAGEN. UNSER BLUT WURDE VERGOSSEN. ABER WIR DRANGEN VOR.
„WIR MUSSTEN HART UM JEDEN FUSSBREIT BODEN KÄMPFEN.
„MIT LETZTER KRAFT GELANG ES UNS, IHN IN SEIN GEFÄNGNIS ZU TREIBEN... ABER DAS WAR NOCH NICHT ALLES.
„WIR MUSSTEN NOCH ...
„... DAS TOR VERSIEGELN."
OKAY. DIESER TEIL KLINGT NICHT SO SCHWER. WAS VERSCHWEIGT IHR UNS?
NUN?
„SAG MAL ..."

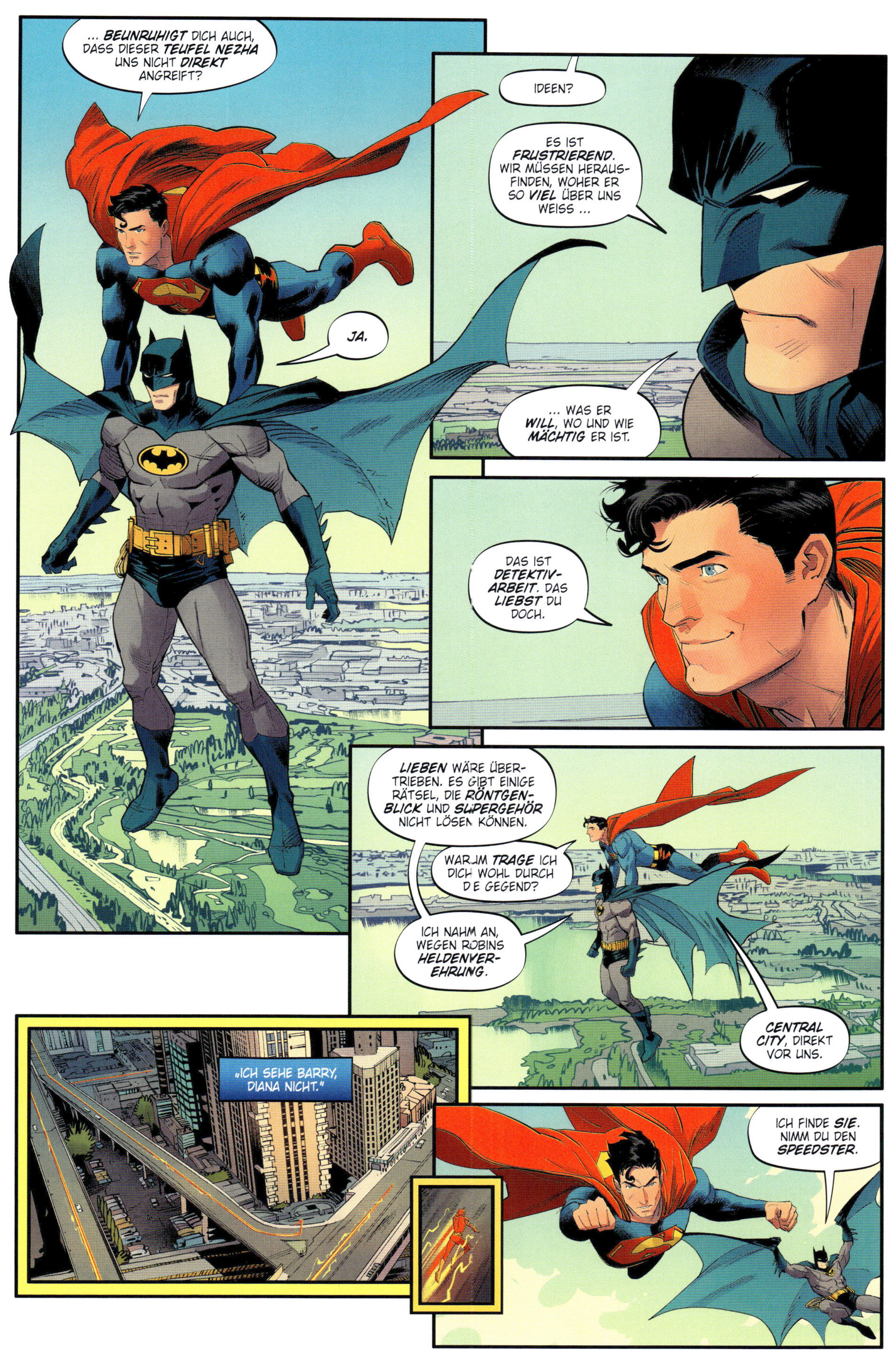
... BEUNRUHIGT DICH AUCH, DASS DIESER TEUFEL NEZHA UNS NICHT DIREKT ANGREIFT?
JA.
IDEEN?
ES IST FRUSTRIEREND. WIR MÜSSEN HERAUSFINDEN, WOHER ER SO VIEL ÜBER UNS WEISS ...
... WAS ER WILL, WO UND WIE MÄCHTIG ER IST.
DAS IST DETEKTIVARBEIT. DAS LIEBST DU DOCH.
LIEBEN WÄRE ÜBERTRIEBEN. ES GIBT EINIGE RÄTSEL, DIE RÖNTGENBLICK UND SUPERGEHÖR NICHT LÖSEN KÖNNEN.
WARUM TRAGE ICH DICH WOHL DURCH DIE GEGEND?
ICH NAHM AN, WEGEN ROBINS HELDENVEREHRUNG.
CENTRAL CITY, DIREKT VOR UNS.
„ICH SEHE BARRY, DIANA NICHT."
ICH FINDE SIE. NIMM DU DEN SPEEDSTER.

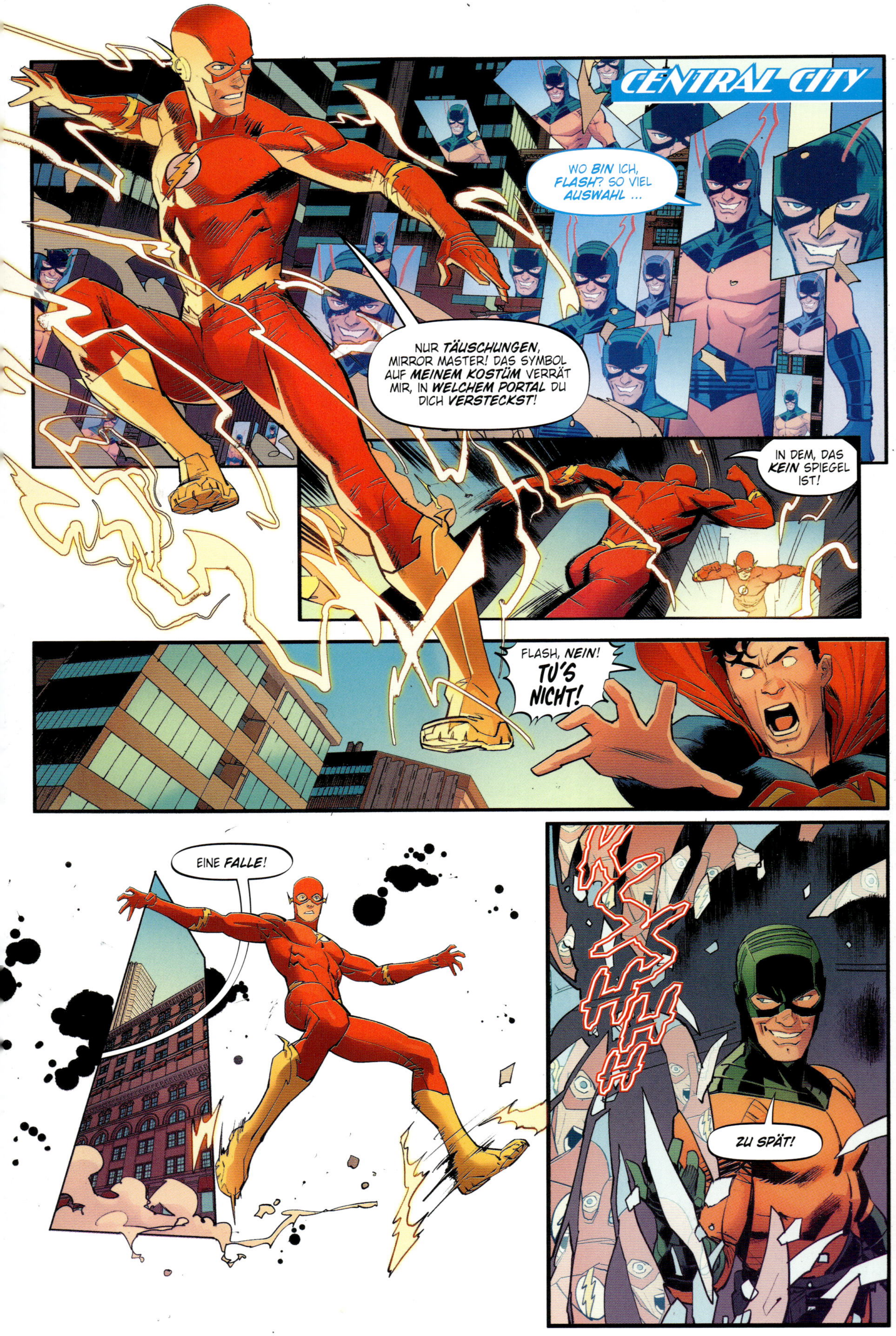

CENTRAL CITY

WO BIN ICH, FLASH? SO VIEL AUSWAHL ...

NUR TÄUSCHUNGEN, MIRROR MASTER! DAS SYMBOL AUF MEINEM KOSTÜM VERRÄT MIR, IN WELCHEM PORTAL DU DICH VERSTECKST!

IN DEM, DAS KEIN SPIEGEL IST!

FLASH, NEIN! TU'S NICHT!

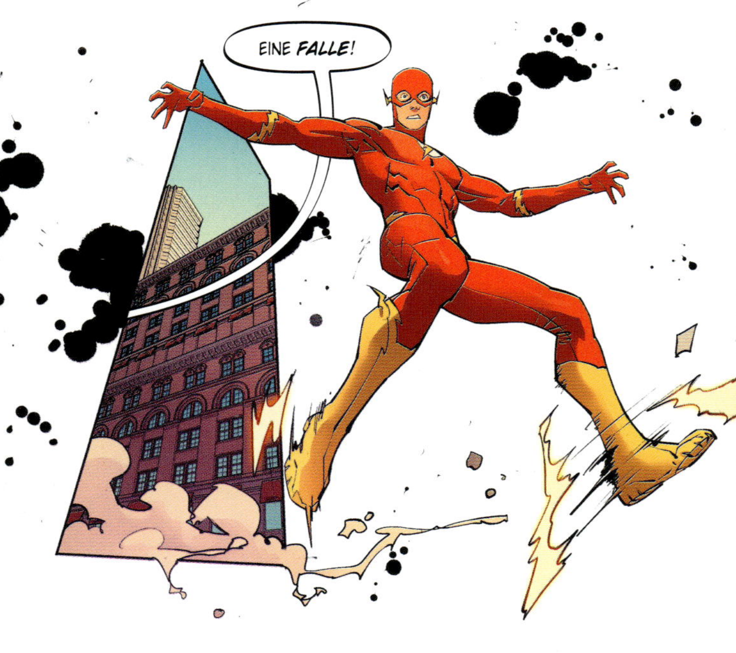

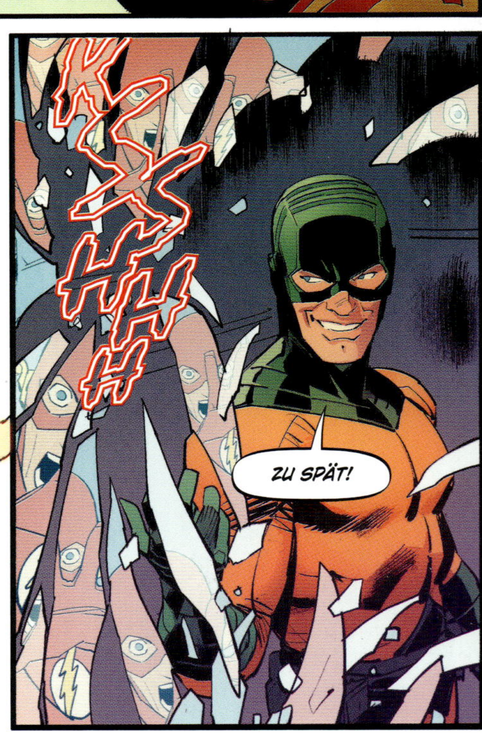

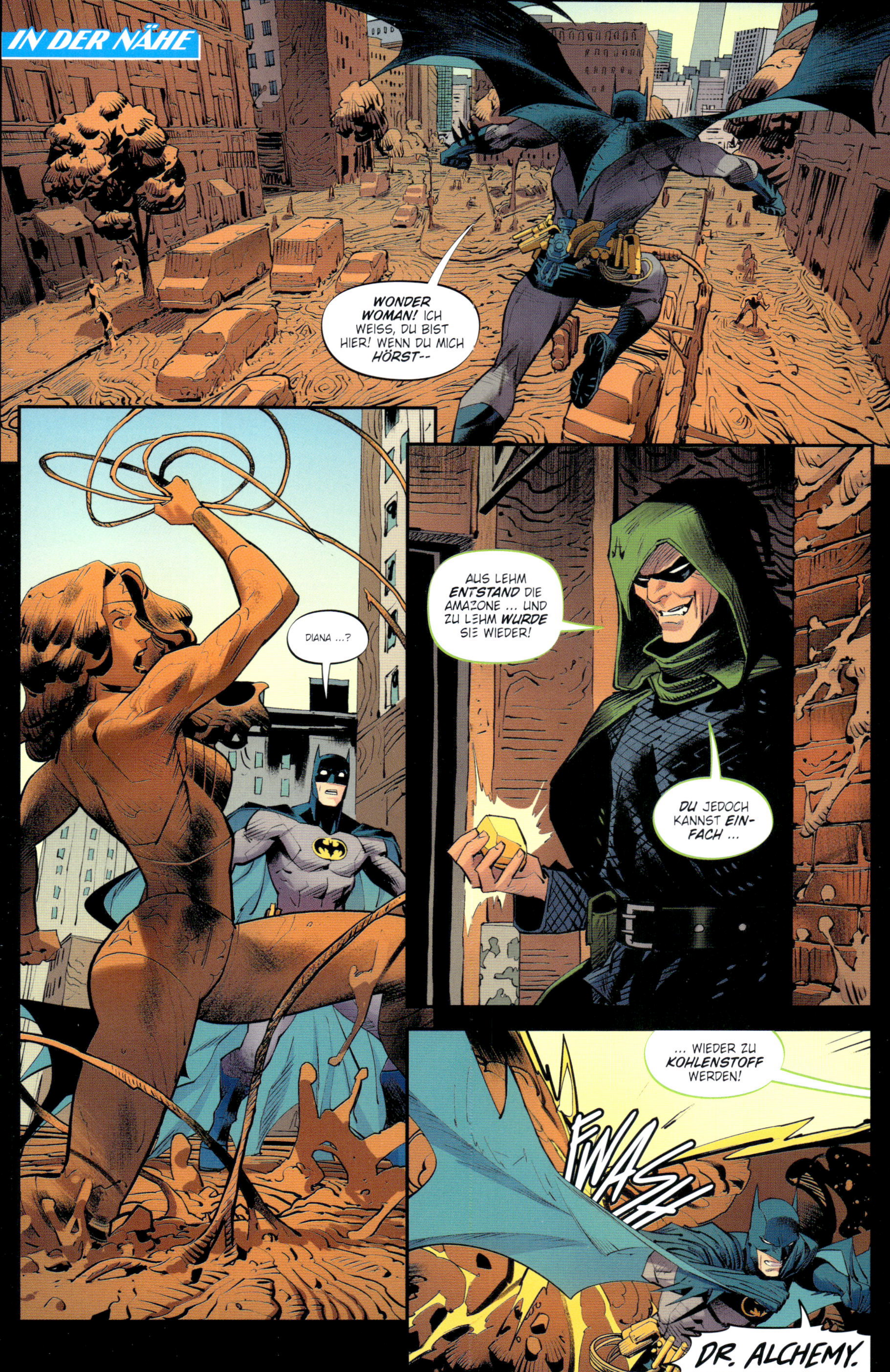
IN DER NÄHE
WONDER WOMAN! ICH WEISS, DU BIST HIER! WENN DU MICH HÖRST--
DIANA ...?
AUS LEHM ENTSTAND DIE AMAZONE ... UND ZU LEHM WURDE SIE WIEDER!
DU JEDOCH KANNST EIN-FACH ...
... WIEDER ZU KOHLENSTOFF WERDEN!
FWASH
DR. ALCHEMY.

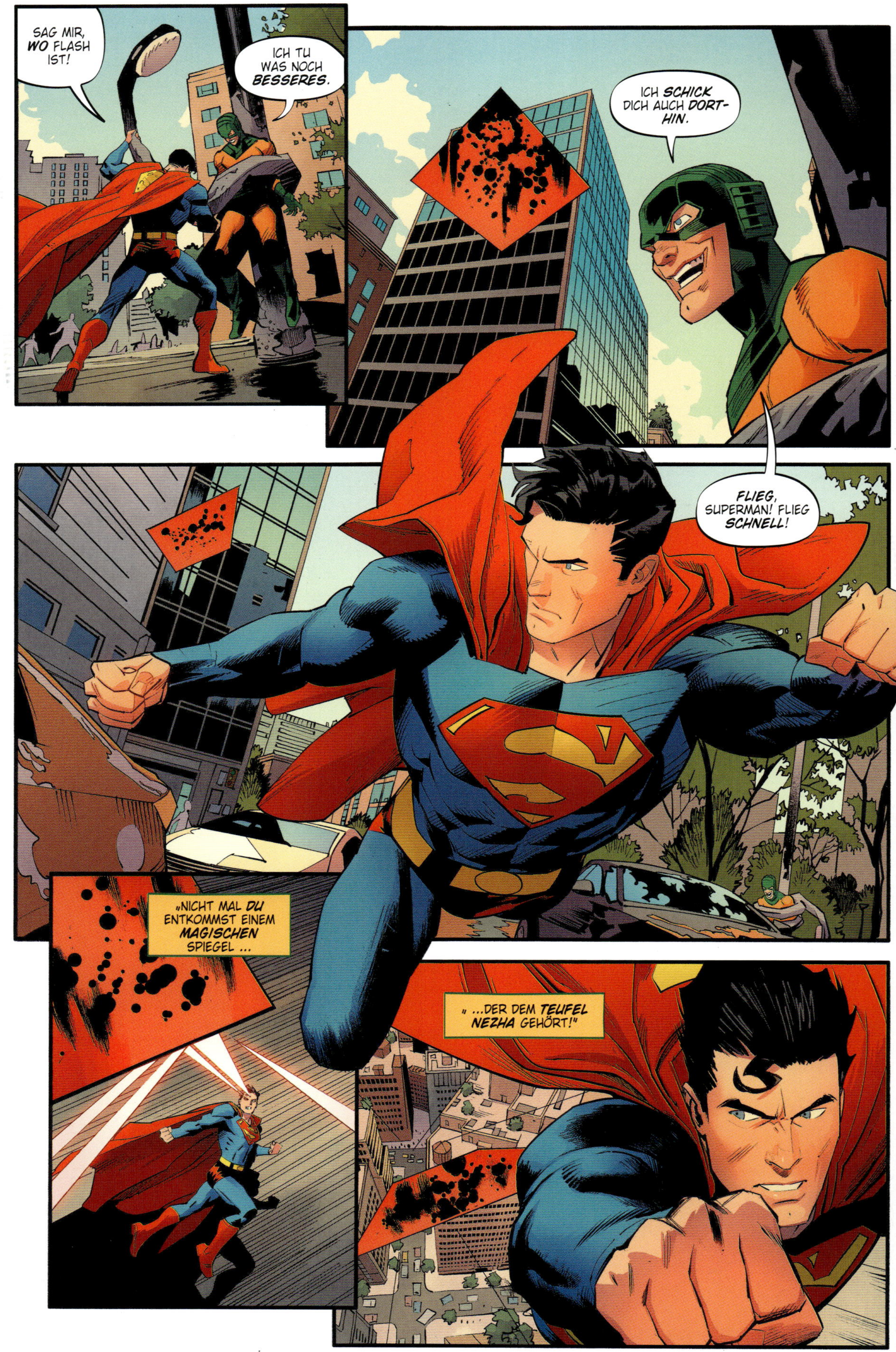
SAG MIR, WO FLASH IST!
ICH TU WAS NOCH BESSERES.
ICH SCHICK DICH AUCH DORT-HIN.
FLIEG, SUPERMAN! FLIEG SCHNELL!
„NICHT MAL DU ENTKOMMST EINEM MAGISCHEN SPIEGEL ...
„ ...DER DEM TEUFEL NEZHA GEHÖRT!"

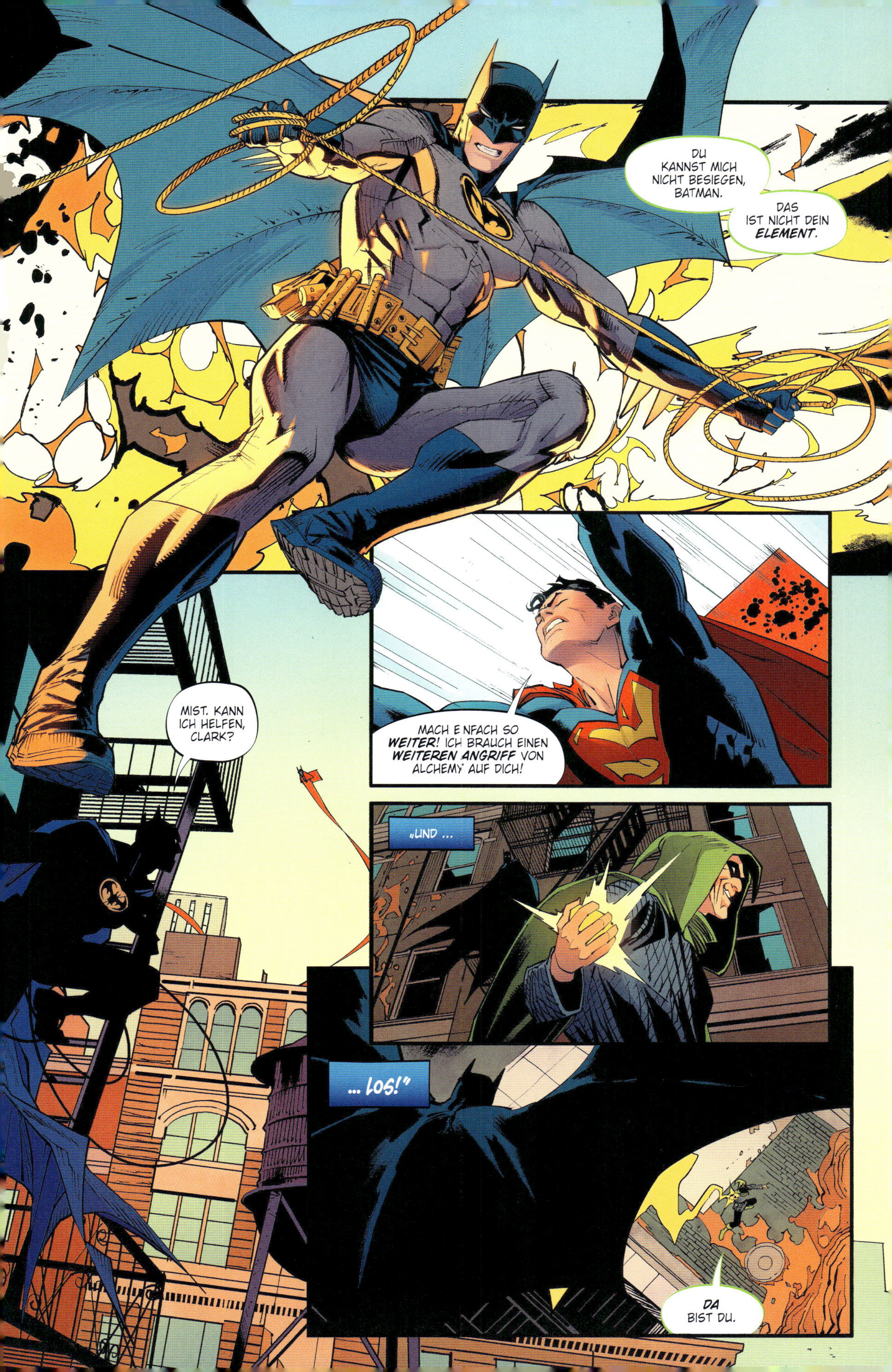
DU KANNST MICH NICHT BESIEGEN, BATMAN.
DAS IST NICHT DEIN *ELEMENT*.
MIST. KANN ICH HELFEN, CLARK?
MACH E NFACH SO *WEITER!* ICH BRAUCH EINEN *WEITEREN ANGRIFF* VON ALCHEMY AUF DICH!
„UND …
… LOS!"
DA BIST DU.

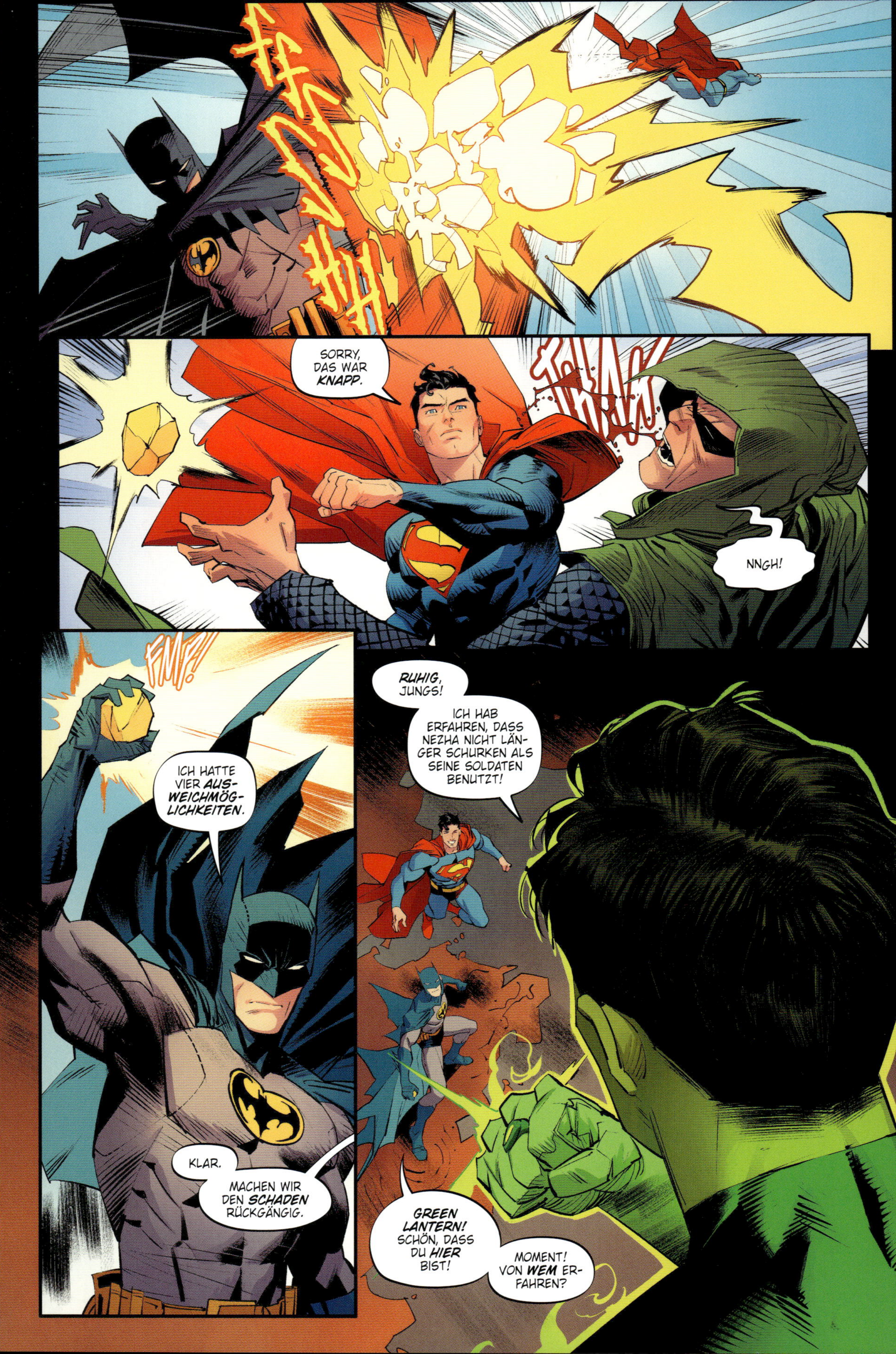
SORRY, DAS WAR KNAPP.
NNGH!
ICH HATTE VIER AUSWEICHMÖGLICHKEITEN.
KLAR.
MACHEN WIR DEN SCHADEN RÜCKGÄNGIG.
RUHIG, JUNGS!
ICH HAB ERFAHREN, DASS NEZHA NICHT LÄNGER SCHURKEN ALS SEINE SOLDATEN BENUTZT!
GREEN LANTERN! SCHÖN, DASS DU HIER BIST!
MOMENT! VON WEM ERFAHREN?

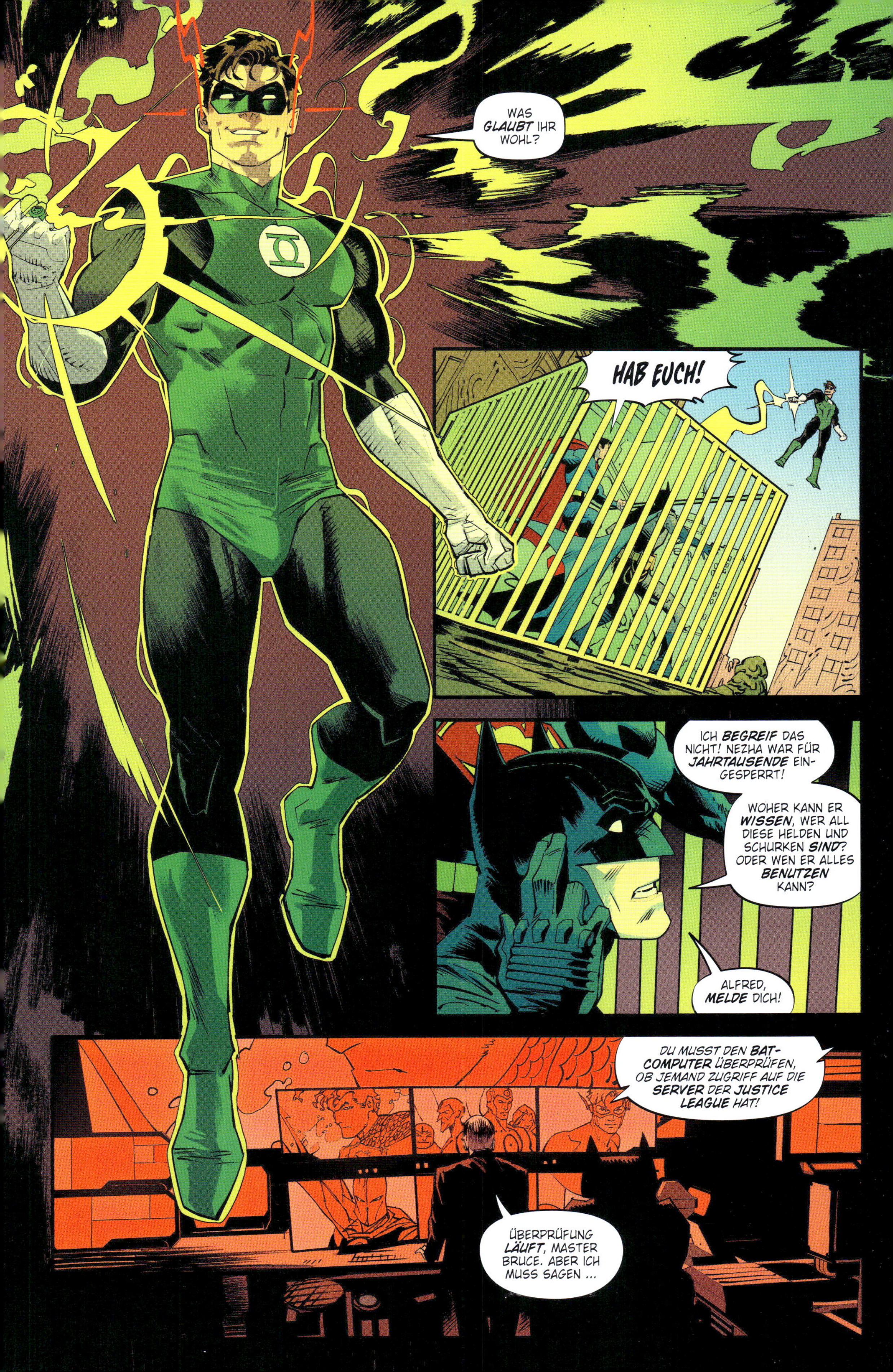
WAS GLAUBT IHR WOHL?
HAB EUCH!
ICH BEGREIF DAS NICHT! NEZHA WAR FÜR JAHRTAUSENDE EINGESPERRT!
WOHER KANN ER WISSEN, WER ALL DIESE HELDEN UND SCHURKEN SIND? ODER WEN ER ALLES BENUTZEN KANN?
ALFRED, MELDE DICH!
DU MUSST DEN BAT-COMPUTER ÜBERPRÜFEN, OB JEMAND ZUGRIFF AUF DIE SERVER DER JUSTICE LEAGUE HAT!
ÜBERPRÜFUNG LÄUFT, MASTER BRUCE. ABER ICH MUSS SAGEN ...

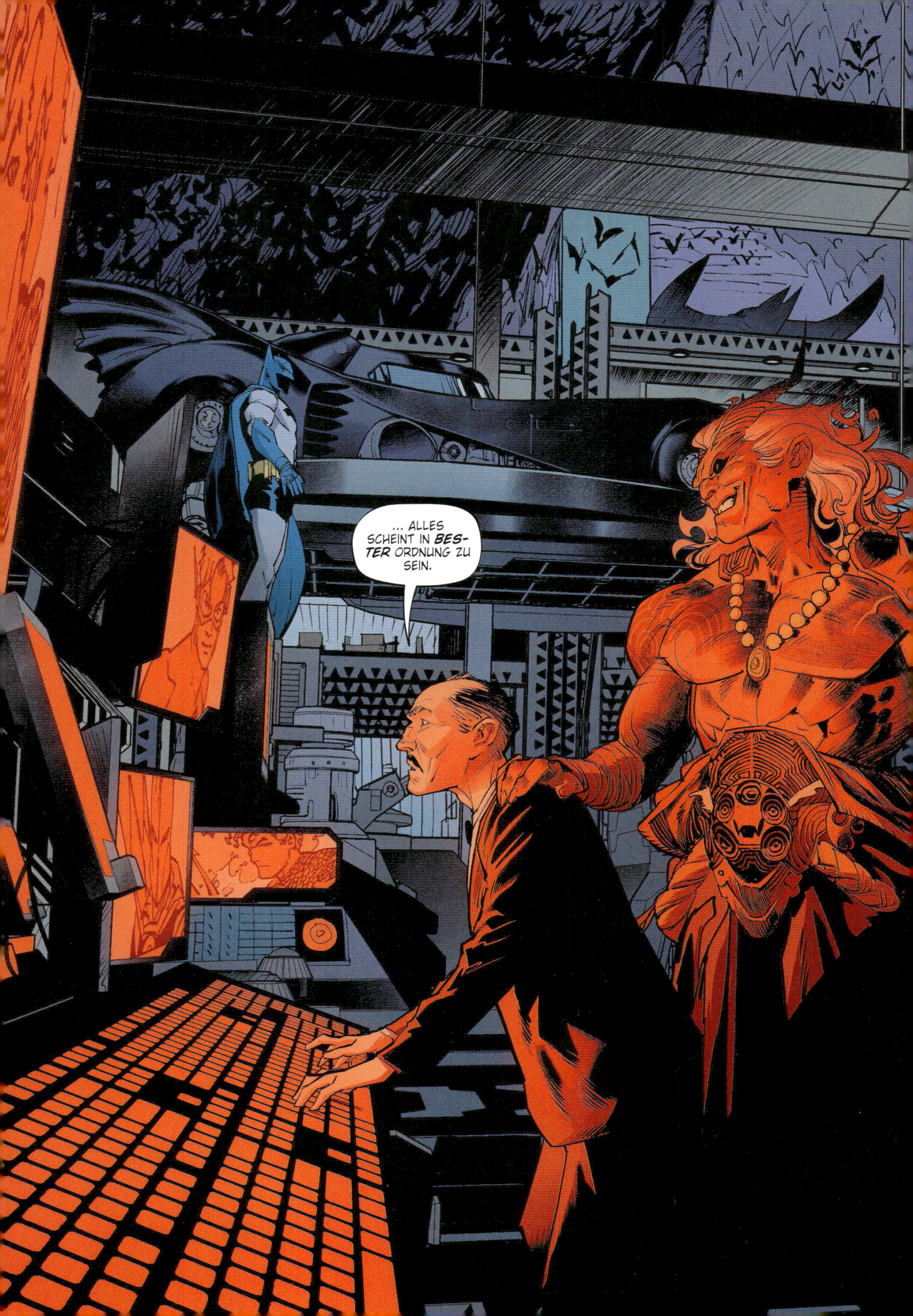
... ALLES SCHEINT IN BESTER ORDNUNG ZU SEIN.

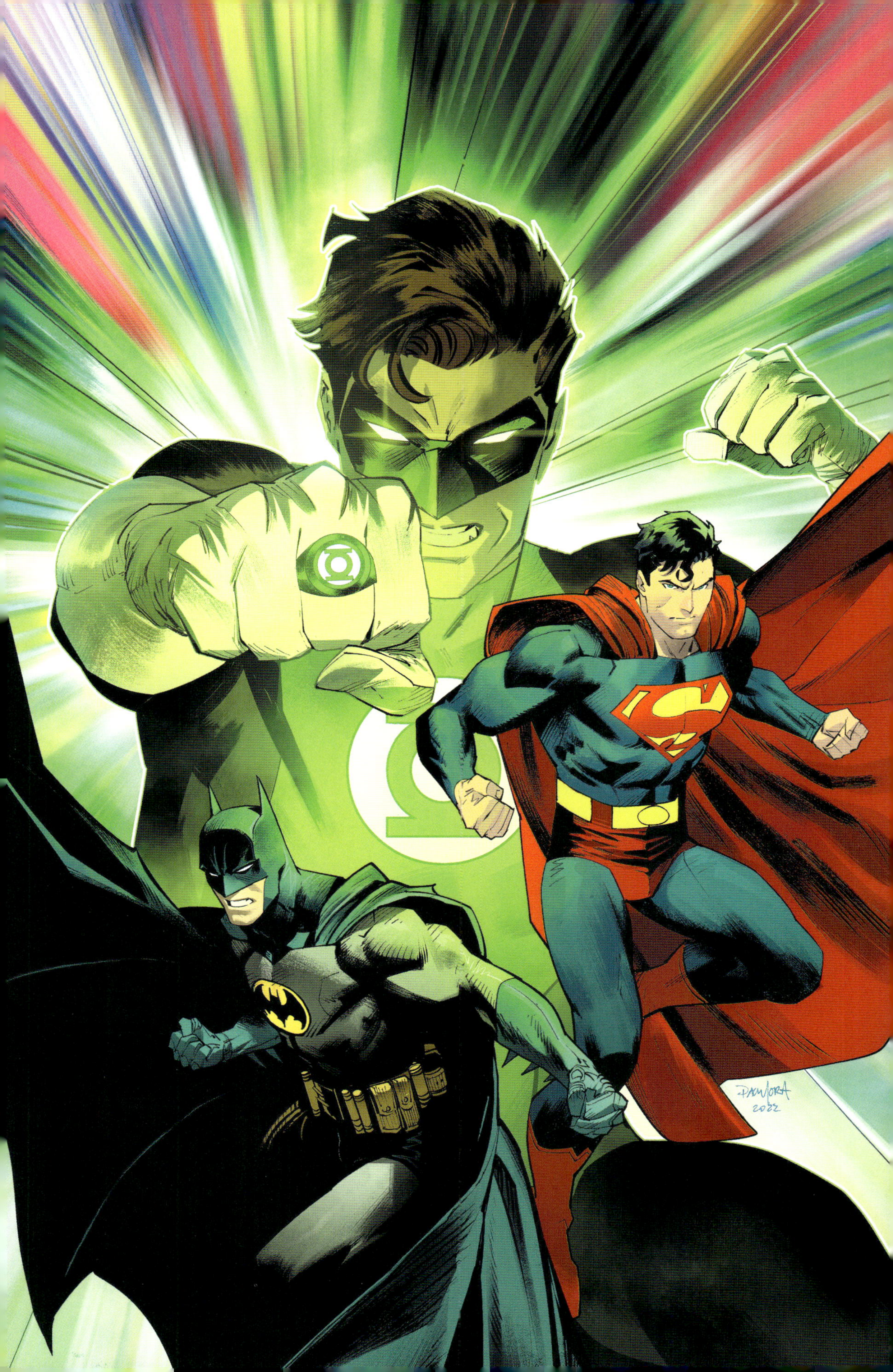

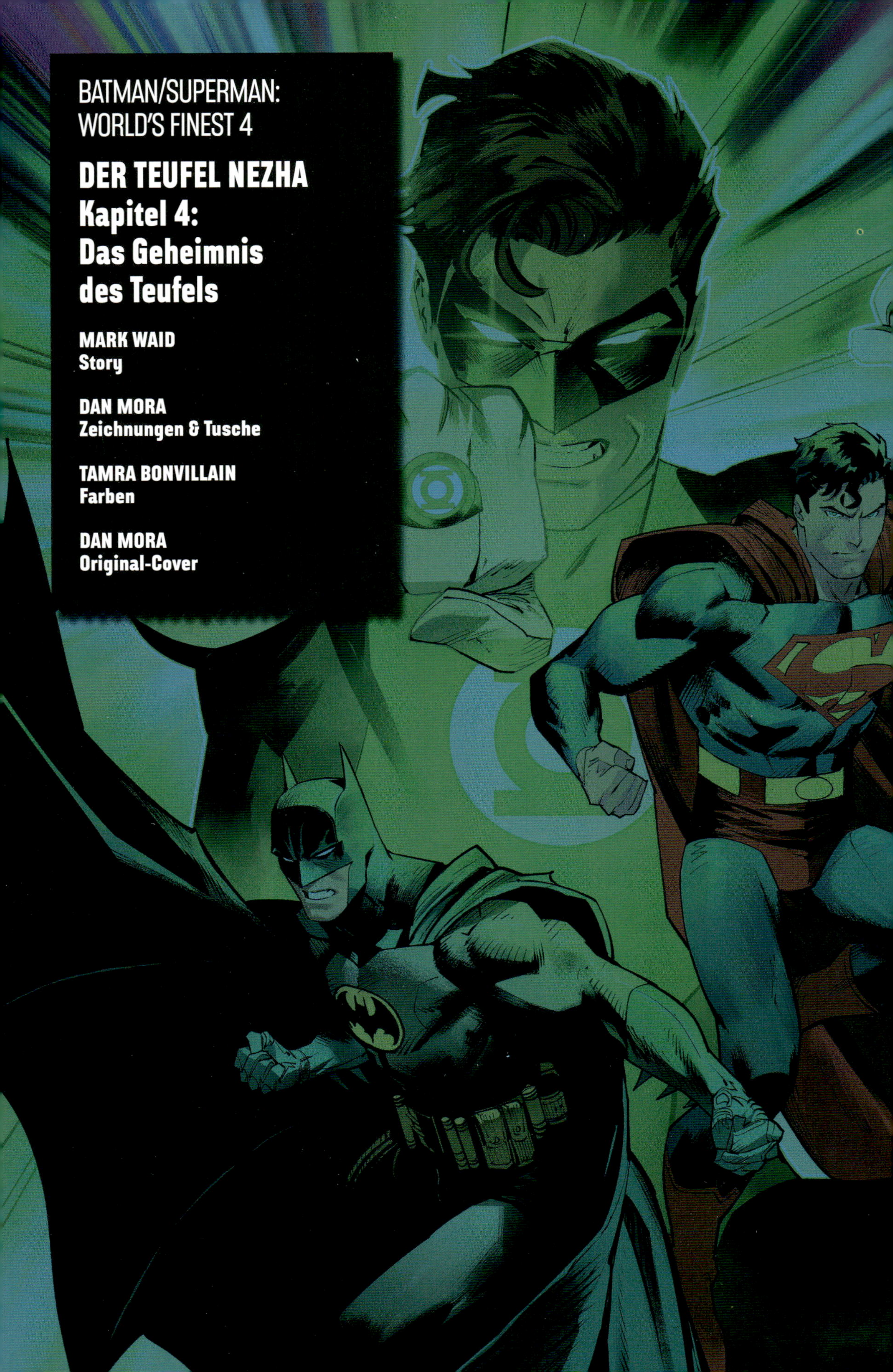
BATMAN/SUPERMAN:
WORLD'S FINEST 4
DER TEUFEL NEZHA
Kapitel 4:
Das Geheimnis
des Teufels
MARK WAID
Story
DAN MORA
Zeichnungen & Tusche
TAMRA BONVILLAIN
Farben
DAN MORA
Original-Cover

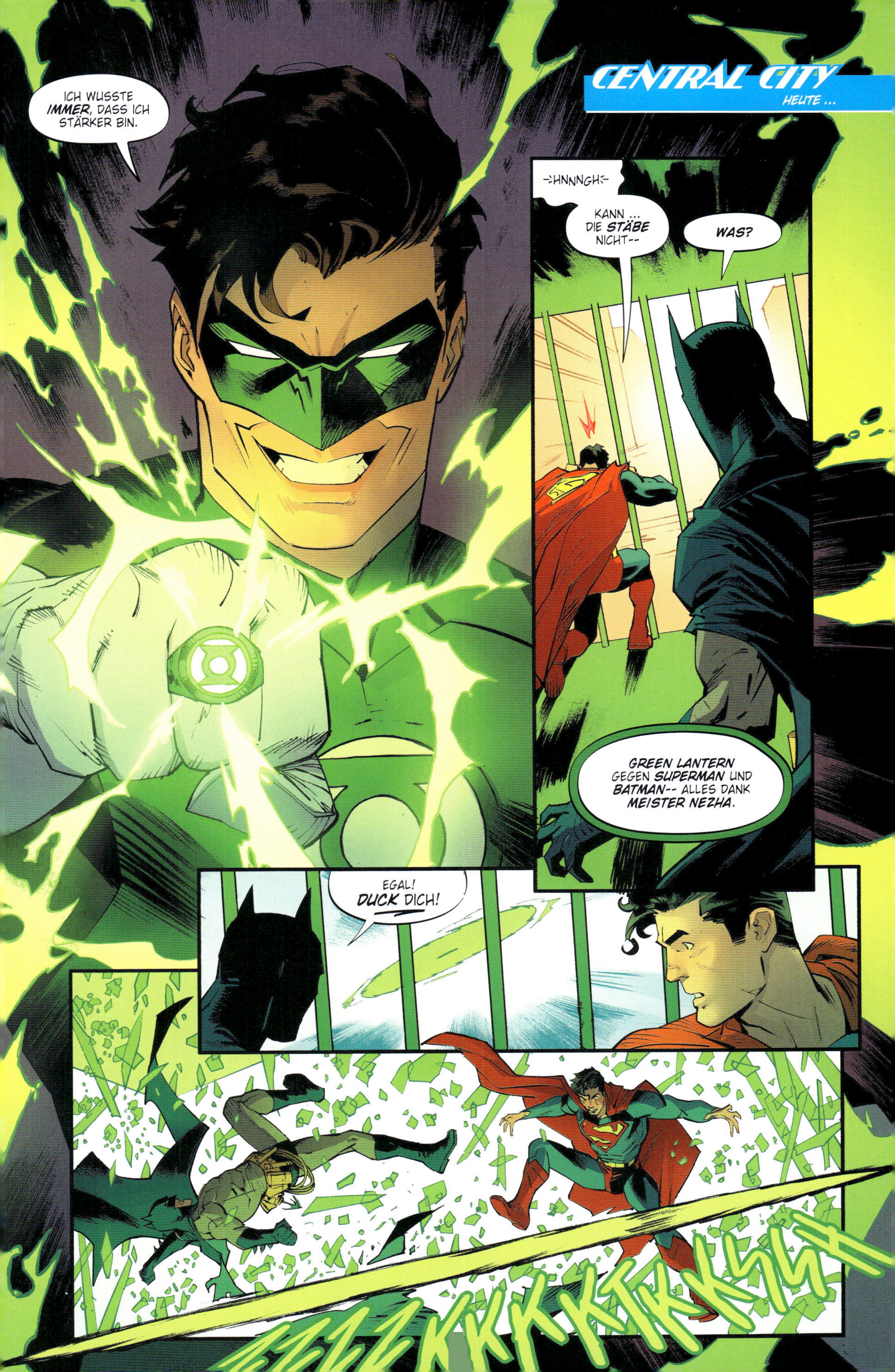
ICH WUSSTE IMMER, DASS ICH STÄRKER BIN.
CENTRAL CITY
HEUTE ...
-HNNNGH-
KANN ... DIE STÄBE NICHT--
WAS?
GREEN LANTERN GEGEN SUPERMAN UND BATMAN-- ALLES DANK MEISTER NEZHA.
EGAL! DUCK DICH!

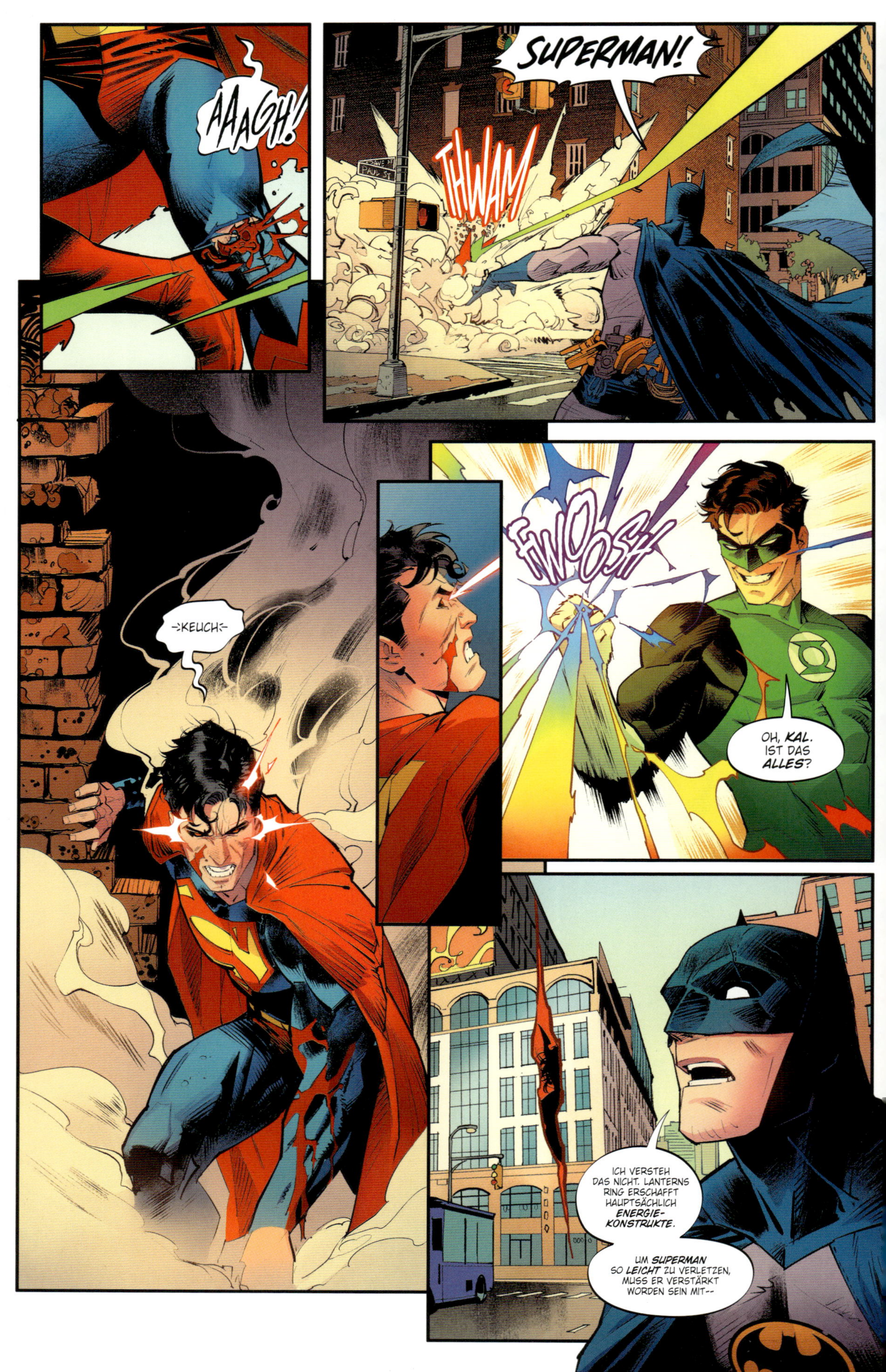
AAAGH!
SUPERMAN!
THWAM
-KEUCH-
FWOOSH!
OH, KAL. IST DAS ALLES?
ICH VERSTEH DAS NICHT. LANTERNS RING ERSCHAFFT HAUPTSÄCHLICH ENERGIE-KONSTRUKTE.
UM SUPERMAN SO LEICHT ZU VERLETZEN, MUSS ER VERSTÄRKT WORDEN SEIN MIT--

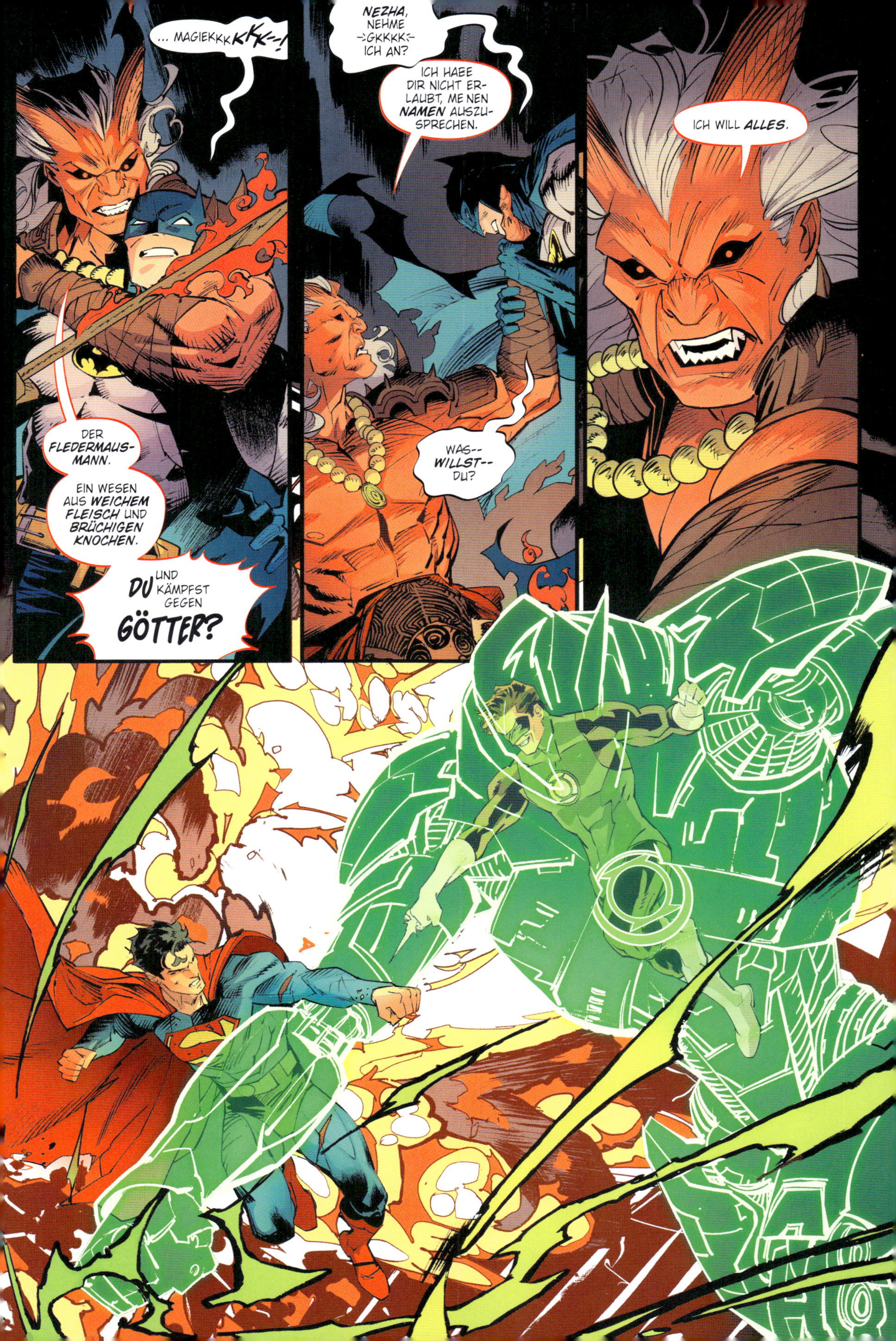
... MAGIEKKKKKK--!
DER FLEDERMAUSMANN.
EIN WESEN AUS WEICHEM FLEISCH UND BRÜCHIGEN KNOCHEN.
DU UND KÄMPFST GEGEN GÖTTER?
NEZHA, NEHME -GKKKK- ICH AN?
ICH HABE DIR NICHT ERLAUBT, MEINEN NAMEN AUSZUSPRECHEN.
WAS-- WILLST-- DU?
ICH WILL ALLES.

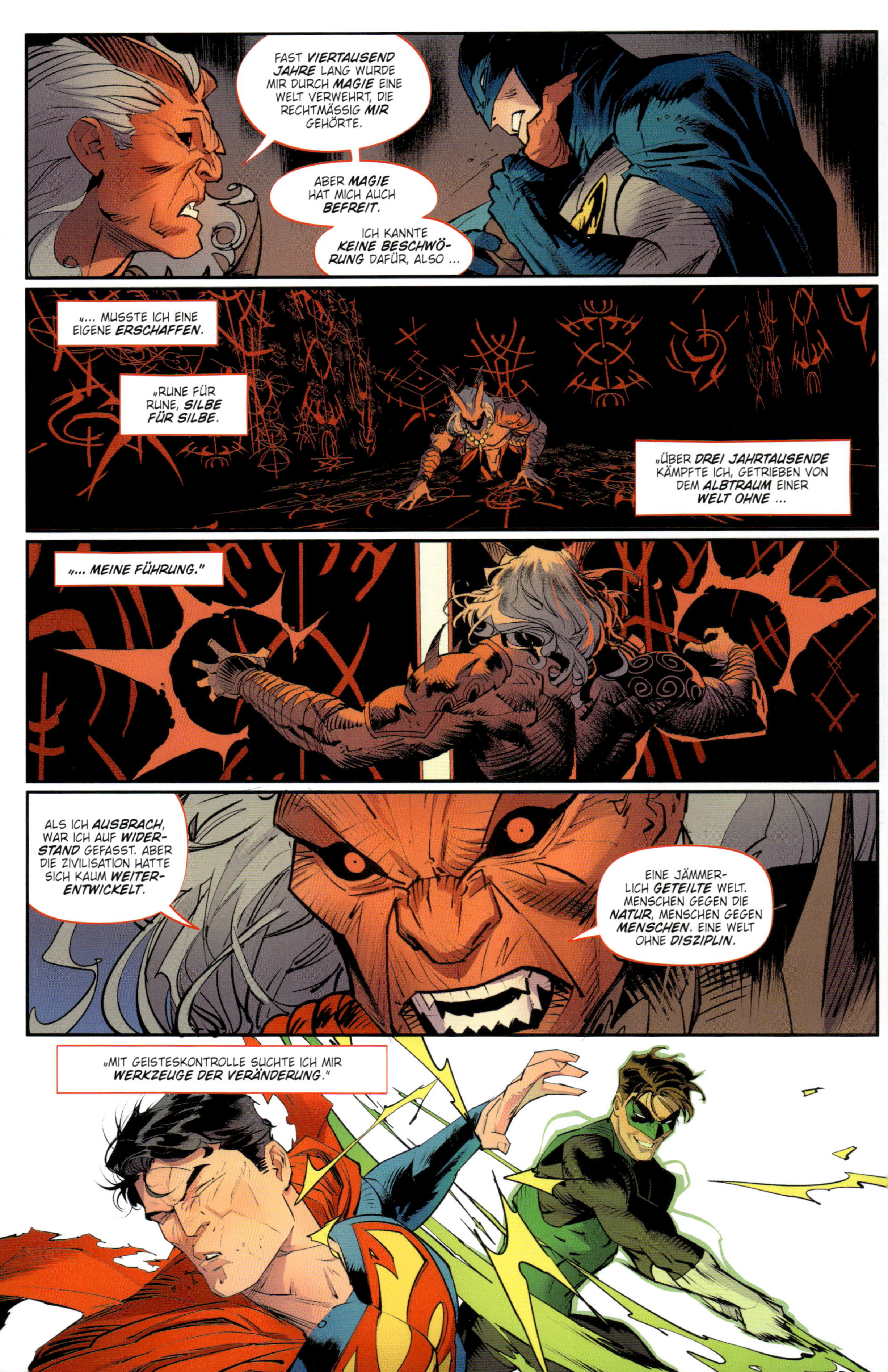
FAST VIERTAUSEND JAHRE LANG WURDE MIR DURCH MAGIE EINE WELT VERWEHRT, DIE RECHTMÄSSIG MIR GEHÖRTE.
ABER MAGIE HAT MICH AUCH BEFREIT.
ICH KANNTE KEINE BESCHWÖRUNG DAFÜR, ALSO ...
„... MUSSTE ICH EINE EIGENE ERSCHAFFEN.
„RUNE FÜR RUNE, SILBE FÜR SILBE.
„ÜBER DREI JAHRTAUSENDE KÄMPFTE ICH, GETRIEBEN VON DEM ALBTRAUM EINER WELT OHNE ...
„... MEINE FÜHRUNG."
ALS ICH AUSBRACH, WAR ICH AUF WIDERSTAND GEFASST. ABER DIE ZIVILISATION HATTE SICH KAUM WEITERENTWICKELT.
EINE JÄMMERLICH GETEILTE WELT. MENSCHEN GEGEN DIE NATUR, MENSCHEN GEGEN MENSCHEN. EINE WELT OHNE DISZIPLIN.
„MIT GEISTESKONTROLLE SUCHTE ICH MIR WERKZEUGE DER VERÄNDERUNG."

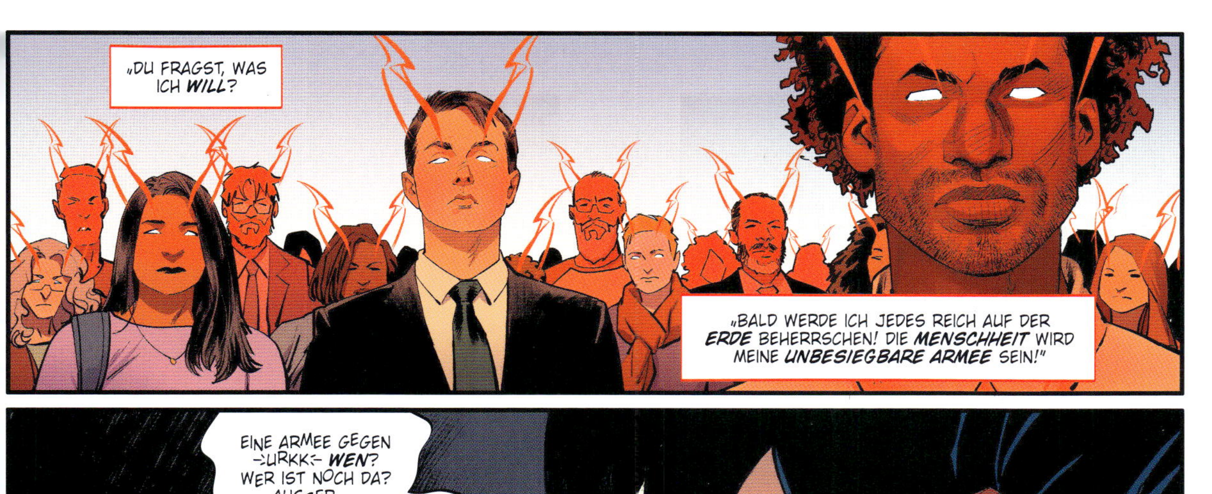

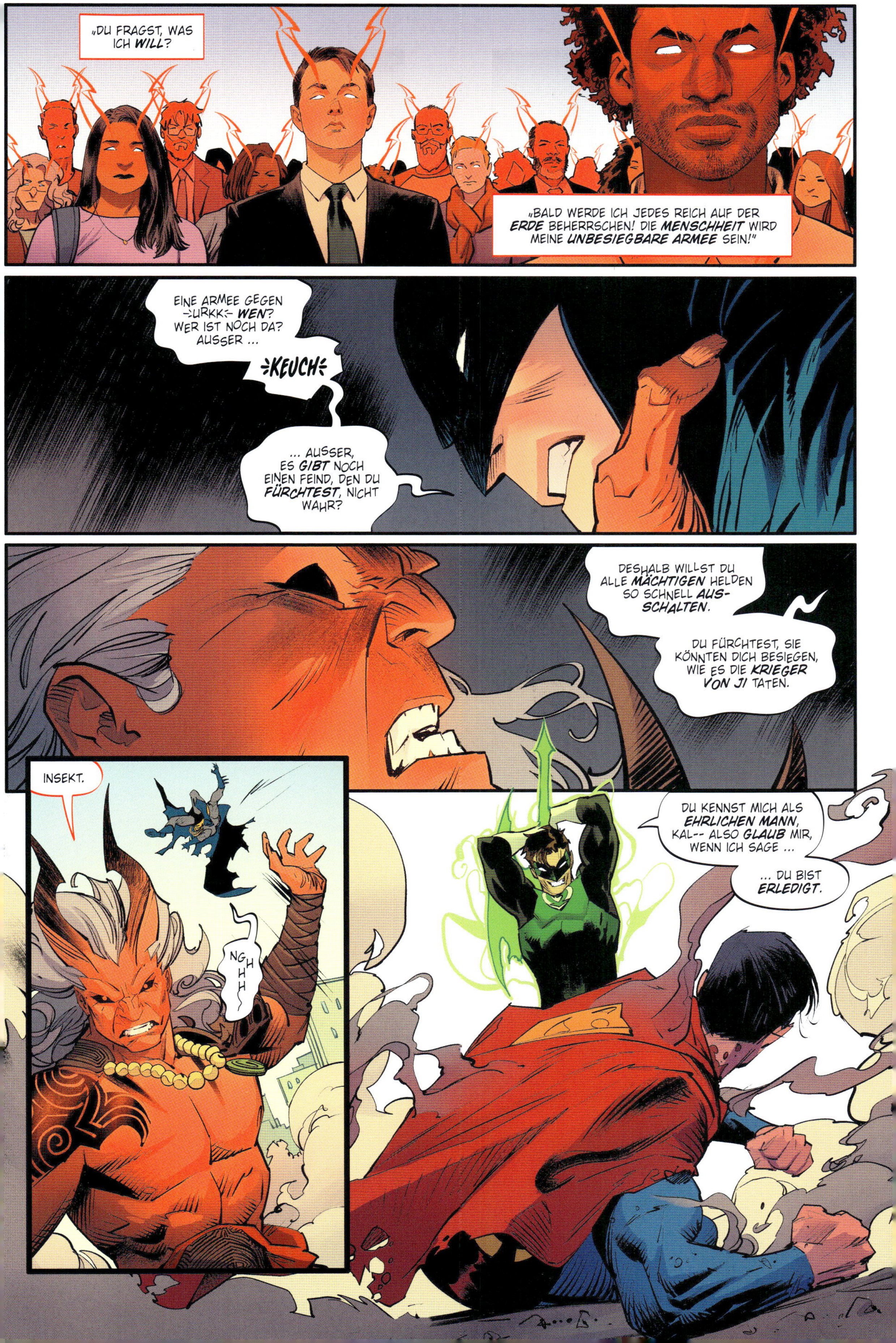

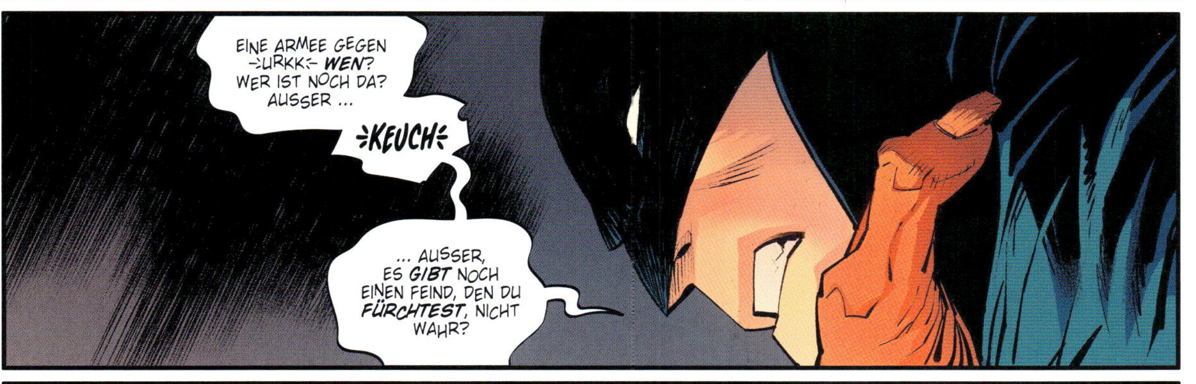

DESHALB WILLST DU ALLE **MÄCHTIGEN** HELDEN SO SCHNELL **AUS-SCHALTEN**.

DU FÜRCHTEST, SIE KÖNNTEN DICH BESIEGEN, WIE ES DIE **KRIEGER VON JI** TATEN.

INSEKT.

NGHHH

DU KENNST MICH ALS **EHRLICHEN MANN**, KAL-- ALSO **GLAUB** MIR, WENN ICH SAGE ...

... DU BIST **ERLEDIGT**.

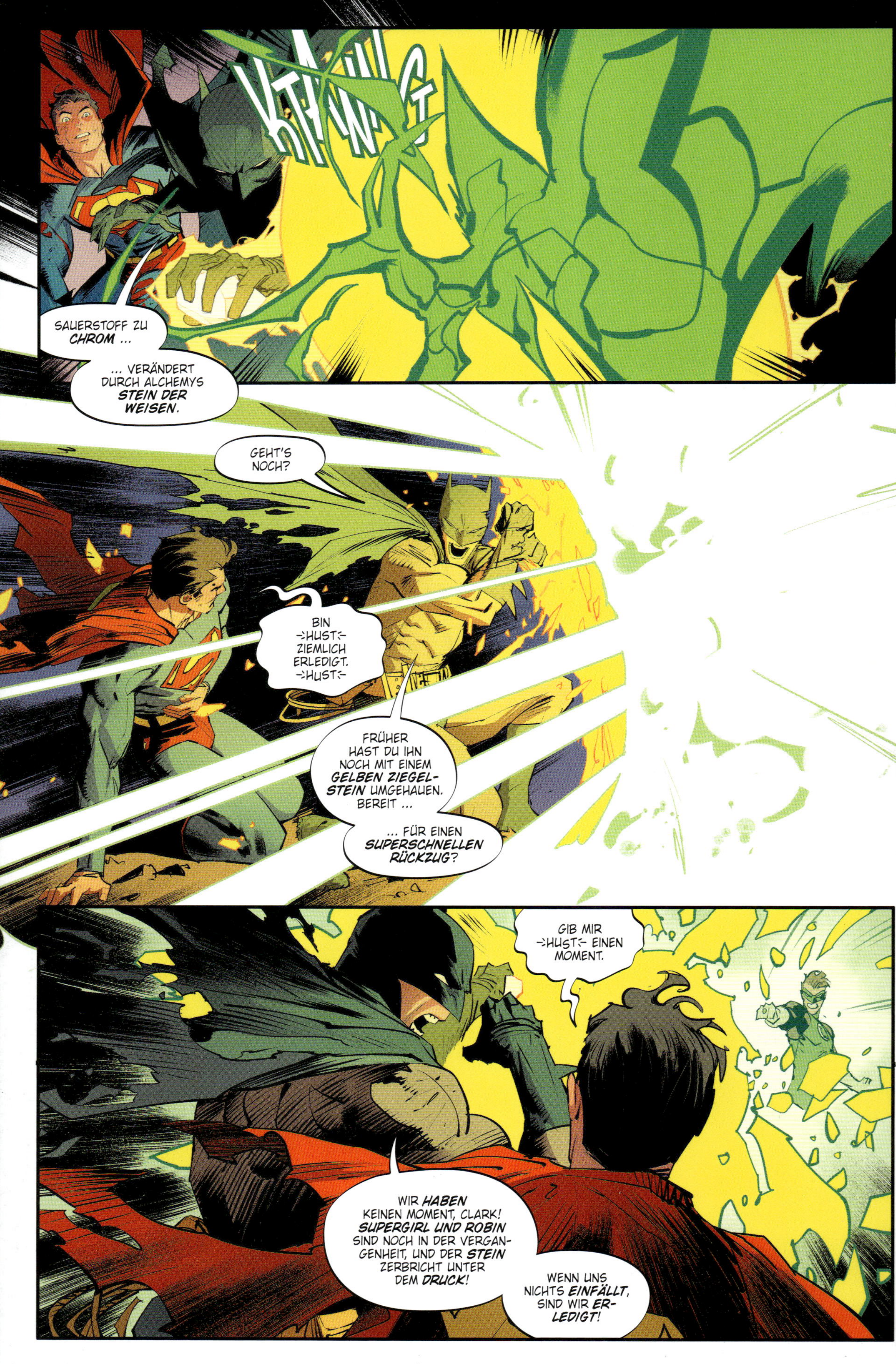
KTANG
SAUERSTOFF ZU CHROM ...
... VERÄNDERT DURCH ALCHEMYS STEIN DER WEISEN.
GEHT'S NOCH?
BIN -HUST- ZIEMLICH ERLEDIGT. -HUST-
FRÜHER HAST DU IHN NOCH MIT EINEM GELBEN ZIEGELSTEIN UMGEHAUEN. BEREIT ...
... FÜR EINEN SUPERSCHNELLEN RÜCKZUG?
GIB MIR -HUST- EINEN MOMENT.
WIR HABEN KEINEN MOMENT, CLARK! SUPERGIRL UND ROBIN SIND NOCH IN DER VERGANGENHEIT, UND DER STEIN ZERBRICHT UNTER DEM DRUCK!
WENN UNS NICHTS EINFÄLLT, SIND WIR ERLEDIGT!

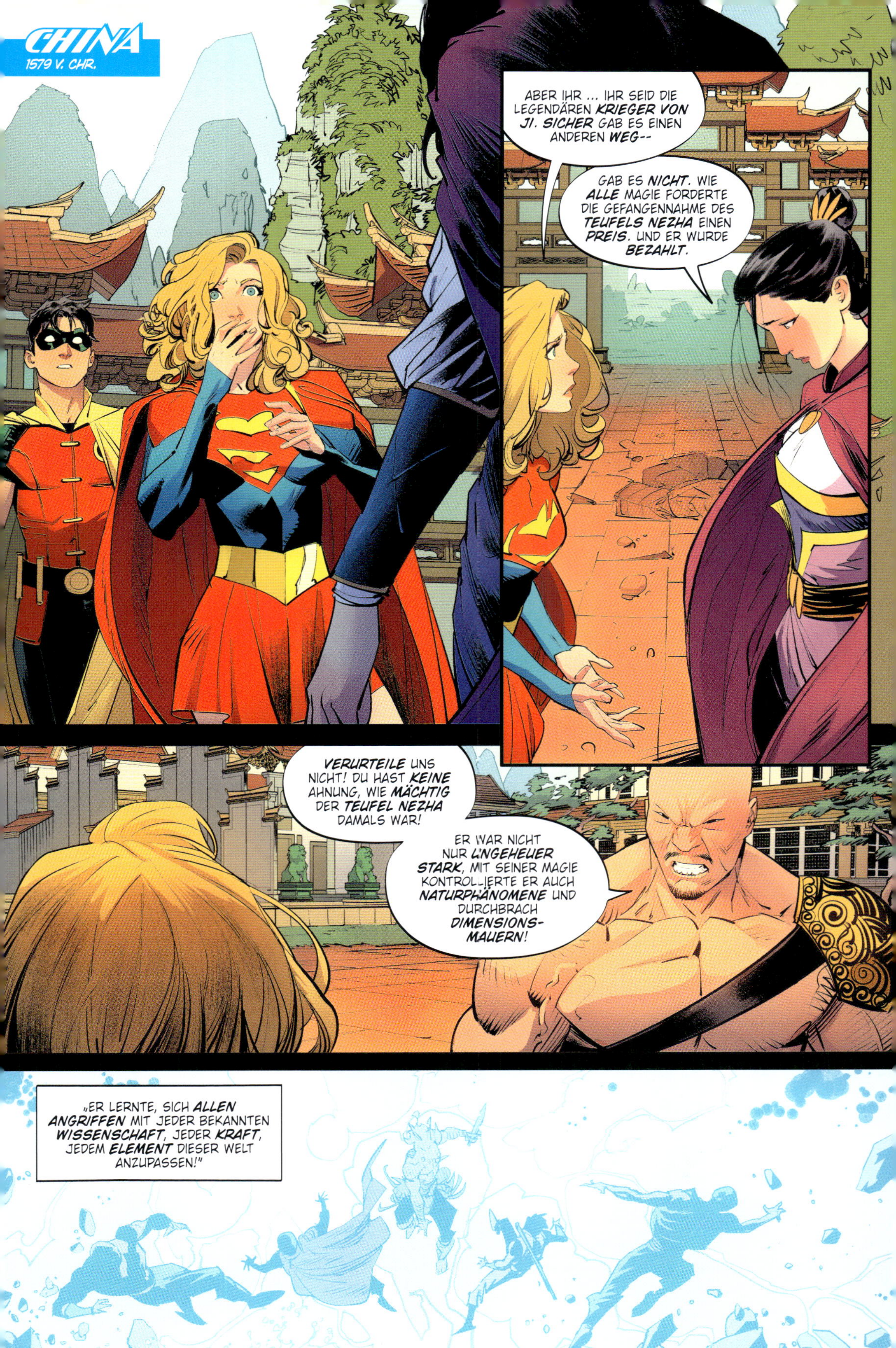
CHINA
1579 V. CHR.
ABER IHR ... IHR SEID DIE LEGENDÄREN KRIEGER VON JI. SICHER GAB ES EINEN ANDEREN WEG--
GAB ES NICHT. WIE ALLE MAGIE FORDERTE DIE GEFANGENNAHME DES TEUFELS NEZHA EINEN PREIS. UND ER WURDE BEZAHLT.
VERURTEILE UNS NICHT! DU HAST KEINE AHNUNG, WIE MÄCHTIG DER TEUFEL NEZHA DAMALS WAR!
ER WAR NICHT NUR UNGEHEUER STARK, MIT SEINER MAGIE KONTROLLIERTE ER AUCH NATURPHÄNOMENE UND DURCHBRACH DIMENSIONS-MAUERN!
„ER LERNTE, SICH ALLEN ANGRIFFEN MIT JEDER BEKANNTEN WISSENSCHAFT, JEDER KRAFT, JEDEM ELEMENT DIESER WELT ANZUPASSEN!"

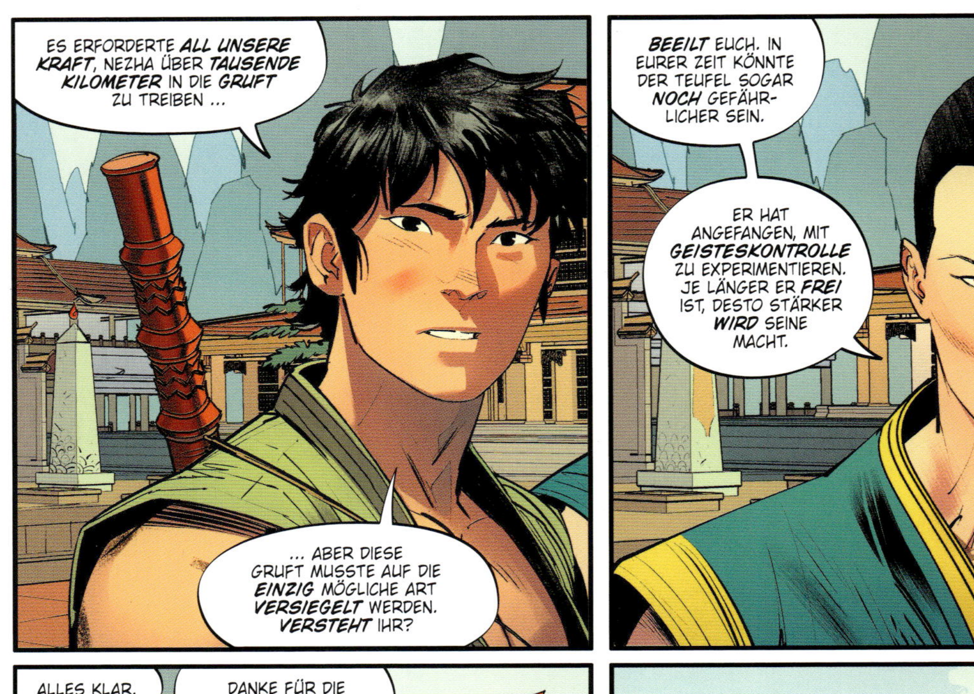

ES ERFORDERTE **ALL UNSERE KRAFT**, NEZHA ÜBER **TAUSENDE KILOMETER** IN DIE **GRUFT** ZU TREIBEN ...
... ABER DIESE GRUFT MUSSTE AUF DIE **EINZIG** MÖGLICHE ART **VERSIEGELT** WERDEN. **VERSTEHT** IHR?
BEEILT EUCH. IN EURER ZEIT KÖNNTE DER TEUFEL SOGAR **NOCH** GEFÄHRLICHER SEIN.
ER HAT ANGEFANGEN, MIT **GEISTESKONTROLLE** ZU EXPERIMENTIEREN. JE LÄNGER ER **FREI** IST, DESTO STÄRKER **WIRD** SEINE MACHT.

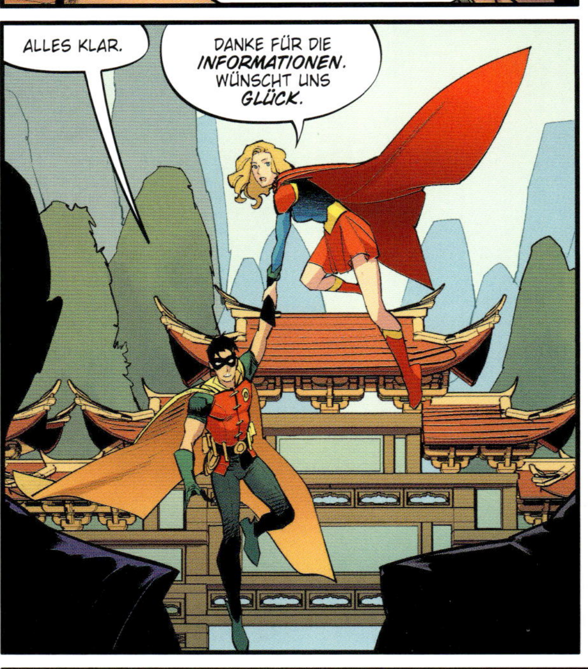

ALLES KLAR.
DANKE FÜR DIE **INFORMATIONEN**. WÜNSCHT UNS **GLÜCK**.

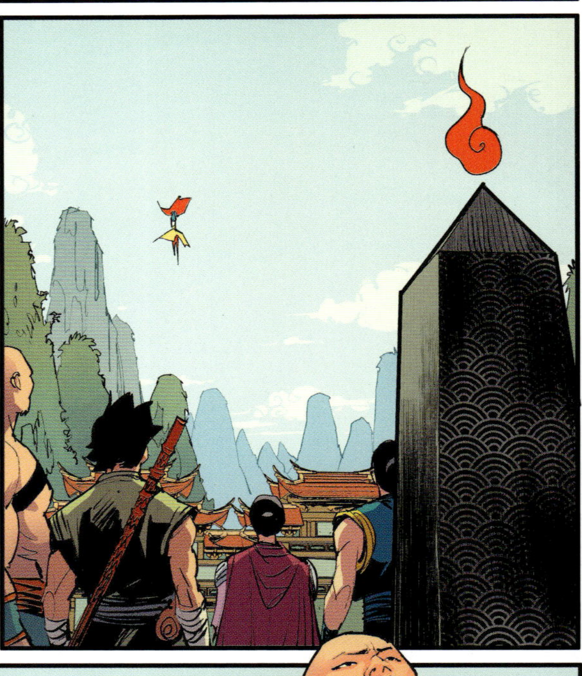

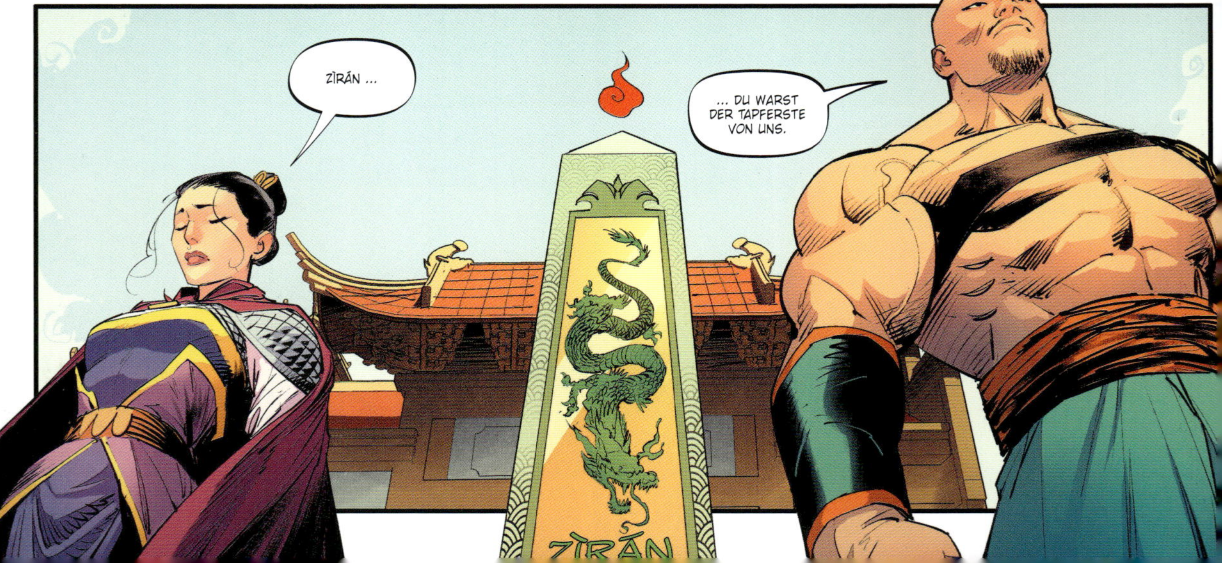

ZÌRÁN ...
... DU WARST DER TAPFERSTE VON UNS.
ZÌRÁN

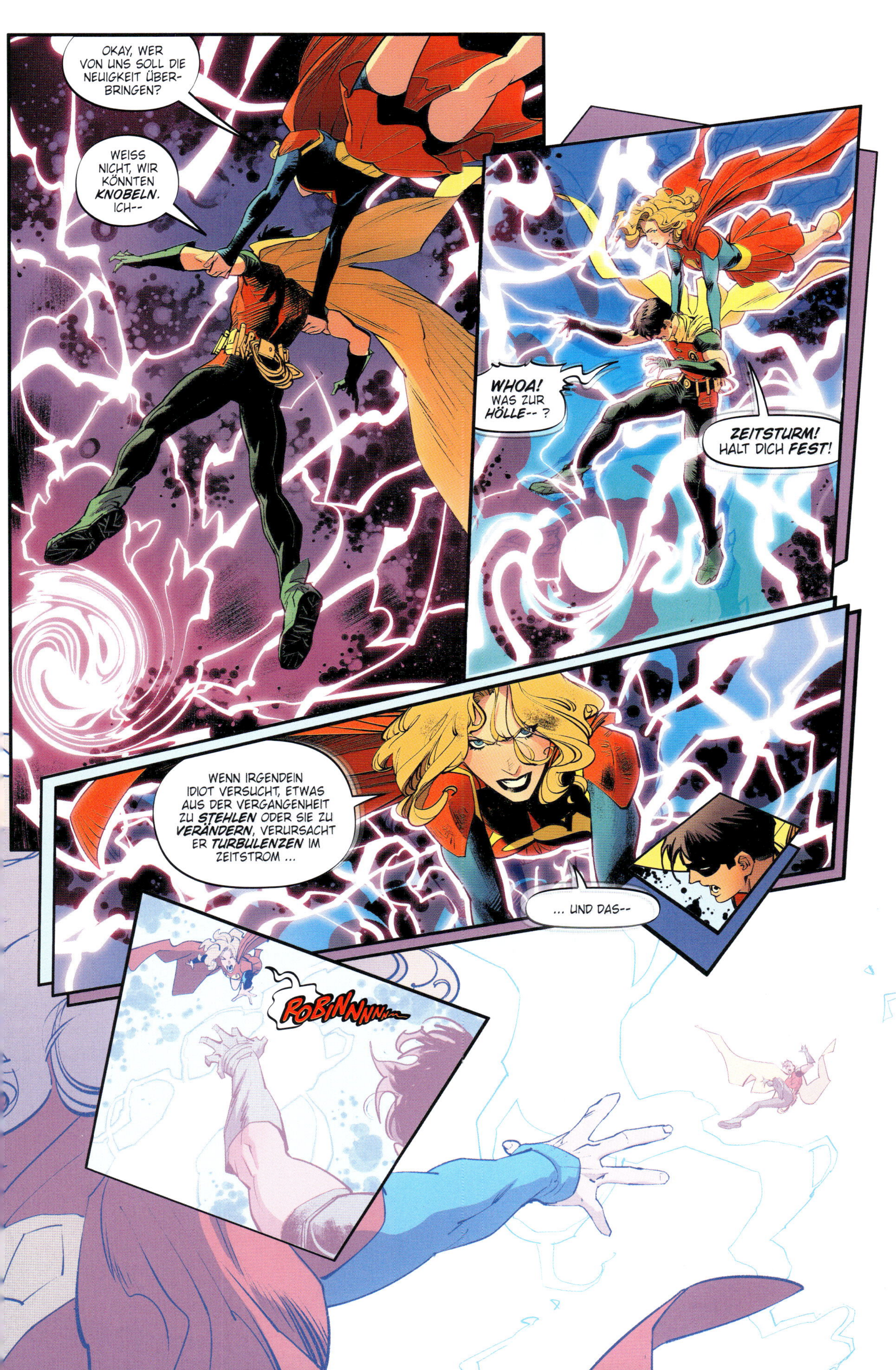
OKAY, WER VON UNS SOLL DIE NEUIGKEIT ÜBERBRINGEN?
WEISS NICHT, WIR KÖNNTEN KNOBELN. ICH--
WHOA! WAS ZUR HÖLLE-- ?
ZEITSTURM! HALT DICH FEST!
WENN IRGENDEIN IDIOT VERSUCHT, ETWAS AUS DER VERGANGENHEIT ZU STEHLEN ODER SIE ZU VERÄNDERN, VERURSACHT ER TURBULENZEN IM ZEITSTROM ...
... UND DAS--
ROBINNNN

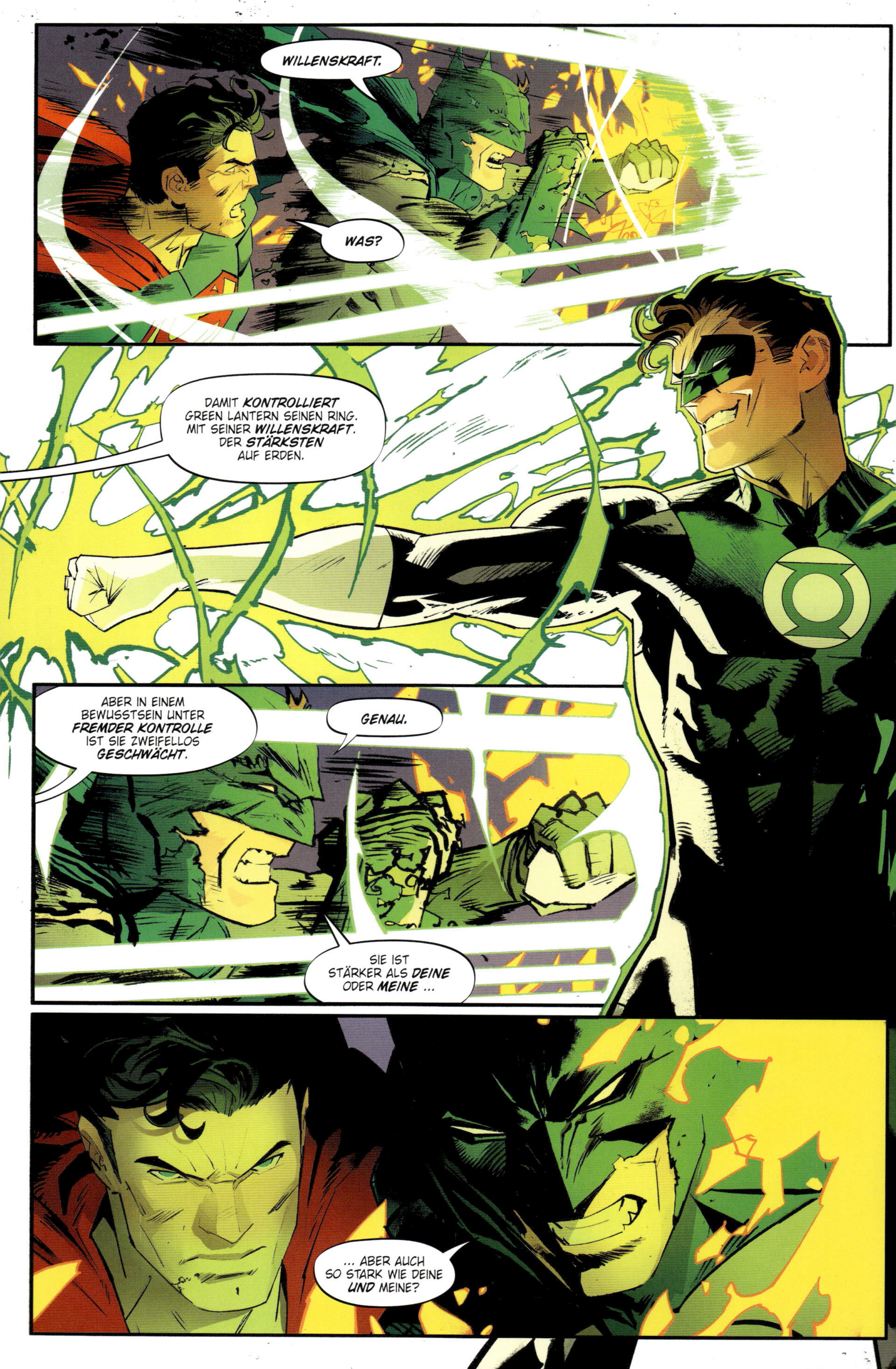
WILLENSKRAFT.
WAS?
DAMIT KONTROLLIERT GREEN LANTERN SEINEN RING. MIT SEINER WILLENSKRAFT. DER STÄRKSTEN AUF ERDEN.
ABER IN EINEM BEWUSSTSEIN UNTER FREMDER KONTROLLE IST SIE ZWEIFELLOS GESCHWÄCHT.
GENAU.
SIE IST STÄRKER ALS DEINE ODER MEINE ...
... ABER AUCH SO STARK WIE DEINE UND MEINE?

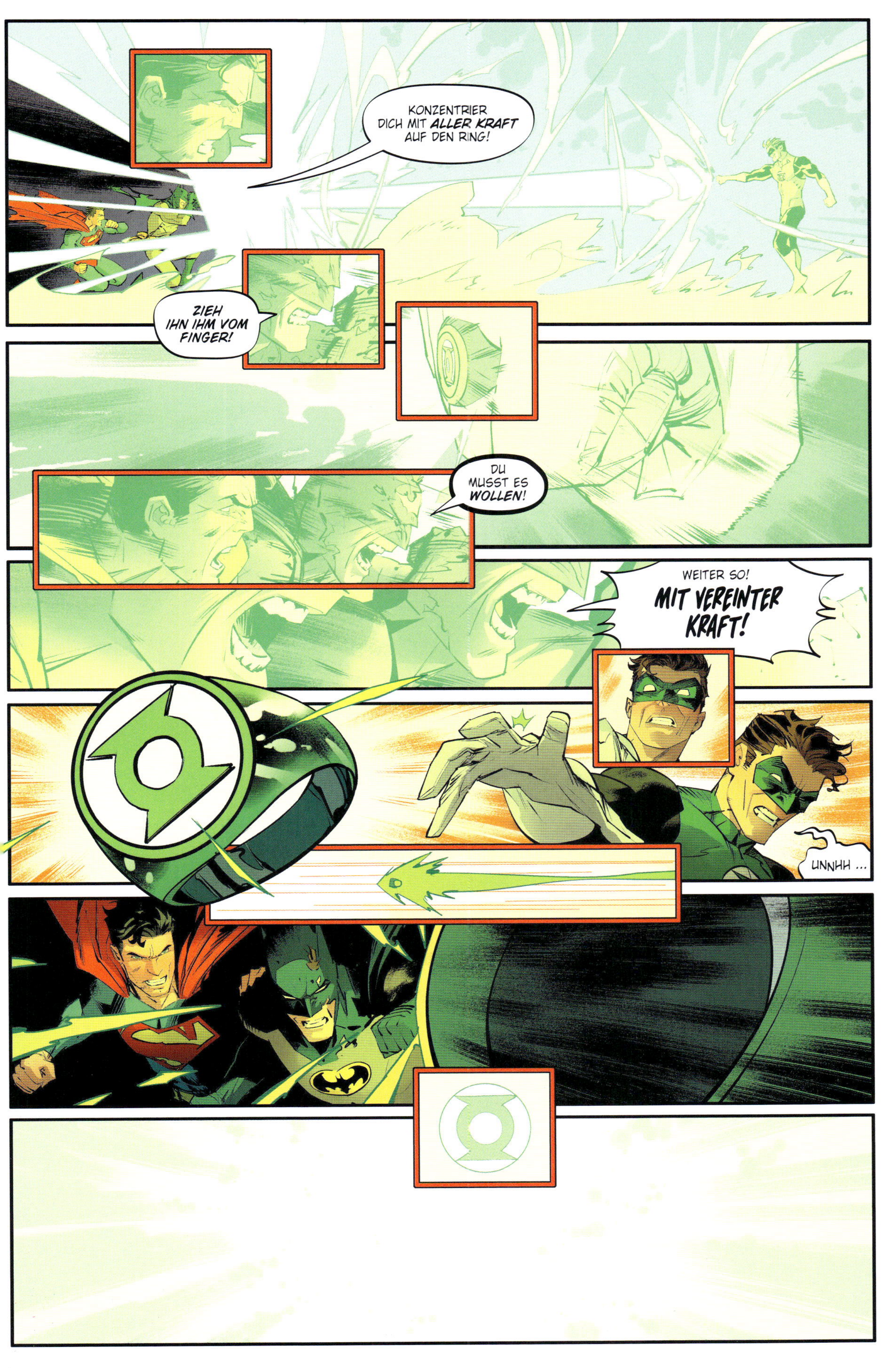
KONZENTRIER DICH MIT ALLER KRAFT AUF DEN RING!
ZIEH IHN IHM VOM FINGER!
DU MUSST ES WOLLEN!
WEITER SO! MIT VEREINTER KRAFT!
UNNHH ...

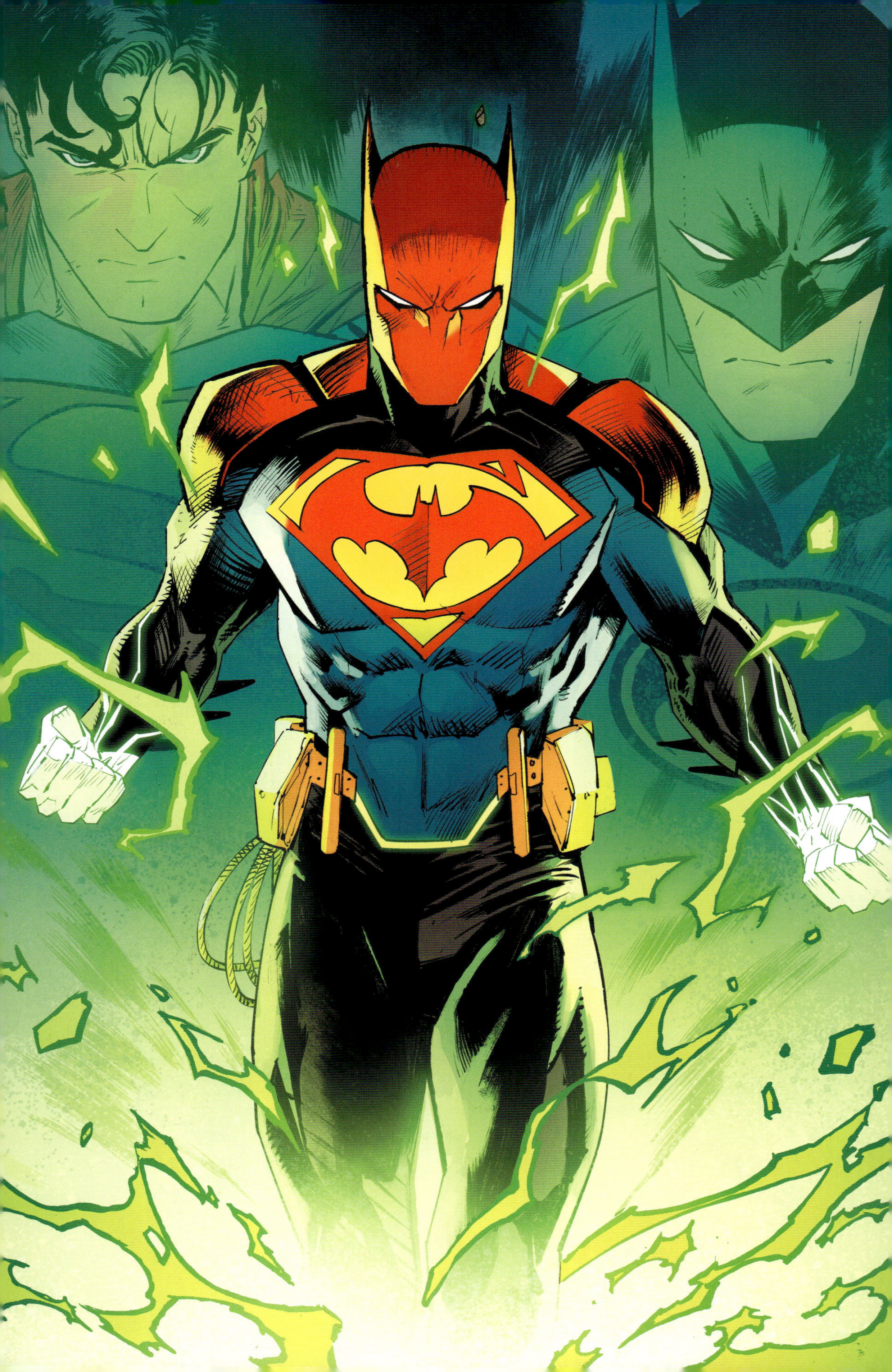

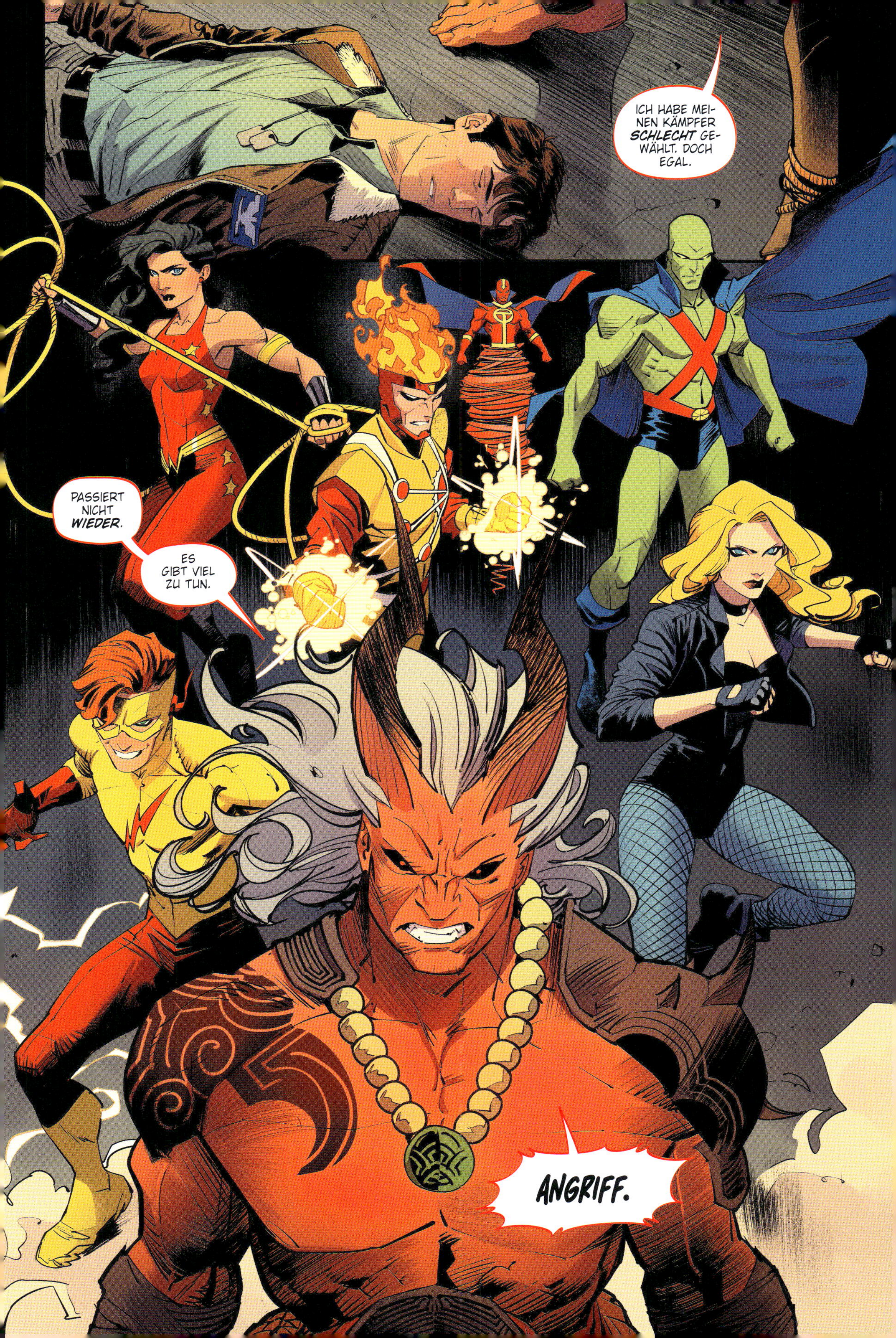
ICH HABE MEINEN KÄMPFER **SCHLECHT** GEWÄHLT. DOCH EGAL.
PASSIERT NICHT **WIEDER**.
ES GIBT VIEL ZU TUN.
ANGRIFF.

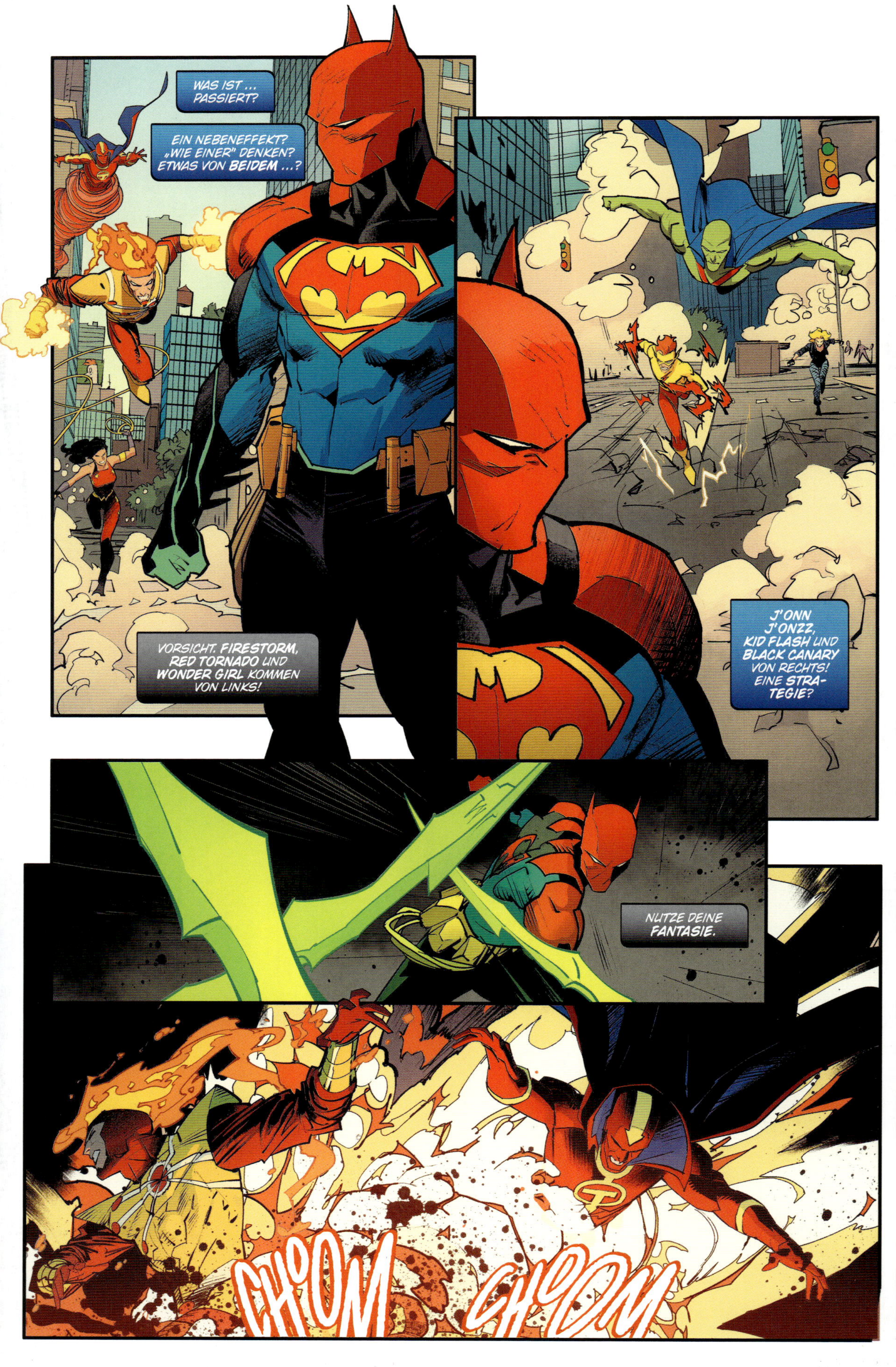
WAS IST ... PASSIERT?
EIN NEBENEFFEKT? „WIE EINER" DENKEN? ETWAS VON BEIDEM ...?
VORSICHT. FIRESTORM, RED TORNADO UND WONDER GIRL KOMMEN VON LINKS!
J'ONN J'ONZZ, KID FLASH UND BLACK CANARY VON RECHTS! EINE STRATEGIE?
NUTZE DEINE FANTASIE.
CHOOM
CHOOM

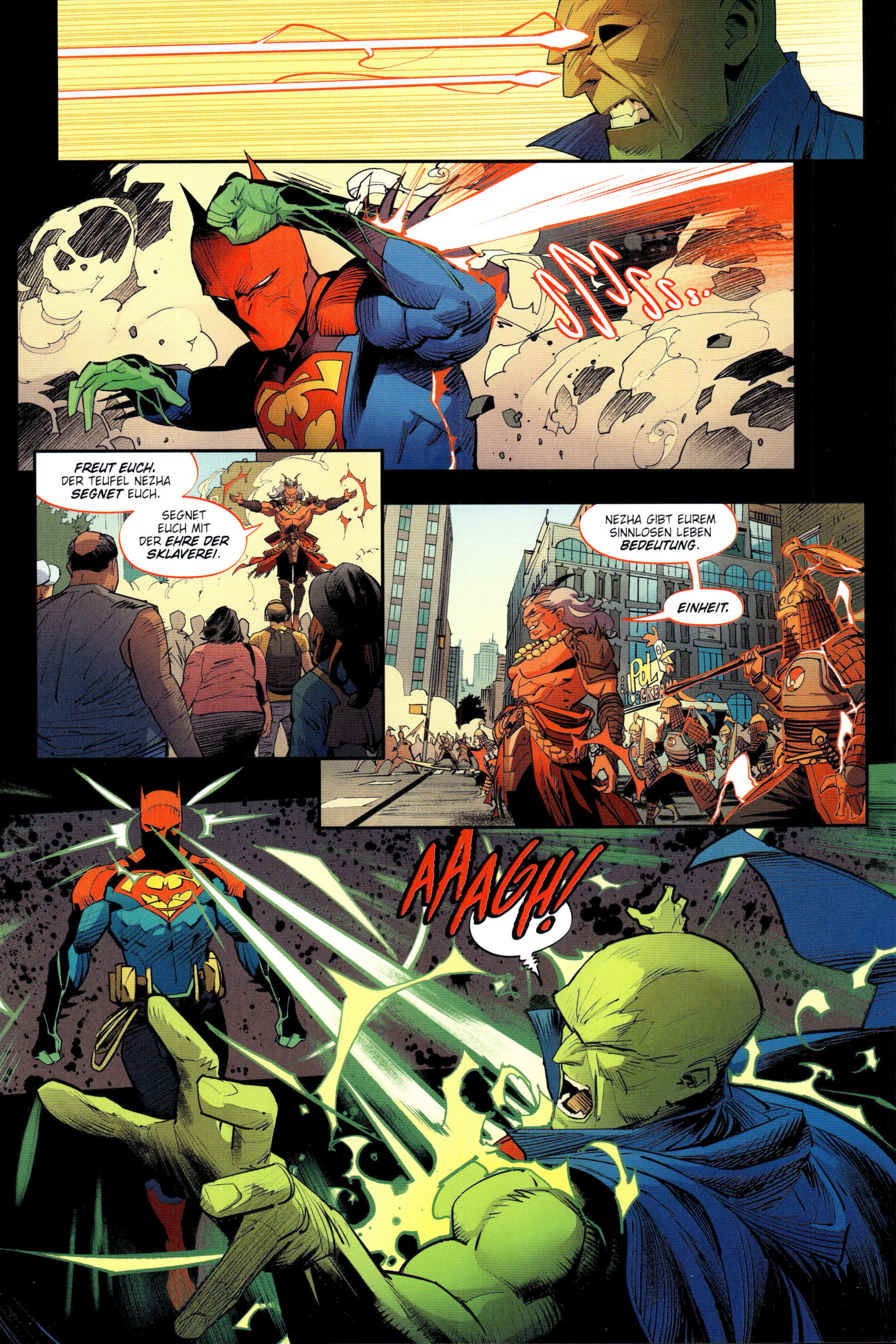
SSSSSss...
FREUT EUCH. DER TEUFEL NEZHA SEGNET EUCH.
SEGNET EUCH MIT DER EHRE DER SKLAVEREI.
NEZHA GIBT EUREM SINNLOSEN LEBEN BEDEUTUNG.
EINHEIT.
AAAAGH!

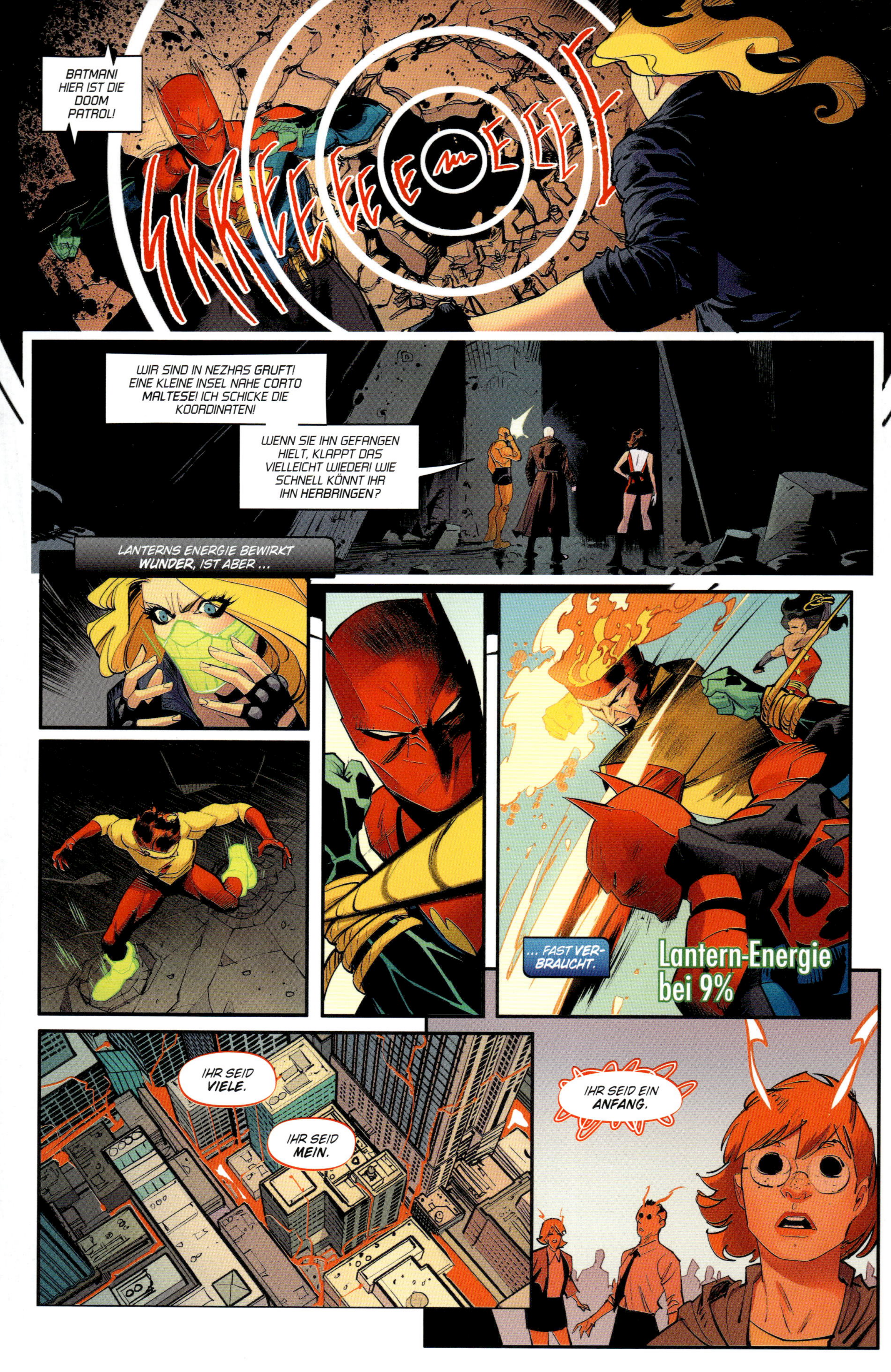
BATMAN! HIER IST DIE DOOM PATROL!
SKREEEEEEEEEEE
WIR SIND IN NEZHAS GRUFT! EINE KLEINE INSEL NAHE CORTO MALTESE! ICH SCHICKE DIE KOORDINATEN!
WENN SIE IHN GEFANGEN HIELT, KLAPPT DAS VIELLEICHT WIEDER! WIE SCHNELL KÖNNT IHR IHN HERBRINGEN?
LANTERNS ENERGIE BEWIRKT WUNDER, IST ABER ...
... FAST VERBRAUCHT.
Lantern-Energie bei 9%
IHR SEID VIELE.
IHR SEID MEIN.
IHR SEID EIN ANFANG.

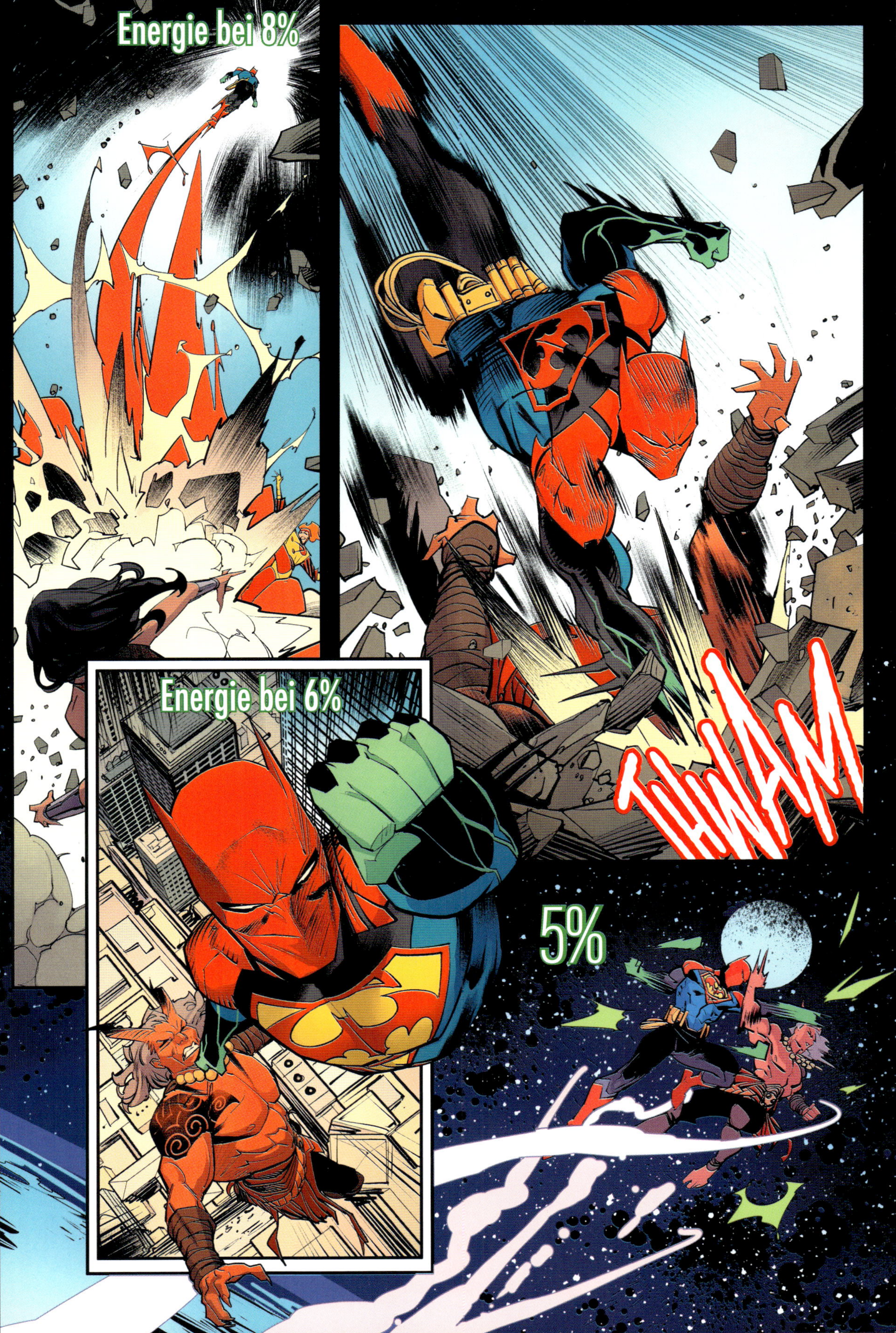
Energie bei 8%
Energie bei 6%
THWAM
5%

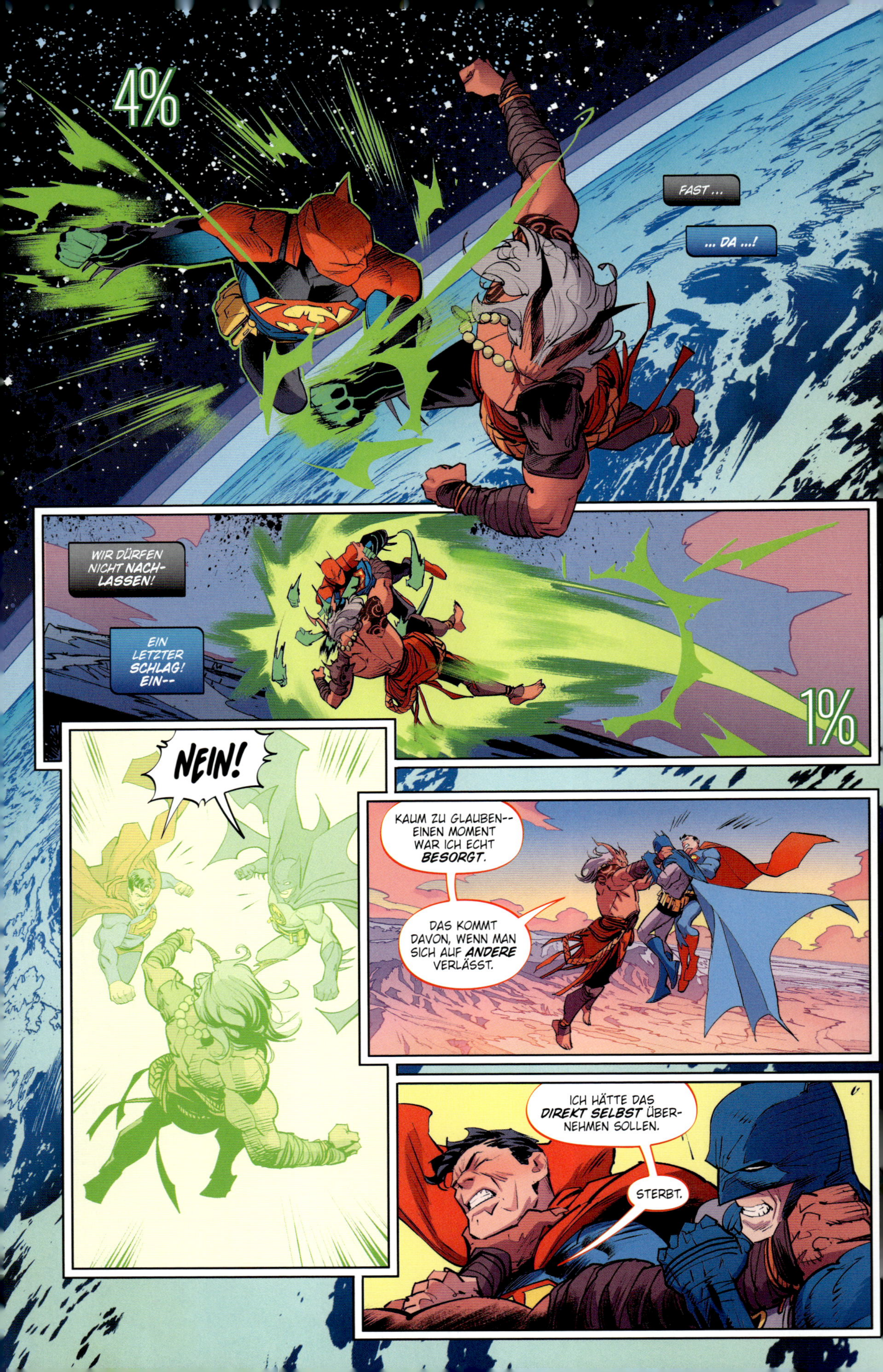
4%
FAST ...
... DA ...!
WIR DÜRFEN NICHT NACH-LASSEN!
EIN LETZTER SCHLAG! EIN--
1%
NEIN!
KAUM ZU GLAUBEN-- EINEN MOMENT WAR ICH ECHT BESORGT.
DAS KOMMT DAVON, WENN MAN SICH AUF ANDERE VERLÄSST.
ICH HÄTTE DAS DIREKT SELBST ÜBER-NEHMEN SOLLEN.
STERBT.

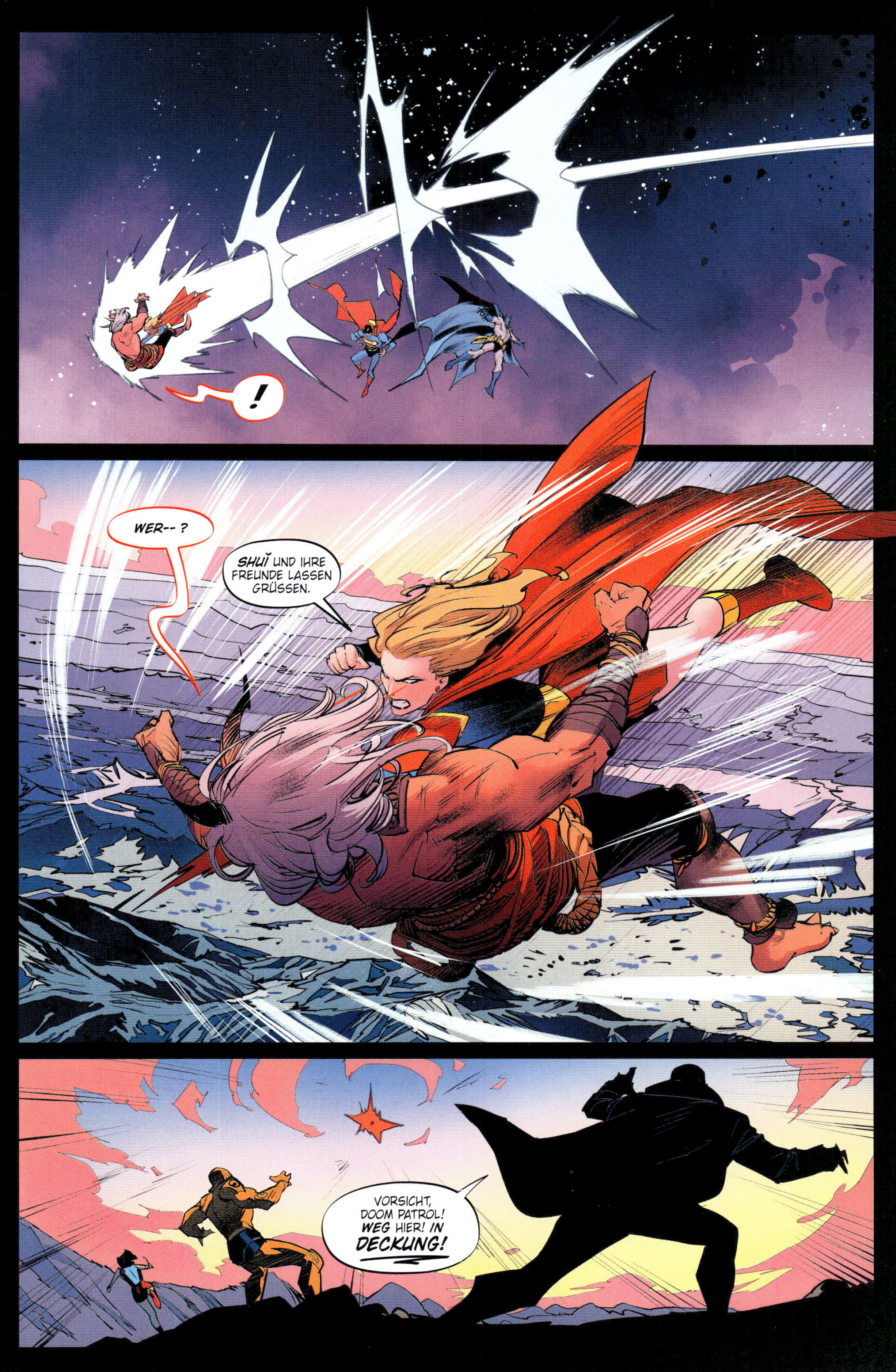
!
WER-- ?
SHUĬ UND IHRE FREUNDE LASSEN GRÜSSEN.
VORSICHT, DOOM PATROL! WEG HIER! IN DECKUNG!

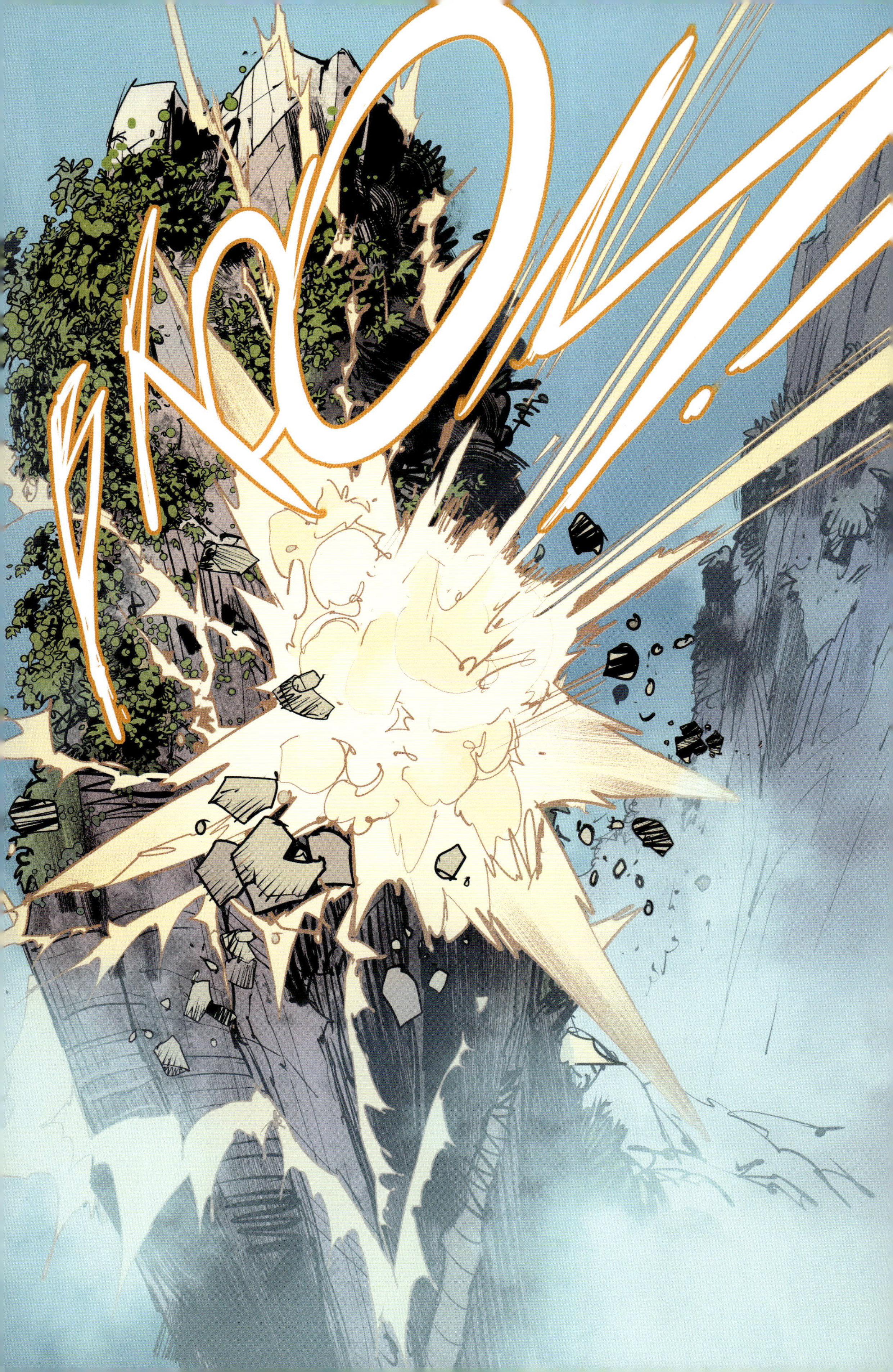
BADOM!!

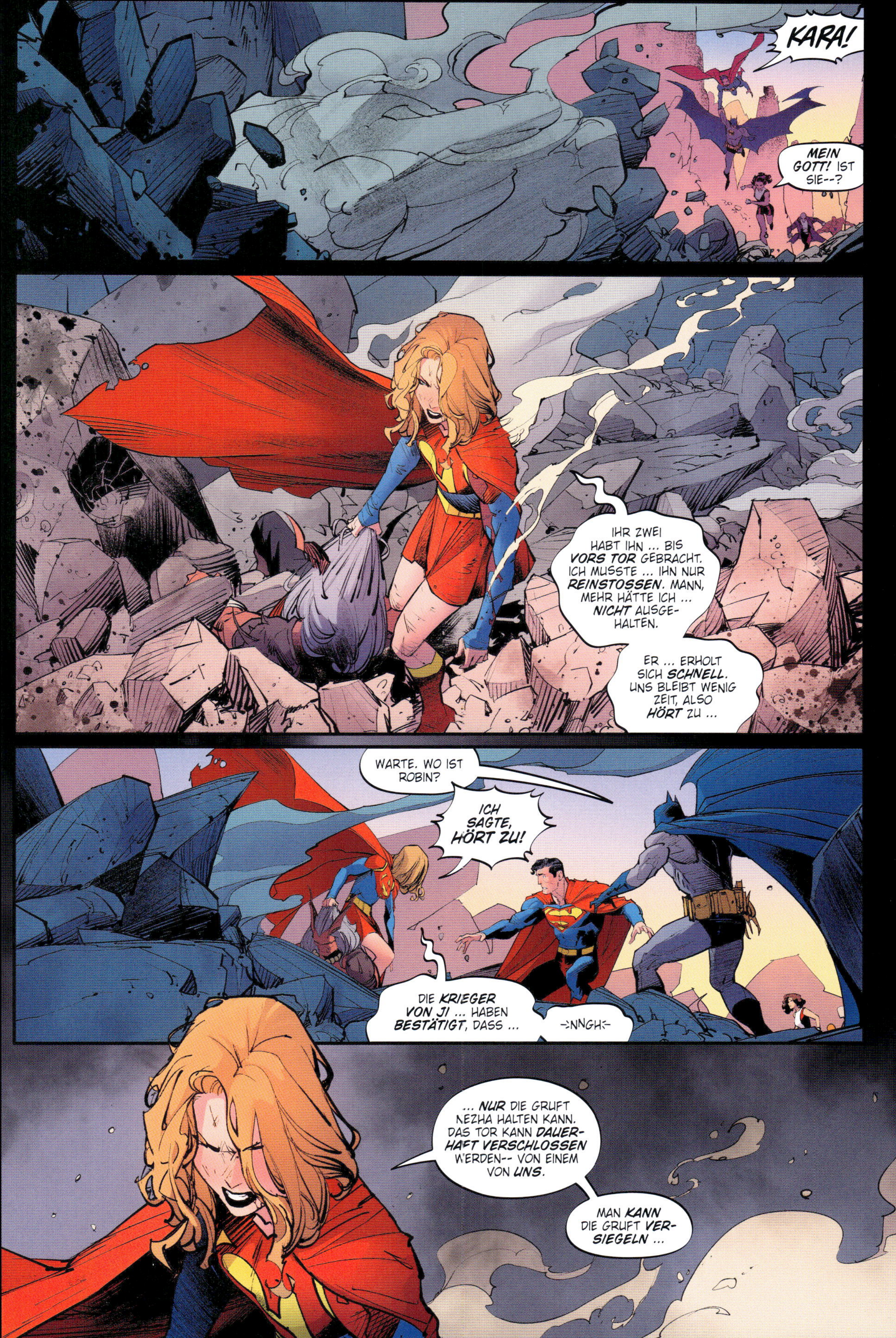
KARA!
MEIN GOTT! IST SIE--?
IHR ZWEI HABT IHN ... BIS VORS TOR GEBRACHT. ICH MUSSTE ... IHN NUR REINSTOSSEN. MANN, MEHR HÄTTE ICH ... NICHT AUSGEHALTEN.
ER ... ERHOLT SICH SCHNELL. UNS BLEIBT WENIG ZEIT, ALSO HÖRT ZU ...
WARTE. WO IST ROBIN?
ICH SAGTE, HÖRT ZU!
DIE KRIEGER VON JI ... HABEN BESTÄTIGT, DASS ...
NNGH
... NUR DIE GRUFT NEZHA HALTEN KANN. DAS TOR KANN DAUERHAFT VERSCHLOSSEN WERDEN-- VON EINEM VON UNS.
MAN KANN DIE GRUFT VERSIEGELN ...

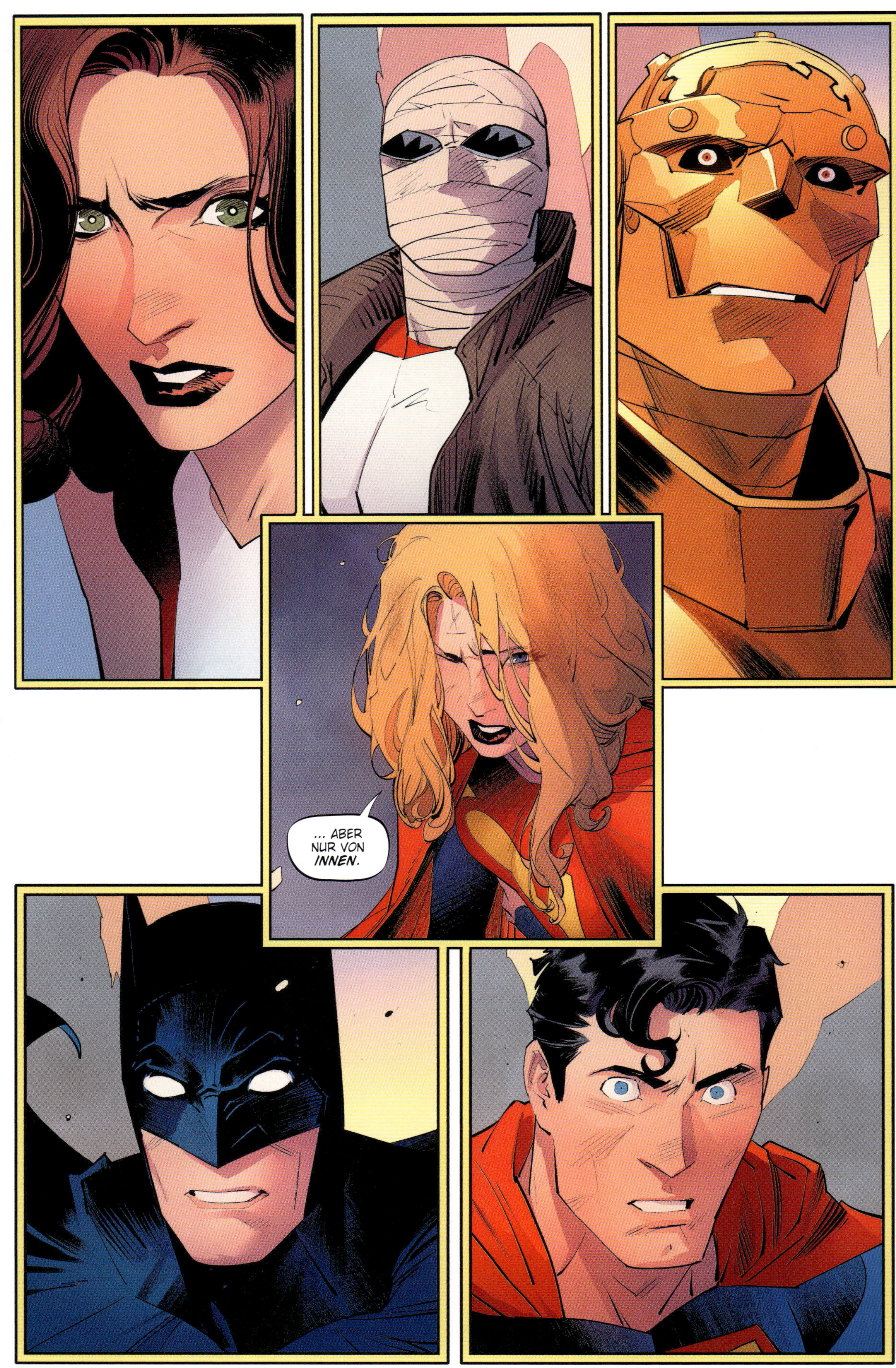
... ABER
NUR VON
INNEN.

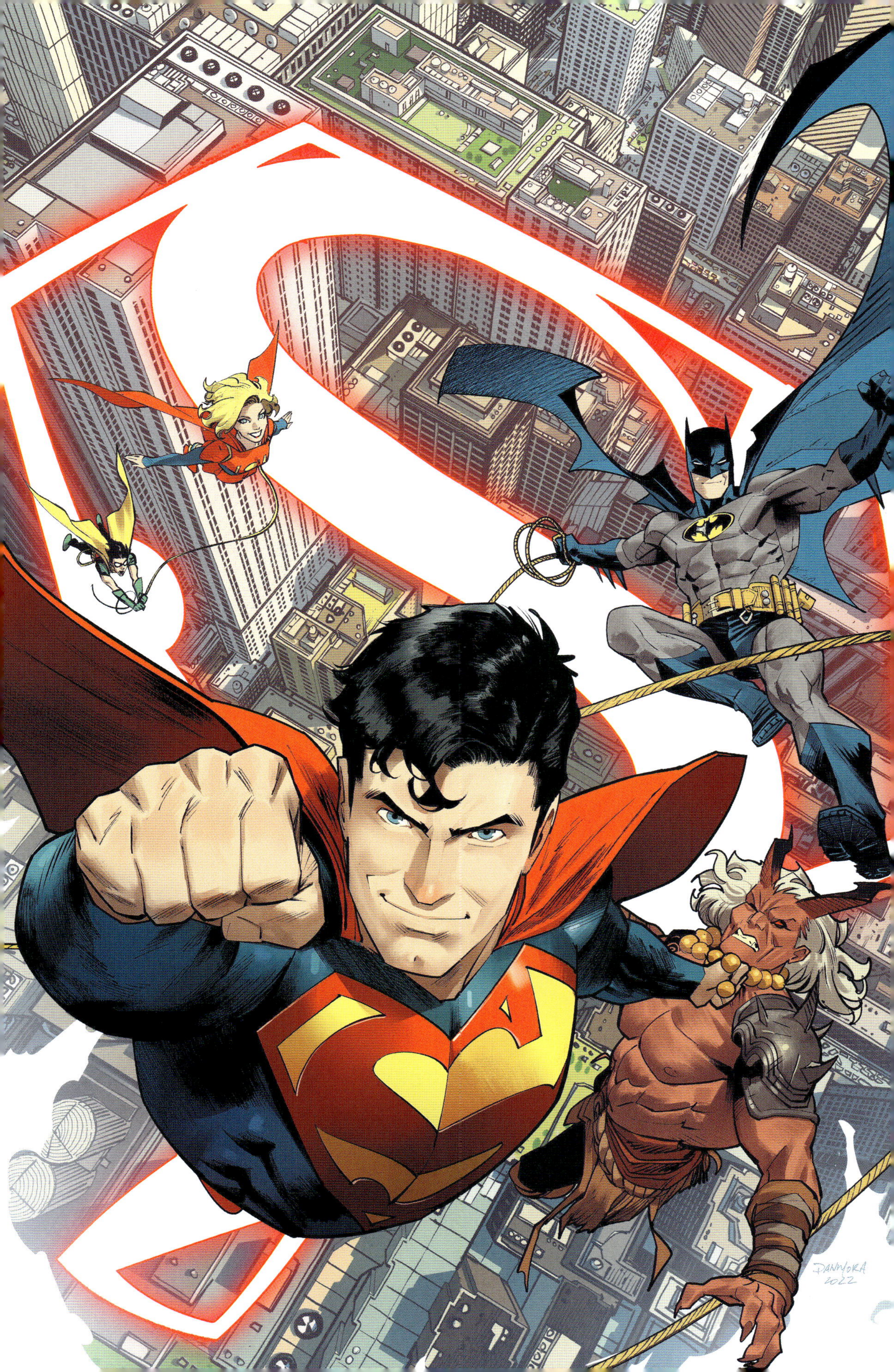

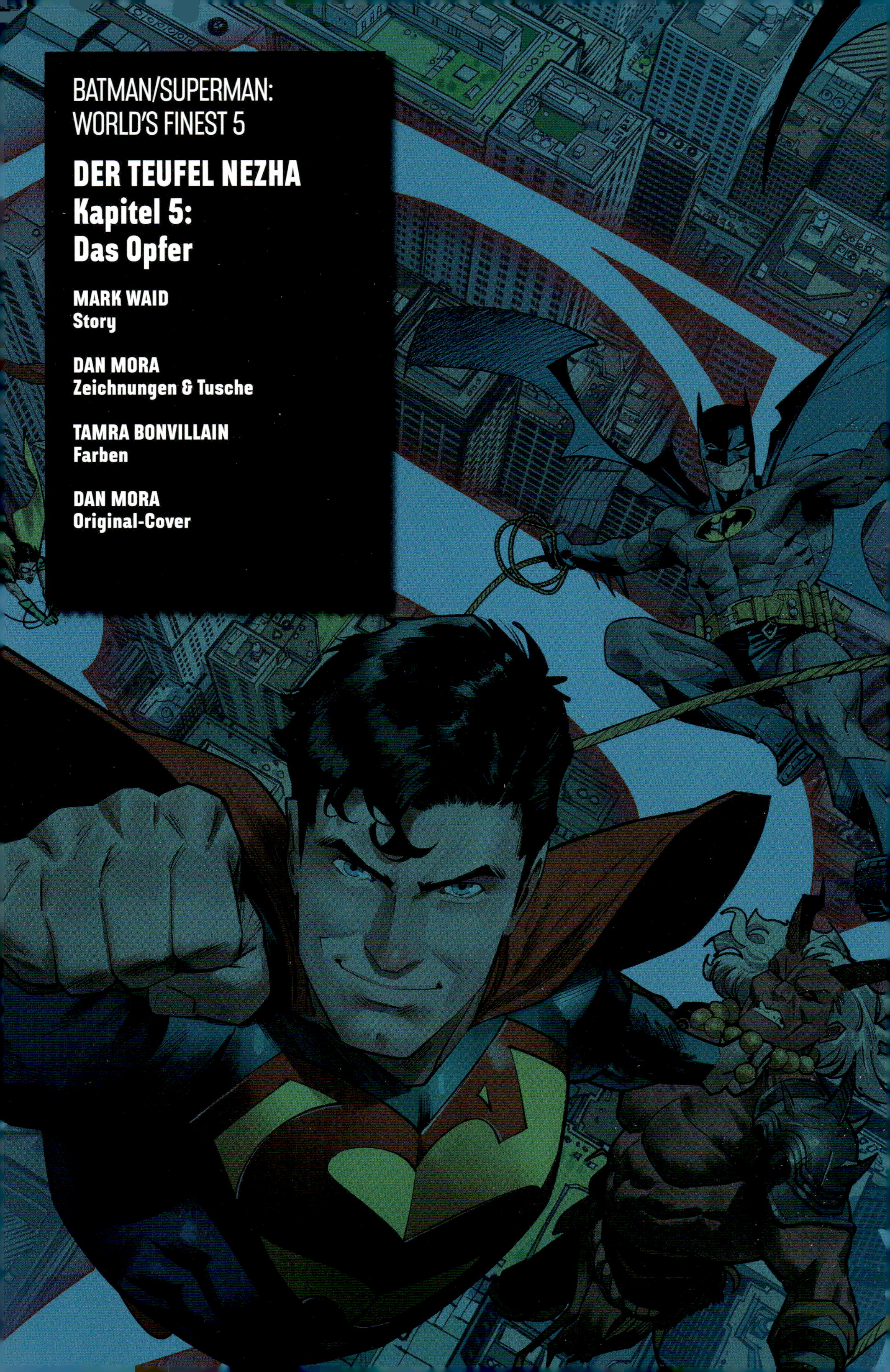

BATMAN/SUPERMAN:
WORLD'S FINEST 5

DER TEUFEL NEZHA
Kapitel 5:
Das Opfer

MARK WAID
Story

DAN MORA
Zeichnungen & Tusche

TAMRA BONVILLAIN
Farben

DAN MORA
Original-Cover

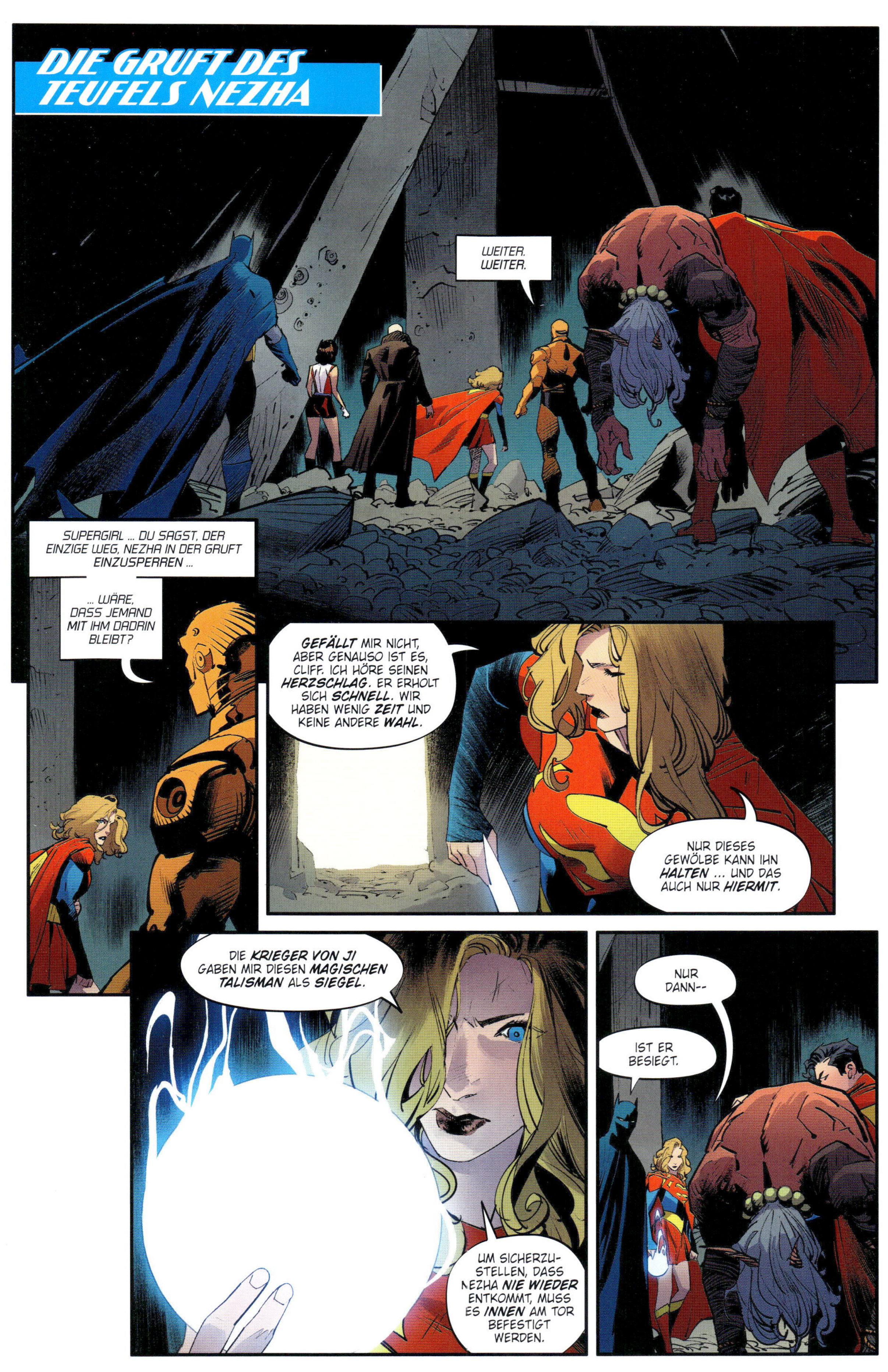
DIE GRUFT DES TEUFELS NEZHA
WEITER. WEITER.
SUPERGIRL ... DU SAGST, DER EINZIGE WEG, NEZHA IN DER GRUFT EINZUSPERREN ...
... WÄRE, DASS JEMAND MIT IHM DADRIN BLEIBT?
GEFÄLLT MIR NICHT, ABER GENAUSO IST ES, CLIFF. ICH HÖRE SEINEN HERZSCHLAG. ER ERHOLT SICH SCHNELL. WIR HABEN WENIG ZEIT UND KEINE ANDERE WAHL.
NUR DIESES GEWÖLBE KANN IHN HALTEN ... UND DAS AUCH NUR HIERMIT.
DIE KRIEGER VON JI GABEN MIR DIESEN MAGISCHEN TALISMAN ALS SIEGEL.
UM SICHERZU-STELLEN, DASS NEZHA NIE WIEDER ENTKOMMT, MUSS ES INNEN AM TOR BEFESTIGT WERDEN.
NUR DANN--
IST ER BESIEGT.

NUN ... WER WILL DIE WELT RETTEN UND DIE EWIGKEIT MIT SATAN VERBRINGEN?
ÜBERLASST DAS MIR. WENN ES KEINEN ANDEREN WEG GIBT, TU ICH'S.

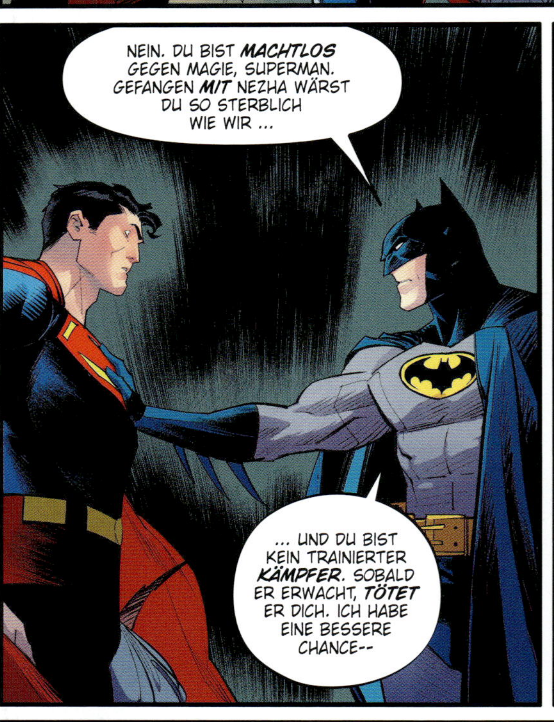

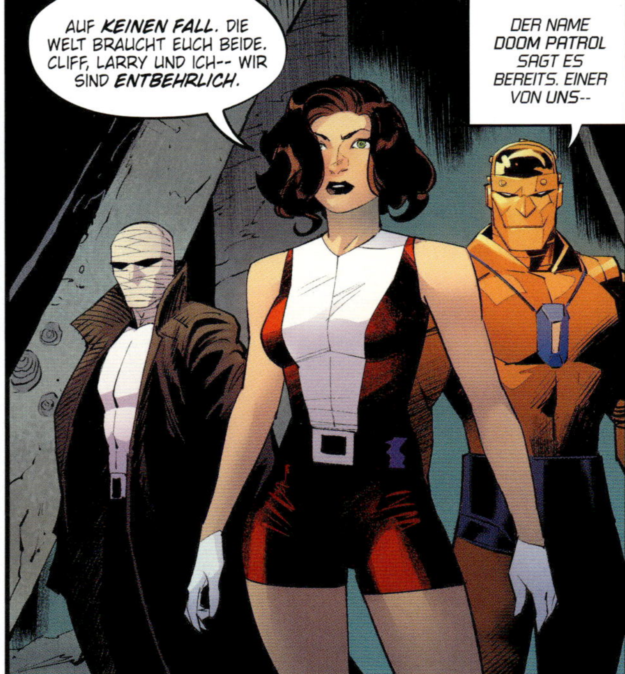

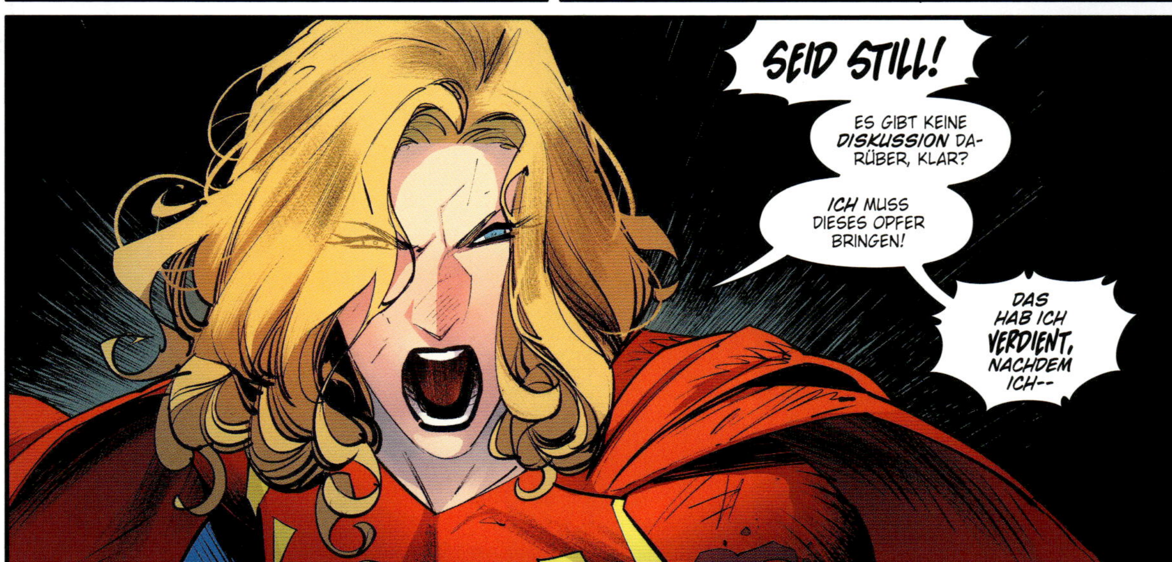

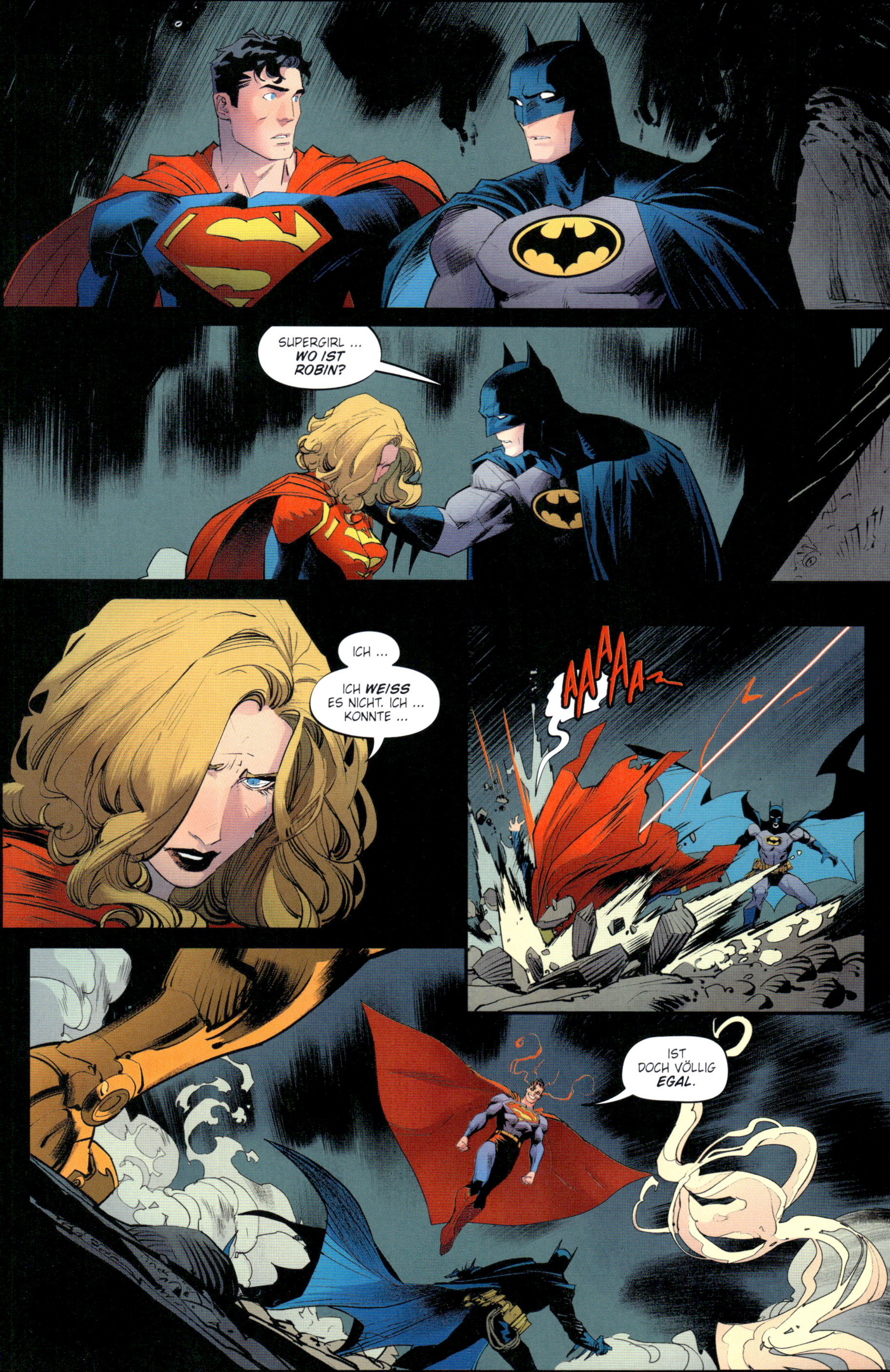
SUPERGIRL ... **WO IST ROBIN?**
ICH ...
ICH **WEISS** ES NICHT. ICH ... KONNTE ...
AAAAA
IST DOCH VÖLLIG **EGAL**.

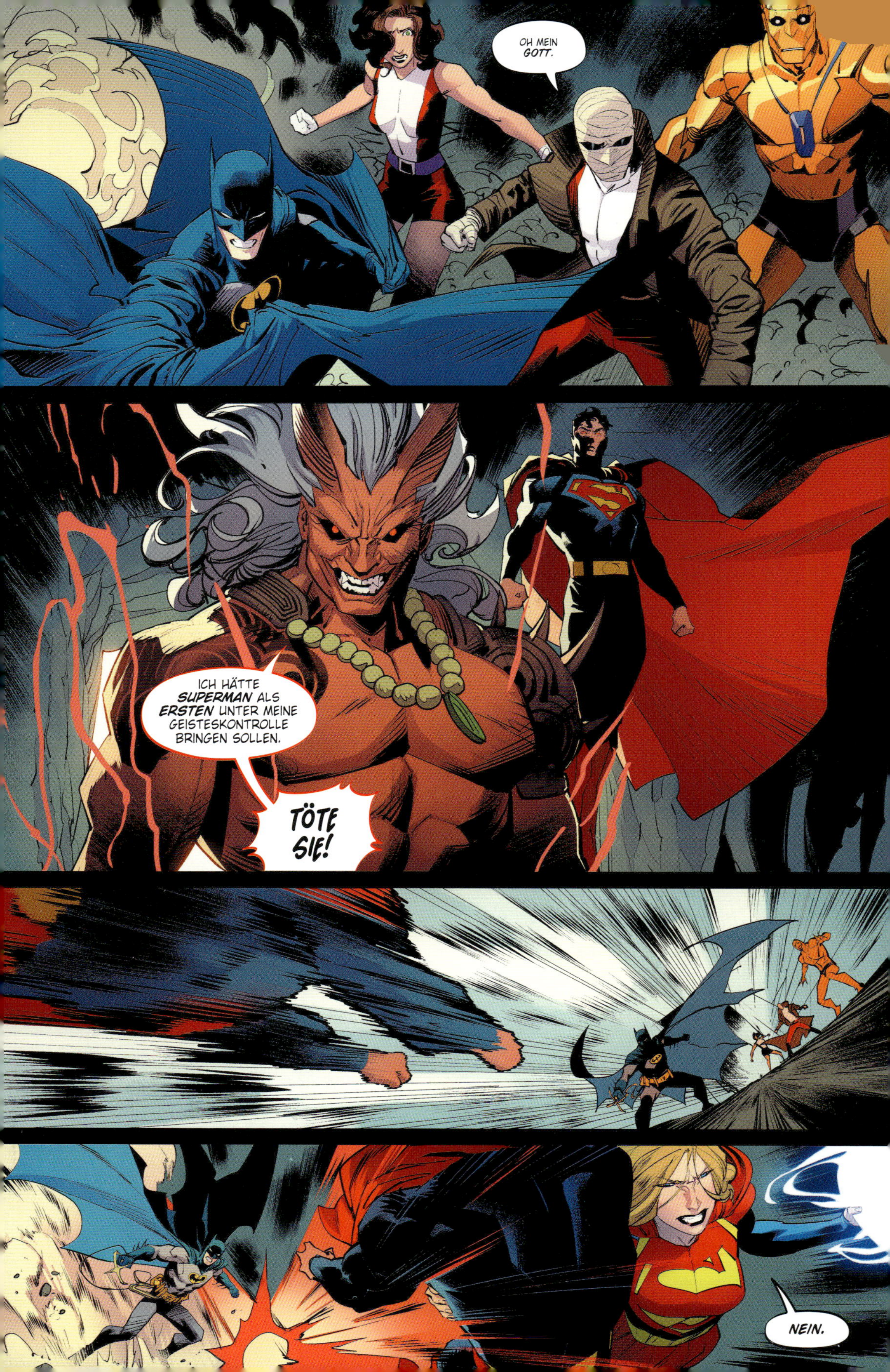
OH MEIN GOTT.
ICH HÄTTE SUPERMAN ALS ERSTEN UNTER MEINE GEISTESKONTROLLE BRINGEN SOLLEN.
TÖTE SIE!
NEIN.

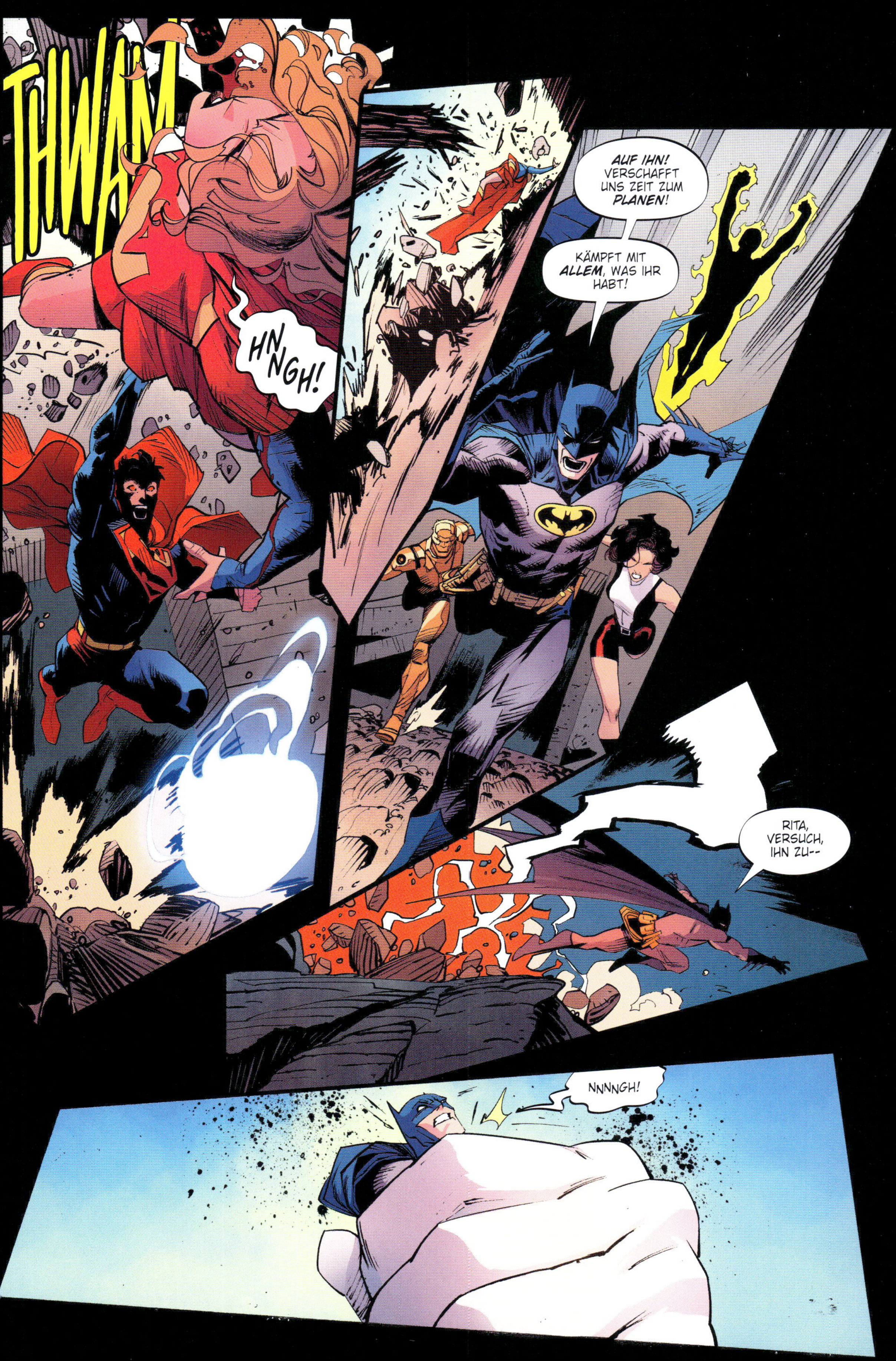
THWAM
HNNGH!
AUF IHN! VERSCHAFFT UNS ZEIT ZUM PLANEN!
KÄMPFT MIT ALLEM, WAS IHR HABT!
RITA, VERSUCH, IHN ZU--
NNNNGH!

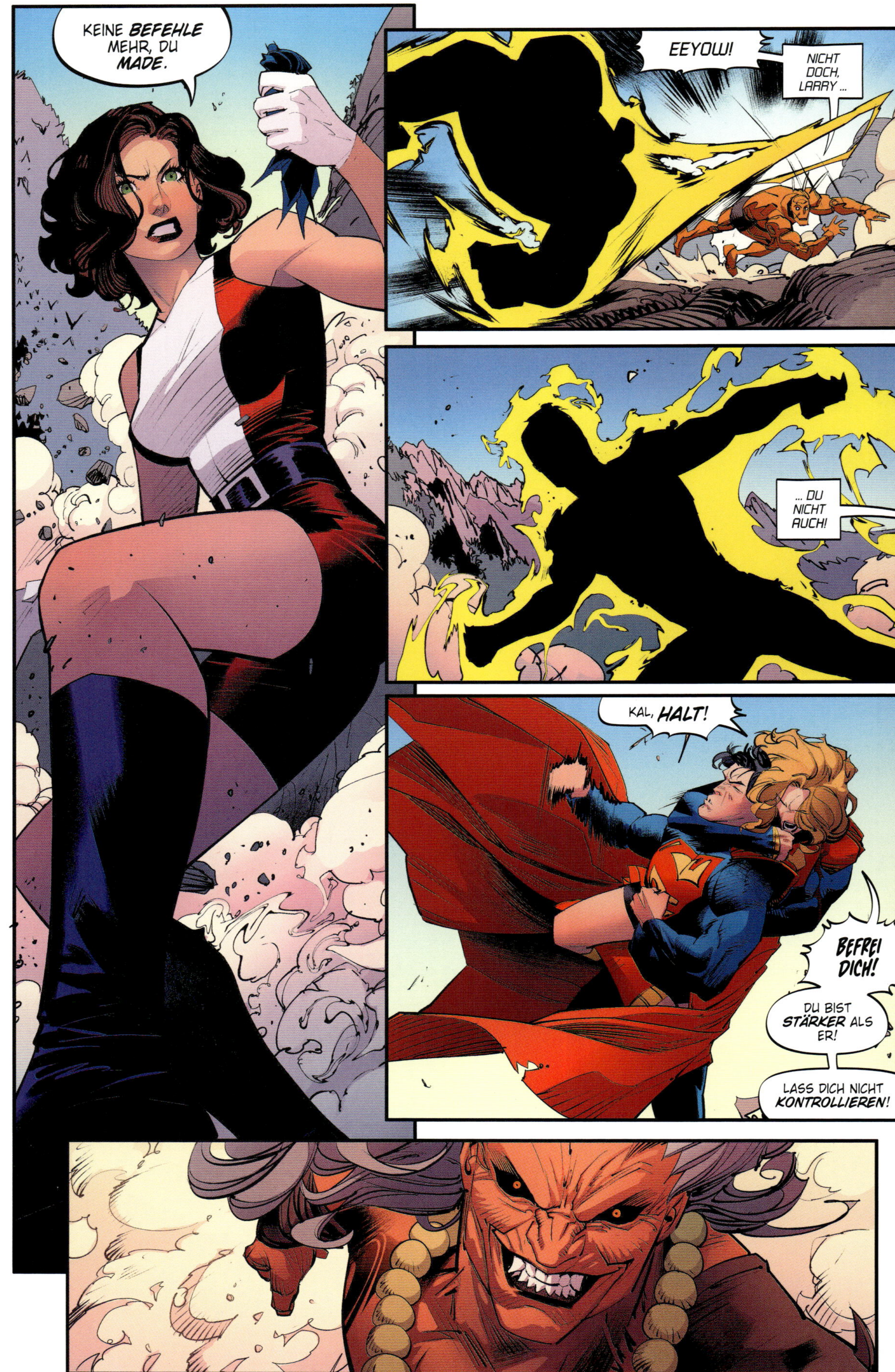
KEINE BEFEHLE MEHR, DU MADE.
EEYOW!
NICHT DOCH, LARRY ...
... DU NICHT AUCH!
KAL, HALT!
BEFREI DICH!
DU BIST STÄRKER ALS ER!
LASS DICH NICHT KONTROLLIEREN!

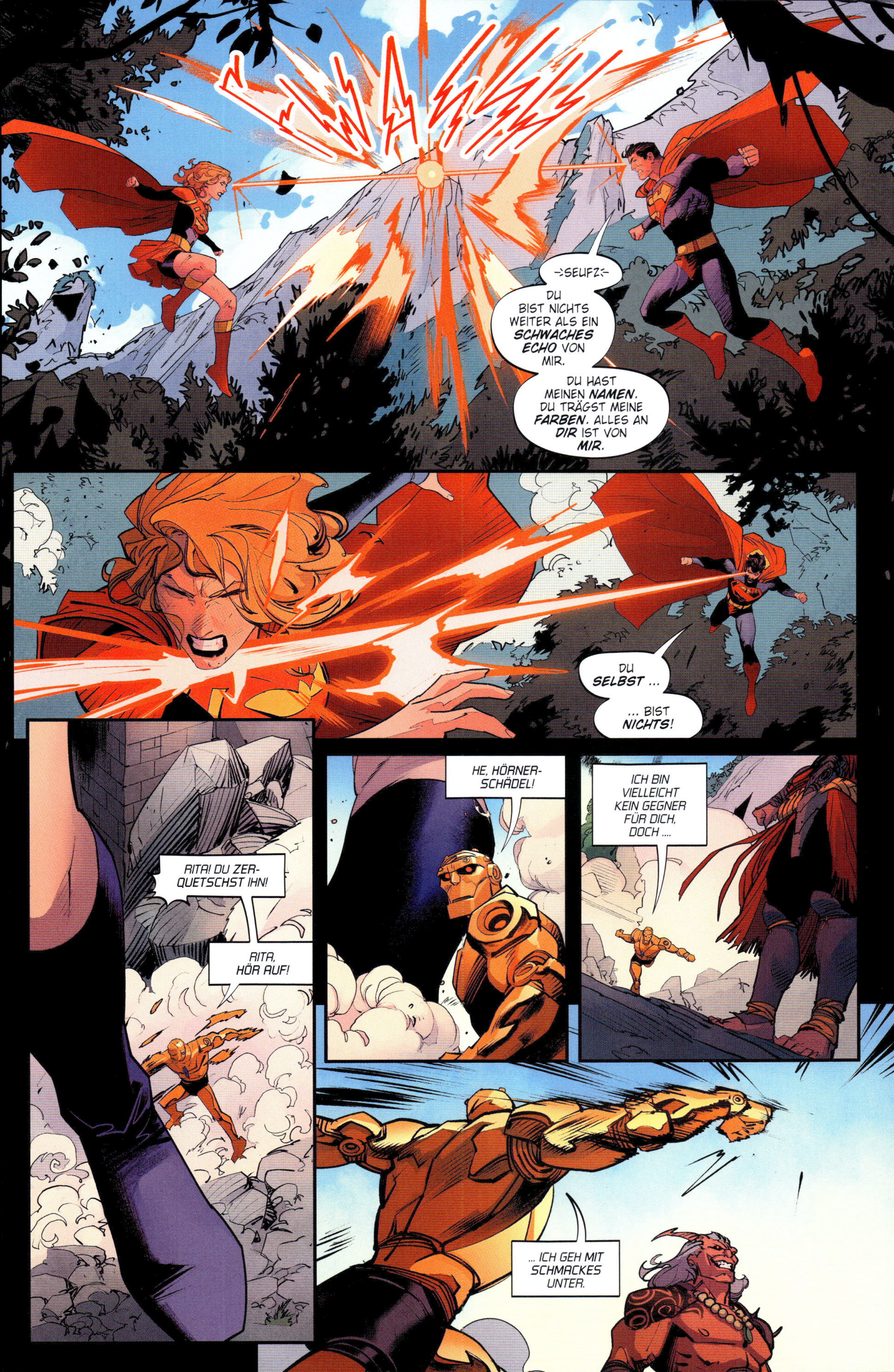
-SEUFZ-
DU BIST NICHTS WEITER ALS EIN SCHWACHES ECHO VON MIR.
DU HAST MEINEN NAMEN. DU TRÄGST MEINE FARBEN. ALLES AN DIR IST VON MIR.
DU SELBST ...
... BIST NICHTS!
RITA! DU ZERQUETSCHST IHN!
RITA, HÖR AUF!
HE, HÖRNERSCHÄDEL!
ICH BIN VIELLEICHT KEIN GEGNER FÜR DICH, DOCH ....
... ICH GEH MIT SCHMACKES UNTER.

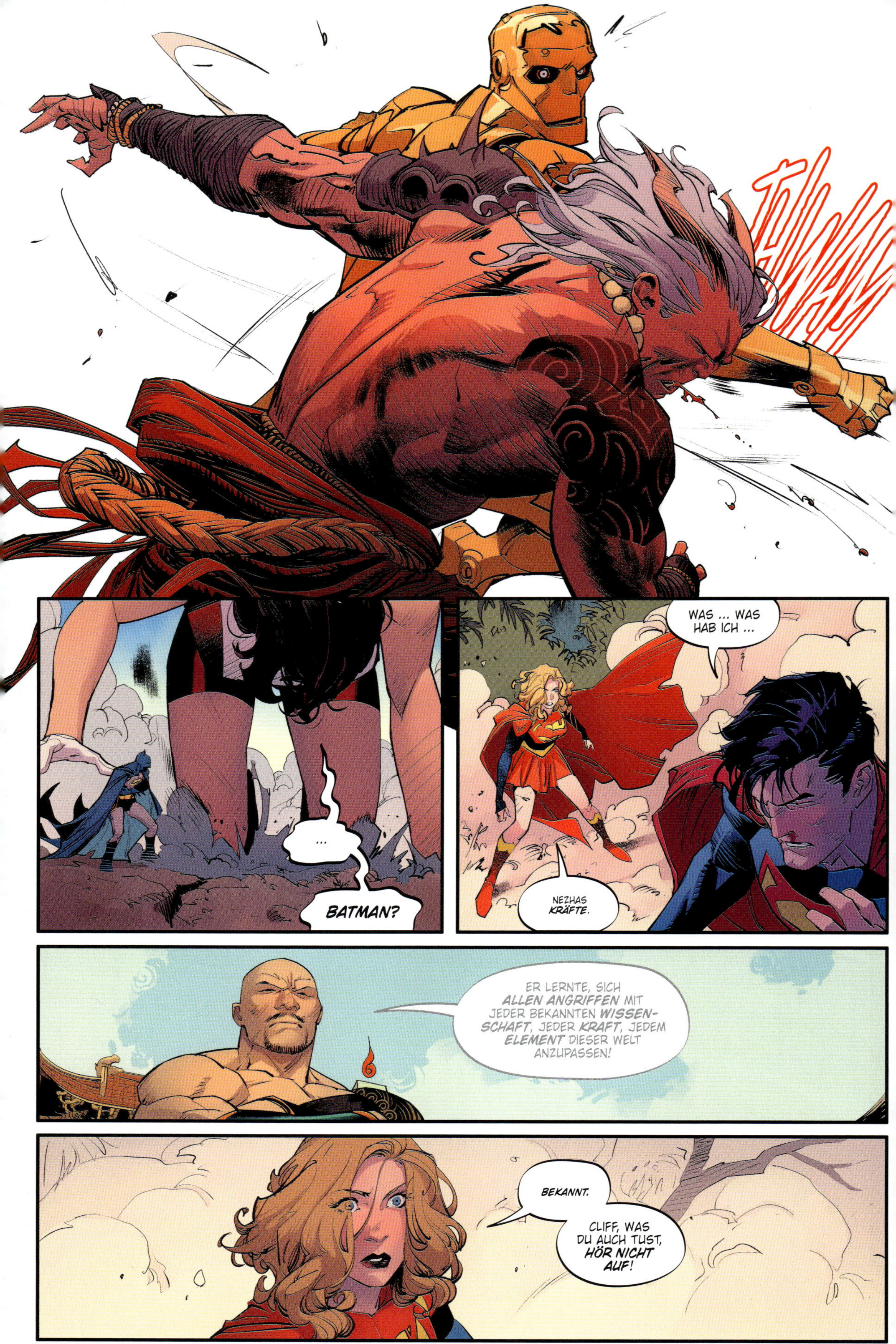

…
BATMAN?
WAS … WAS HAB ICH …
NEZHAS KRÄFTE.
ER LERNTE, SICH ALLEN ANGRIFFEN MIT JEDER BEKANNTEN WISSEN-SCHAFT, JEDER KRAFT, JEDEM ELEMENT DIESER WELT ANZUPASSEN!
BEKANNT.
CLIFF, WAS DU AUCH TUST, HÖR NICHT AUF!

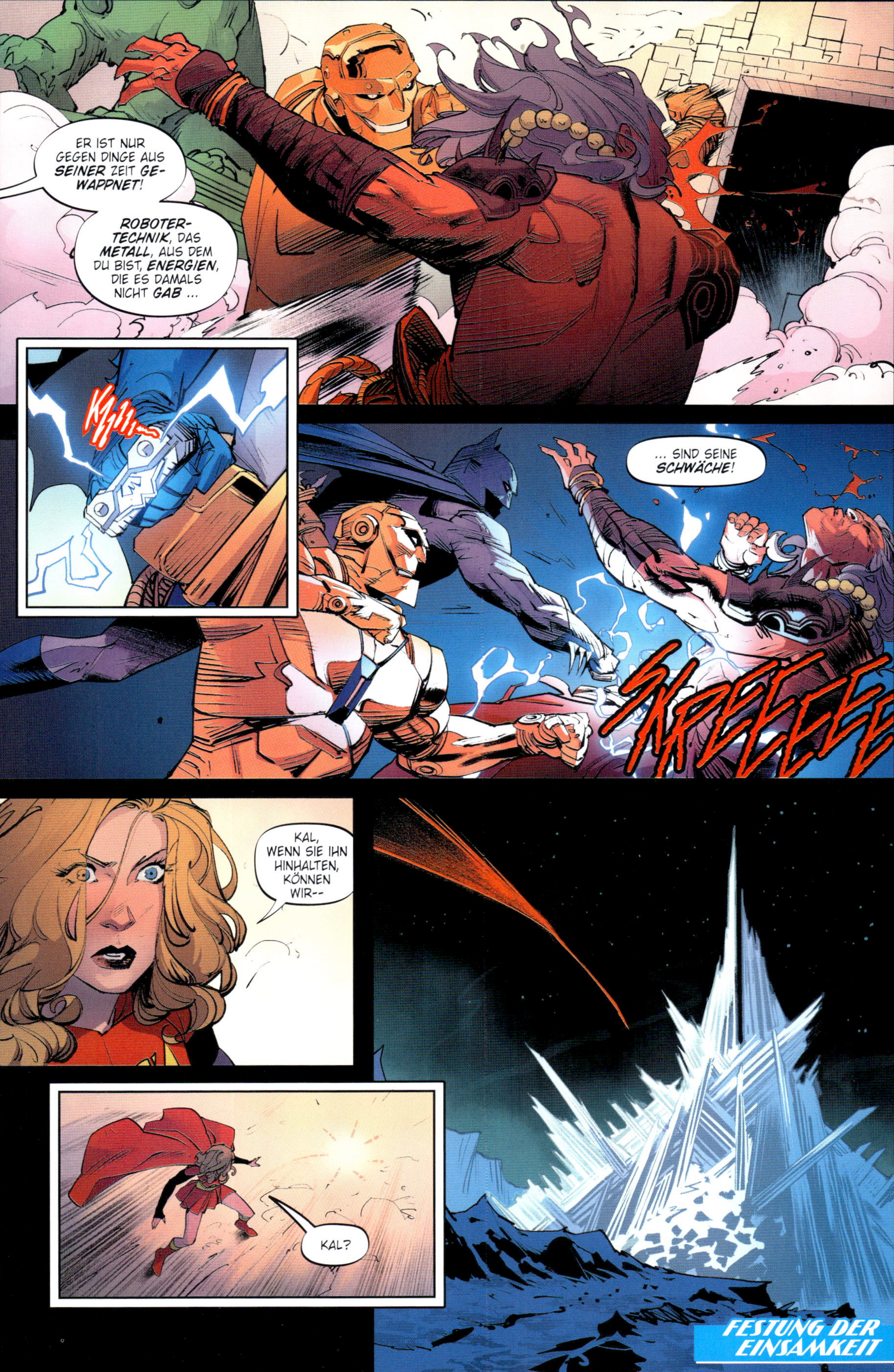
ER IST NUR GEGEN DINGE AUS SEINER ZEIT GEWAPPNET!
ROBOTERTECHNIK, DAS METALL, AUS DEM DU BIST, ENERGIEN, DIE ES DAMALS NICHT GAB ...
KZZZT
... SIND SEINE SCHWÄCHE!
SKREEEEE
KAL, WENN SIE IHN HINHALTEN, KÖNNEN WIR--
KAL?
FESTUNG DER EINSAMKEIT

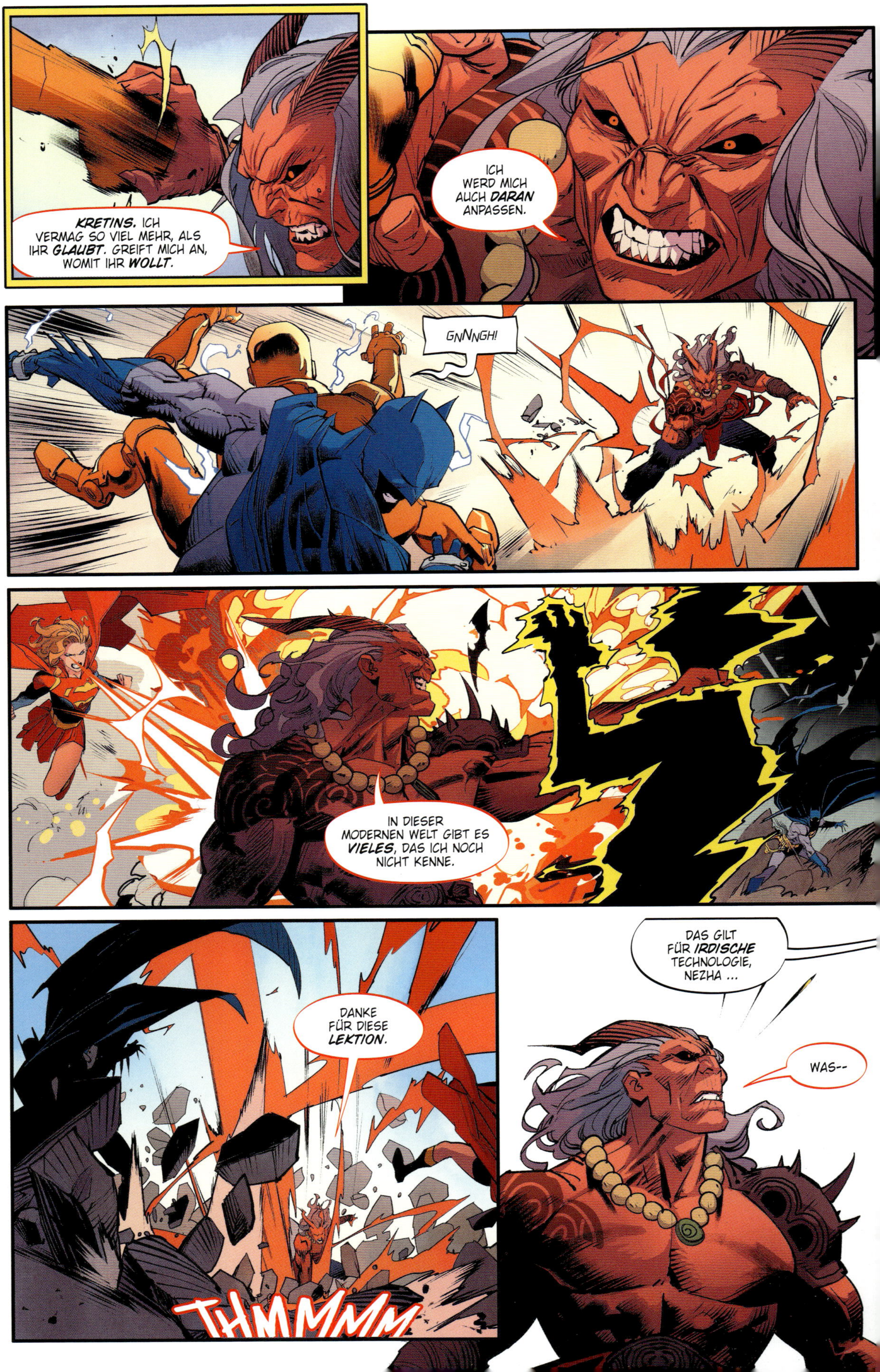

KRETINS. ICH VERMAG SO VIEL MEHR, ALS IHR **GLAUBT**. GREIFT MICH AN, WOMIT IHR **WOLLT**.

ICH WERD MICH AUCH **DARAN** ANPASSEN.

GNNNGH!

IN DIESER MODERNEN WELT GIBT ES **VIELES**, DAS ICH NOCH NICHT KENNE.

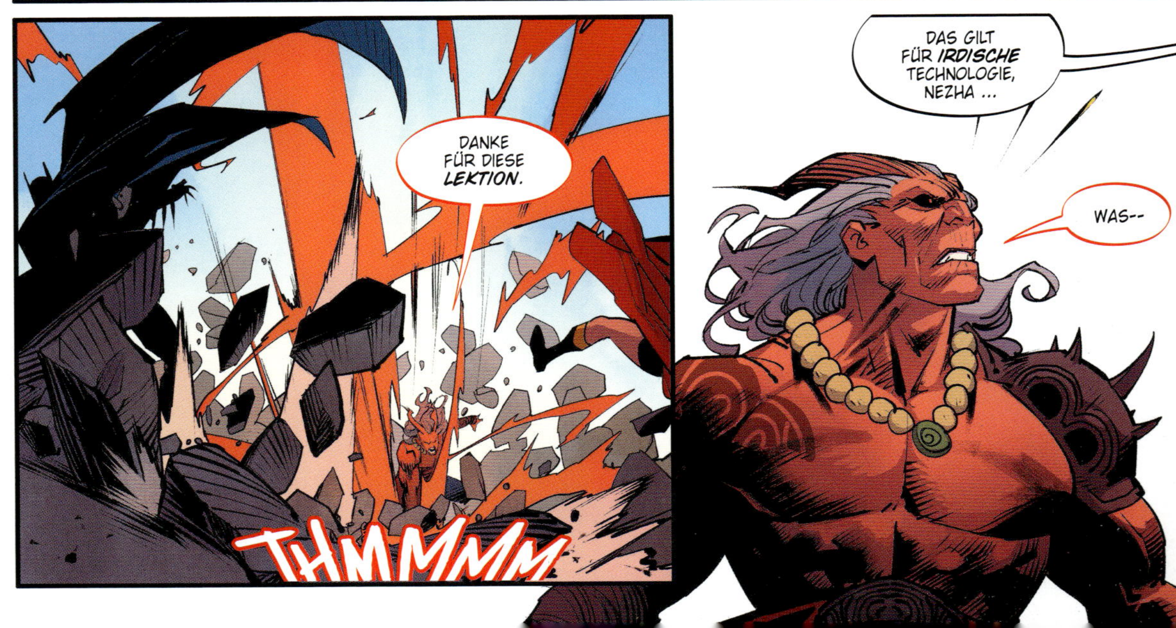

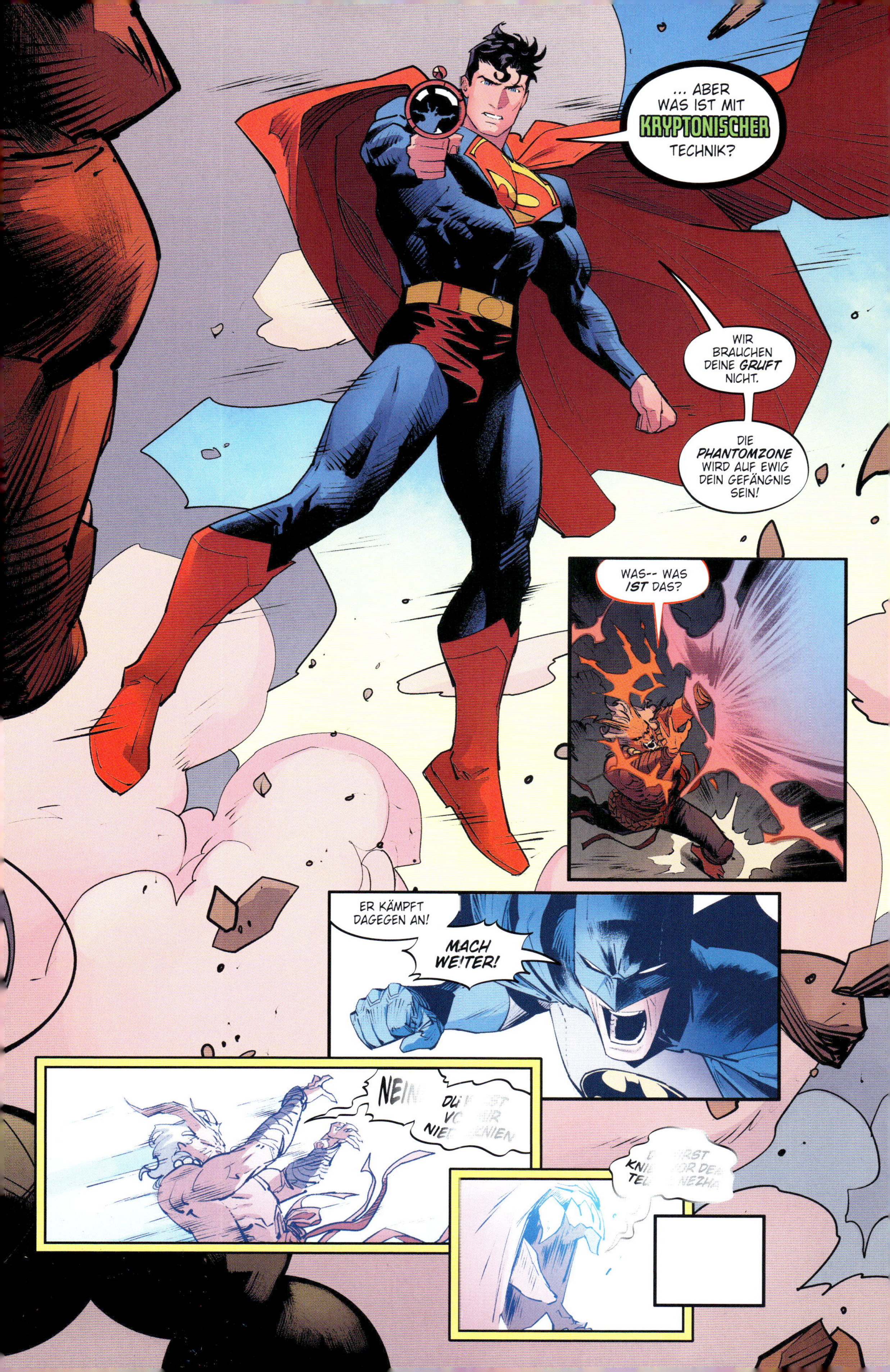
... ABER WAS IST MIT KRYPTONISCHER TECHNIK?
WIR BRAUCHEN DEINE GRUFT NICHT.
DIE PHANTOMZONE WIRD AUF EWIG DEIN GEFÄNGNIS SEIN!
WAS-- WAS IST DAS?
ER KÄMPFT DAGEGEN AN!
MACH WEITER!
NEIN

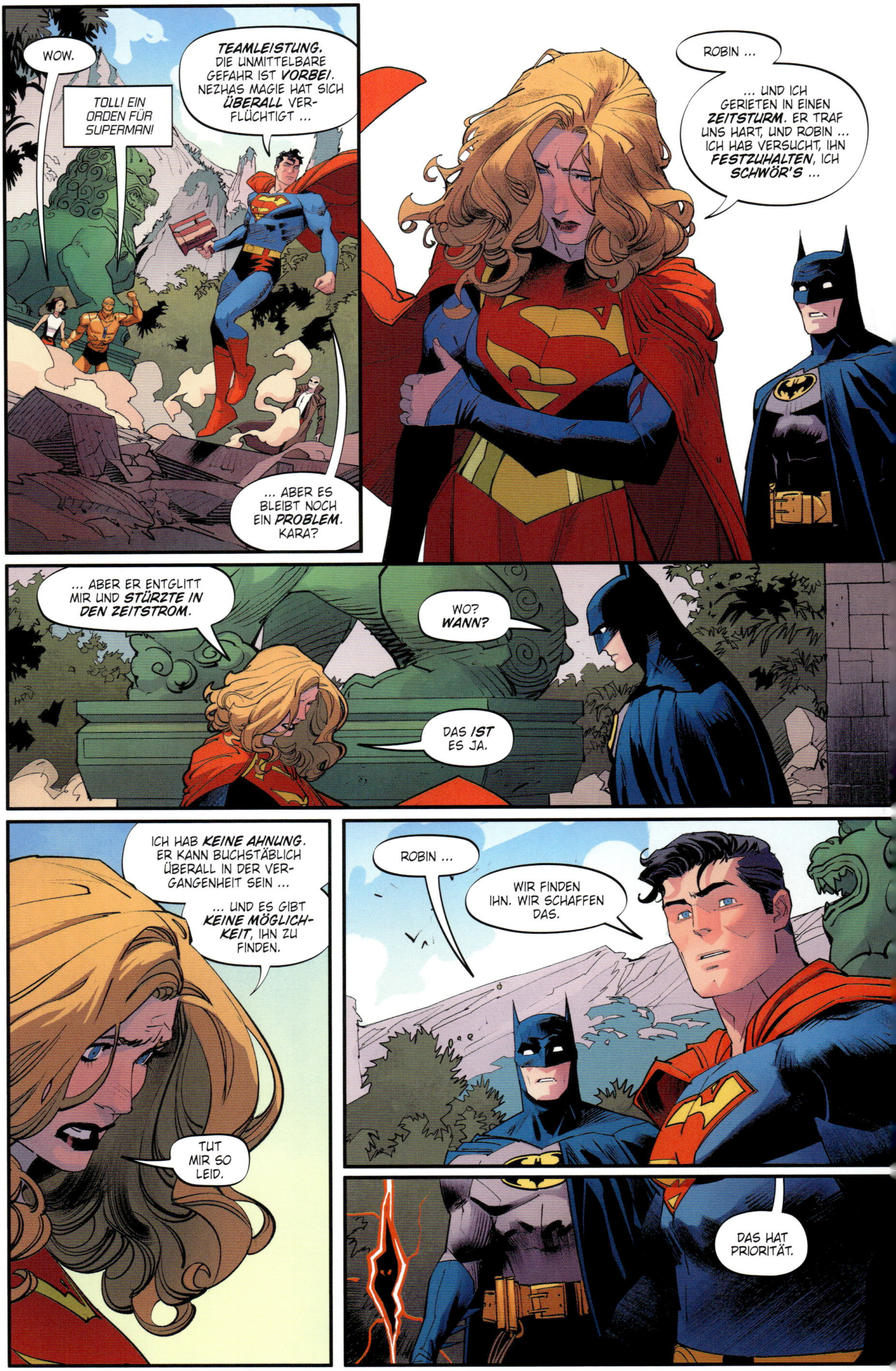

WOW.
TOLL! EIN ORDEN FÜR SUPERMAN!
TEAMLEISTUNG. DIE UNMITTELBARE GEFAHR IST **VORBEI**. NEZHAS MAGIE HAT SICH **ÜBERALL** VERFLÜCHTIGT ...
... ABER ES BLEIBT NOCH EIN **PROBLEM**. KARA?

ROBIN ...
... UND ICH GERIETEN IN EINEN **ZEITSTURM**. ER TRAF UNS HART, UND ROBIN ... ICH HAB VERSUCHT, IHN **FESTZUHALTEN**, ICH **SCHWÖR'S** ...

... ABER ER ENTGLITT MIR UND **STÜRZTE IN DEN ZEITSTROM**.
WO? **WANN?**
DAS **IST** ES JA.

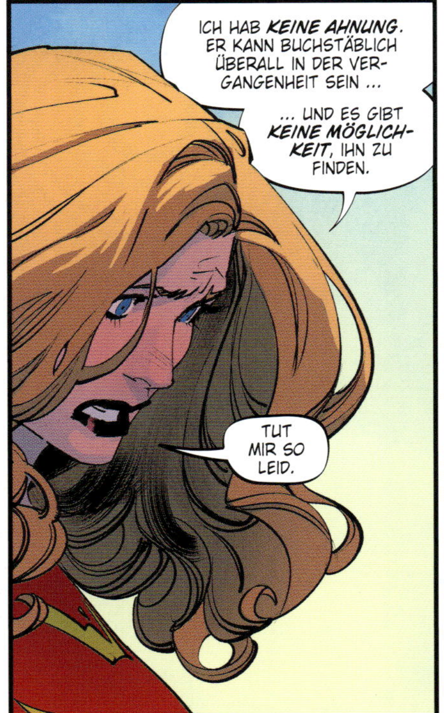

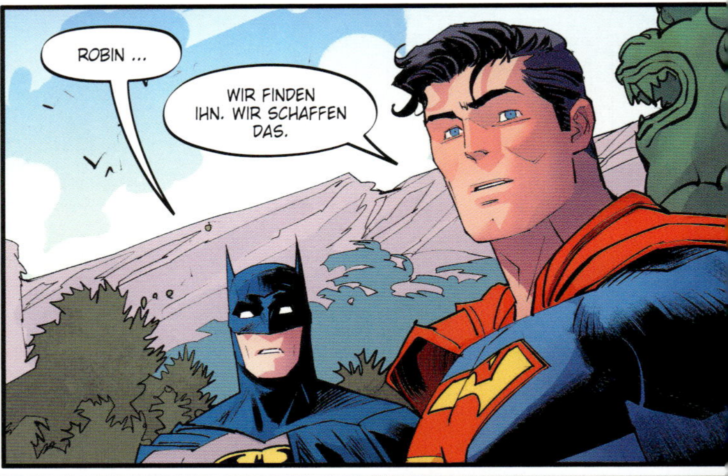

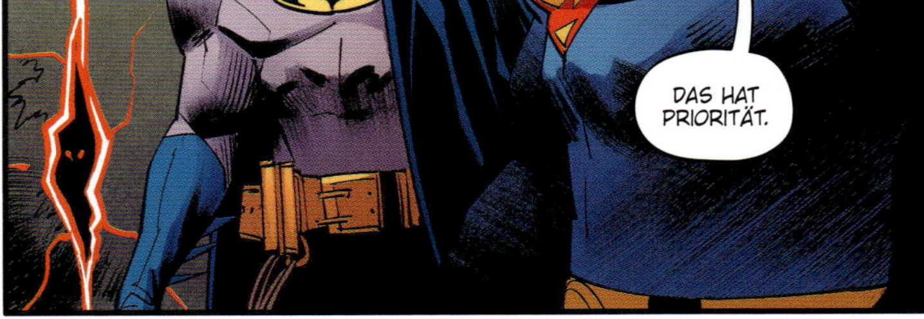

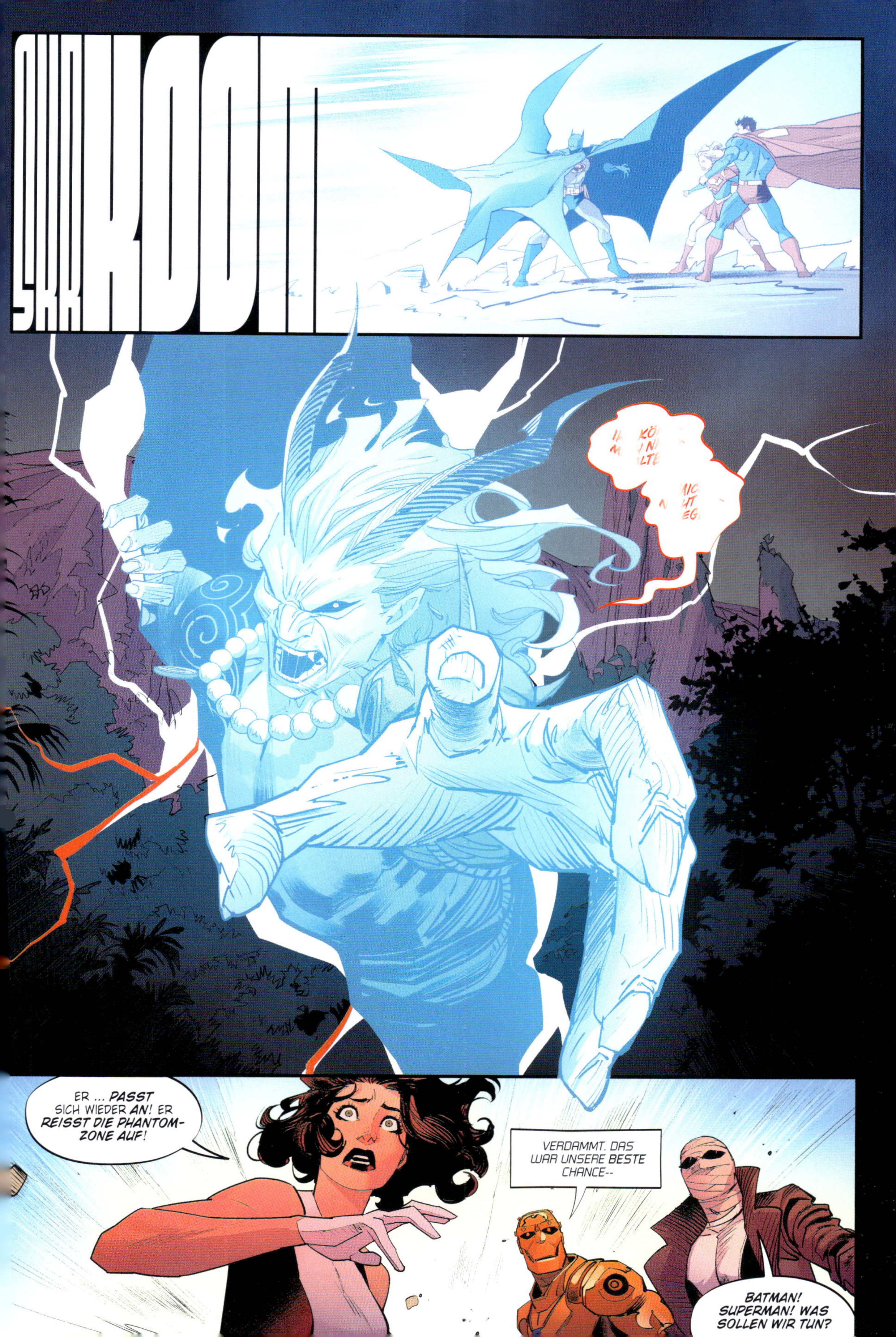
SKRKOOM
ER ... PASST SICH WIEDER AN! ER REISST DIE PHANTOM-ZONE AUF!
VERDAMMT. DAS WAR UNSERE BESTE CHANCE--
BATMAN! SUPERMAN! WAS SOLLEN WIR TUN?

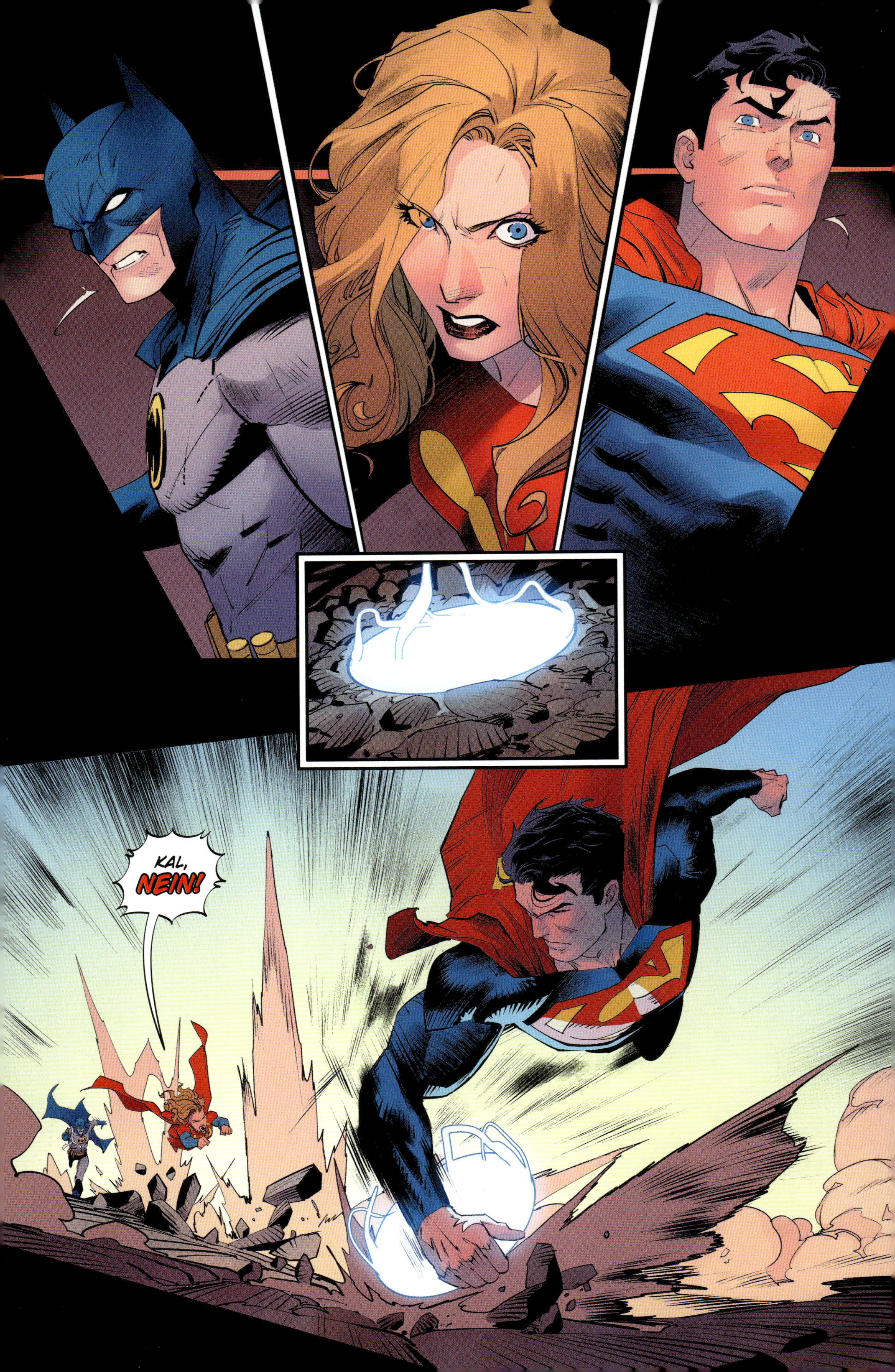
KAL, NEIN!

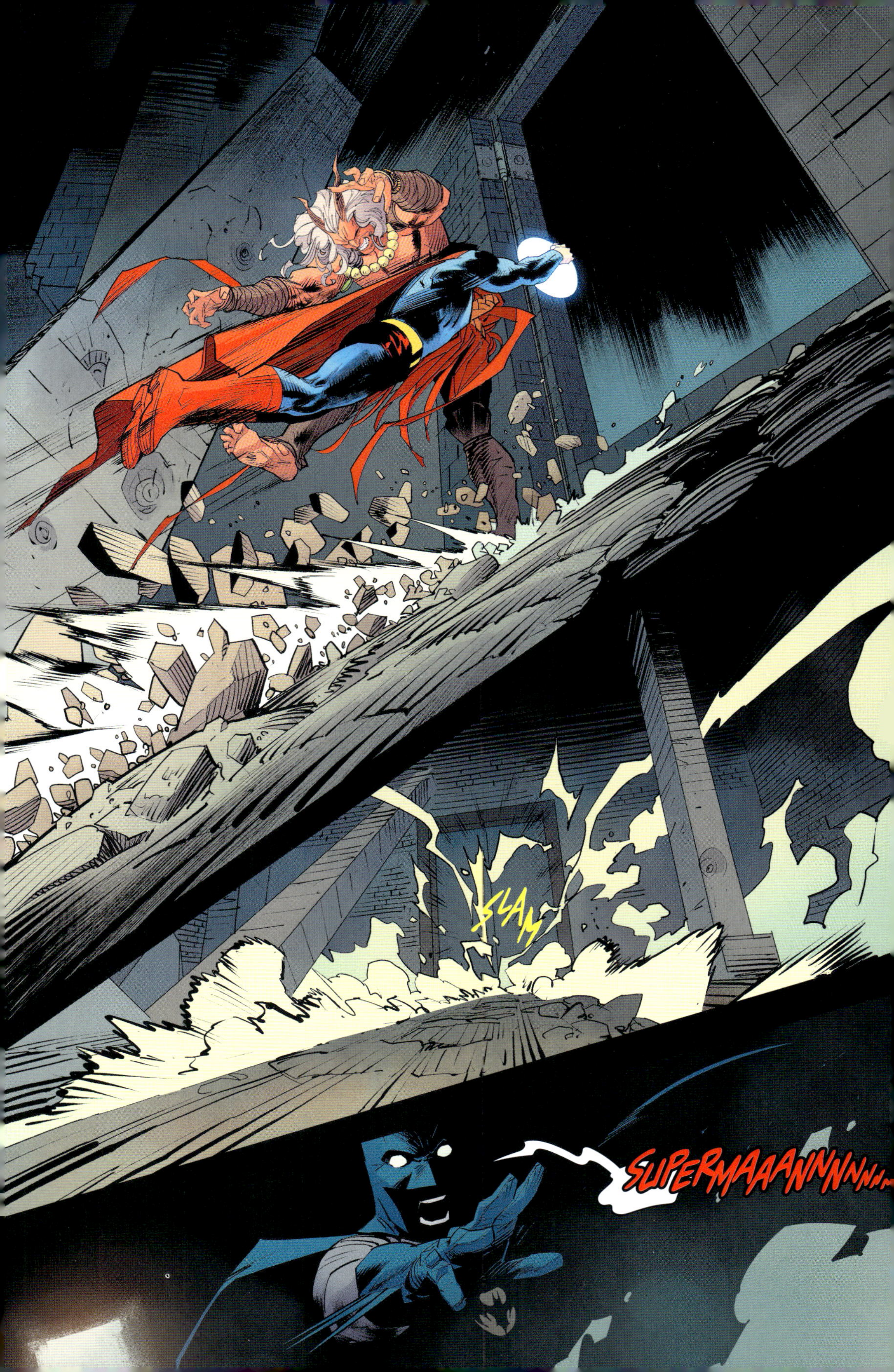
SLAM
SUPERMAAANNNNN...

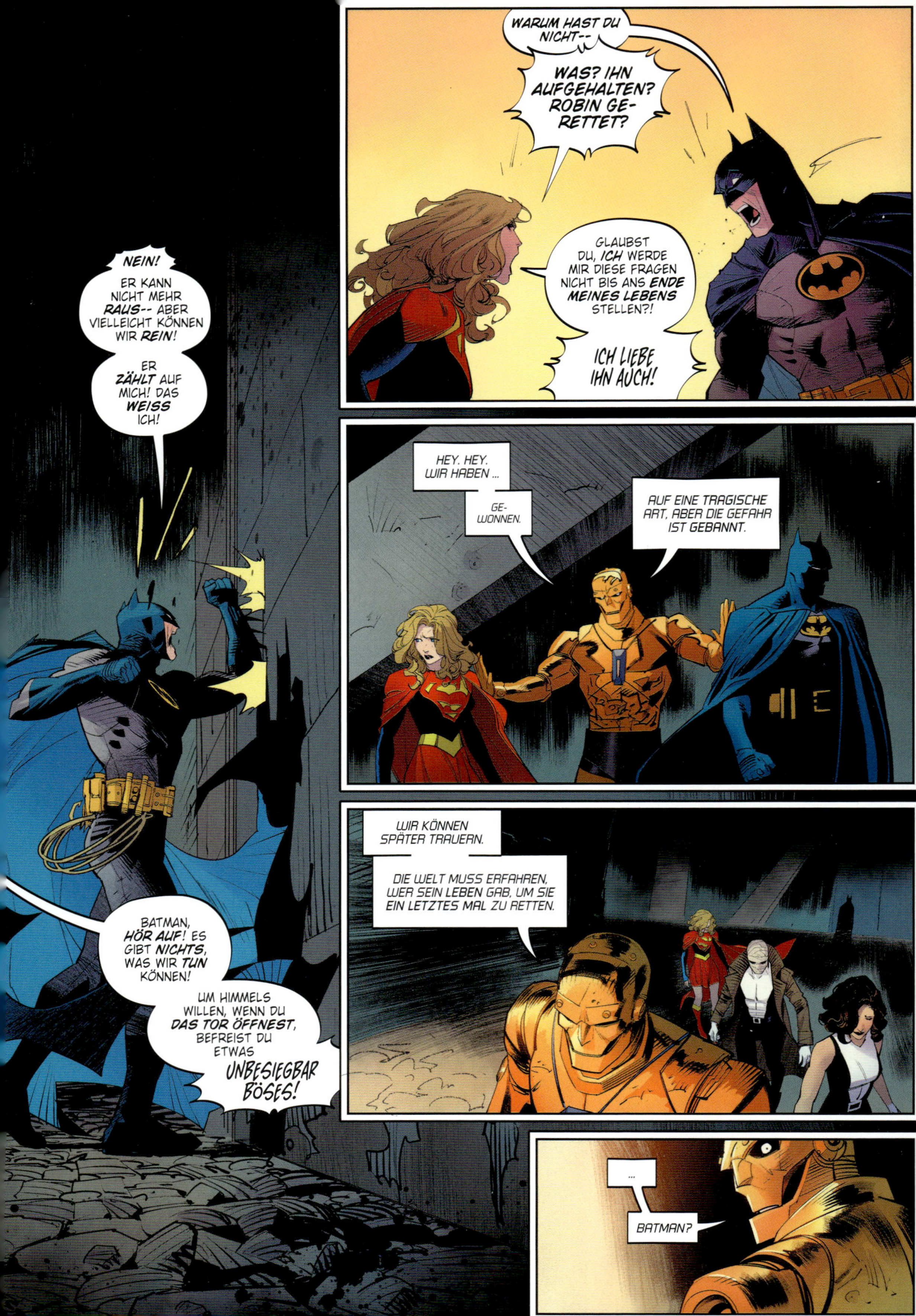

NEIN! ER KANN NICHT MEHR RAUS-- ABER VIELLEICHT KÖNNEN WIR REIN!
ER ZÄHLT AUF MICH! DAS WEISS ICH!
BATMAN, HÖR AUF! ES GIBT NICHTS, WAS WIR TUN KÖNNEN!
UM HIMMELS WILLEN, WENN DU DAS TOR ÖFFNEST, BEFREIST DU ETWAS UNBESIEGBAR BÖSES!
WARUM HAST DU NICHT--
WAS? IHN AUFGEHALTEN? ROBIN GERETTET?
GLAUBST DU, ICH WERDE MIR DIESE FRAGEN NICHT BIS ANS ENDE MEINES LEBENS STELLEN?!
ICH LIEBE IHN AUCH!
HEY. HEY. WIR HABEN ...
GEWONNEN.
AUF EINE TRAGISCHE ART, ABER DIE GEFAHR IST GEBANNT.
WIR KÖNNEN SPÄTER TRAUERN.
DIE WELT MUSS ERFAHREN, WER SEIN LEBEN GAB, UM SIE EIN LETZTES MAL ZU RETTEN.
...
BATMAN?

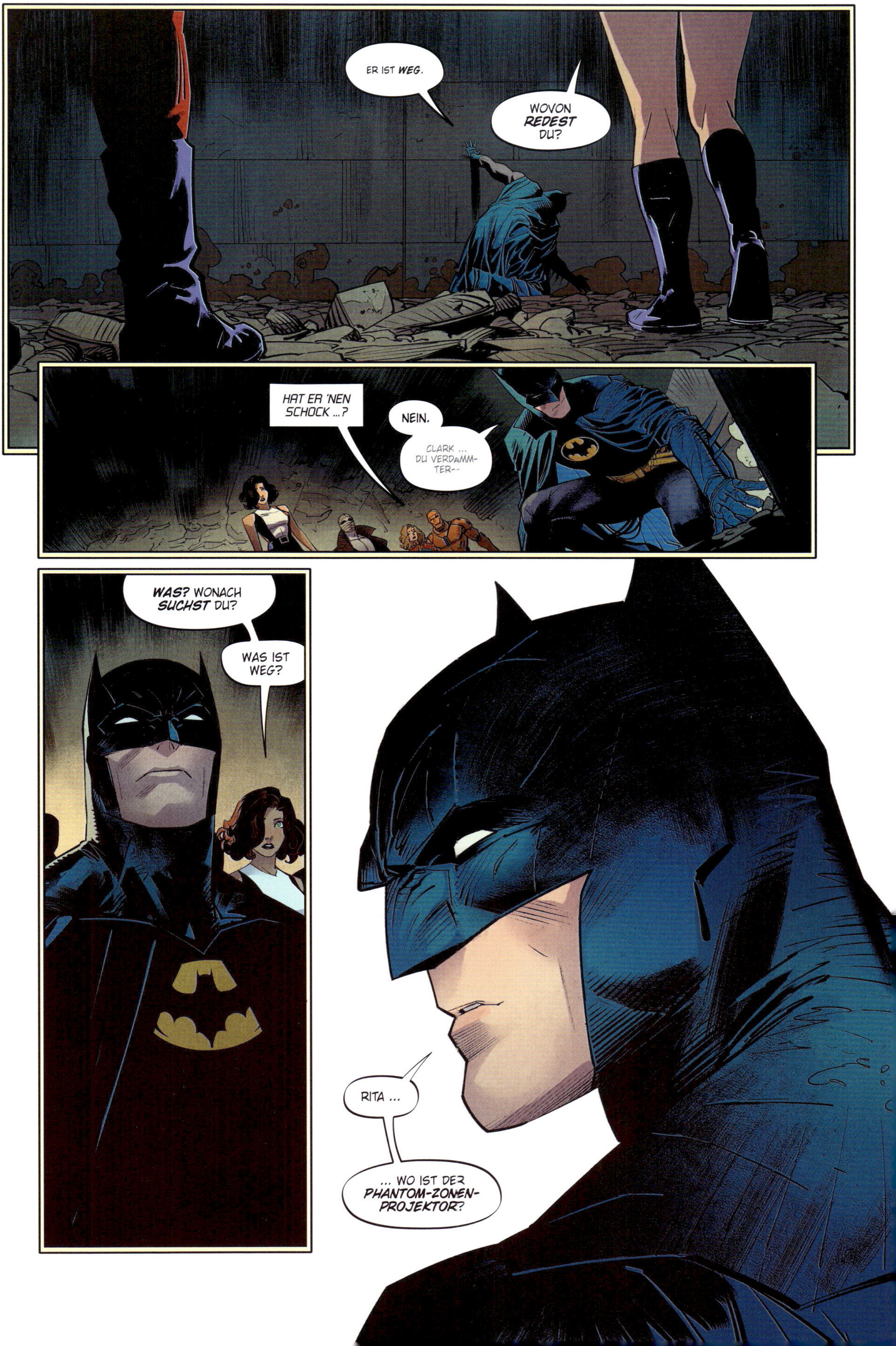

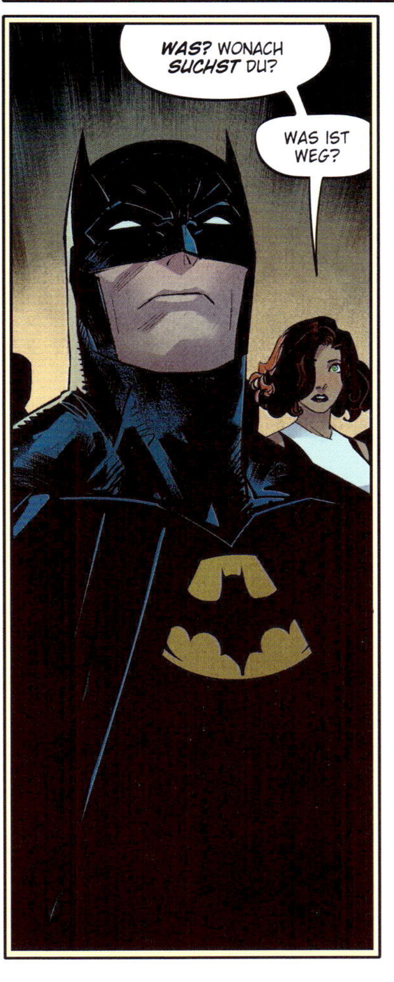
ER IST WEG.
WOVON REDEST DU?
HAT ER 'NEN SCHOCK ...?
NEIN.
CLARK ... DU VERDAMM-TER--
WAS? WONACH SUCHST DU?
WAS IST WEG?
RITA ...
... WO IST DER PHANTOM-ZONEN-PROJEKTOR?

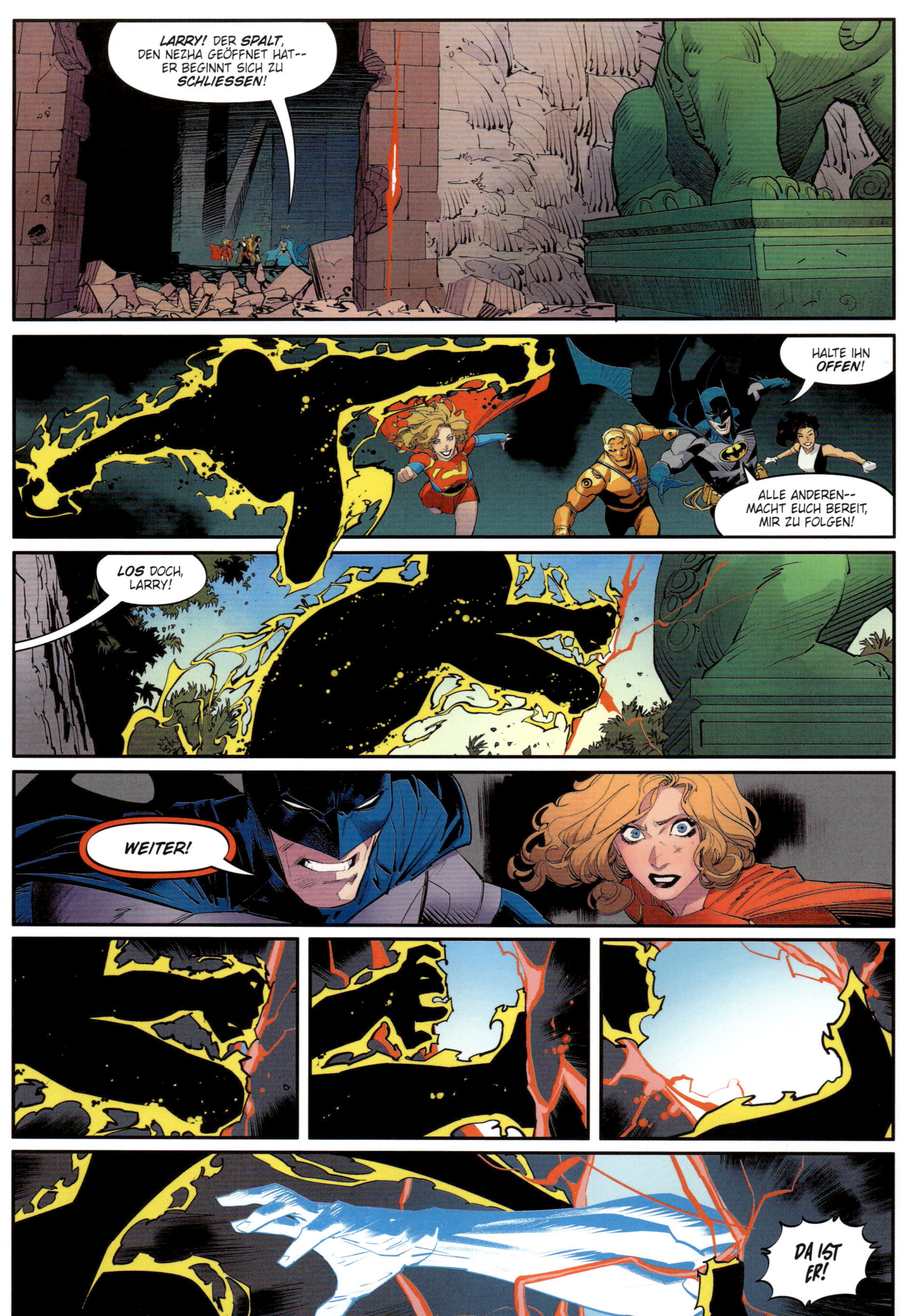
LARRY! DER SPALT, DEN NEZHA GEÖFFNET HAT-- ER BEGINNT SICH ZU SCHLIESSEN!
HALTE IHN OFFEN!
ALLE ANDEREN-- MACHT EUCH BEREIT, MIR ZU FOLGEN!
LOS DOCH, LARRY!
WEITER!
DA IST ER!

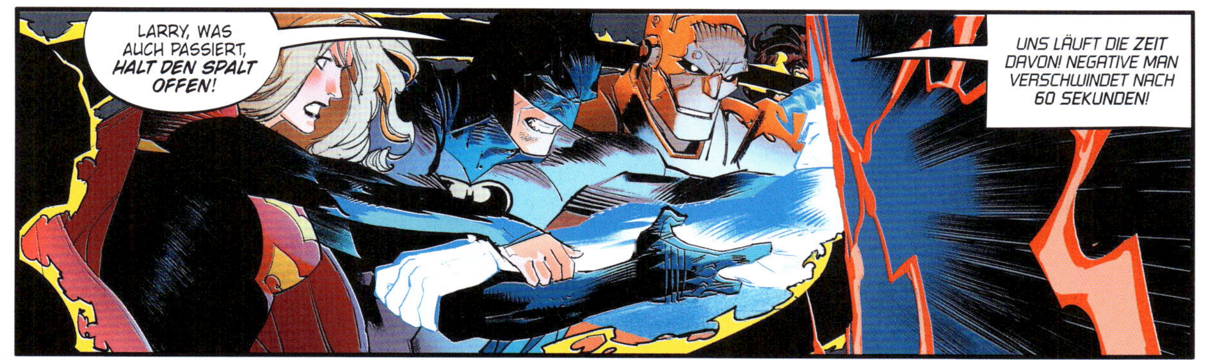
LARRY, WAS AUCH PASSIERT, HALT DEN SPALT OFFEN!
UNS LÄUFT DIE ZEIT DAVON! NEGATIVE MAN VERSCHWINDET NACH 60 SEKUNDEN!

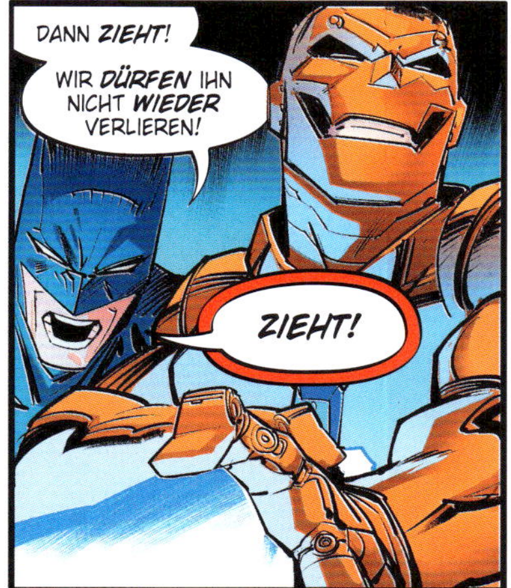
DANN ZIEHT!
WIR DÜRFEN IHN NICHT WIEDER VERLIEREN!
ZIEHT!

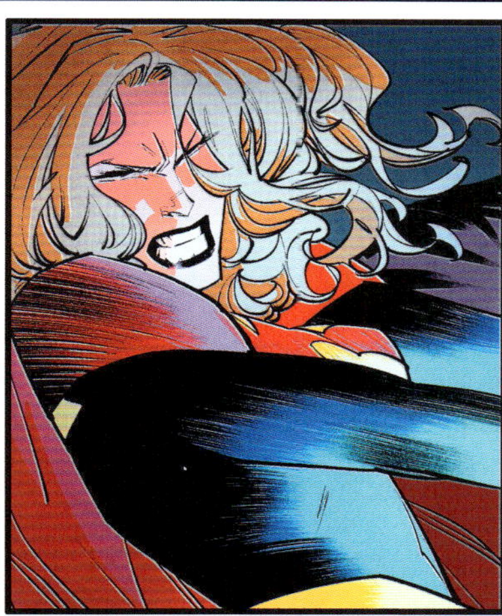

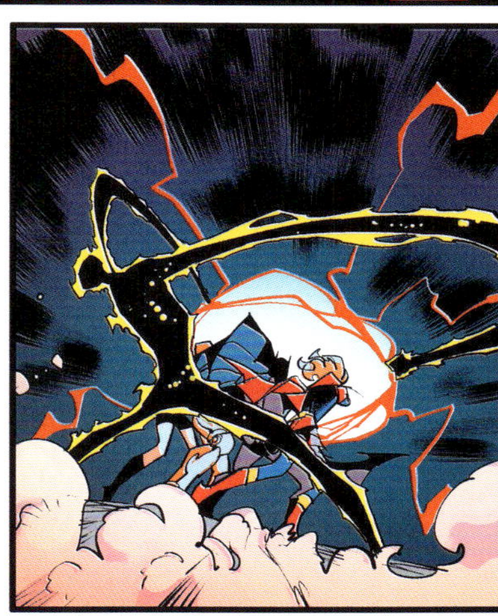

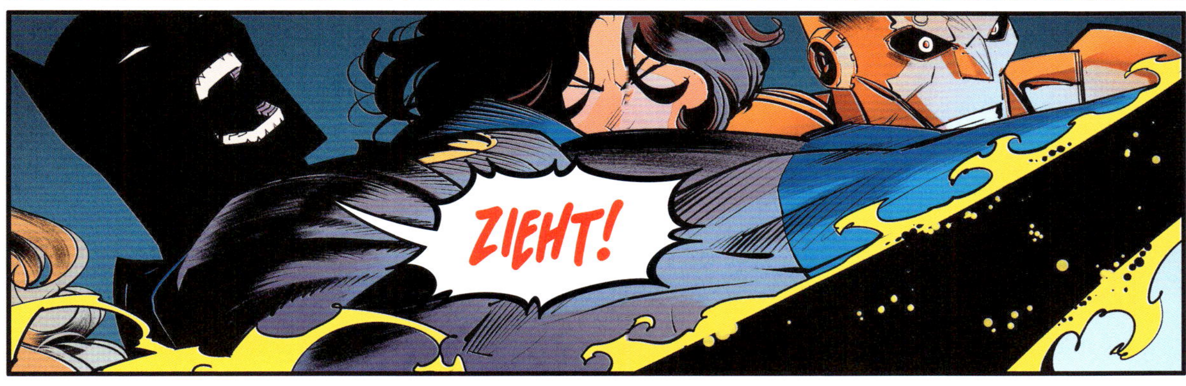
ZIEHT!

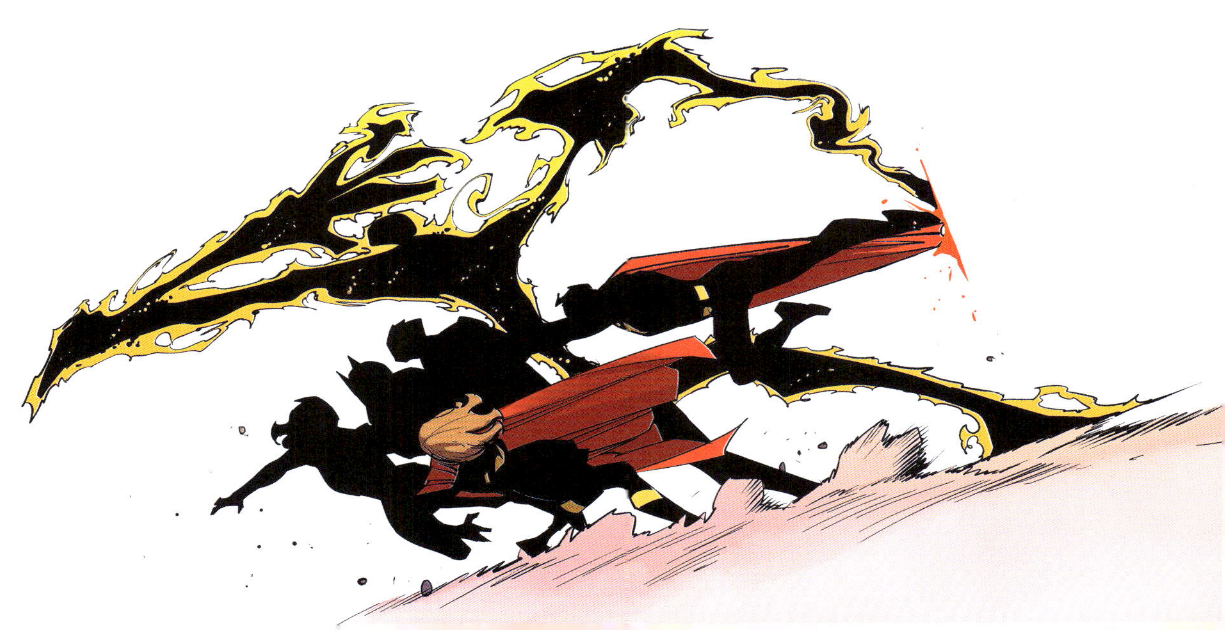

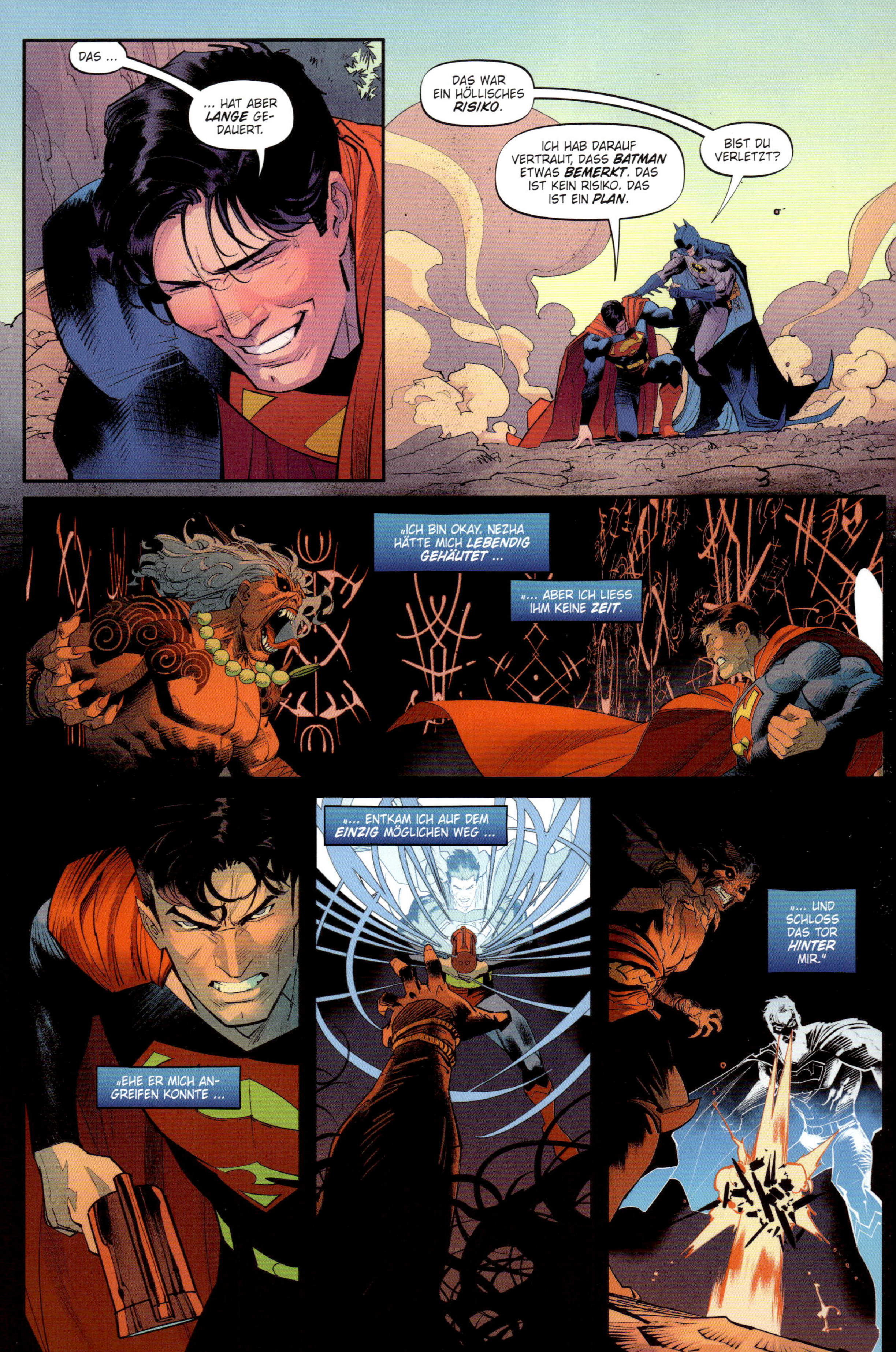
DAS ...
... HAT ABER LANGE GEDAUERT.
DAS WAR EIN HÖLLISCHES RISIKO.
BIST DU VERLETZT?
ICH HAB DARAUF VERTRAUT, DASS BATMAN ETWAS BEMERKT. DAS IST KEIN RISIKO. DAS IST EIN PLAN.
„ICH BIN OKAY. NEZHA HÄTTE MICH LEBENDIG GEHÄUTET ...
„... ABER ICH LIESS IHM KEINE ZEIT.
„EHE ER MICH ANGREIFEN KONNTE ...
„... ENTKAM ICH AUF DEM EINZIG MÖGLICHEN WEG ...
„... UND SCHLOSS DAS TOR HINTER MIR."

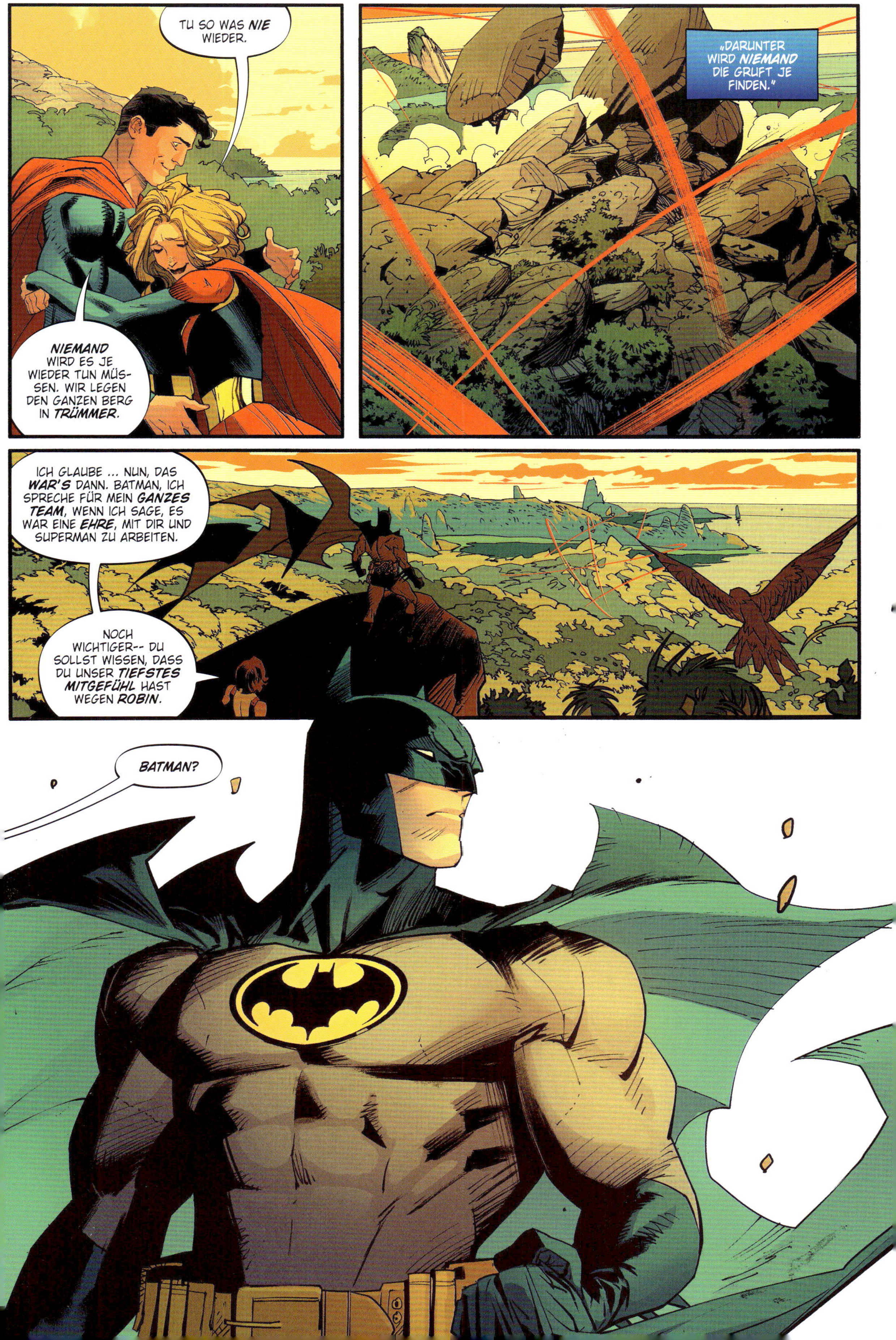

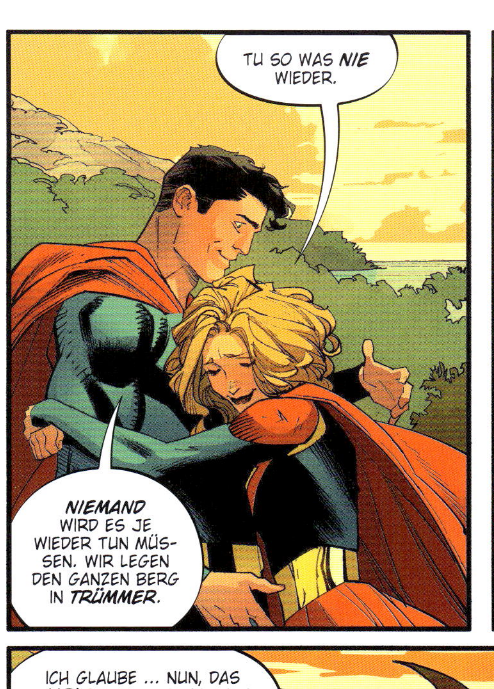
TU SO WAS *NIE* WIEDER.
NIEMAND WIRD ES JE WIEDER TUN MÜSSEN. WIR LEGEN DEN GANZEN BERG IN *TRÜMMER*.

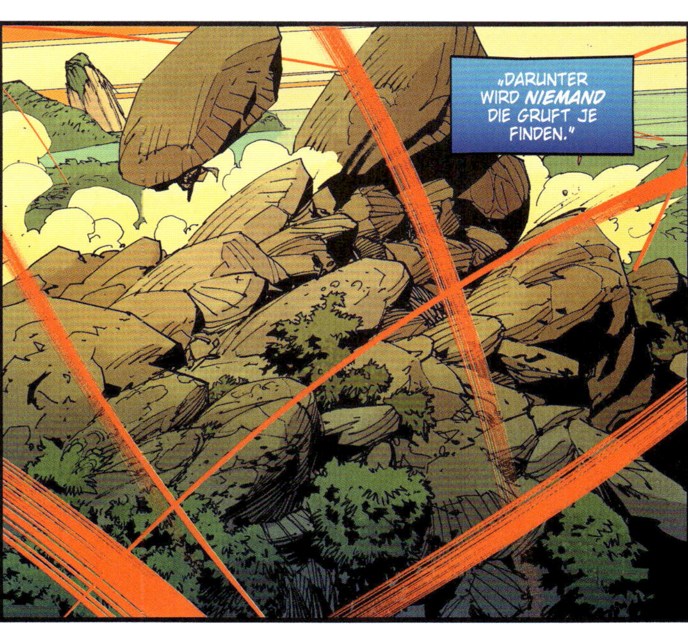
„DARUNTER WIRD *NIEMAND* DIE GRUFT JE FINDEN."

ICH GLAUBE ... NUN, DAS *WAR'S* DANN. BATMAN, ICH SPRECHE FÜR MEIN *GANZES TEAM*, WENN ICH SAGE, ES WAR EINE *EHRE*, MIT DIR UND SUPERMAN ZU ARBEITEN.
NOCH WICHTIGER-- DU SOLLST WISSEN, DASS DU UNSER *TIEFSTES MITGEFÜHL* HAST WEGEN *ROBIN*.
BATMAN?

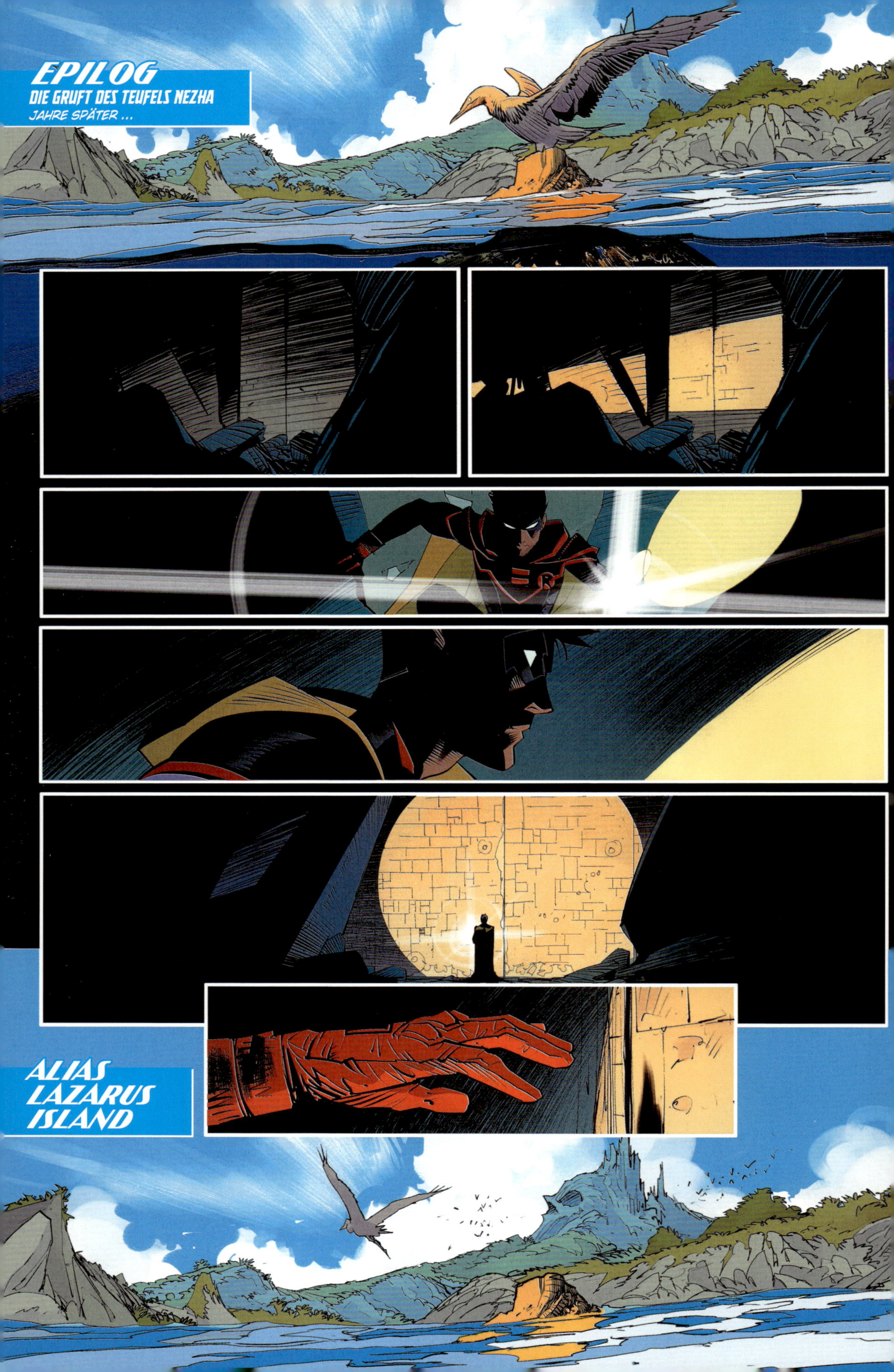
EPILOG
DIE GRUFT DES TEUFELS NEZHA
JAHRE SPÄTER ...
ALIAS
LAZARUS
ISLAND

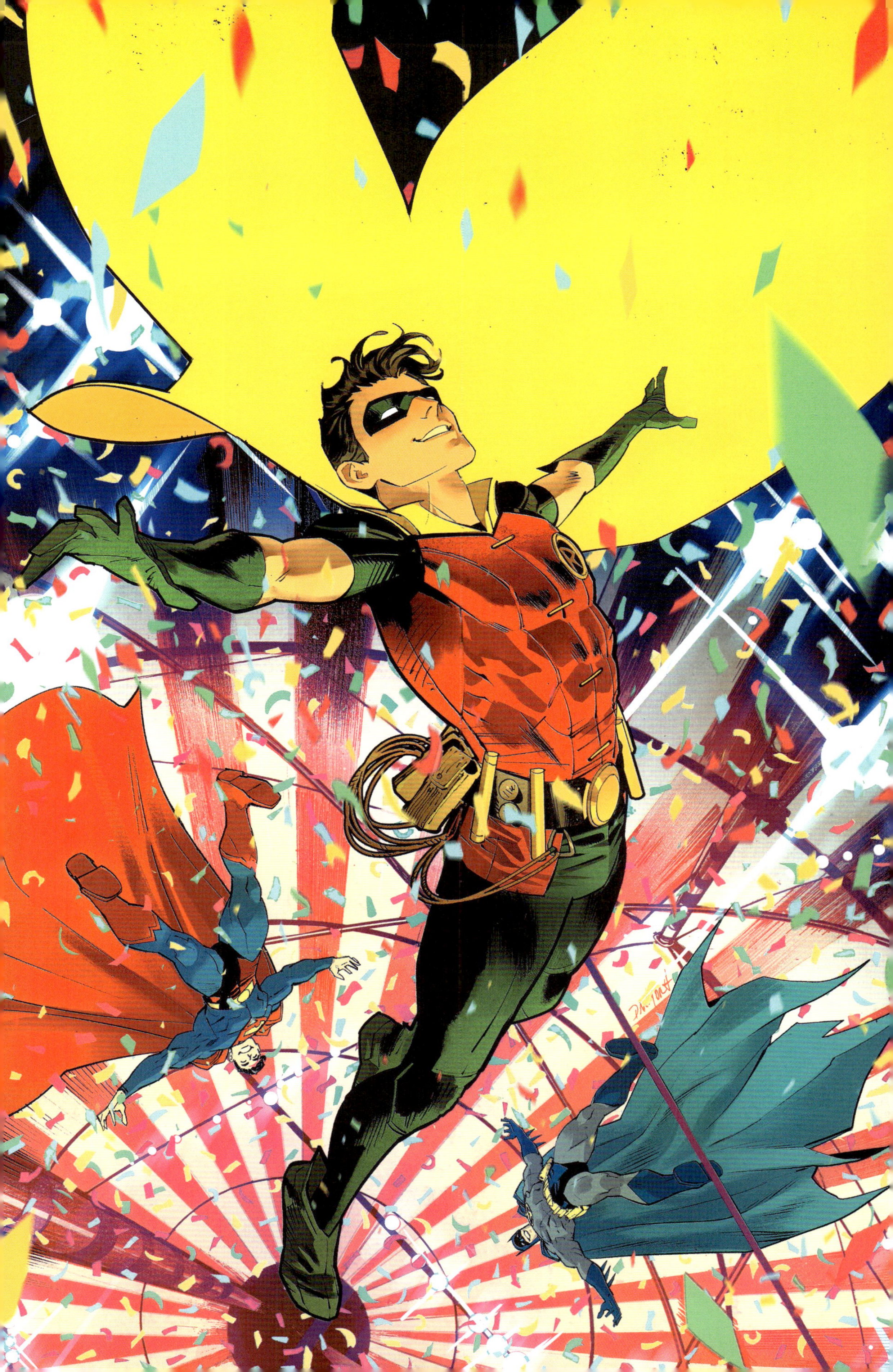

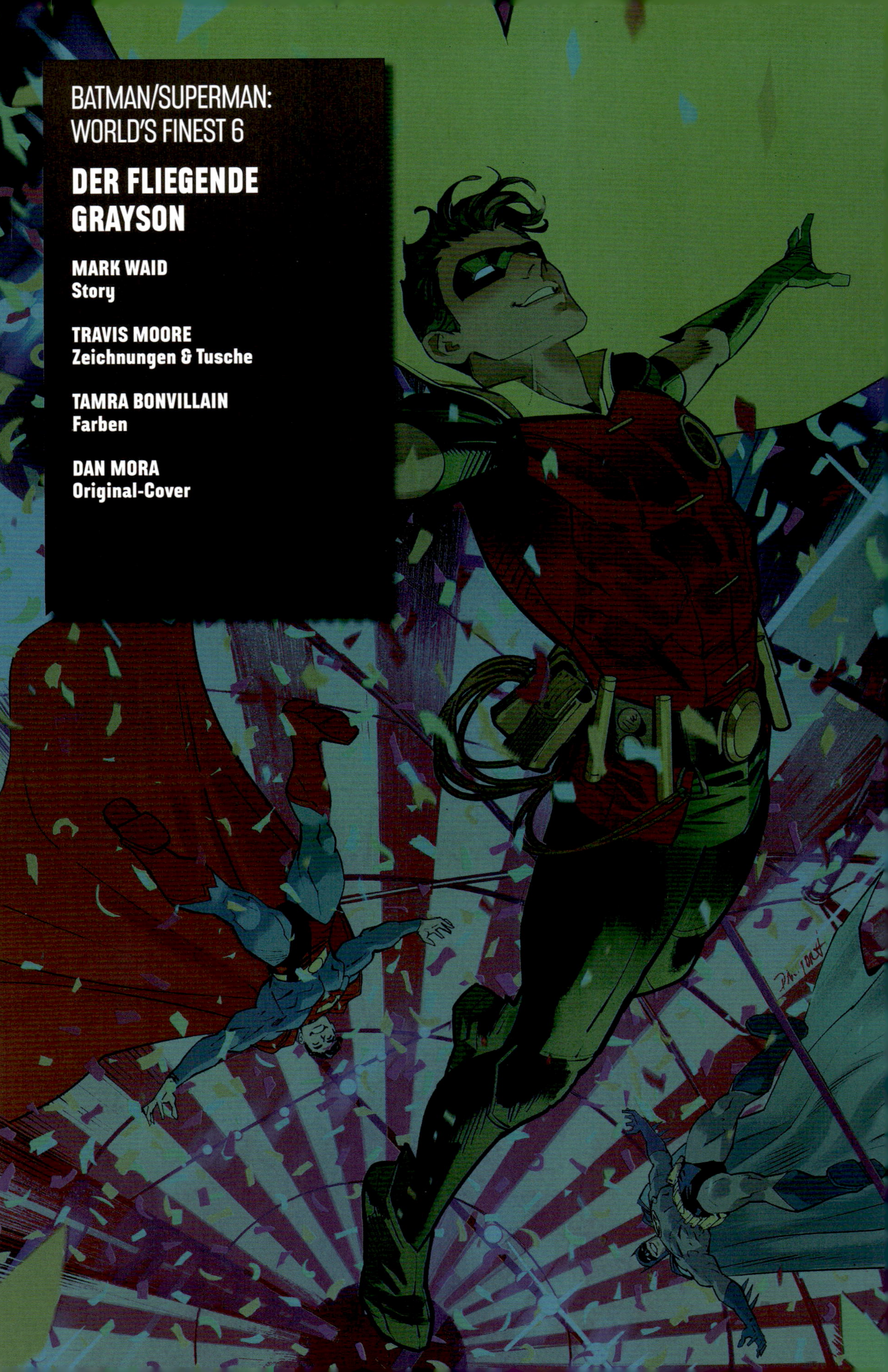
BATMAN/SUPERMAN:
WORLD'S FINEST 6
DER FLIEGENDE
GRAYSON
MARK WAID
Story
TRAVIS MOORE
Zeichnungen & Tusche
TAMRA BONVILLAIN
Farben
DAN MORA
Original-Cover

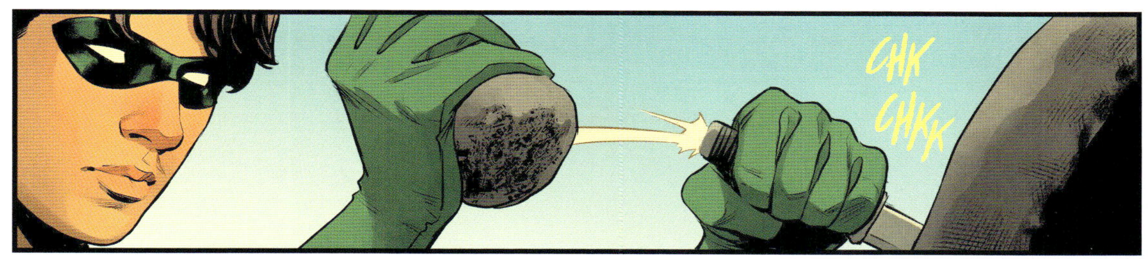
CHK
CHKK

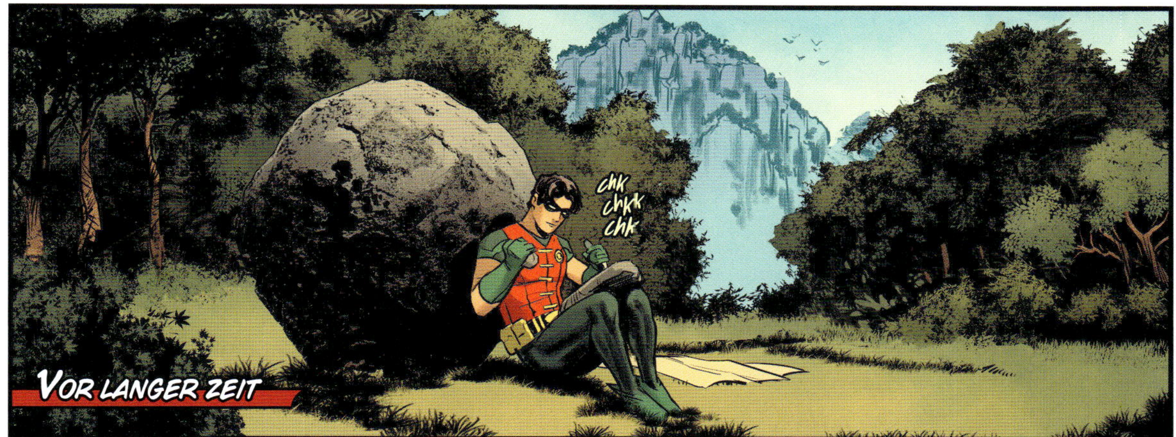
CHK
CHKK
CHK
VOR LANGER ZEIT

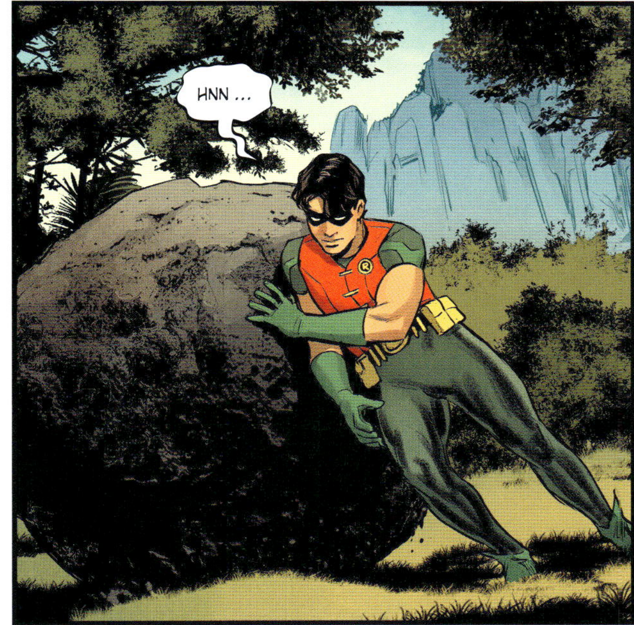
HNN …

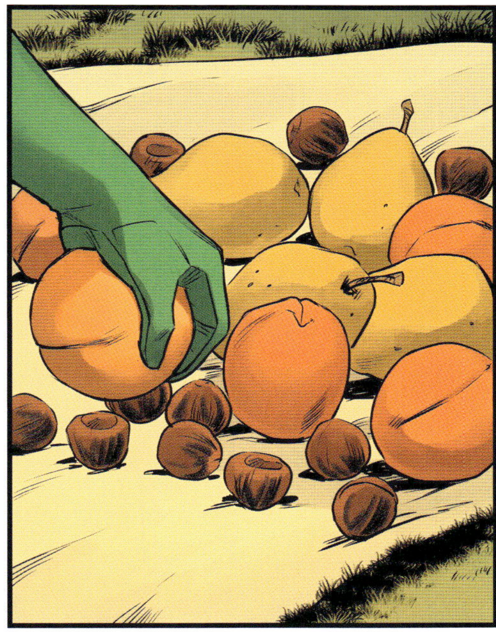

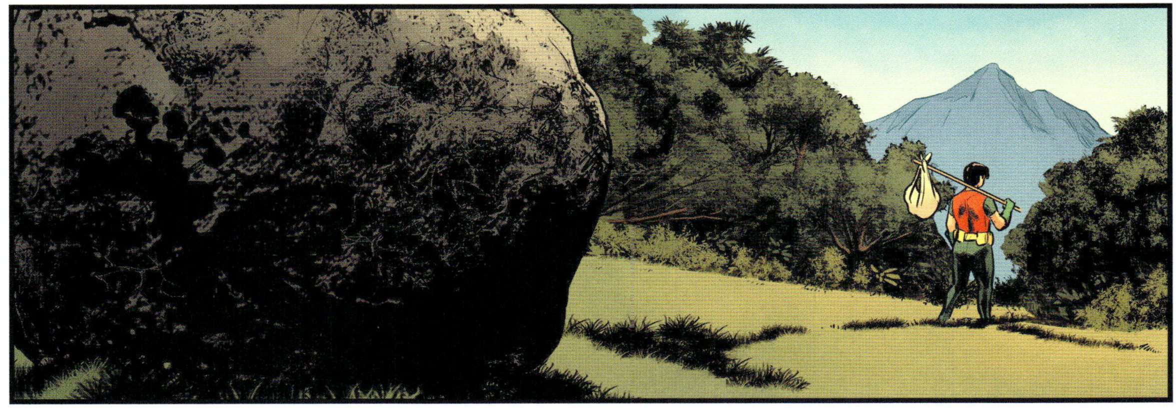

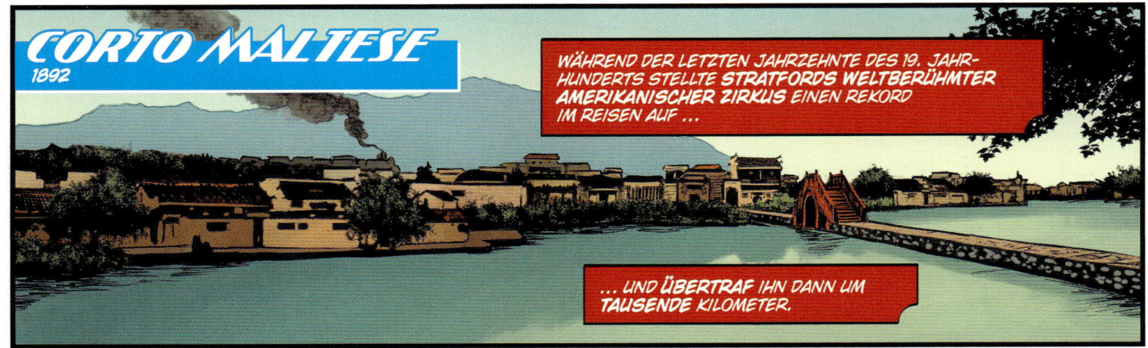

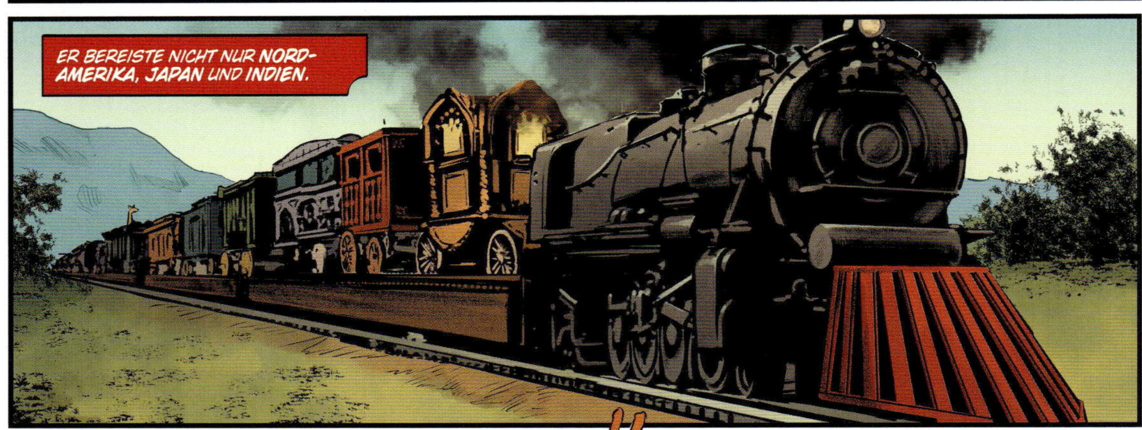

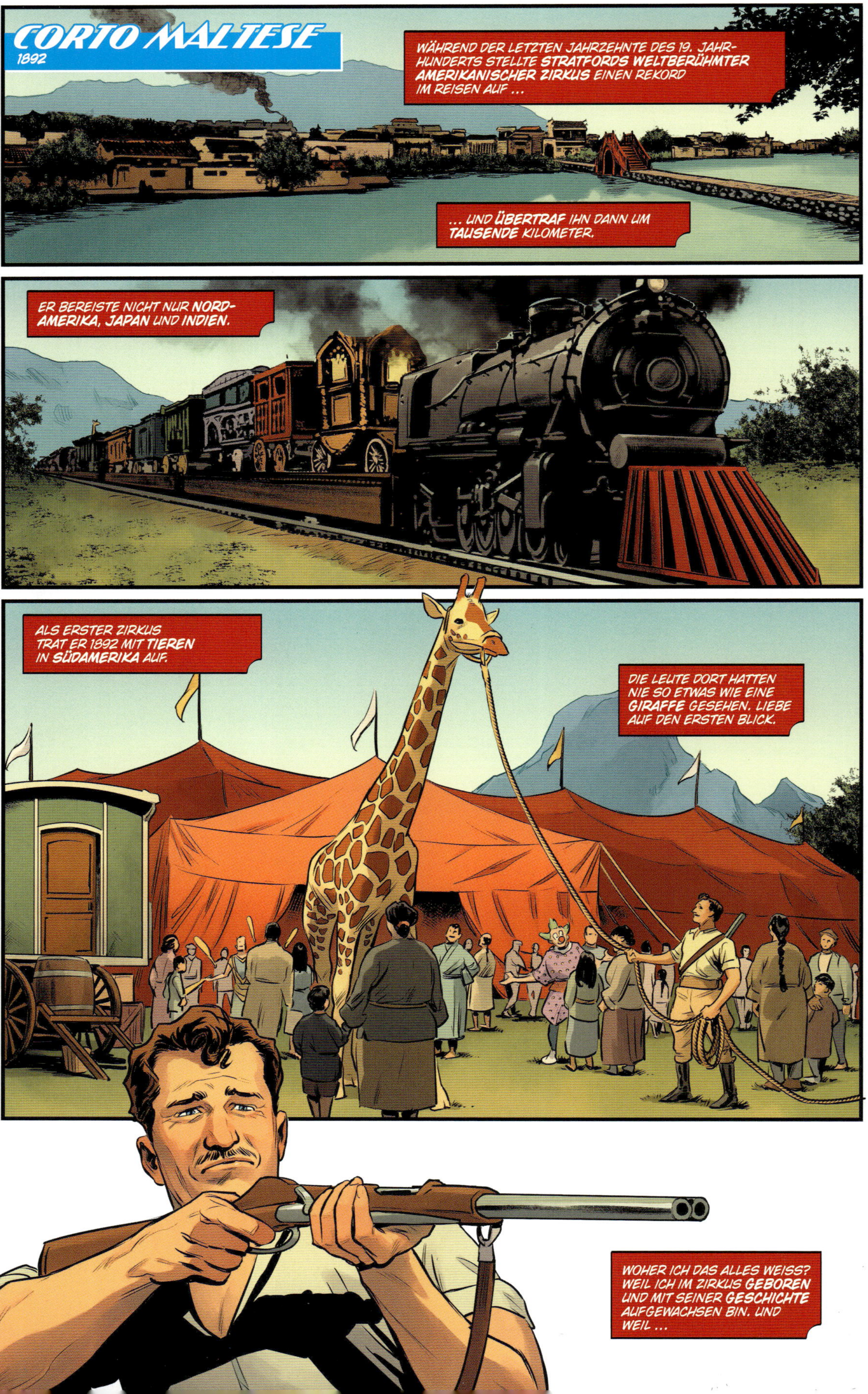

ALS ERSTER ZIRKUS TRAT ER 1892 MIT TIEREN IN SÜDAMERIKA AUF.

DIE LEUTE DORT HATTEN NIE SO ETWAS WIE EINE GIRAFFE GESEHEN. LIEBE AUF DEN ERSTEN BLICK.

WOHER ICH DAS ALLES WEISS? WEIL ICH IM ZIRKUS GEBOREN UND MIT SEINER GESCHICHTE AUFGEWACHSEN BIN. UND WEIL …

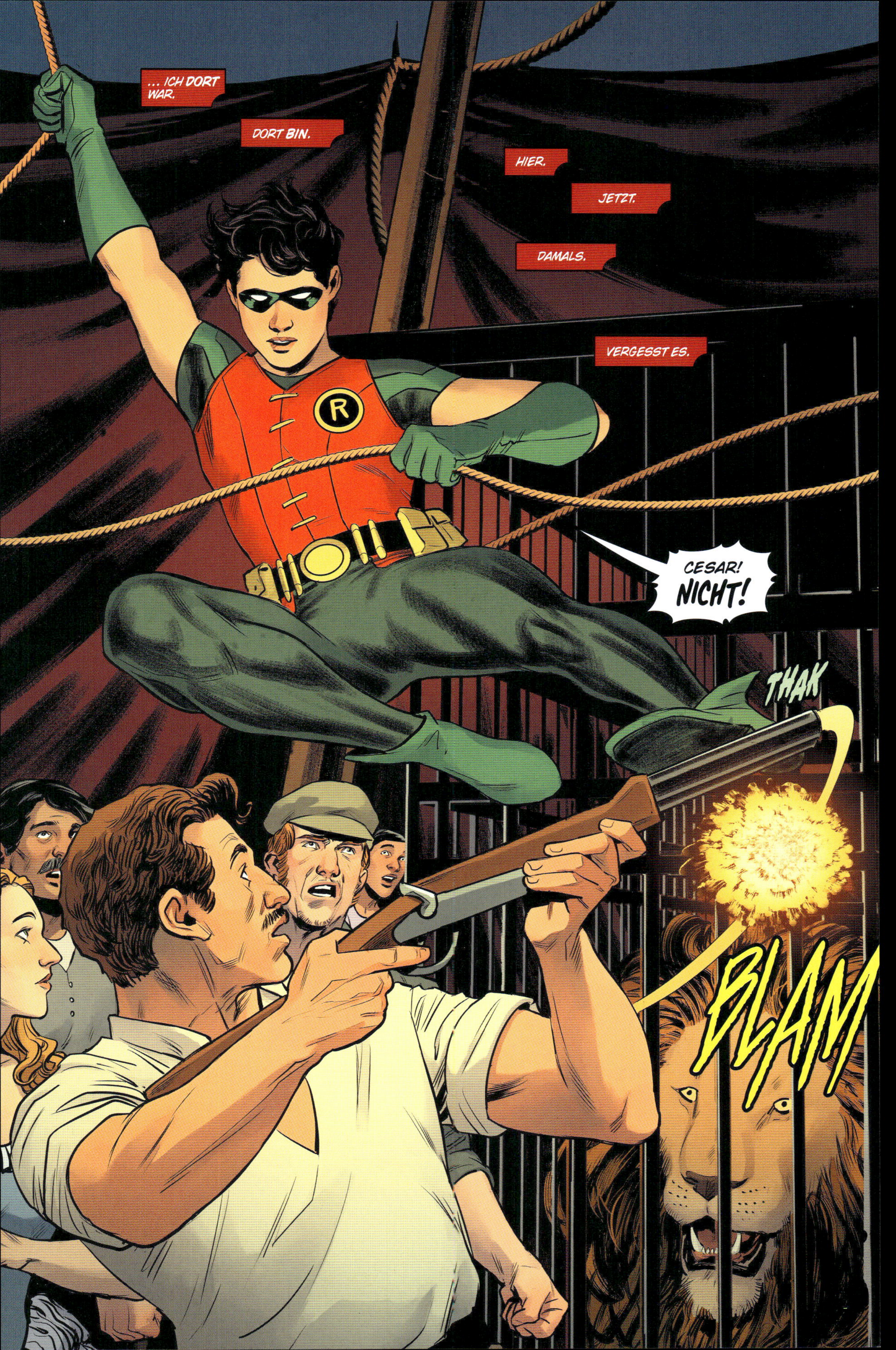
... ICH DORT WAR.
DORT BIN.
HIER.
JETZT.
DAMALS.
VERGESST ES.
CESAR! NICHT!
THAK
BLAM

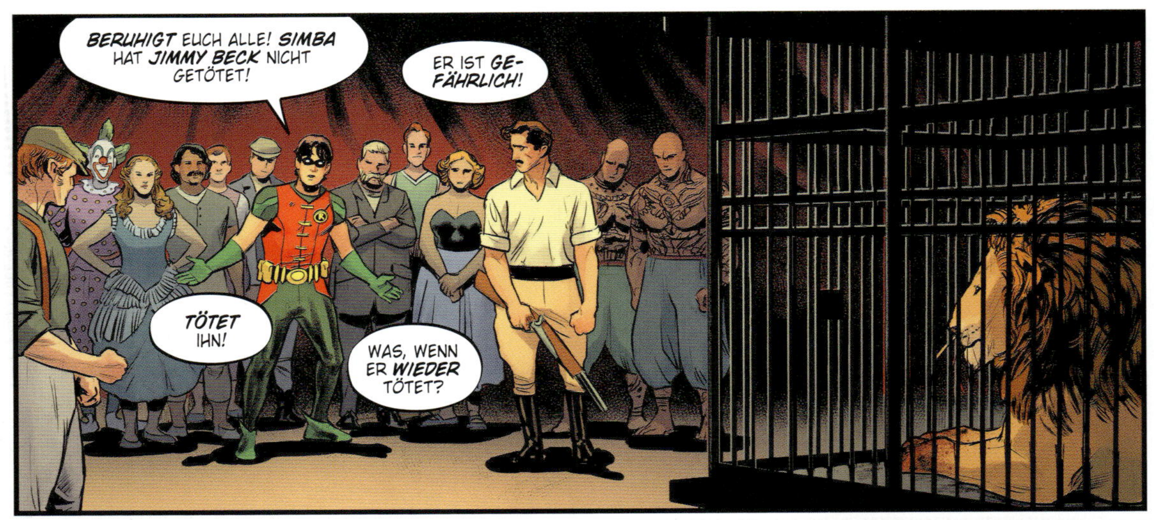

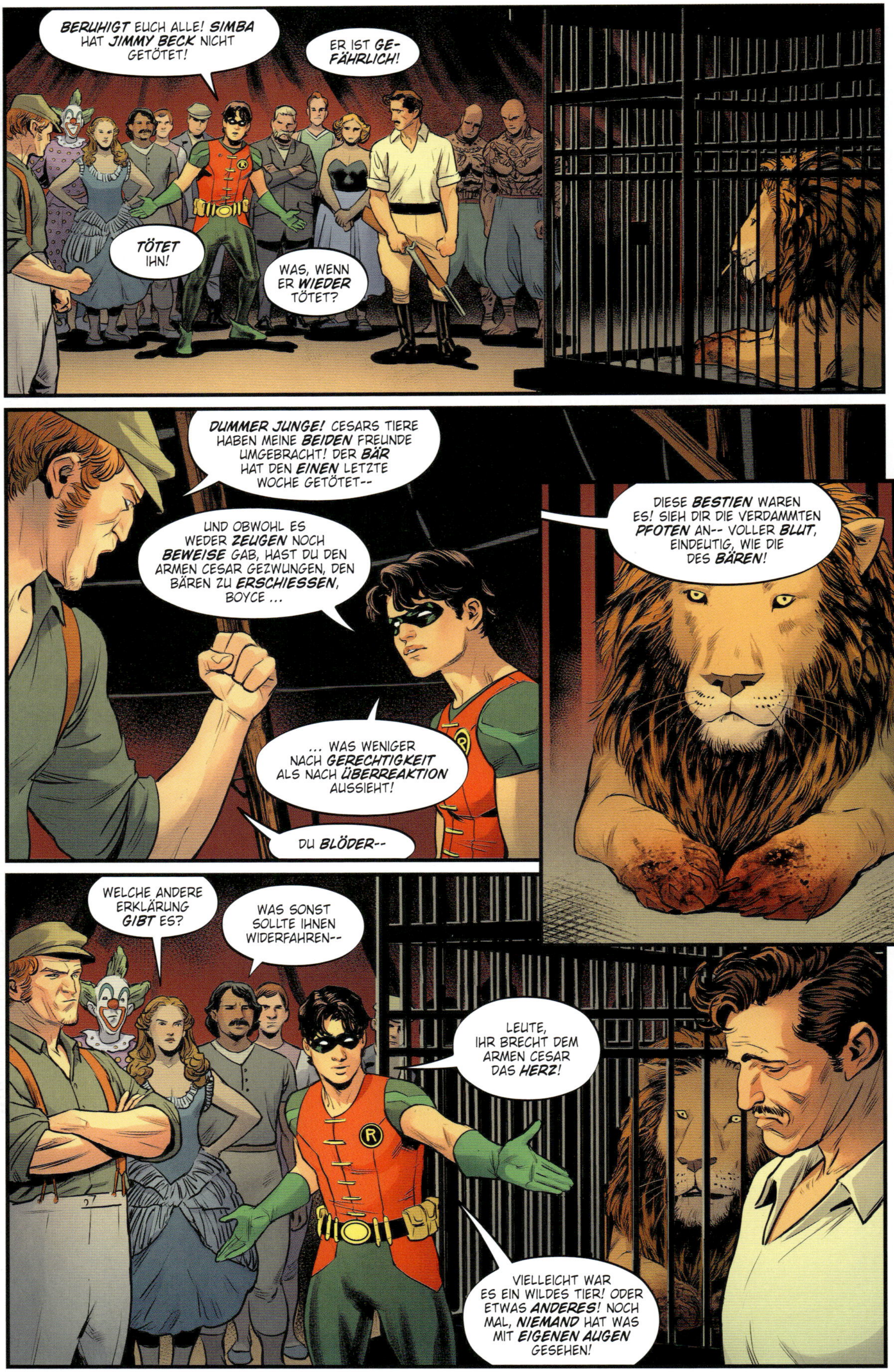

DUMMER JUNGE! CESARS TIERE HABEN MEINE BEIDEN FREUNDE UMGEBRACHT! DER BÄR HAT DEN EINEN LETZTE WOCHE GETÖTET--

UND OBWOHL ES WEDER ZEUGEN NOCH BEWEISE GAB, HAST DU DEN ARMEN CESAR GEZWUNGEN, DEN BÄREN ZU ERSCHIESSEN, BOYCE ...

... WAS WENIGER NACH GERECHTIGKEIT ALS NACH ÜBERREAKTION AUSSIEHT!

DU BLÖDER--

DIESE BESTIEN WAREN ES! SIEH DIR DIE VERDAMMTEN PFOTEN AN-- VOLLER BLUT, EINDEUTIG, WIE DIE DES BÄREN!

WELCHE ANDERE ERKLÄRUNG GIBT ES?

WAS SONST SOLLTE IHNEN WIDERFAHREN--

LEUTE, IHR BRECHT DEM ARMEN CESAR DAS HERZ!

VIELLEICHT WAR ES EIN WILDES TIER! ODER ETWAS ANDERES! NOCH MAL, NIEMAND HAT WAS MIT EIGENEN AUGEN GESEHEN!

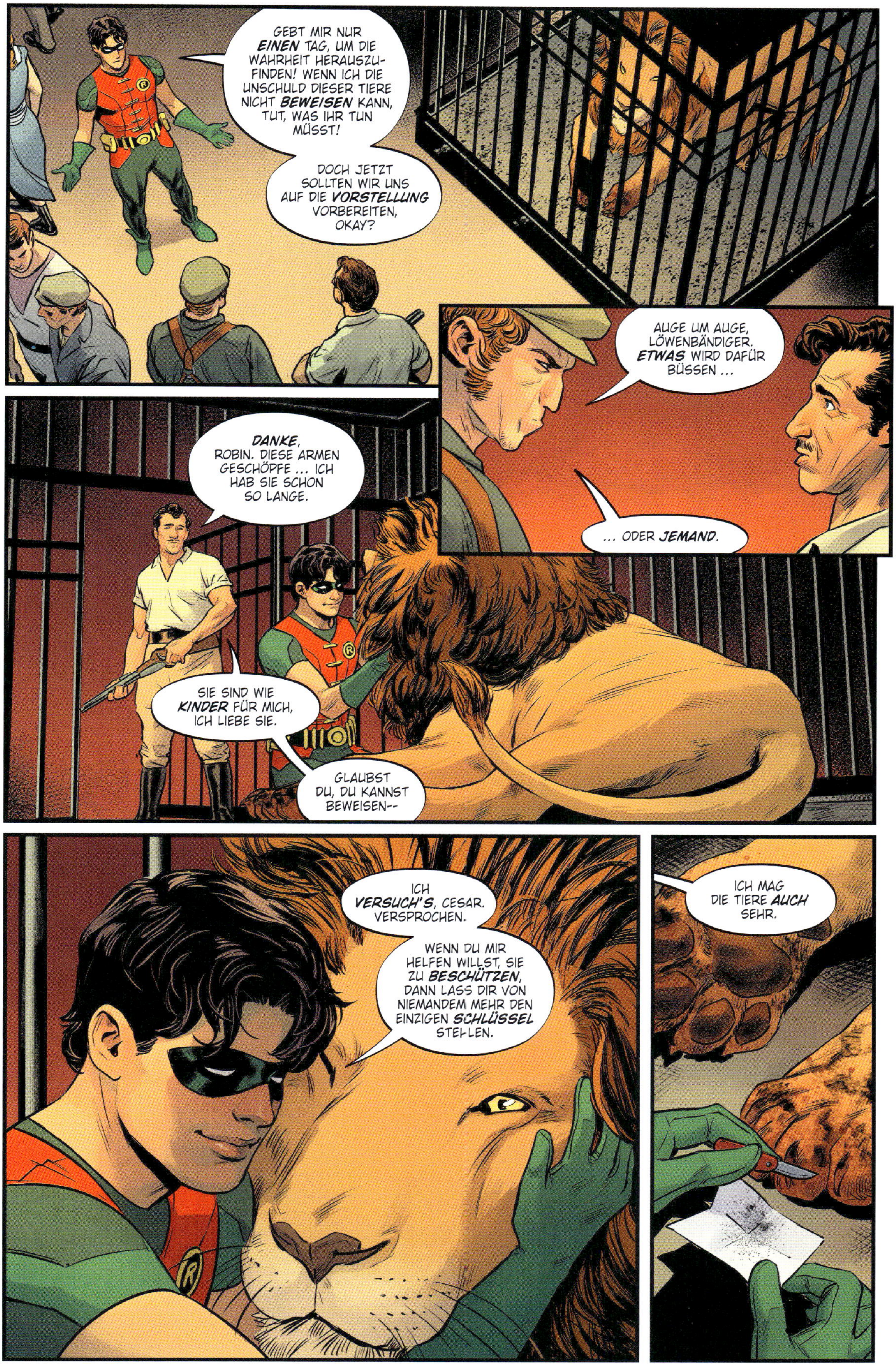

GEBT MIR NUR **EINEN** TAG, UM DIE WAHRHEIT HERAUSZUFINDEN! WENN ICH DIE UNSCHULD DIESER TIERE NICHT **BEWEISEN** KANN, TUT, WAS IHR TUN MÜSST!

DOCH JETZT SOLLTEN WIR UNS AUF DIE **VORSTELLUNG** VORBEREITEN, OKAY?

AUGE UM AUGE, LÖWENBÄNDIGER. **ETWAS** WIRD DAFÜR BÜSSEN ...

... ODER **JEMAND**.

DANKE, ROBIN. DIESE ARMEN GESCHÖPFE ... ICH HAB SIE SCHON SO LANGE.

SIE SIND WIE **KINDER** FÜR MICH, ICH LIEBE SIE.

GLAUBST DU, DU KANNST BEWEISEN--

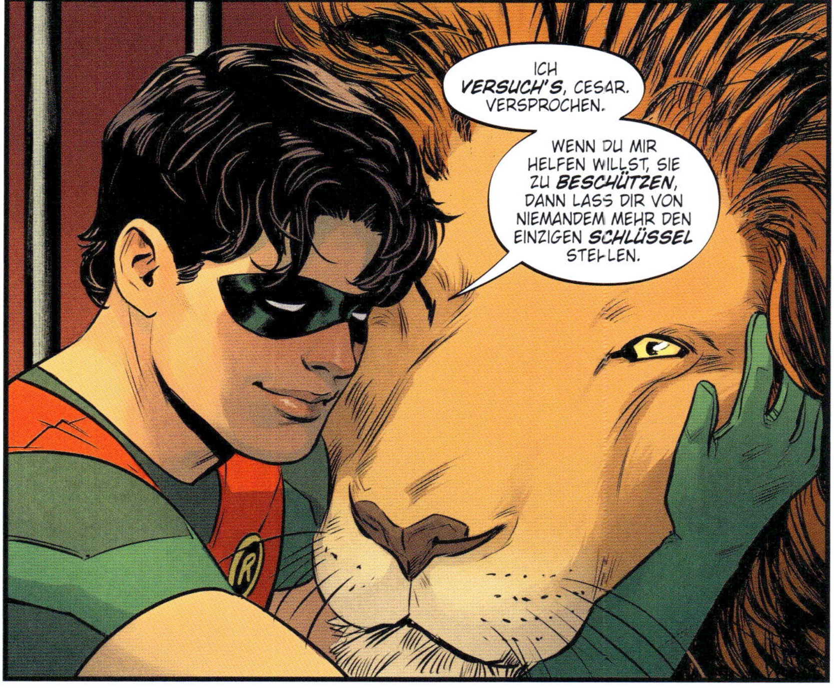

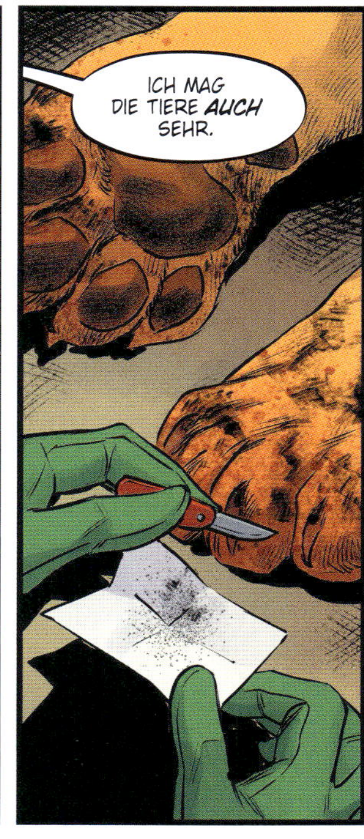

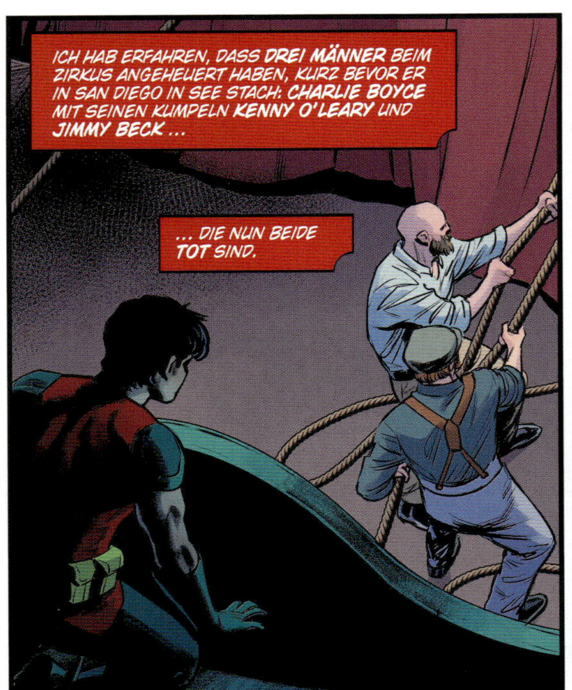
ICH HAB ERFAHREN, DASS DREI MÄNNER BEIM ZIRKUS ANGEHEUERT HABEN, KURZ BEVOR ER IN SAN DIEGO IN SEE STACH: CHARLIE BOYCE MIT SEINEN KUMPELN KENNY O'LEARY UND JIMMY BECK …
… DIE NUN BEIDE TOT SIND.

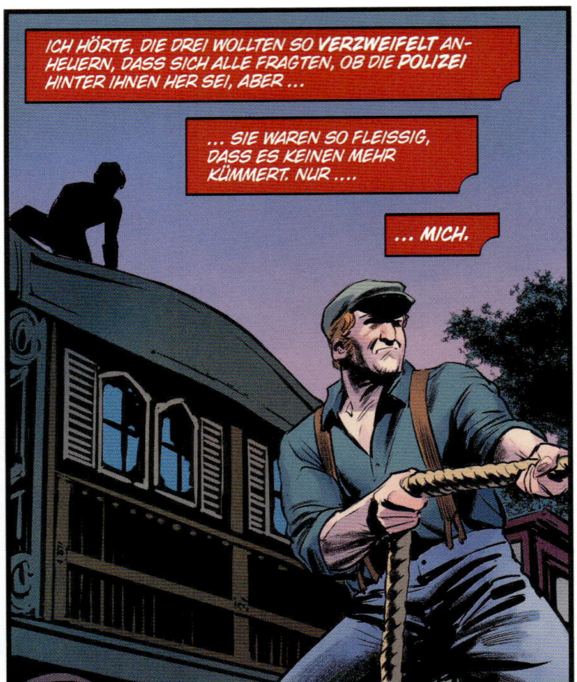
ICH HÖRTE, DIE DREI WOLLTEN SO VERZWEIFELT ANHEUERN, DASS SICH ALLE FRAGTEN, OB DIE POLIZEI HINTER IHNEN HER SEI, ABER …
… SIE WAREN SO FLEISSIG, DASS ES KEINEN MEHR KÜMMERT. NUR ….
… MICH.

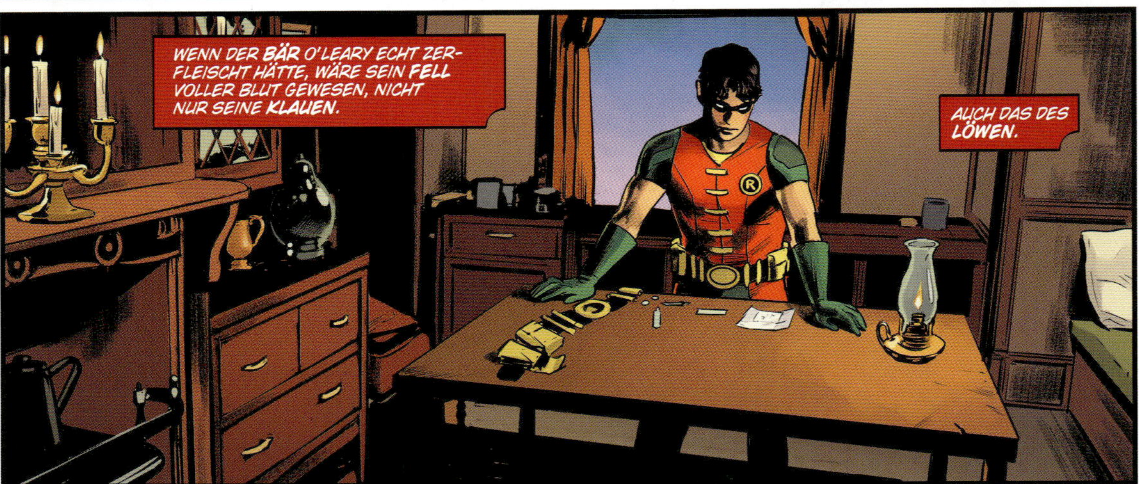
WENN DER BÄR O'LEARY ECHT ZERFLEISCHT HÄTTE, WÄRE SEIN FELL VOLLER BLUT GEWESEN, NICHT NUR SEINE KLAUEN.
AUCH DAS DES LÖWEN.

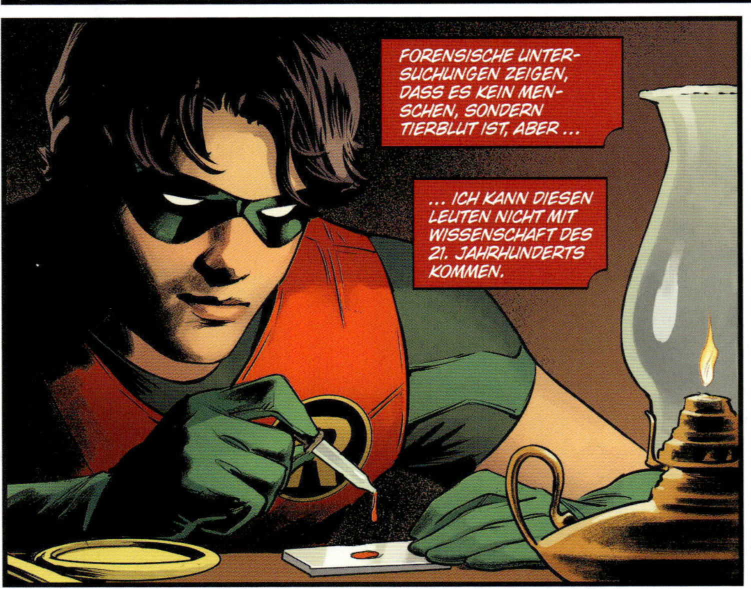
FORENSISCHE UNTERSUCHUNGEN ZEIGEN, DASS ES KEIN MENSCHEN, SONDERN TIERBLUT IST, ABER …
… ICH KANN DIESEN LEUTEN NICHT MIT WISSENSCHAFT DES 21. JAHRHUNDERTS KOMMEN.

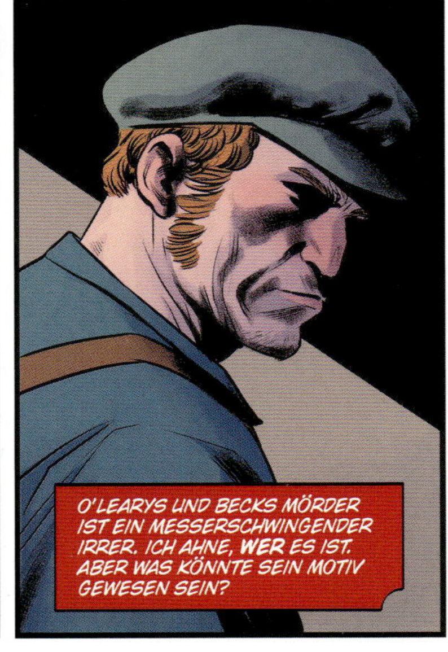
O'LEARYS UND BECKS MÖRDER IST EIN MESSERSCHWINGENDER IRRER. ICH AHNE, WER ES IST. ABER WAS KÖNNTE SEIN MOTIV GEWESEN SEIN?

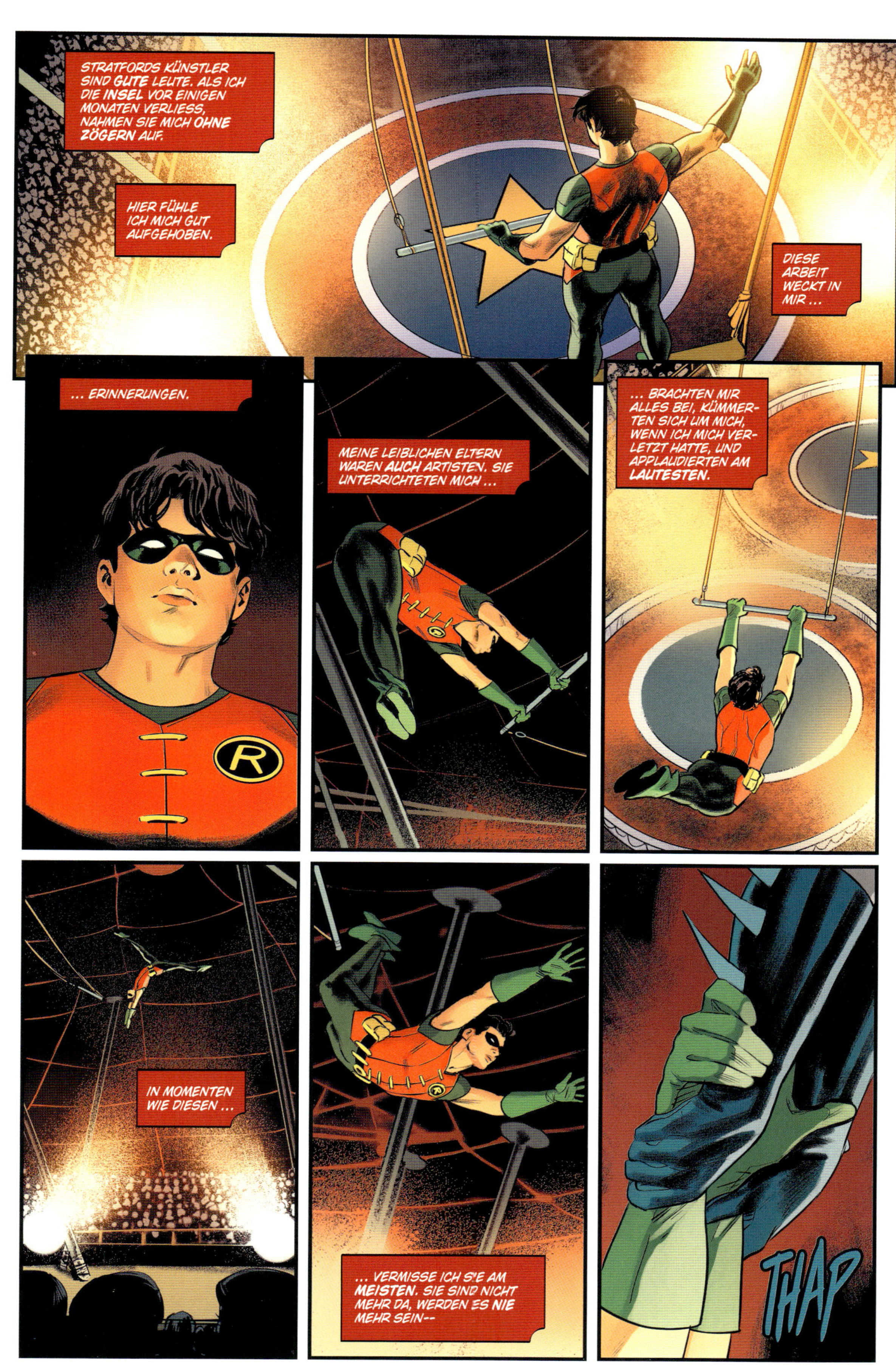
STRATFORDS KÜNSTLER SIND GUTE LEUTE. ALS ICH DIE INSEL VOR EINIGEN MONATEN VERLIESS, NAHMEN SIE MICH OHNE ZÖGERN AUF.
HIER FÜHLE ICH MICH GUT AUFGEHOBEN.
DIESE ARBEIT WECKT IN MIR ...
... ERINNERUNGEN.
MEINE LEIBLICHEN ELTERN WAREN AUCH ARTISTEN. SIE UNTERRICHTETEN MICH ...
... BRACHTEN MIR ALLES BEI, KÜMMERTEN SICH UM MICH, WENN ICH MICH VERLETZT HATTE, UND APPLAUDIERTEN AM LAUTESTEN.
IN MOMENTEN WIE DIESEN ...
... VERMISSE ICH SIE AM MEISTEN. SIE SIND NICHT MEHR DA, WERDEN ES NIE MEHR SEIN--
THAP

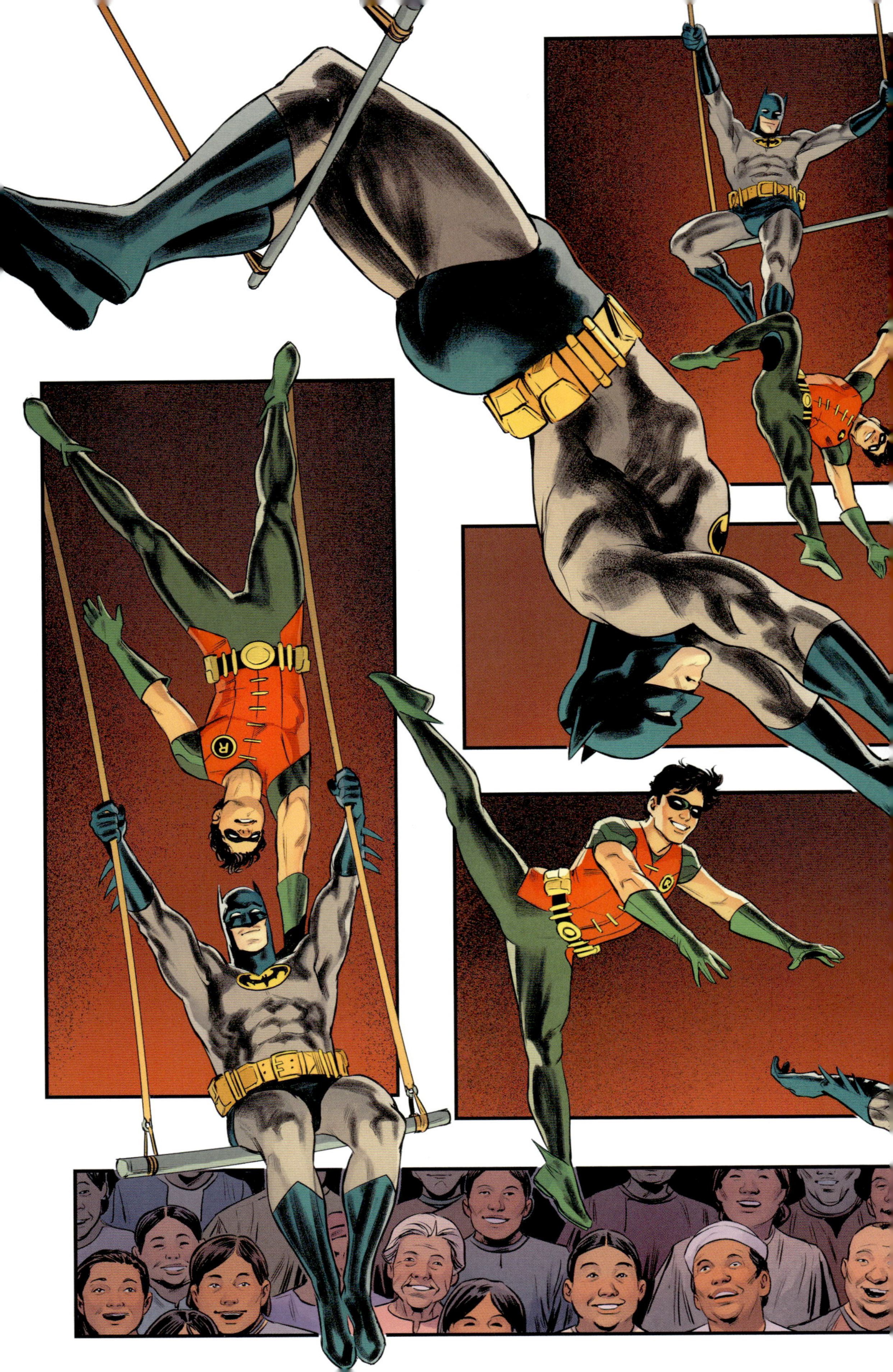

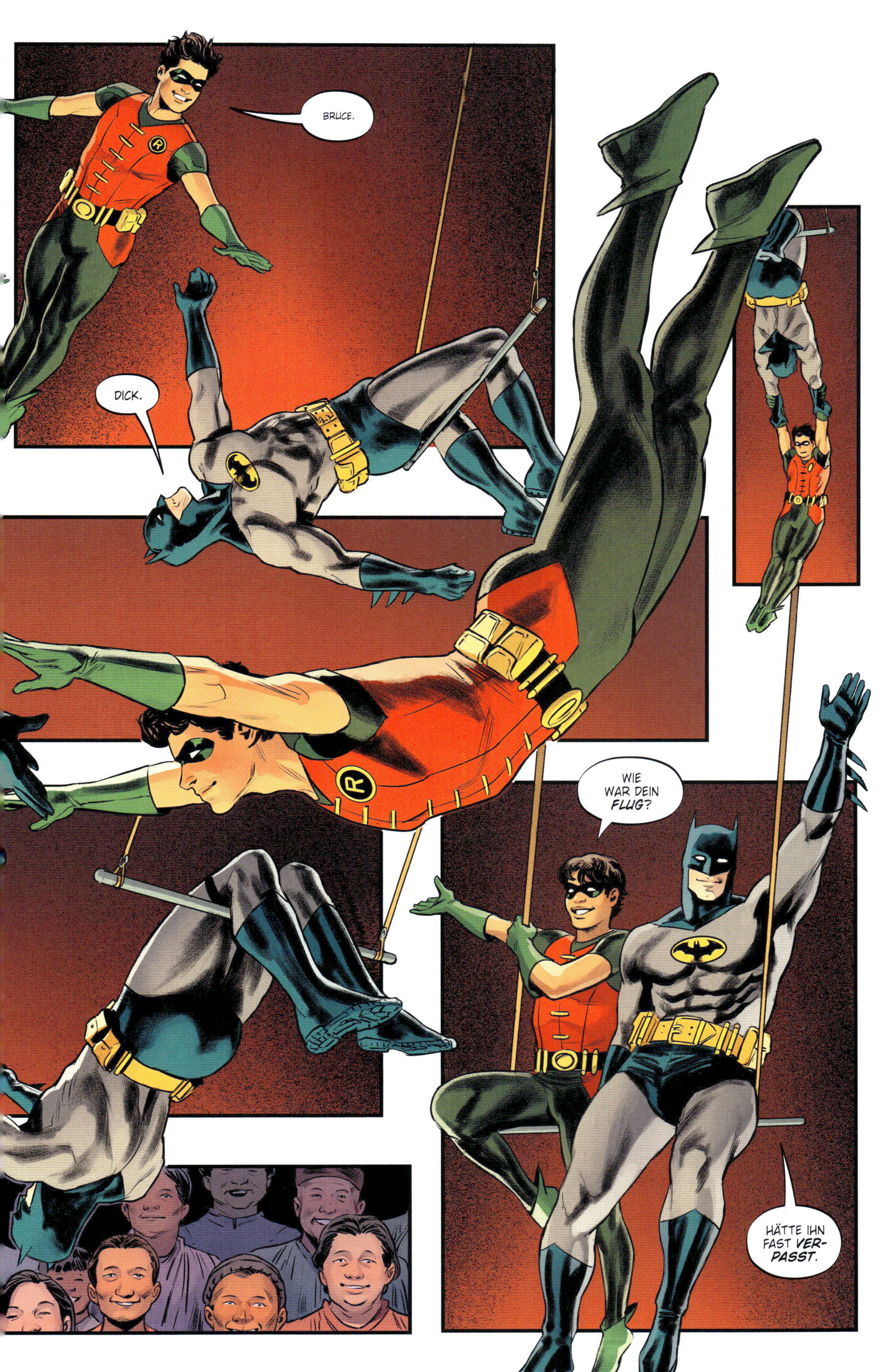
BRUCE.
DICK.
WIE WAR DEIN *FLUG*?
HÄTTE IHN FAST *VERPASST*.

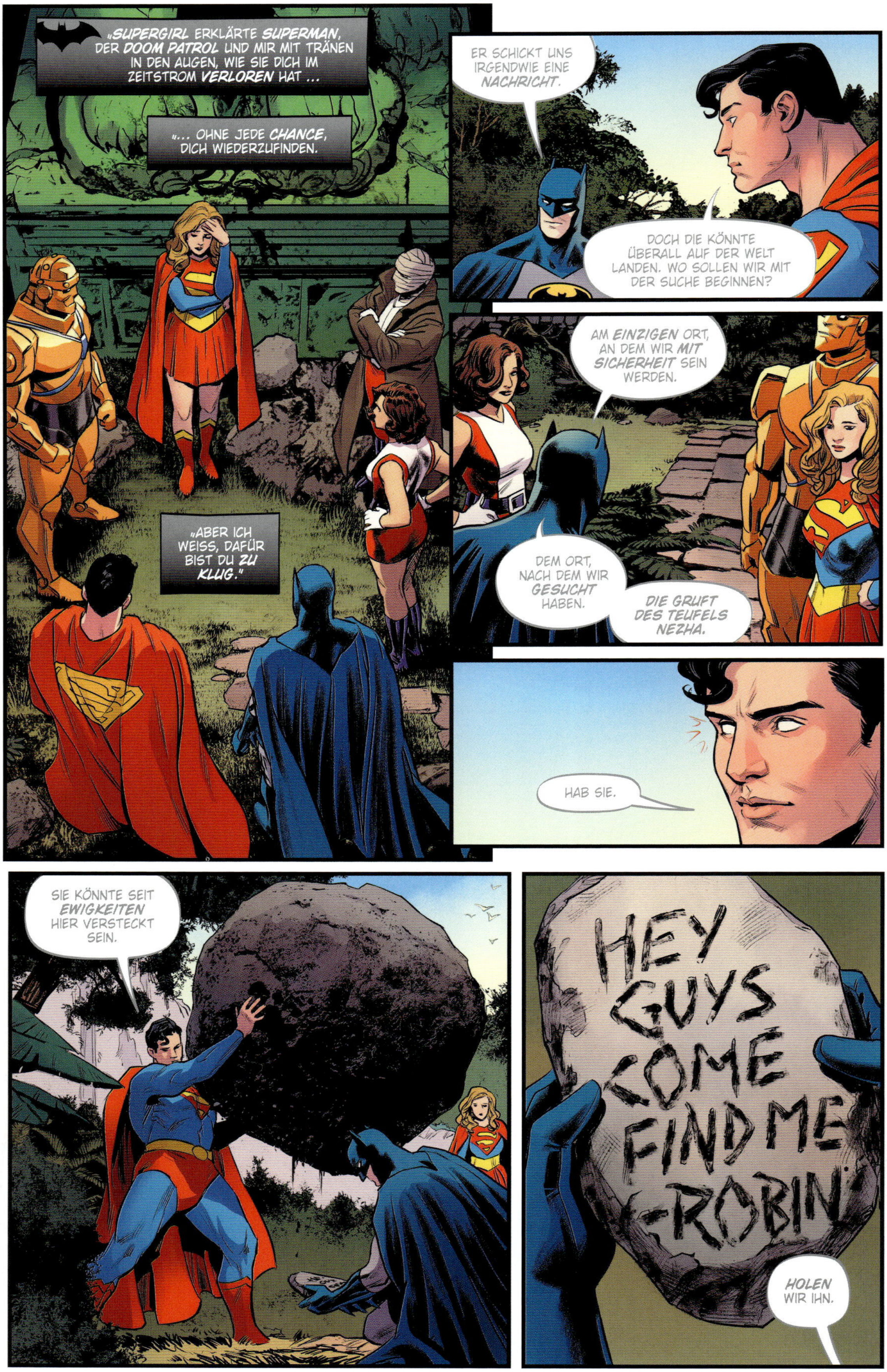

„SUPERGIRL ERKLÄRTE SUPERMAN, DER DOOM PATROL UND MIR MIT TRÄNEN IN DEN AUGEN, WIE SIE DICH IM ZEITSTROM VERLOREN HAT ...

„... OHNE JEDE CHANCE, DICH WIEDERZUFINDEN.

„ABER ICH WEISS, DAFÜR BIST DU ZU KLUG."

ER SCHICKT UNS IRGENDWIE EINE NACHRICHT.

DOCH DIE KÖNNTE ÜBERALL AUF DER WELT LANDEN. WO SOLLEN WIR MIT DER SUCHE BEGINNEN?

AM EINZIGEN ORT, AN DEM WIR MIT SICHERHEIT SEIN WERDEN.

DEM ORT, NACH DEM WIR GESUCHT HABEN.

DIE GRUFT DES TEUFELS NEZHA.

HAB SIE.

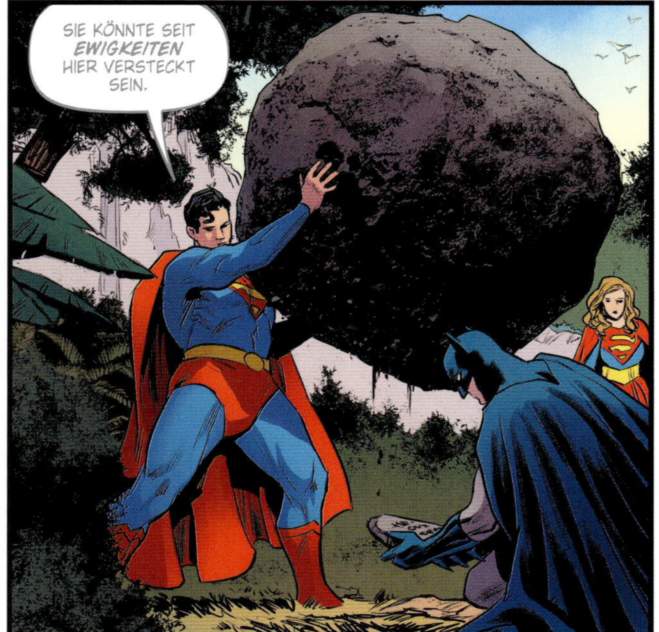

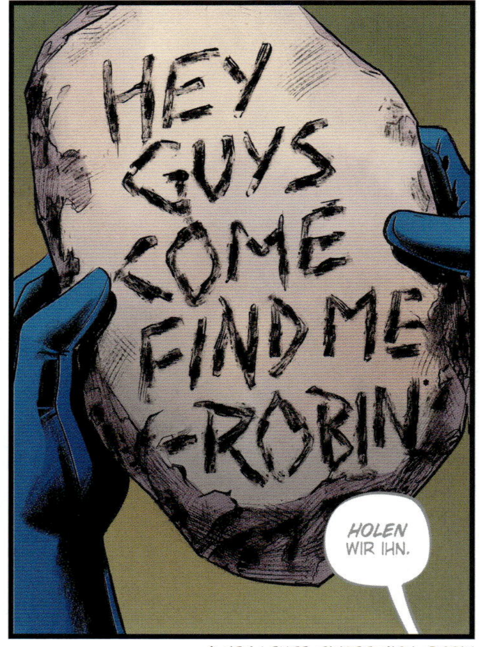

* HEY, LEUTE, FINDET MICH. ROBIN

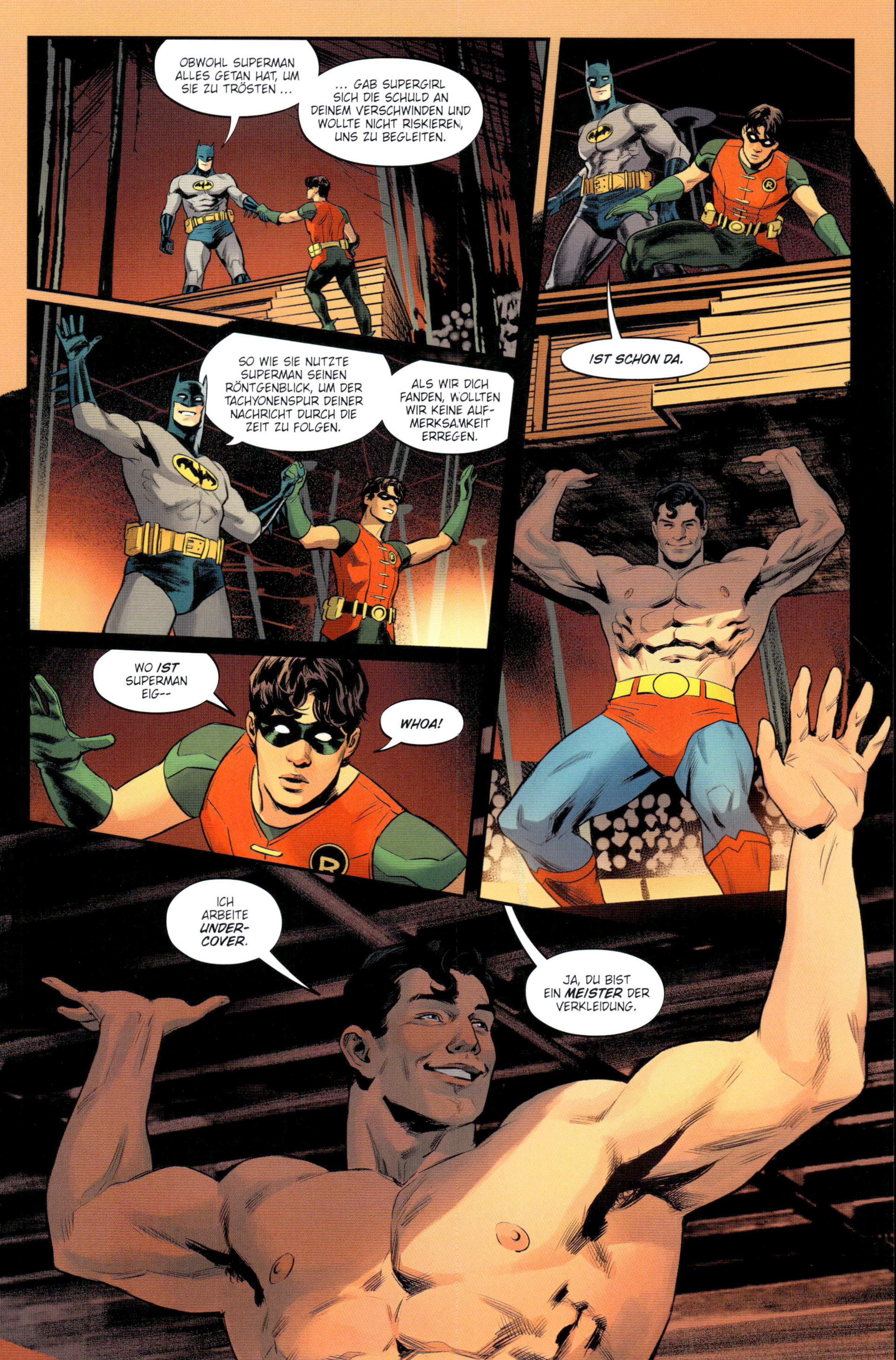

OBWOHL SUPERMAN ALLES GETAN HAT, UM SIE ZU TRÖSTEN ...
... GAB SUPERGIRL SICH DIE SCHULD AN DEINEM VERSCHWINDEN UND WOLLTE NICHT RISKIEREN, UNS ZU BEGLEITEN.
IST SCHON DA.
SO WIE SIE NUTZTE SUPERMAN SEINEN RÖNTGENBLICK, UM DER TACHYONENSPUR DEINER NACHRICHT DURCH DIE ZEIT ZU FOLGEN.
ALS WIR DICH FANDEN, WOLLTEN WIR KEINE AUFMERKSAMKEIT ERREGEN.
WO IST SUPERMAN EIG--
WHOA!
ICH ARBEITE UNDERCOVER.
JA, DU BIST EIN MEISTER DER VERKLEIDUNG.

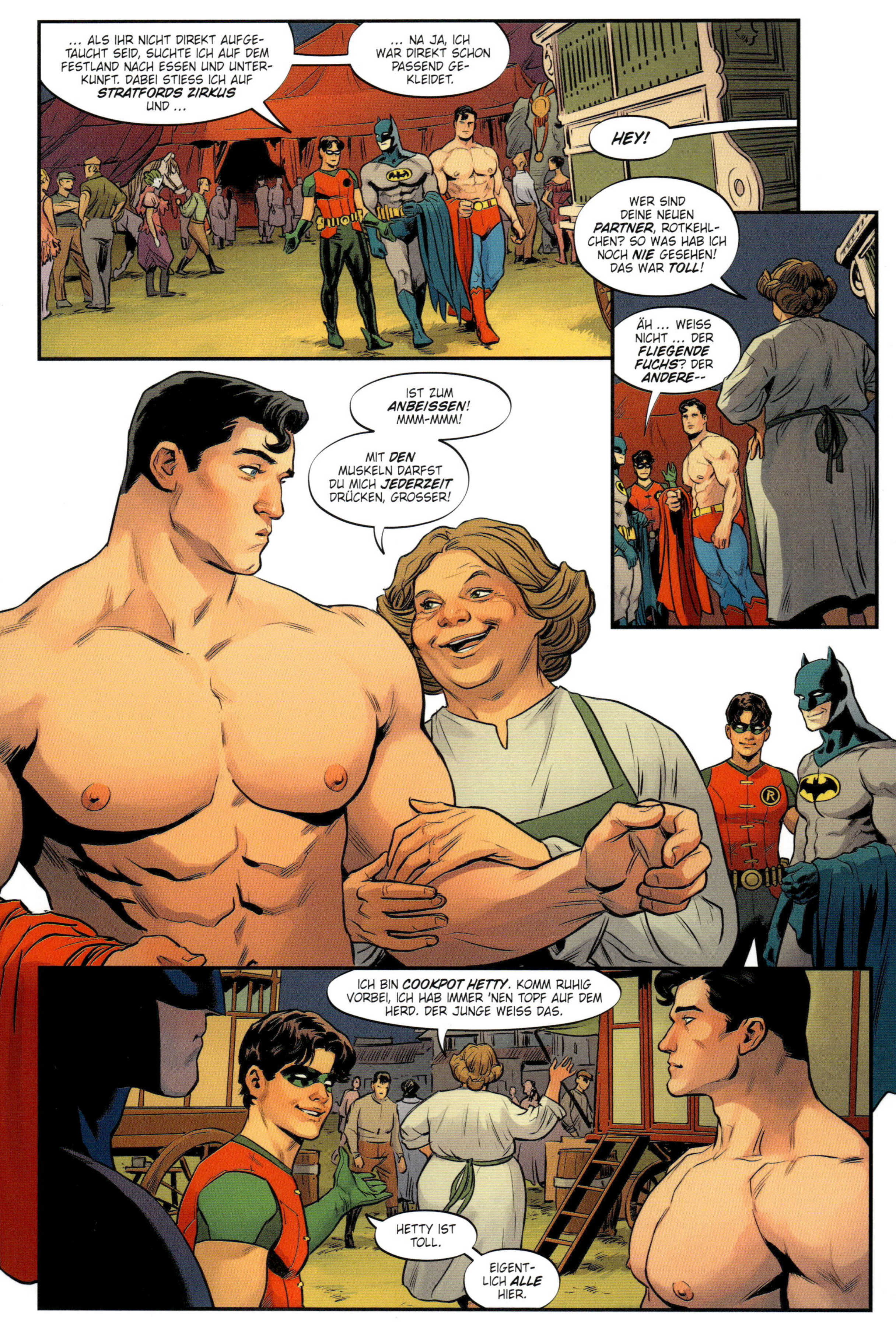
… ALS IHR NICHT DIREKT AUFGETAUCHT SEID, SUCHTE ICH AUF DEM FESTLAND NACH ESSEN UND UNTERKUNFT. DABEI STIESS ICH AUF **STRATFORDS ZIRKUS** UND …
… NA JA, ICH WAR DIREKT SCHON PASSEND GEKLEIDET.
HEY!
WER SIND DEINE NEUEN **PARTNER**, ROTKEHLCHEN? SO WAS HAB ICH NOCH **NIE** GESEHEN! DAS WAR **TOLL**!
ÄH … WEISS NICHT … DER **FLIEGENDE FUCHS**? DER **ANDERE**--
IST ZUM **ANBEISSEN**! MMM-MMM!
MIT **DEN** MUSKELN DARFST DU MICH **JEDERZEIT** DRÜCKEN, GROSSER!
ICH BIN **COOKPOT HETTY**. KOMM RUHIG VORBEI, ICH HAB IMMER 'NEN TOPF AUF DEM HERD. DER JUNGE WEISS DAS.
HETTY IST TOLL.
EIGENTLICH **ALLE** HIER.

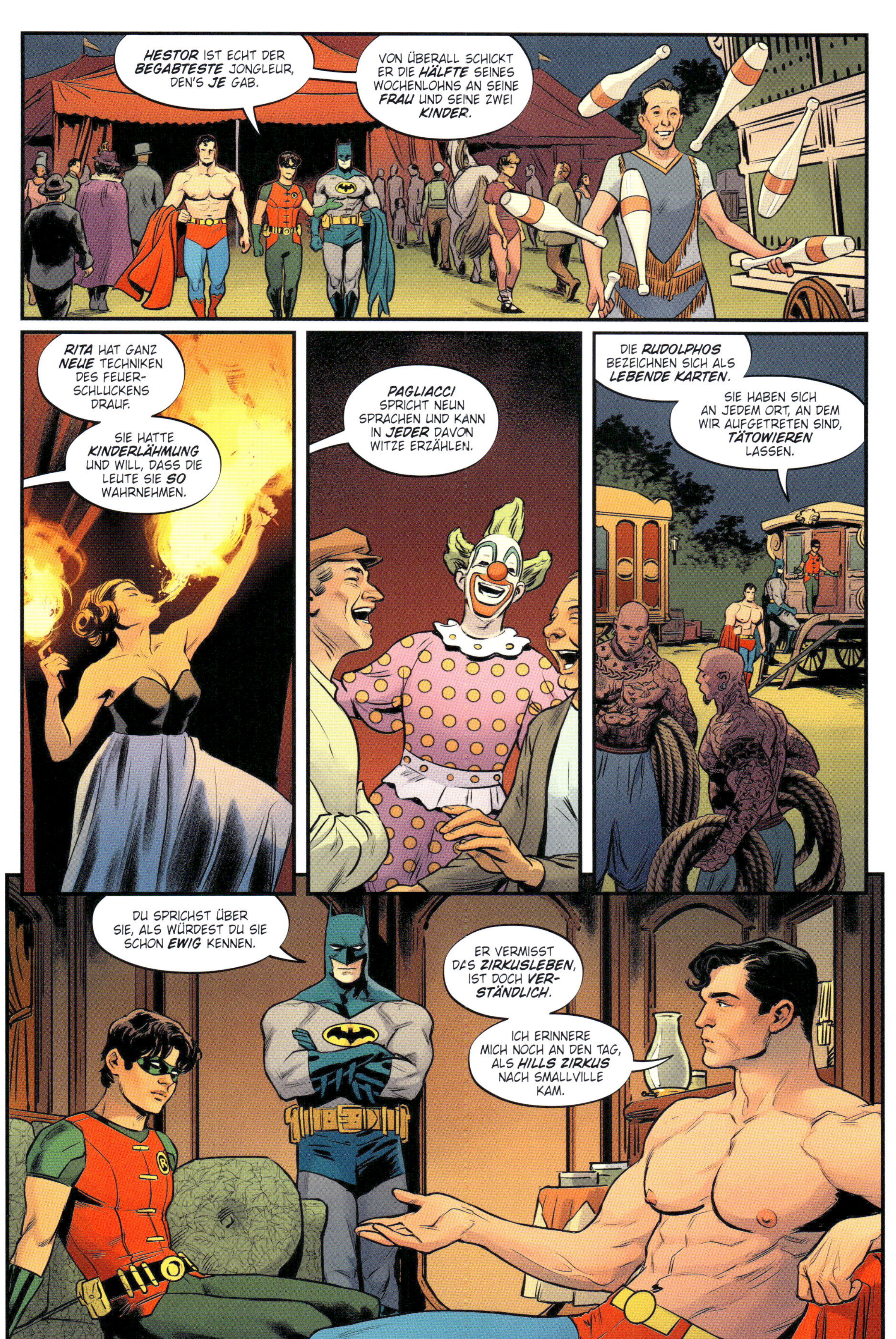
HESTOR IST ECHT DER BEGABTESTE JONGLEUR, DEN'S JE GAB.
VON ÜBERALL SCHICKT ER DIE HÄLFTE SEINES WOCHENLOHNS AN SEINE FRAU UND SEINE ZWEI KINDER.
RITA HAT GANZ NEUE TECHNIKEN DES FEUER-SCHLUCKENS DRAUF.
SIE HATTE KINDERLÄHMUNG UND WILL, DASS DIE LEUTE SIE SO WAHRNEHMEN.
PAGLIACCI SPRICHT NEUN SPRACHEN UND KANN IN JEDER DAVON WITZE ERZÄHLEN.
DIE RUDOLPHOS BEZEICHNEN SICH ALS LEBENDE KARTEN.
SIE HABEN SICH AN JEDEM ORT, AN DEM WIR AUFGETRETEN SIND, TÄTOWIEREN LASSEN.
DU SPRICHST ÜBER SIE, ALS WÜRDEST DU SIE SCHON EWIG KENNEN.
ER VERMISST DAS ZIRKUSLEBEN, IST DOCH VER-STÄNDLICH.
ICH ERINNERE MICH NOCH AN DEN TAG, ALS HILLS ZIRKUS NACH SMALLVILLE KAM.

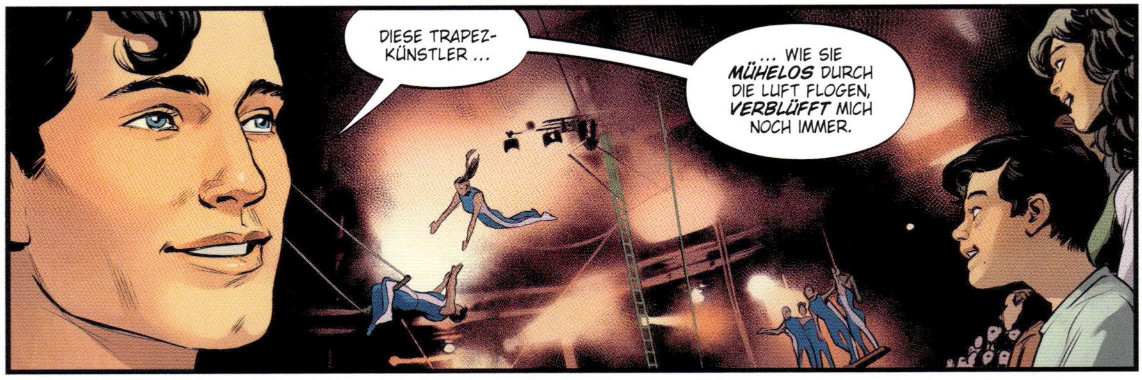
DIESE TRAPEZ-KÜNSTLER ...
... WIE SIE MÜHELOS DURCH DIE LUFT FLOGEN, VERBLÜFFT MICH NOCH IMMER.

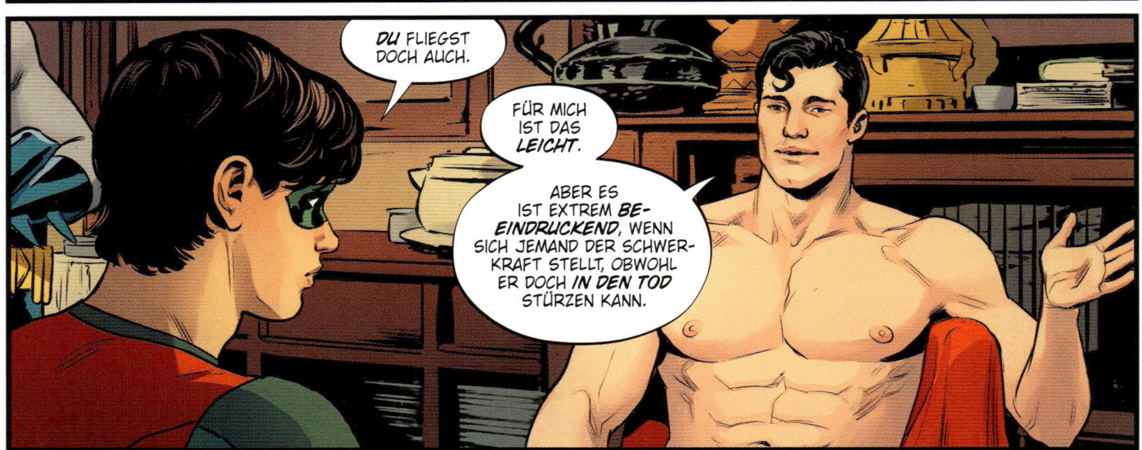
DU FLIEGST DOCH AUCH.
FÜR MICH IST DAS LEICHT.
ABER ES IST EXTREM BE-EINDRUCKEND, WENN SICH JEMAND DER SCHWER-KRAFT STELLT, OBWOHL ER DOCH IN DEN TOD STÜRZEN KANN.

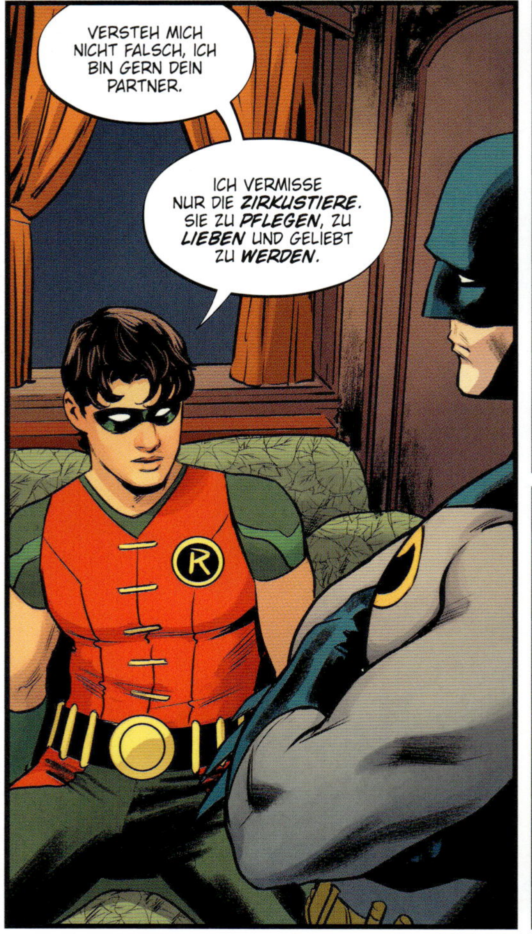
VERSTEH MICH NICHT FALSCH, ICH BIN GERN DEIN PARTNER.
ICH VERMISSE NUR DIE ZIRKUSTIERE. SIE ZU PFLEGEN, ZU LIEBEN UND GELIEBT ZU WERDEN.

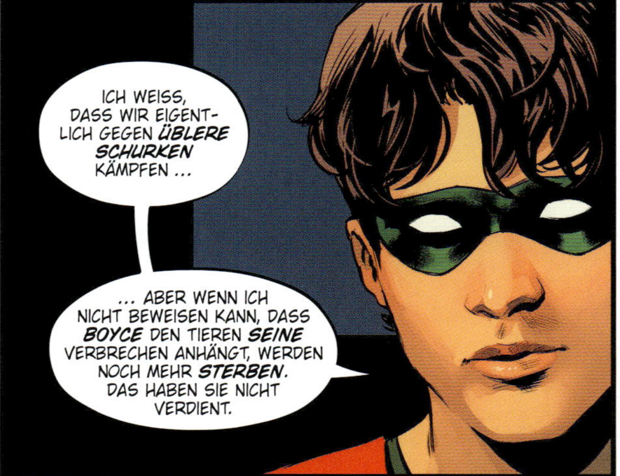
ICH WEISS, DASS WIR EIGENT-LICH GEGEN ÜBLERE SCHURKEN KÄMPFEN ...
... ABER WENN ICH NICHT BEWEISEN KANN, DASS BOYCE DEN TIEREN SEINE VERBRECHEN ANHÄNGT, WERDEN NOCH MEHR STERBEN. DAS HABEN SIE NICHT VERDIENT.

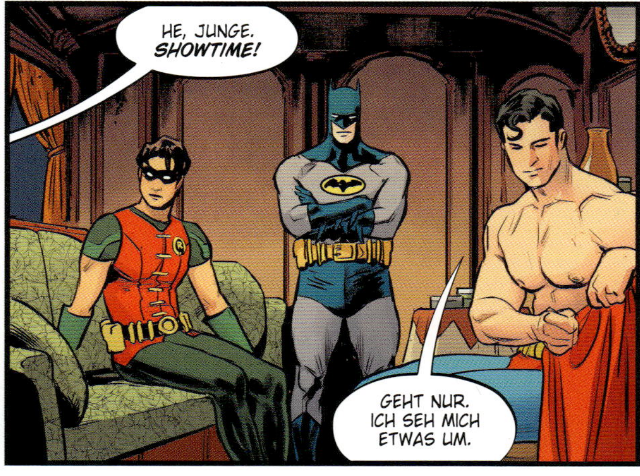
HE, JUNGE. SHOWTIME!
GEHT NUR. ICH SEH MICH ETWAS UM.

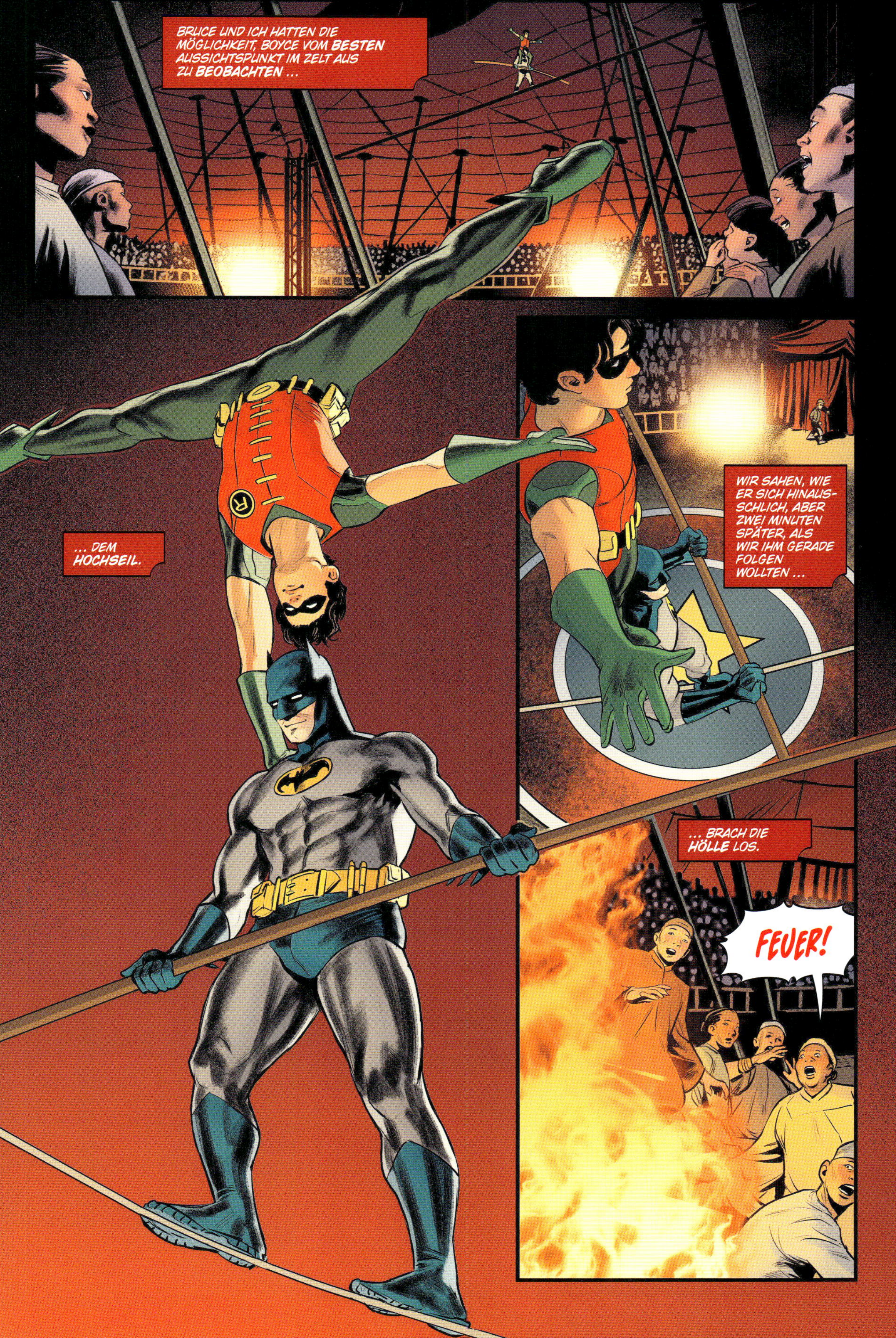
BRUCE UND ICH HATTEN DIE MÖGLICHKEIT, BOYCE VOM BESTEN AUSSICHTSPUNKT IM ZELT AUS ZU BEOBACHTEN …
… DEM HOCHSEIL.
WIR SAHEN, WIE ER SICH HINAUSSCHLICH, ABER ZWEI MINUTEN SPÄTER, ALS WIR IHM GERADE FOLGEN WOLLTEN …
… BRACH DIE HÖLLE LOS.
FEUER!

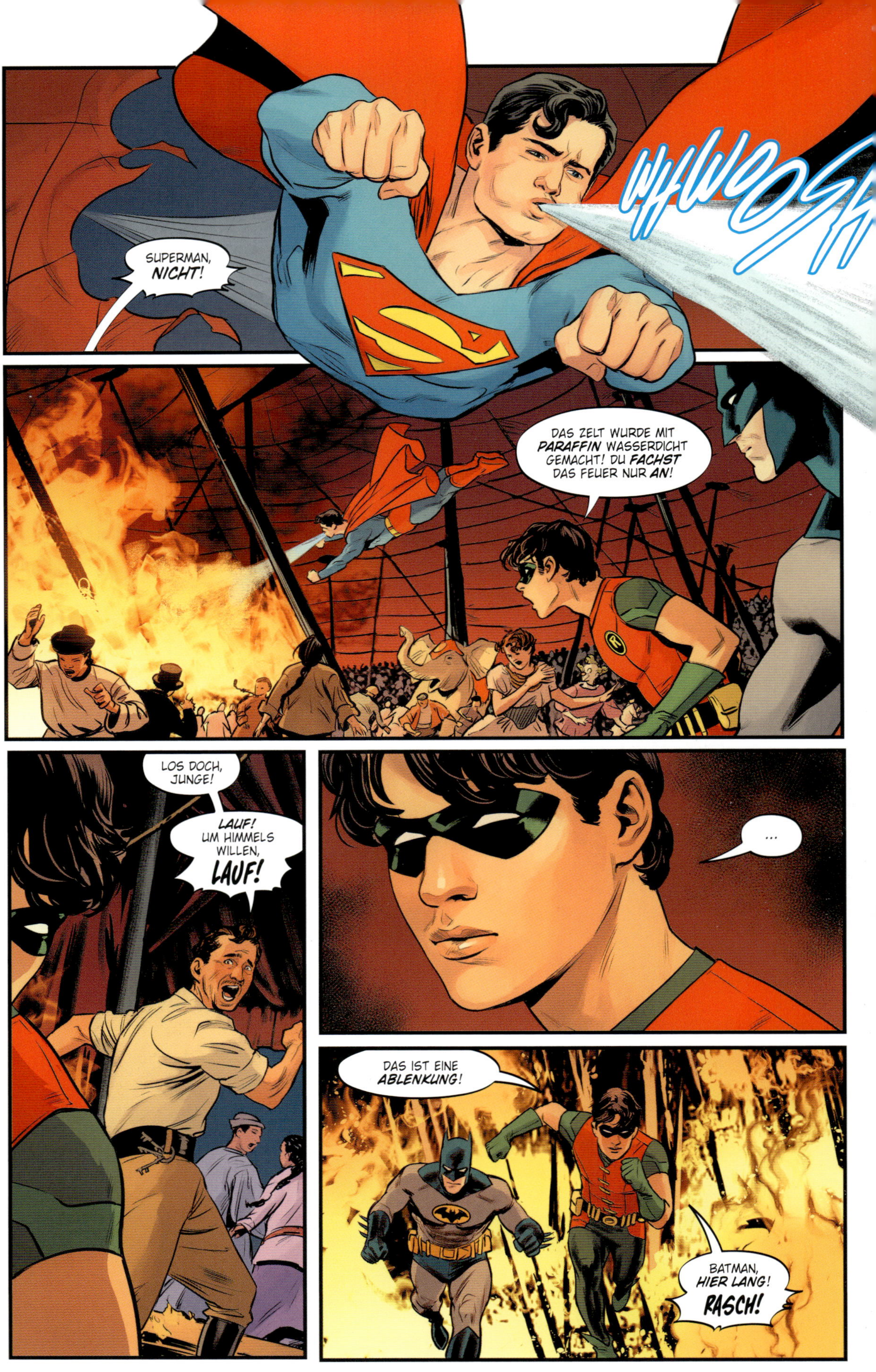

SUPERMAN, NICHT!

DAS ZELT WURDE MIT PARAFFIN WASSERDICHT GEMACHT! DU FACHST DAS FEUER NUR AN!

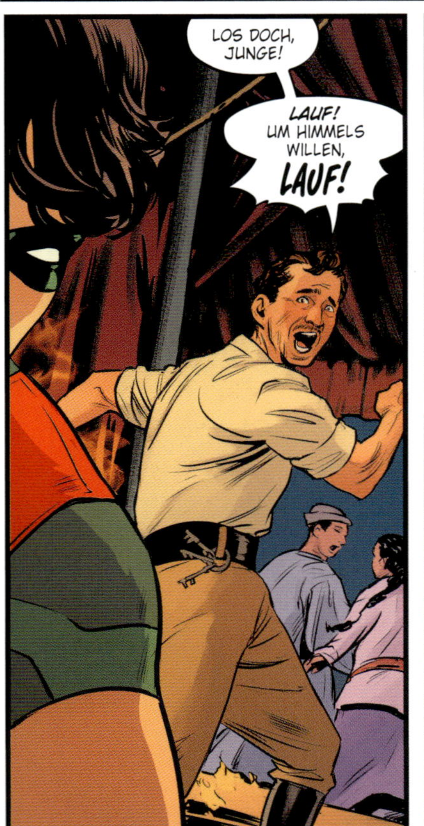

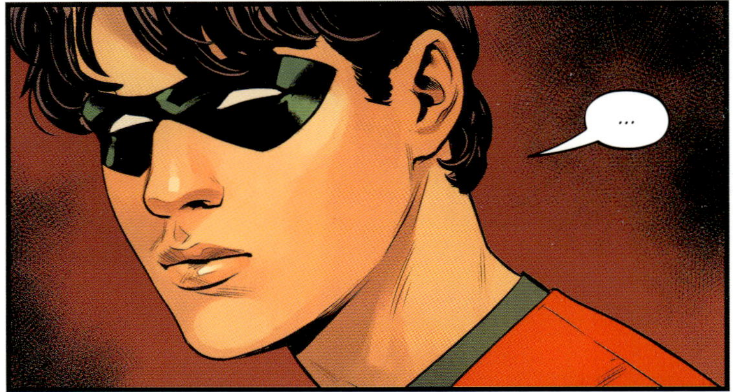

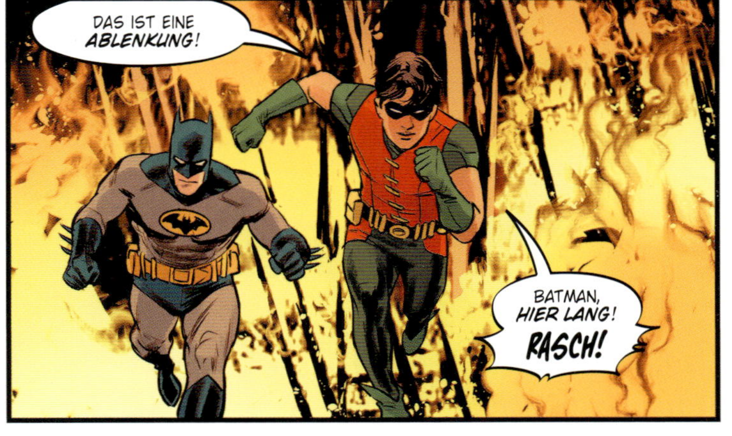

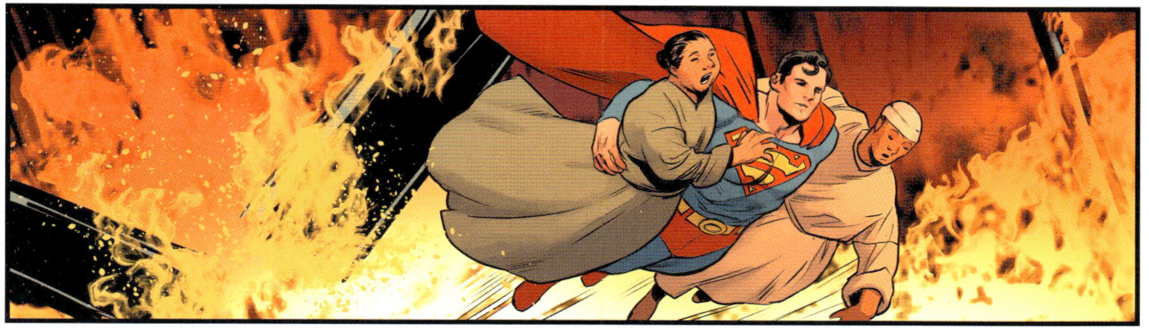

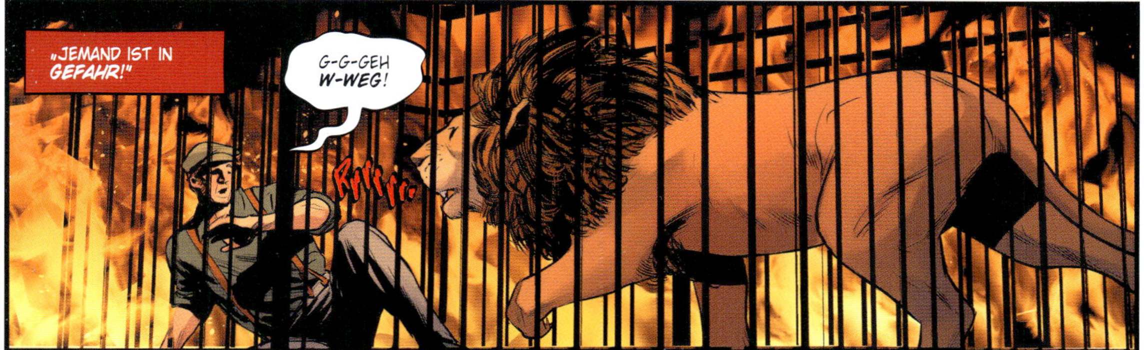
„JEMAND IST IN GEFAHR!"
G-G-GEH W-WEG!

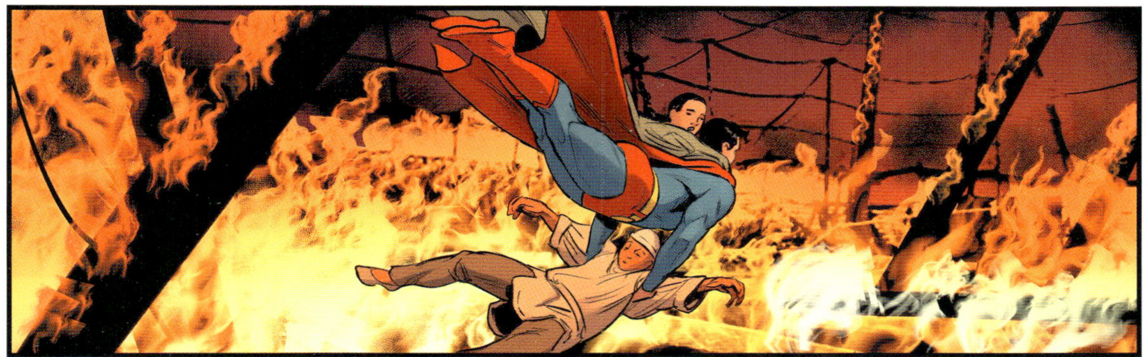

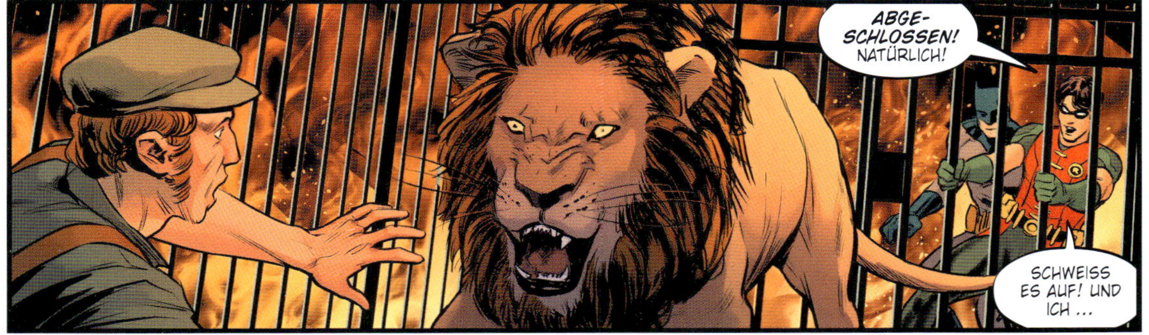
ABGE-SCHLOSSEN! NATÜRLICH!
SCHWEISS ES AUF! UND ICH ...

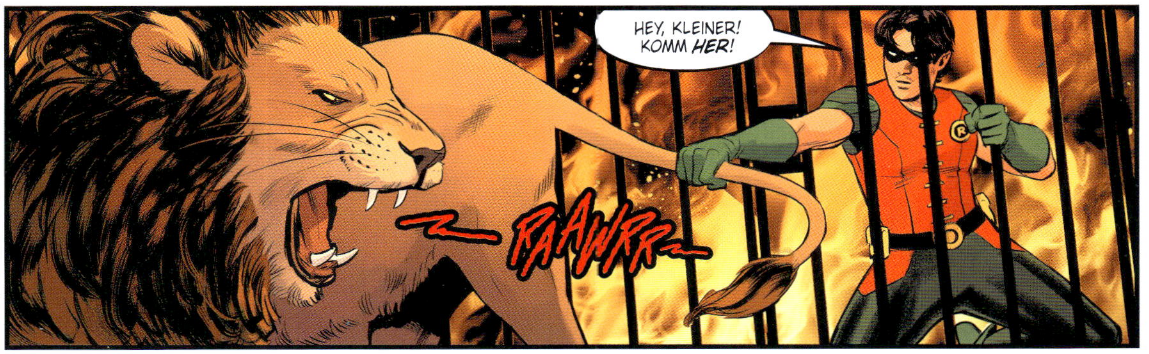
HEY, KLEINER! KOMM HER!
RAAWRR

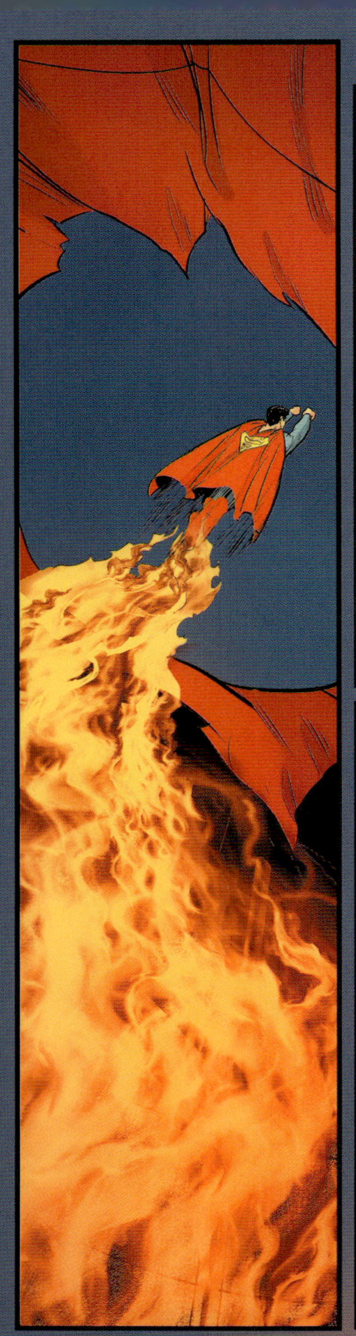

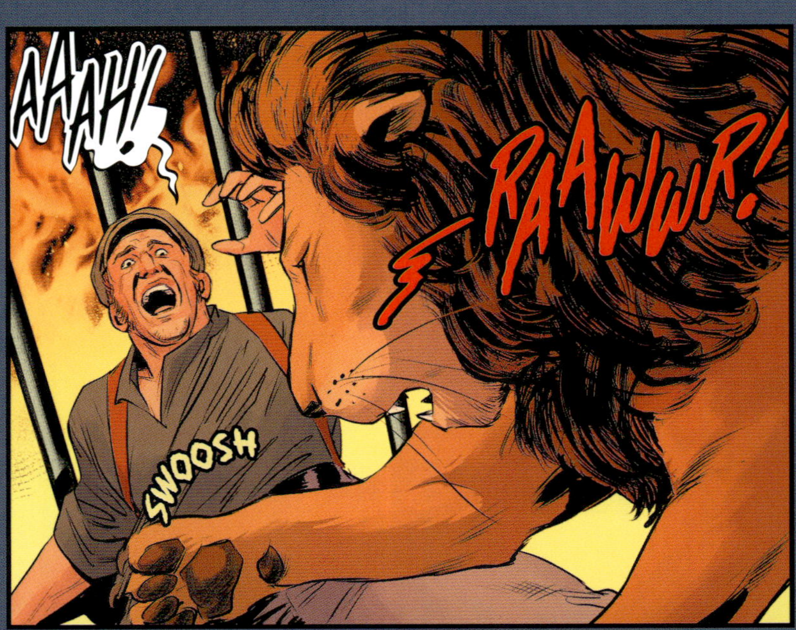
AAAH!
RAAWWR!
SWOOSH

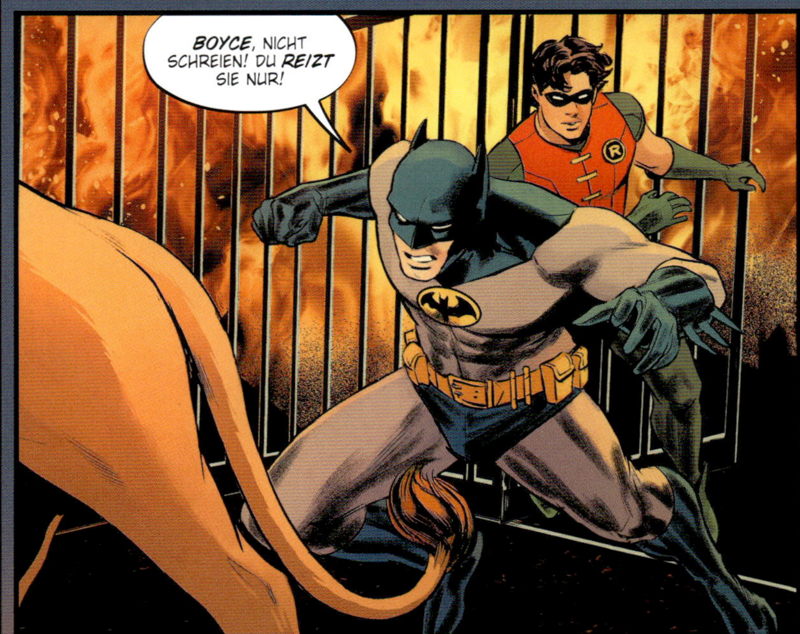
BOYCE, NICHT SCHREIEN! DU REIZT SIE NUR!

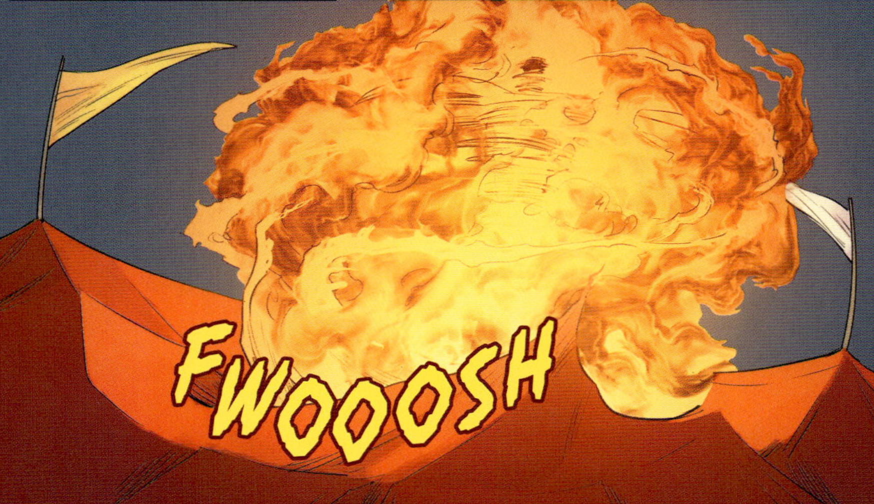
FWOOOSH

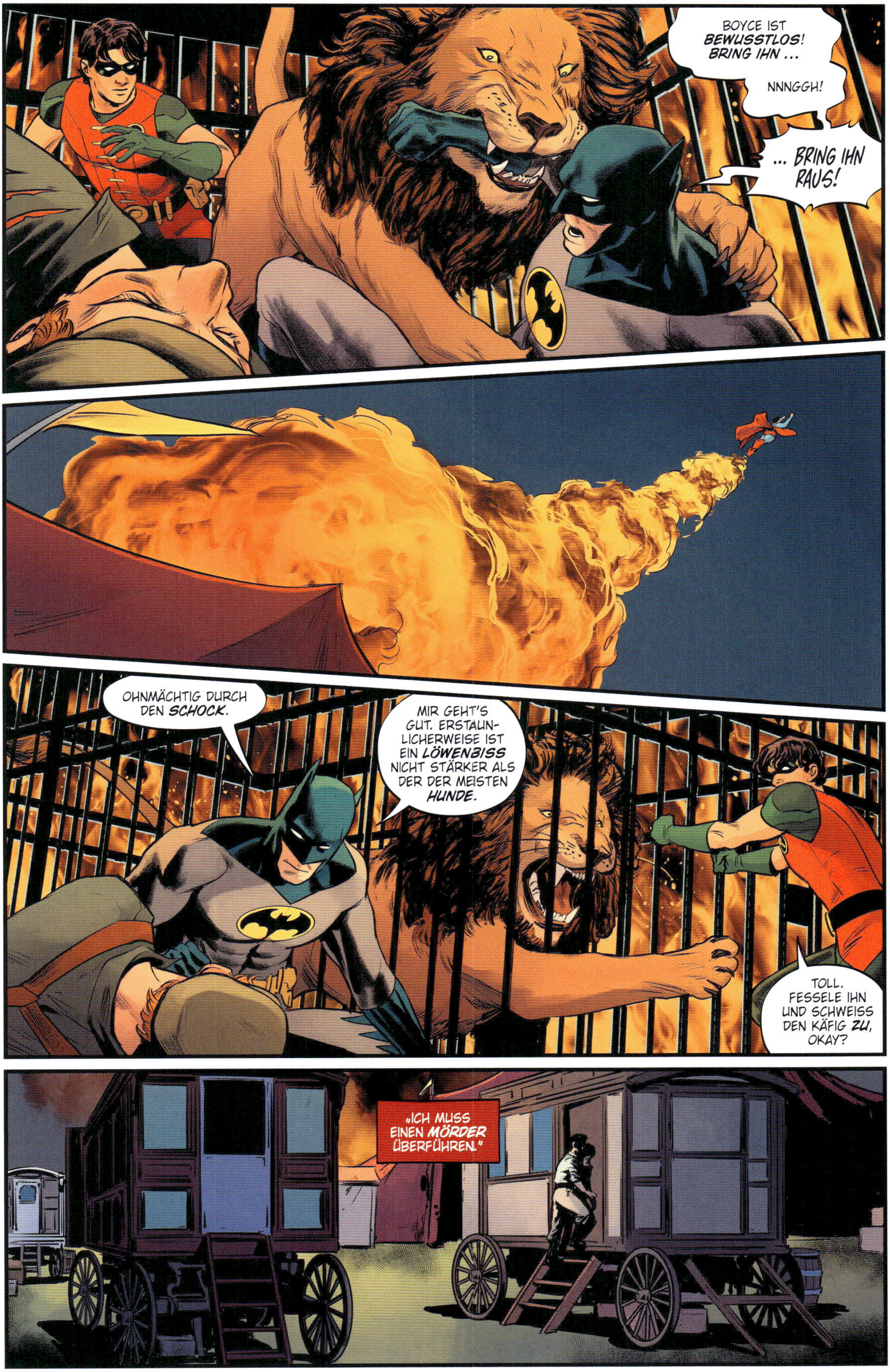

BOYCE IST **BEWUSSTLOS! BRING IHN ...**
NNNGGH!
... BRING IHN RAUS!

OHNMÄCHTIG DURCH DEN **SCHOCK**.
MIR GEHT'S GUT. ERSTAUNLICHERWEISE IST EIN **LÖWENBISS** NICHT STÄRKER ALS DER DER MEISTEN **HUNDE**.
TOLL. FESSELE IHN UND SCHWEISS DEN KÄFIG **ZU**, OKAY?

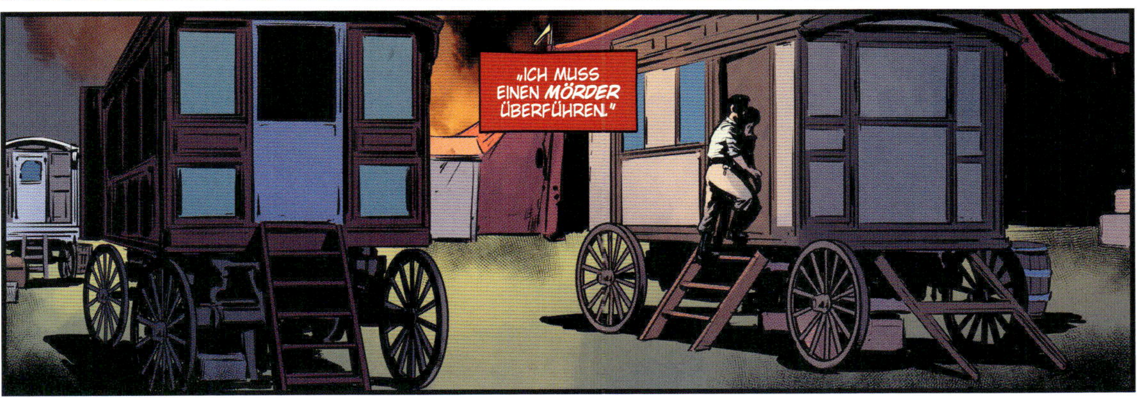

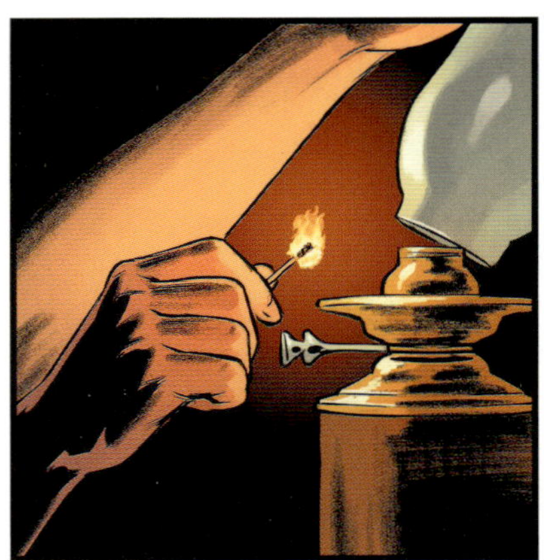

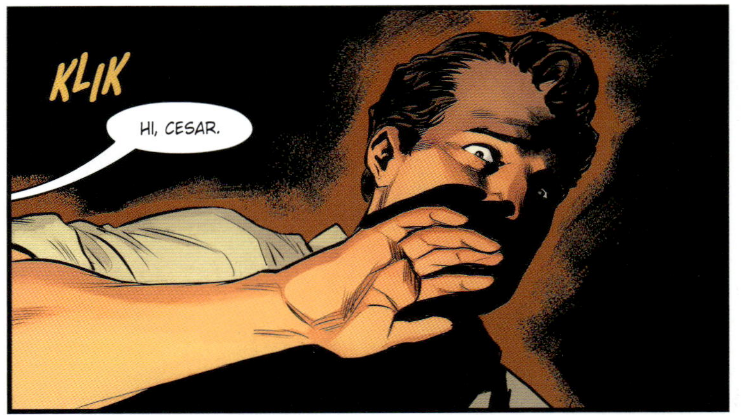
KLIK
HI, CESAR.

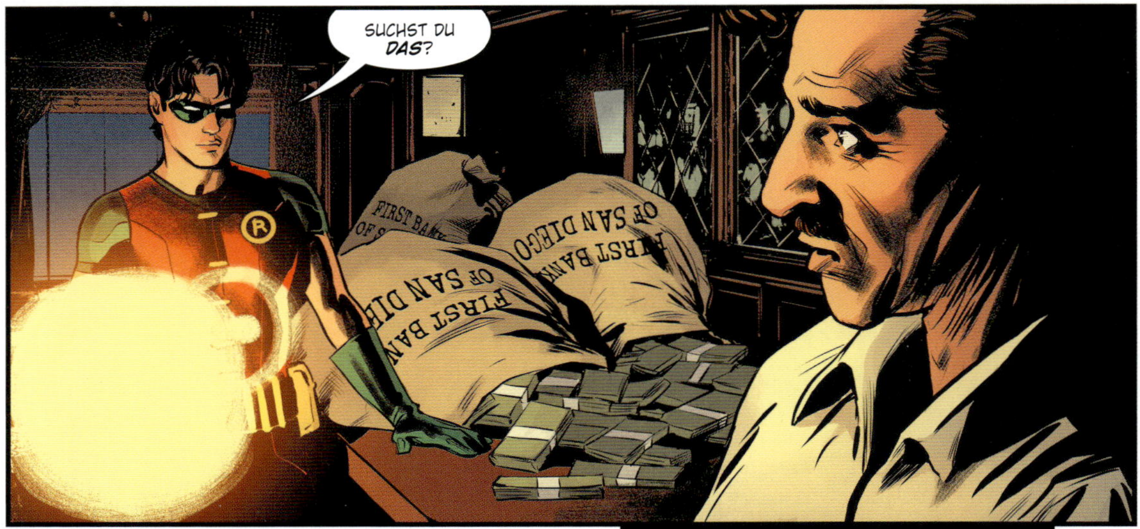
SUCHST DU DAS?
FIRST BANK OF SAN DIEGO

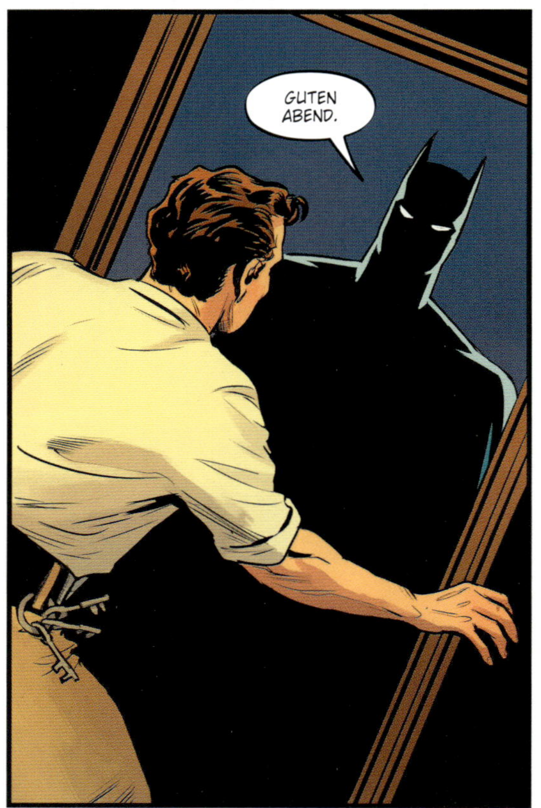
GUTEN ABEND.

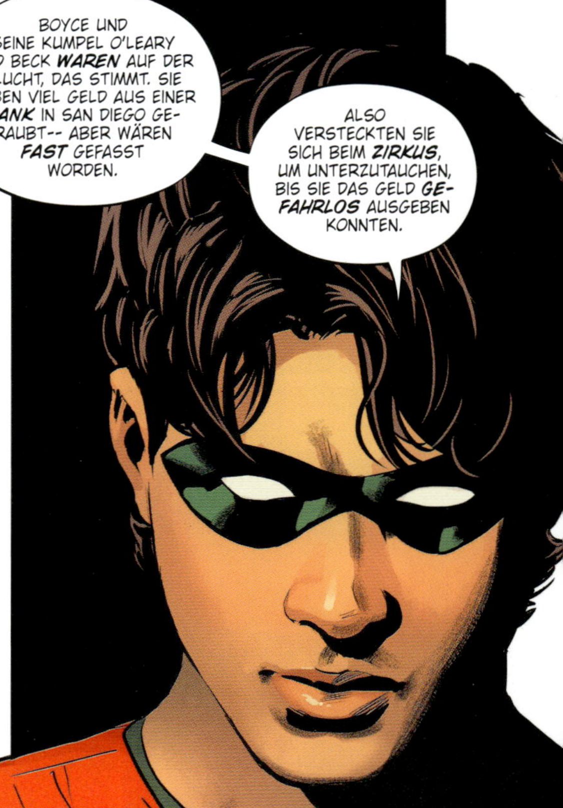
BOYCE UND SEINE KUMPEL O'LEARY UND BECK WAREN AUF DER FLUCHT, DAS STIMMT. SIE HABEN VIEL GELD AUS EINER BANK IN SAN DIEGO GERAUBT-- ABER WÄREN FAST GEFASST WORDEN.
ALSO VERSTECKTEN SIE SICH BEIM ZIRKUS, UM UNTERZUTAUCHEN, BIS SIE DAS GELD GEFAHRLOS AUSGEBEN KONNTEN.

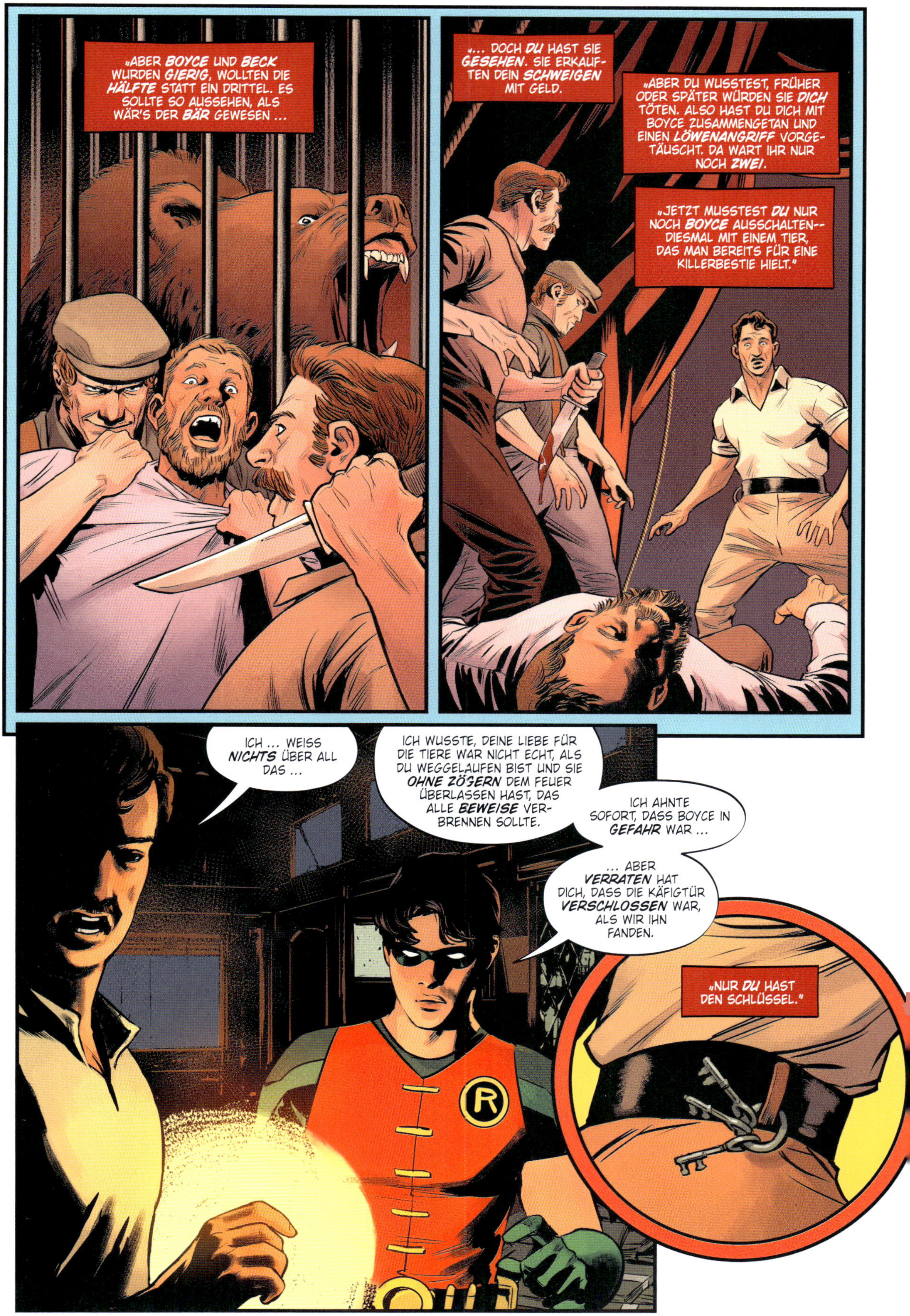

„ABER **BOYCE** UND **BECK** WURDEN **GIERIG**, WOLLTEN DIE **HÄLFTE** STATT EIN DRITTEL. ES SOLLTE SO AUSSEHEN, ALS WÄR'S DER **BÄR** GEWESEN ...

„... DOCH **DU** HAST SIE **GESEHEN**. SIE ERKAUFTEN DEIN **SCHWEIGEN** MIT GELD.

„ABER DU WUSSTEST, FRÜHER ODER SPÄTER WÜRDEN SIE **DICH** TÖTEN. ALSO HAST DU DICH MIT BOYCE ZUSAMMENGETAN UND EINEN **LÖWENANGRIFF** VORGETÄUSCHT. DA WART IHR NUR NOCH **ZWEI**.

„JETZT MUSSTEST **DU** NUR NOCH **BOYCE** AUSSCHALTEN-- DIESMAL MIT EINEM TIER, DAS MAN BEREITS FÜR EINE KILLERBESTIE HIELT."

ICH ... WEISS **NICHTS** ÜBER ALL DAS ...

ICH WUSSTE, DEINE LIEBE FÜR DIE TIERE WAR NICHT ECHT, ALS DU WEGGELAUFEN BIST UND SIE **OHNE ZÖGERN** DEM FEUER ÜBERLASSEN HAST, DAS ALLE **BEWEISE** VERBRENNEN SOLLTE.

ICH AHNTE SOFORT, DASS BOYCE IN **GEFAHR** WAR ...

... ABER **VERRATEN** HAT DICH, DASS DIE KÄFIGTÜR **VERSCHLOSSEN** WAR, ALS WIR IHN FANDEN.

„NUR **DU** HAST DEN SCHLÜSSEL."

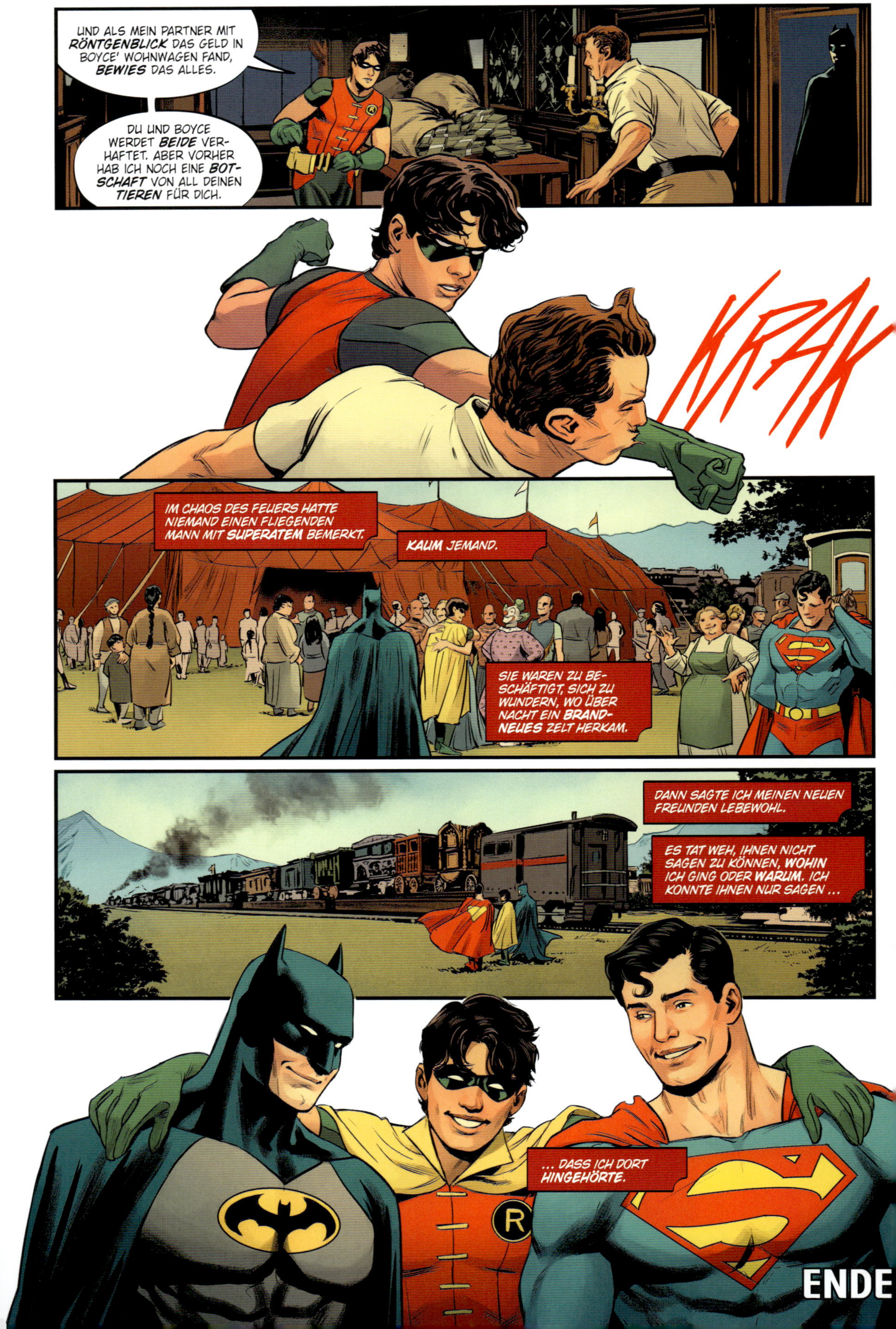

UND ALS MEIN PARTNER MIT **RÖNTGENBLICK** DAS GELD IN BOYCE' WOHNWAGEN FAND, **BEWIES** DAS ALLES.
DU UND BOYCE WERDET **BEIDE** VERHAFTET. ABER VORHER HAB ICH NOCH EINE **BOTSCHAFT** VON ALL DEINEN **TIEREN** FÜR DICH.
KRAK
IM CHAOS DES FEUERS HATTE NIEMAND EINEN FLIEGENDEN MANN MIT **SUPERATEM** BEMERKT.
KAUM JEMAND.
SIE WAREN ZU BESCHÄFTIGT, SICH ZU WUNDERN, WO ÜBER NACHT EIN **BRANDNEUES** ZELT HERKAM.
DANN SAGTE ICH MEINEN NEUEN FREUNDEN LEBEWOHL.
ES TAT WEH, IHNEN NICHT SAGEN ZU KÖNNEN, **WOHIN** ICH GING ODER **WARUM**. ICH KONNTE IHNEN NUR SAGEN …
… DASS ICH DORT **HINGEHÖRTE**.
ENDE

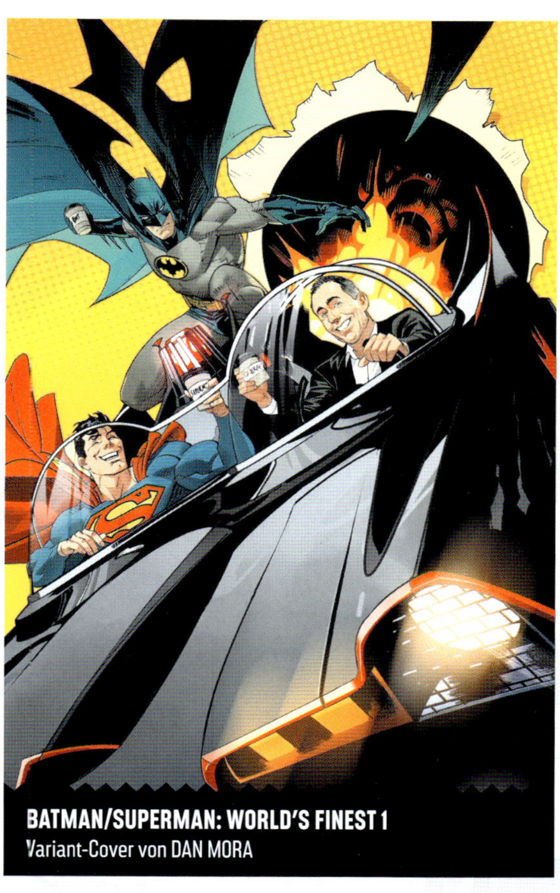

BATMAN/SUPERMAN: WORLD'S FINEST 1
Variant-Cover von DAN MORA

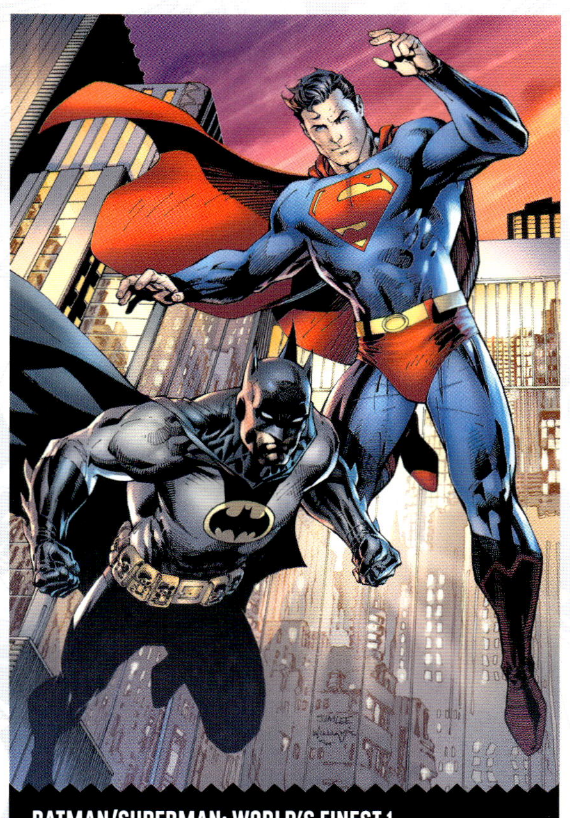

BATMAN/SUPERMAN: WORLD'S FINEST 1
Variant-Cover von JIM LEE

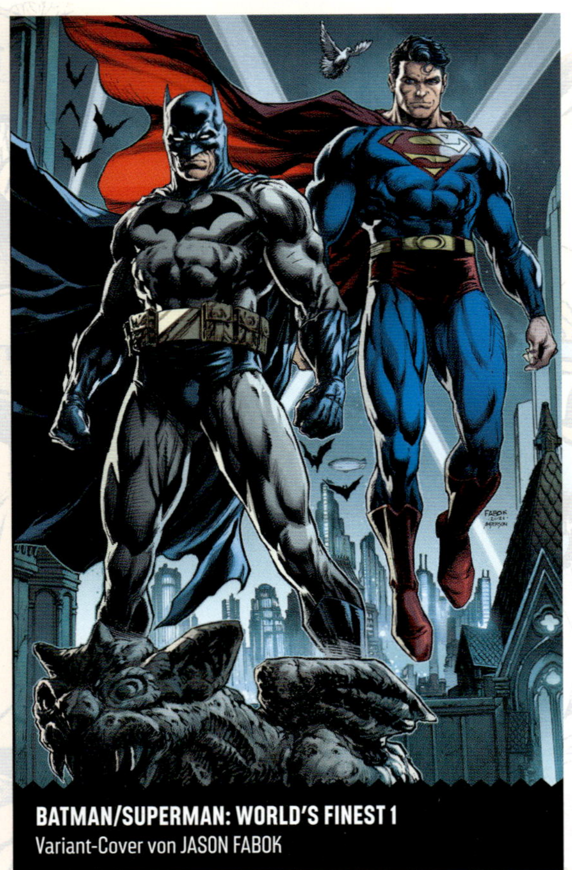

BATMAN/SUPERMAN: WORLD'S FINEST 1
Variant-Cover von JASON FABOK

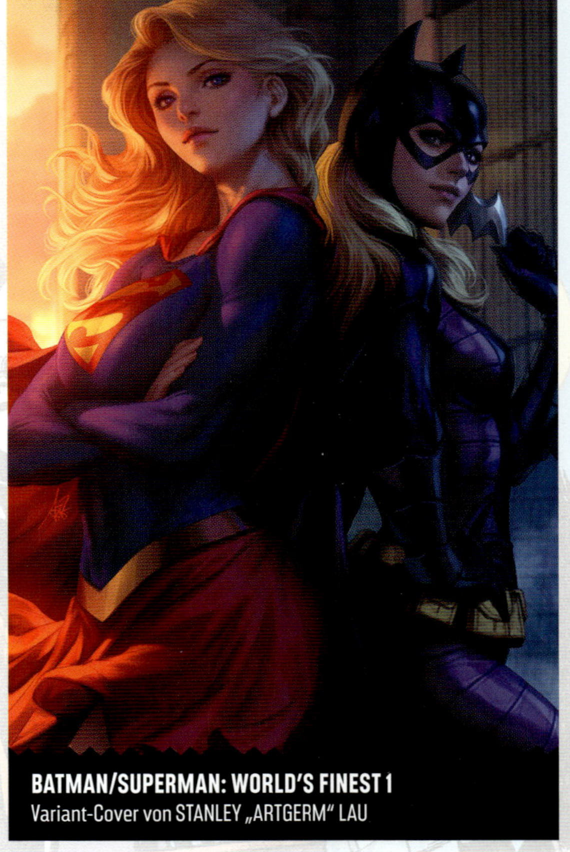

BATMAN/SUPERMAN: WORLD'S FINEST 1
Variant-Cover von STANLEY „ARTGERM" LAU

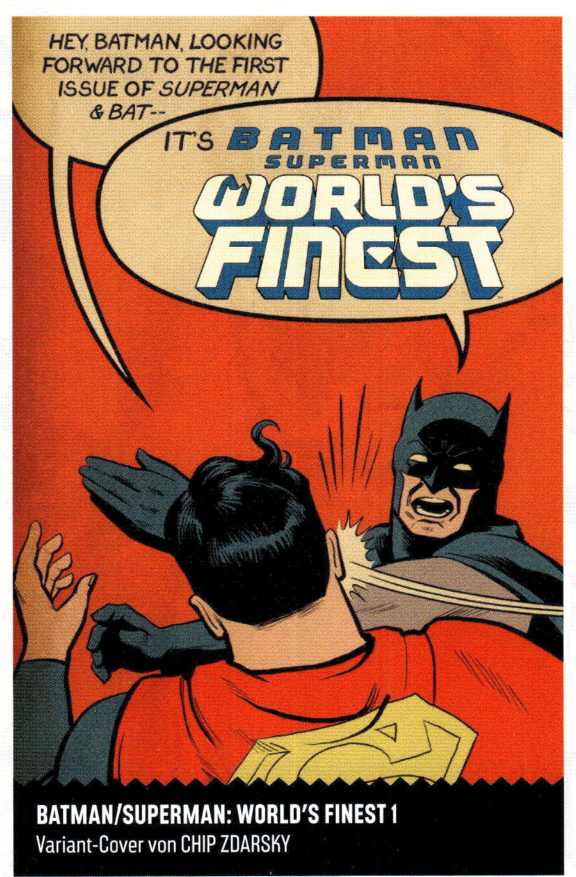

BATMAN/SUPERMAN: WORLD'S FINEST 1
Variant-Cover von CHIP ZDARSKY

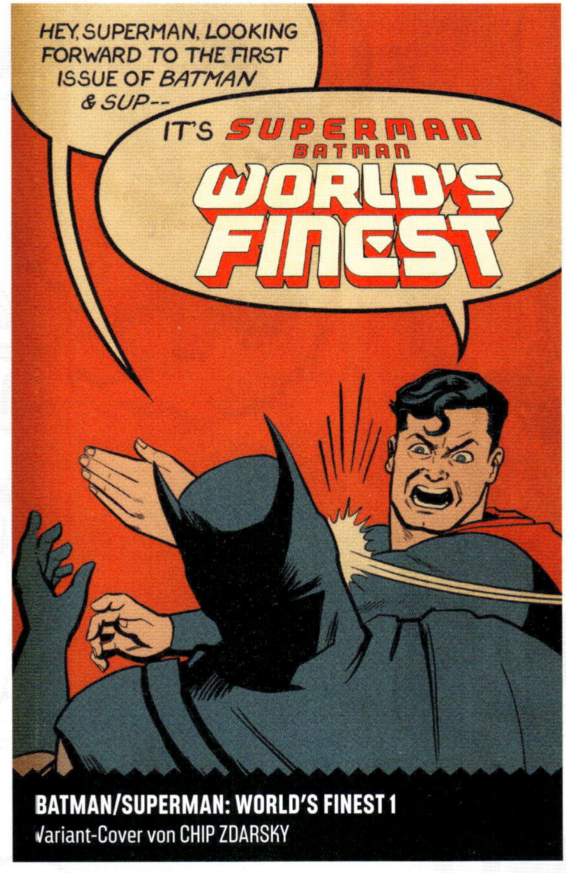

BATMAN/SUPERMAN: WORLD'S FINEST 1
Variant-Cover von CHIP ZDARSKY

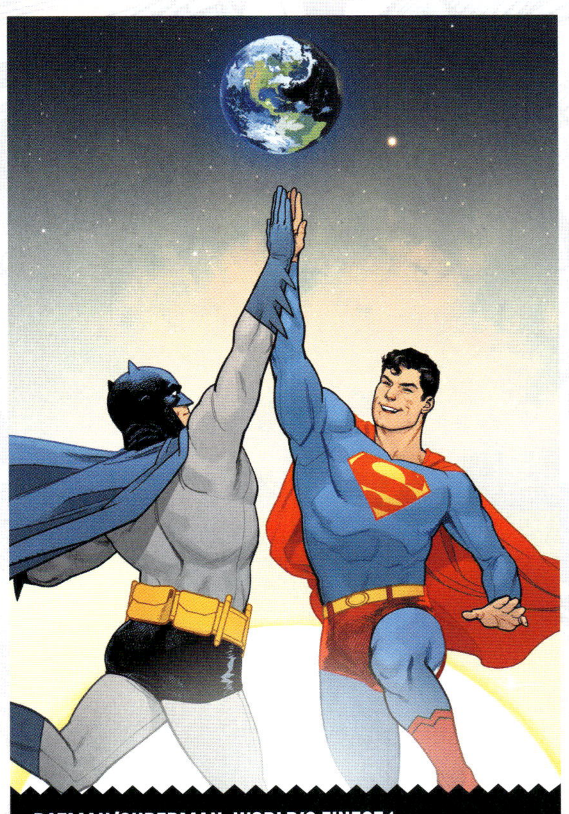

BATMAN/SUPERMAN: WORLD'S FINEST 1
Variant-Cover von EVAN „DOC" SHANER

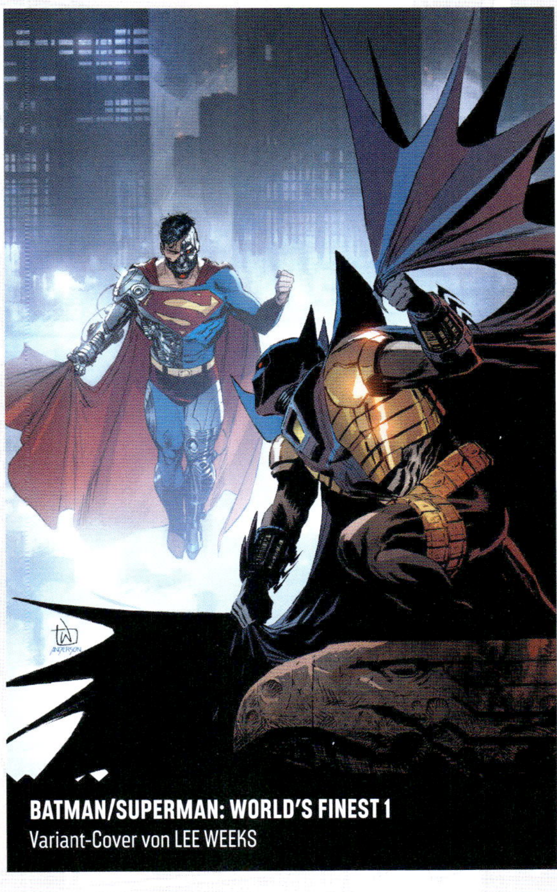

BATMAN/SUPERMAN: WORLD'S FINEST 1
Variant-Cover von LEE WEEKS

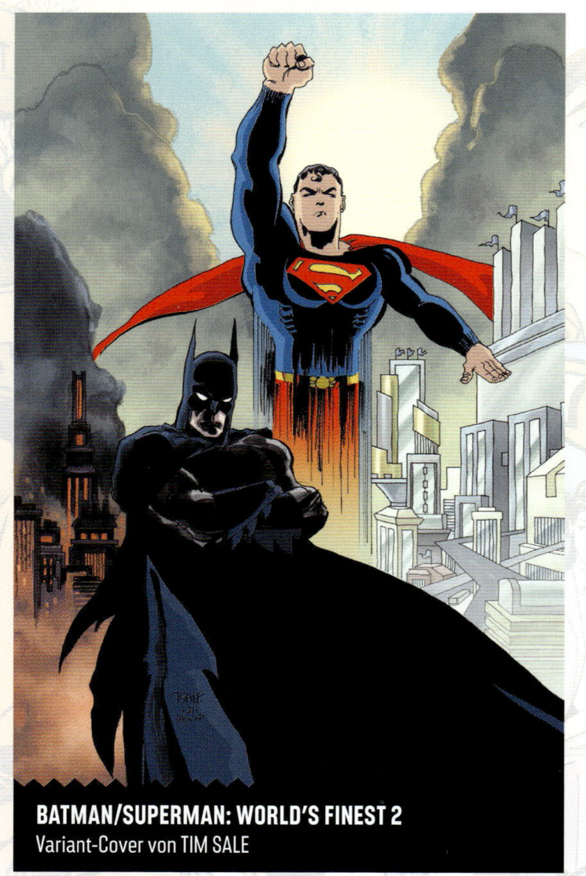

BATMAN/SUPERMAN: WORLD'S FINEST 2
Variant-Cover von TIM SALE

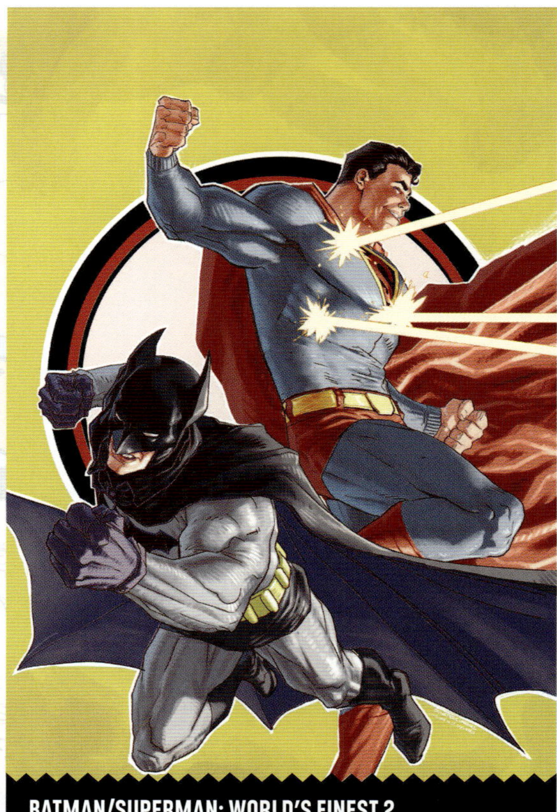

BATMAN/SUPERMAN: WORLD'S FINEST 2
Variant-Cover von PETE WOODS

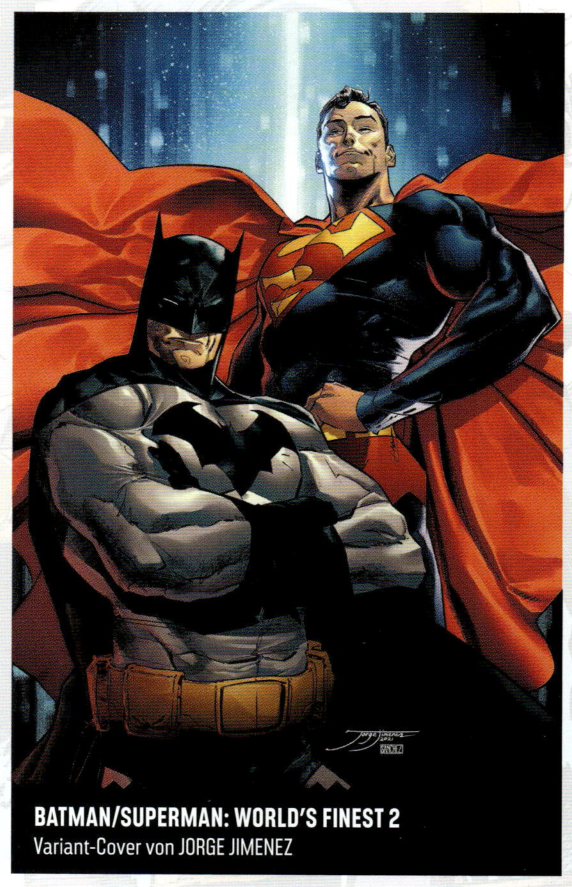

BATMAN/SUPERMAN: WORLD'S FINEST 2
Variant-Cover von JORGE JIMENEZ

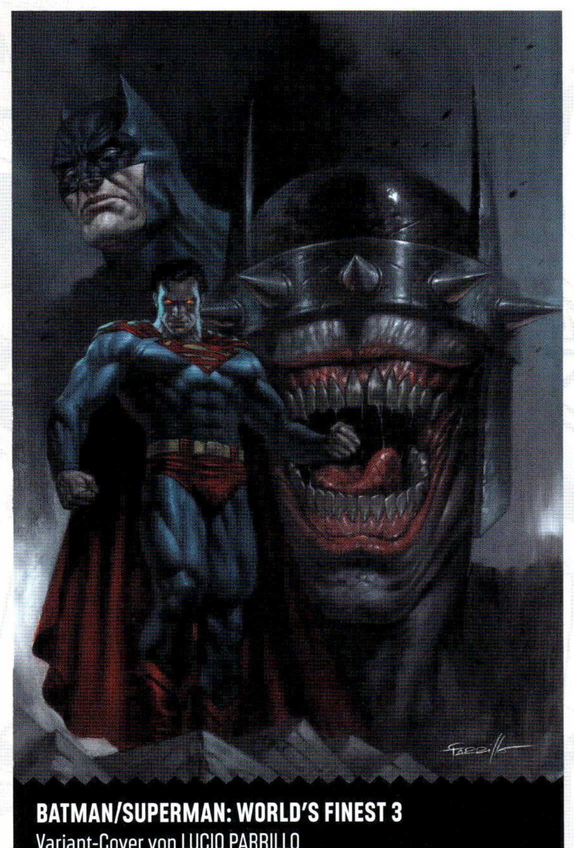

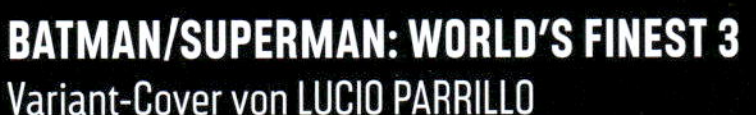

BATMAN/SUPERMAN: WORLD'S FINEST 3
Variant-Cover von LUCIO PARRILLO

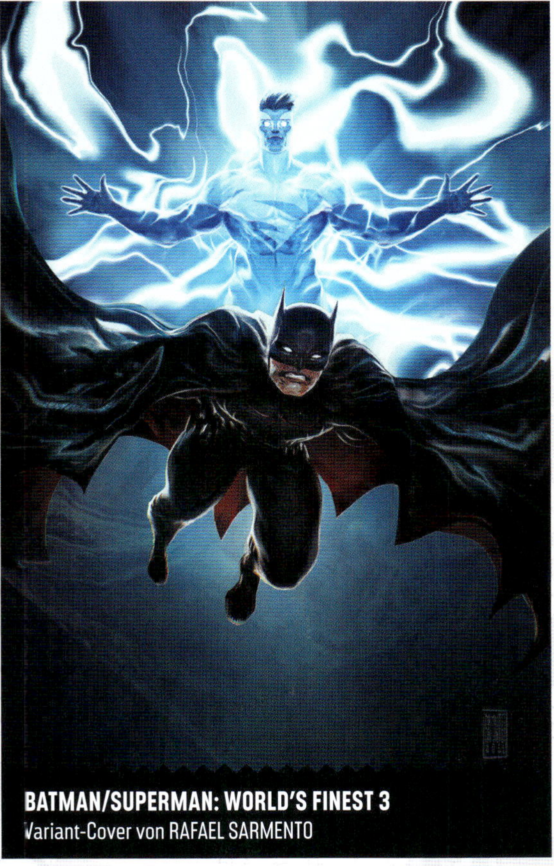

BATMAN/SUPERMAN: WORLD'S FINEST 3
Variant-Cover von RAFAEL SARMENTO

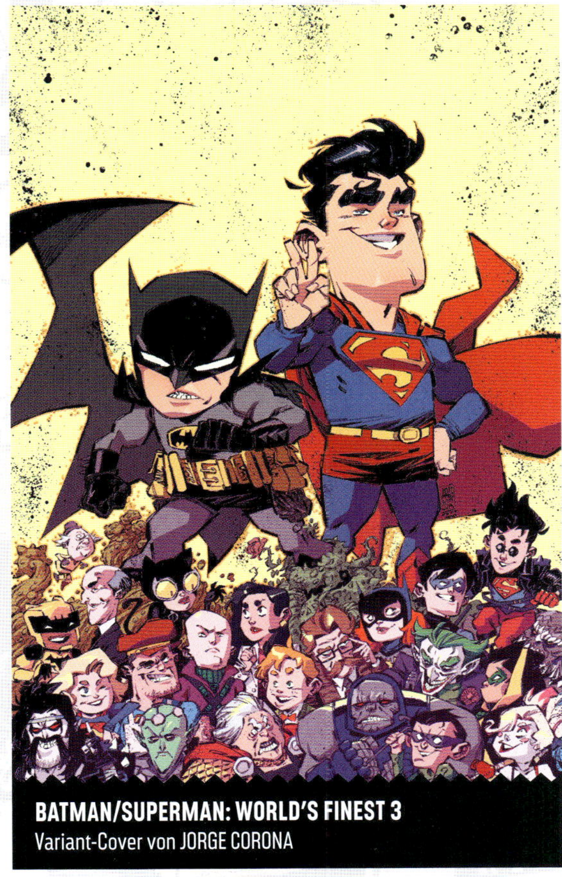

BATMAN/SUPERMAN: WORLD'S FINEST 3
Variant-Cover von JORGE CORONA

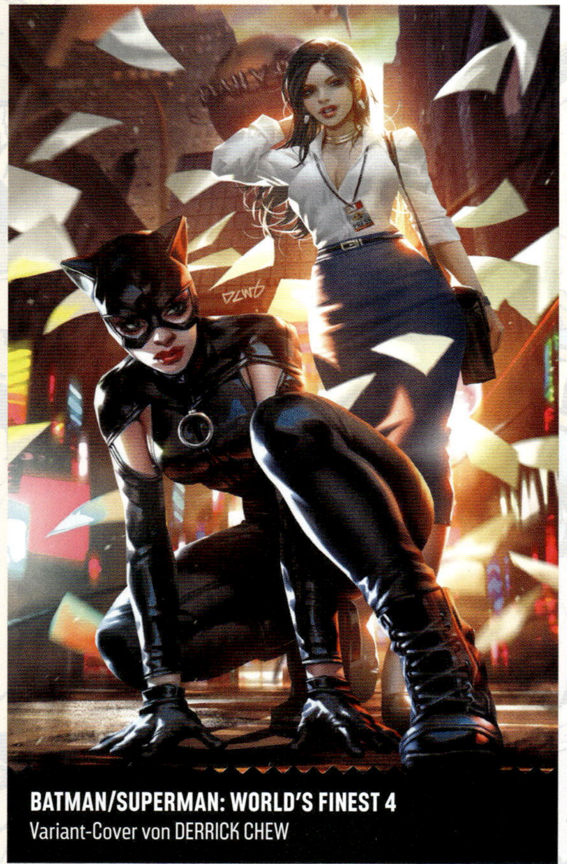
BATMAN/SUPERMAN: WORLD'S FINEST 4
Variant-Cover von DERRICK CHEW

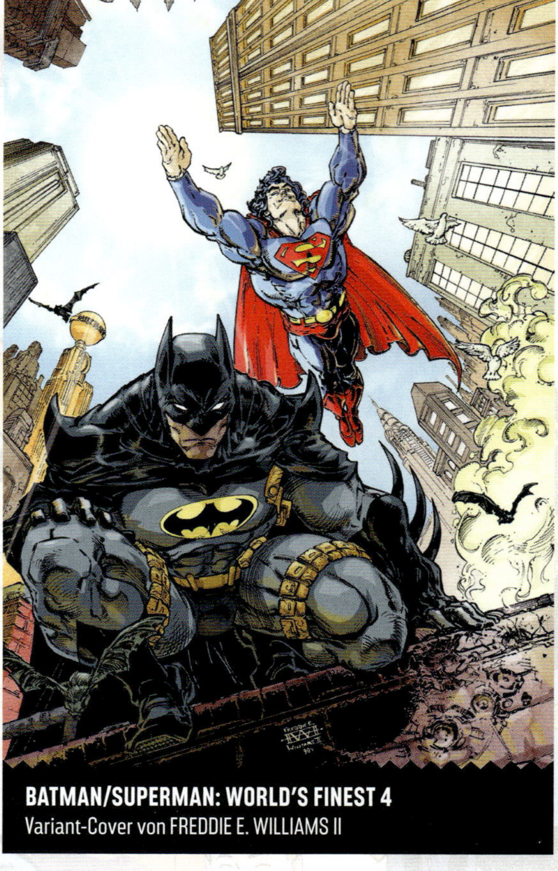
BATMAN/SUPERMAN: WORLD'S FINEST 4
Variant-Cover von FREDDIE E. WILLIAMS II

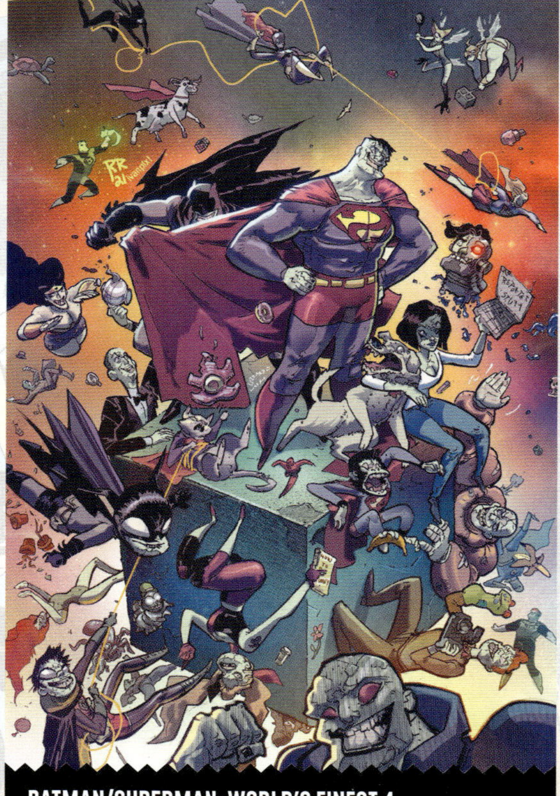
BATMAN/SUPERMAN: WORLD'S FINEST 4
Variant-Cover von RILEY ROSSMO

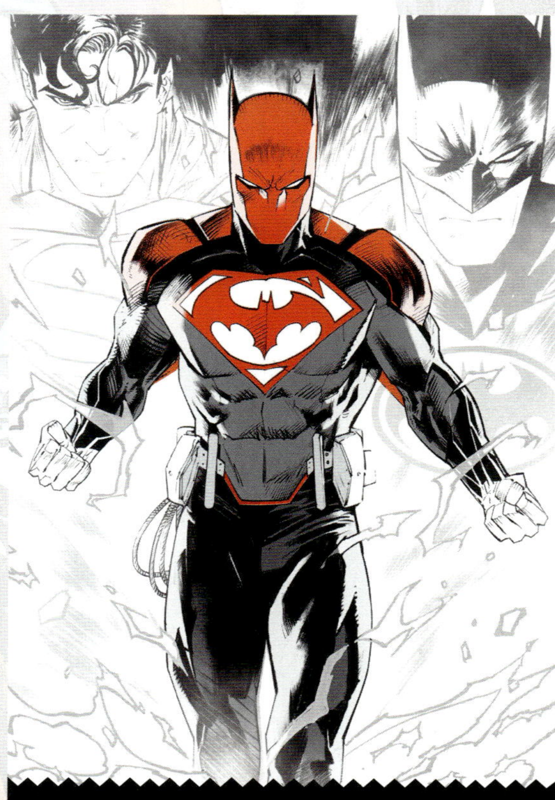
BATMAN/SUPERMAN: WORLD'S FINEST 4
Variant-Cover von DAN MORA

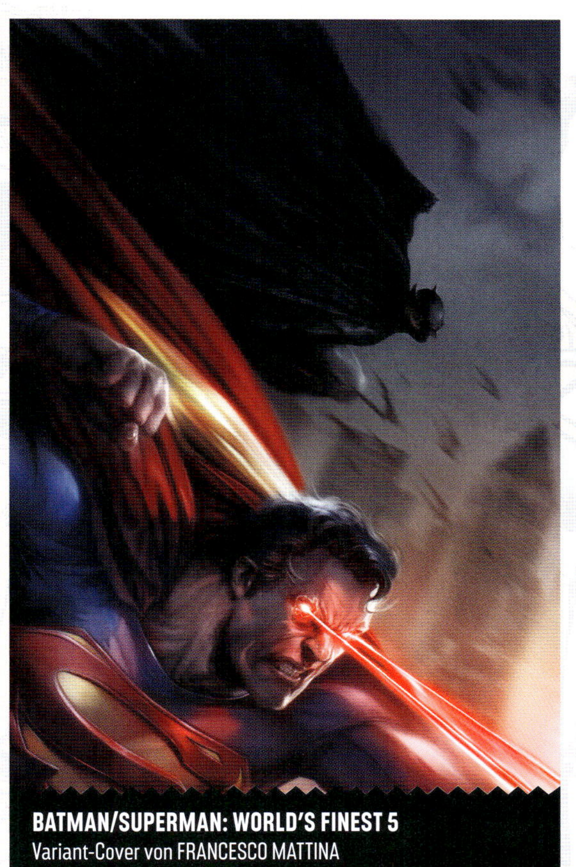
BATMAN/SUPERMAN: WORLD'S FINEST 5
Variant-Cover von FRANCESCO MATTINA

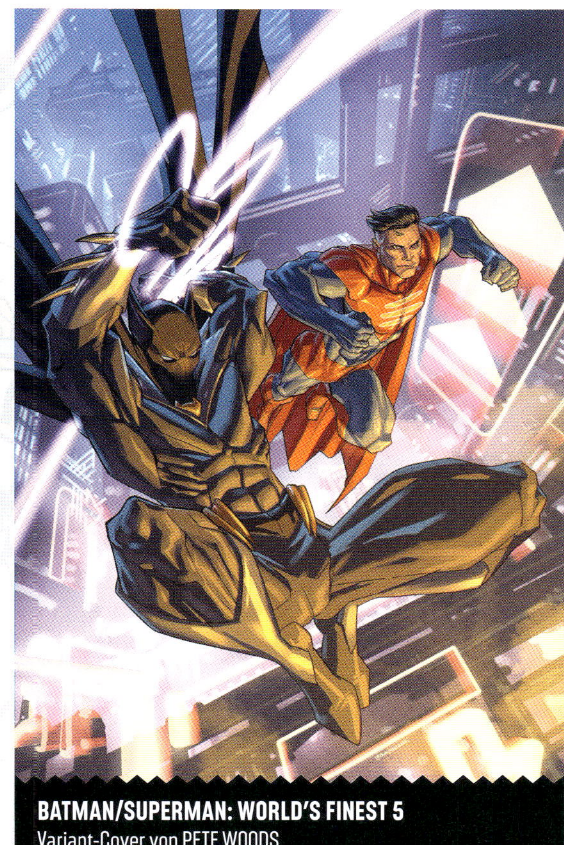
BATMAN/SUPERMAN: WORLD'S FINEST 5
Variant-Cover von PETE WOODS

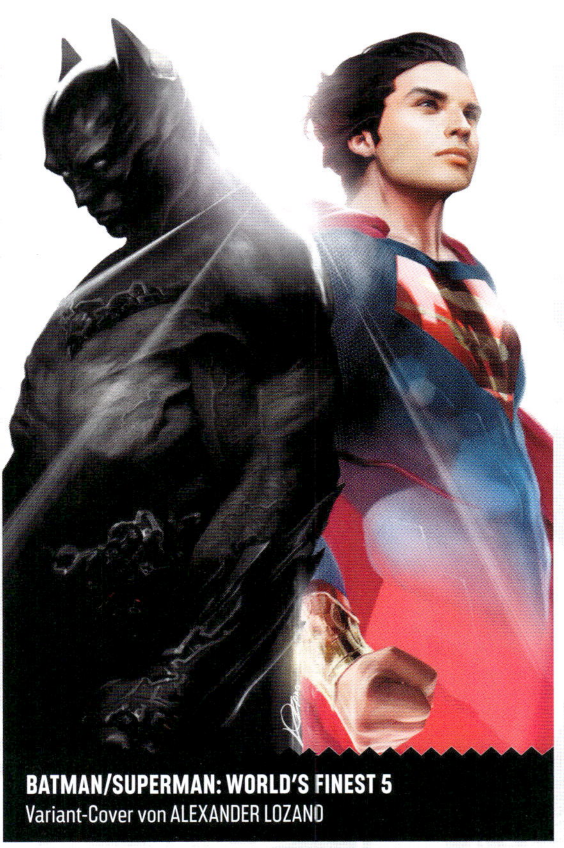
BATMAN/SUPERMAN: WORLD'S FINEST 5
Variant-Cover von ALEXANDER LOZANO

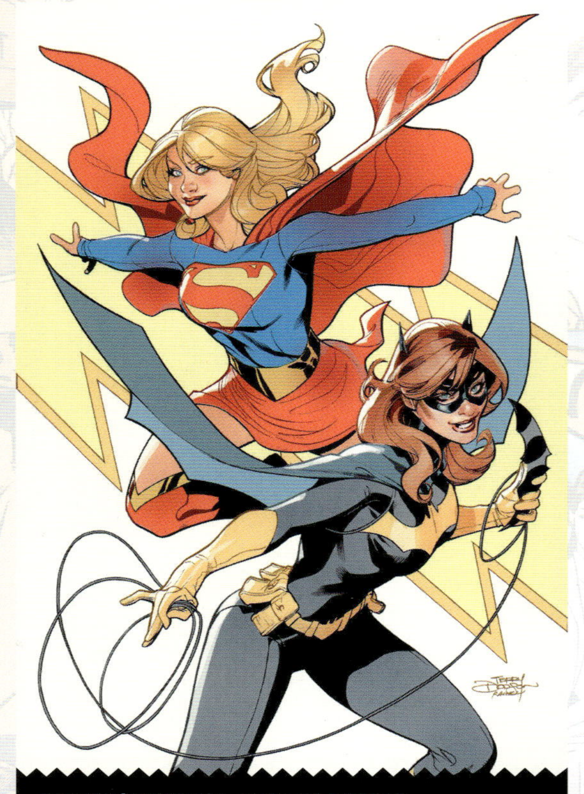

BATMAN/SUPERMAN: WORLD'S FINEST 6
Variant-Cover von TERRY DODSON

BATMAN/SUPERMAN: WORLD'S FINEST 6
Variant-Cover von RAFA SANDOVAL

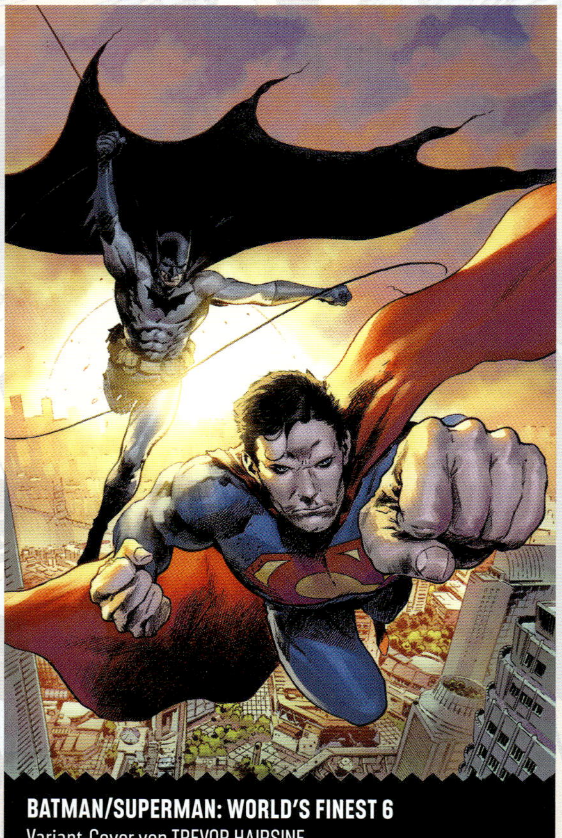

BATMAN/SUPERMAN: WORLD'S FINEST 6
Variant-Cover von TREVOR HAIRSINE

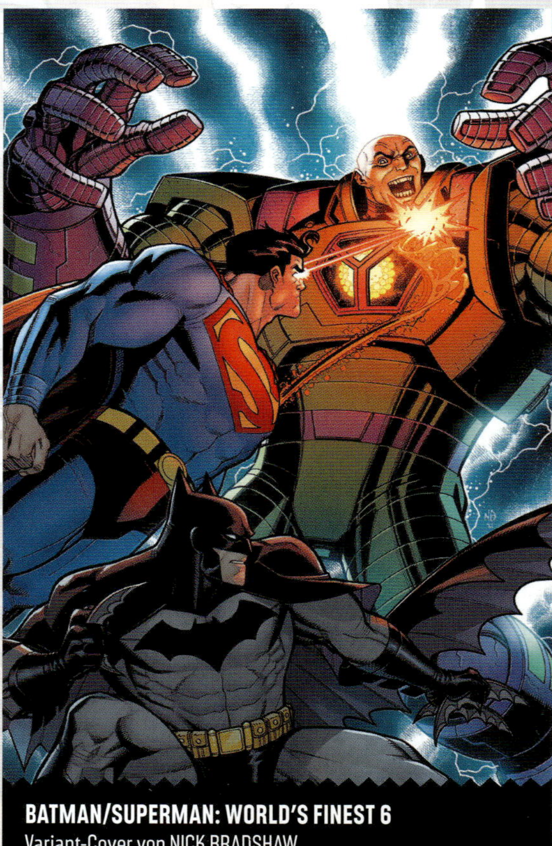

BATMAN/SUPERMAN: WORLD'S FINEST 6
Variant-Cover von NICK BRADSHAW

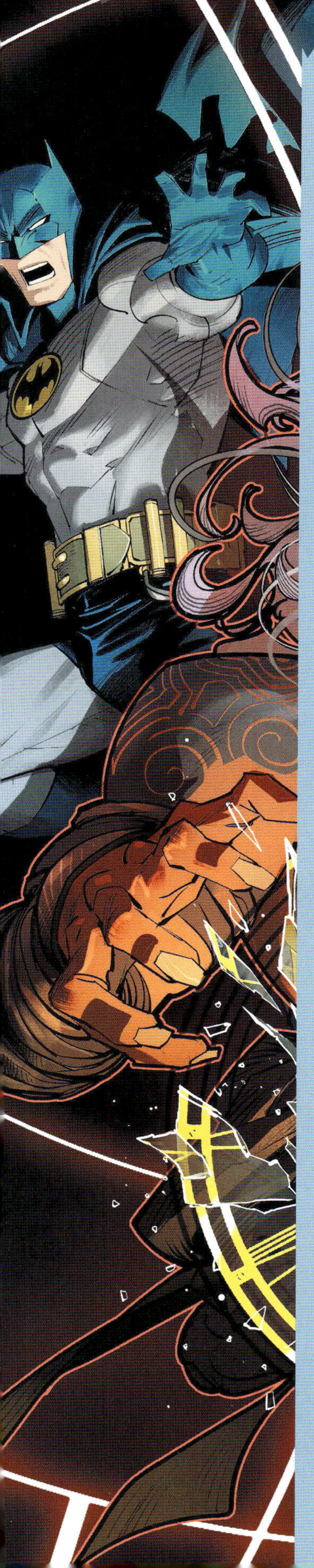

VON GOTHAM BIS METROPOLIS

von **Christian Endres**

DIE DOOM PATROL

1963 sollte die Abenteuer/Science-Fiction-Anthologie-Heftreihe MY GREATEST ADVENTURE mit US-Ausgabe 80 in eine Superhelden-Heftserie umgewandelt werden, die jedoch dem Pulp-Charakter der bisherigen Reihe weiterhin Rechnung trug. Also schufen die Autoren **Arnold Drake** und **Bob Haney** gemeinsam mit Zeichner **Bruno Premiani** die **Doom Patrol** als ungewöhnliches Super-Antihelden-Team, wobei **Robotman**, **Elasti-Girl**, **Negative Man** und der **Chief** viele persönliche Probleme hatten. 1968 opferte sich diese ursprüngliche Doom Patrol dann für das Gute. Erst 1977 präsentierten **Paul Kupperberg** und **Joe Staton** einen Doom Patrol-Relaunch, wenngleich mit größtenteils neuen Figuren. Nach der einschneidenden **Crisis on Infinite Earths** begann für die Doom Patrol unter Kupperberg und u. a. dem jungen Zeichner **Erik Larsen** das nächste Kapitel, nicht zuletzt mit der Rückkehr von Robotman und Konsorten. 1988 übernahm **Grant Morrison** die Serie und führte sie inhaltlich dann in völlig neue Weird Fiction-Gefilde – und machte DOOM PATROL zum Kultcomic und Meisterwerk (werft einen Blick in unsere fette Gesamtausgabe des von z. B. **Richard Case** gezeichneten Stoffes!). Morrison ignorierte Superhelden-Konventionen aller Art und verschob die Grenzen des Genres und des Mediums spürbar. Danach führten **Rachel Pollack**, **Ted McKeever**, **John Arcudi**, **John Byrne** und **Keith Giffen** die Antihelden ins neue Jahrtausend. 2016 überwachte *The Umbrella Academy*-Schöpfer **Gerard Way** einen weiteren Reboot der Doom Patrol unter seinem **Young Animal**-Imprint. Und 2019 debütierte schließlich die coole *Doom Patrol*-Fernsehserie von **Jeremy Carver** und anderen als *Titans*-Spin-off, die sich massiv am unvergesslichen Morrison-Run orientiert.

BALD: BATMAN VS. ROBIN!

Was das **Grab von Nehza** mit dem nächsten großen **Batman/Robin**-Event in der aktuellen DC Comics-Gegenwart zu tun hat? Das finden wir alle gemeinsam in BATMAN VS. ROBIN heraus, einer bald anstehenden, aufsehenerregenden Geschichte von Mark Waid und dem in Wien lebenden Zeichner **Mahmud Asrar** (*Avengers*, *Conan der Barbar*). So viel sei schon jetzt verraten: Ihre Story um **Bruce**, seinen Sohn **Damian** und *[DAS ERFAHRT IHR SCHON NOCH]* dürfte die Welt des **Dunklen Ritters** erschüttern! Als Vorbereitung auf den Kracher könntet ihr nach diesem tollen Auftaktband von BATMAN/SUPERMAN: WORLD'S FINEST jetzt noch die aktuelle ROBIN-Serie sowie das zweiteilige Crossover BATMAN: SHADOW WAR von Top-Autor **Joshua Williamson** und Zeichnern wie **Howard Porter** und **Viktor Bogdanovic** lesen, wenn ihr möchtet. Bis dann!

DAS KREATIV-TEAM

MARK WAID startete seine Karriere als Redakteur bei DC Comics, wo er Anfang der 1990er zum schreibenden Fanliebling wurde, als er sich jahrelang mit großem Erfolg um die Abenteuer von Flash kümmerte. Für Marvel verfasste der 1962 geborene Amerikaner später Storys zum großen X-Men-Crossover *Age of Apocalypse*, außerdem schrieb er Deadpools erste eigene Serie als Titelheld und die Abenteuer von Captain America und Ka-Zar. 1996 veröffentlichte er gemeinsam mit Comic-Maler Alex Ross den Bestseller KINGDOM COME über eine alternative DC-Zukunft, der ihnen mehrere Preise einbrachte, darunter den prestigeträchtigen Eisner Award. In den nächsten Jahrzehnten ersann Waid als einer der profiliertesten Autoren des Mediums viele Comics mit der Justice League, Superman, der Legion of Super-Heroes, den Fantastic Four, Hulk, Spider-Man, den Avengers, Daredevil, Black Widow, Doctor Strange und Prinzessin Leia. Zu seinen eigenen Comic-Kreationen zählen die Serien *Strange Fruit*, *Ignited*, *Ruse* und *Irredeemable*. 2015 kümmerte er sich dann um den Relaunch des Comic-Klassikers *Archie*. Mark Waid war überdies Chief Creative Officer des Verlags BOOM! Studios und Director of Creative Development von Humanoids.

DAN MORA wurde 1987 auf Costa Rica geboren, wo er Kunst studierte und auch schon selbst unterrichtete. Seit 2014 ist er als Zeichner für den US-Markt tätig und erhielt bereits 2016 bei den Eisner Awards der amerikanischen Comic-Industrie den Russ Manning Award als bester Newcomer. Mora brillierte mit seinem Stil an BATMAN – DETECTIVE COMICS von Mariko Tamaki, der eigenständigen Artus-Fantasy *Once & Future* von Kieron Gillen, der Weihnachtsmann-Superhelden-Neuinterpretation *Klaus* von Grant Morrison, dem *Buffy*-Comic-Reboot von Jordie Bellaire und *Hexed* von Michael Alan Nelson. Zudem zeichnete Mora Storys mit den Power Rangers oder den Wrestlern der WWE und zahlreiche Comic-Titelbilder.

TRAVIS MOORE debütierte 1999 mit dem Comic *The Tale of the Body Thief* nach einem Roman von Anne Rice. Später zeichnete er mehrere FABLES-Spin-offs zum Märchenfantasy-Bestseller, FREEDOM FIGHTERS, JSA ALL-STARS, ADVENTURE COMICS, BATMAN SONDERBAND: DIE VORGESCHICHTE ZUR HOCHZEIT, HEROES IN CRISIS, WONDER WOMAN und *Lark's Killer*.

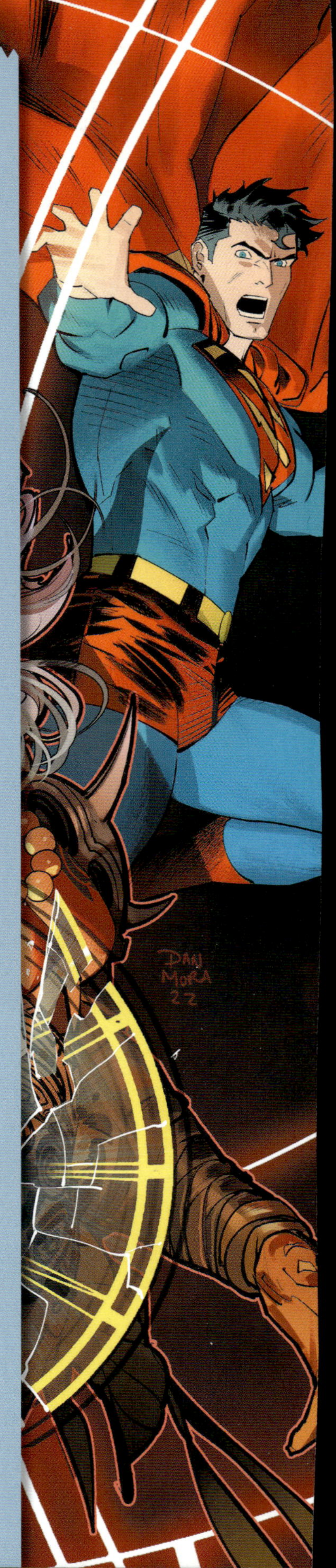